KB200771

그리는 성경

구약편

그리는 성경

지은이 | 이문범
초판 발행 | 2020. 11. 11.
2쇄 | 2025. 3. 11.
등록번호 | 제1988-000080호
등록된 곳 | 서울특별시 용산구 서빙고로65길 38
발행처 | 사단법인 두란노서원
영업부 | 2078-3352 FAX | 080-749-3705
출판부 | 2078-3331

책 값은 뒤표지에 있습니다.
ISBN 978-89-531-3891-9 04230
ISBN 978-89-531-3521-5 04230 (세트)

독자의 의견을 기다립니다.
tpress@duranno.com www.duranno.com

두란노서원은 바울 사도가 3차 전도여행 때 에베소에서 성령 받은 제자들을 따로 세워 하나님의 말씀으로 양육하던 장소입니다. 사도행전 19장 8~20절의 정신에 따라 첫째 목회자를 돕는 사역과 평신도를 훈련시키는 사역, 둘째 세계선교(TIM)와 문서선교(단행본·잡지) 사역, 셋째 예수문화 및 경배와 찬양 사역, 그리고 가정·상담 사역 등을 감당하고 있습니다. 1980년 12월 22일에 창립된 두란노서원은 주님 오실 때까지 이 사역들을 계속할 것입니다.

MAPPING BIBLE

이문범
지음

그리는 성경

성경통독,
성지순례의
필수 도서

두란노

목차

창세기

출애굽기

레위기

민수기

신명기

PART 2
역사서 1

여호수아

사사기

룻기 · 사무엘상

사무엘하

PART 3
역사서 2

열왕기상

열왕기하

역대상

역대하

포로기 이후

PART 4
시가서, 선지서

시가서

선지서

부록
지도 그리기

성지 순례
핫 플레이스

《그리는 성경》(신약편)을 출간한 지 1년이 되었다. 많은 분들이 이 책을 읽고 성경의 지리와 역사에 눈을 뜨게 되었고, 직접 그려 보니 마치 음식 사진을 보는 것과 직접 먹는 것의 차이처럼 성경을 새롭게 읽을 수 있게 되었다며 감사의 말씀을 보내 왔다. 다양한 성경 통독 프로그램을 통해 성경을 읽어 나가는 운동은 한국 교회에 주신 하나님의 은혜라 생각한다. 《그리는 성경》은 통독 이후에 함께 활용하면 좋은 프로그램이다.

《그리는 성경》을 배우고 그대로 따라 하면 다음과 같은 결과를 얻을 수 있다.

---

01 성경을 제대로 통독할 수 있다. 각자가 통독을 제대로 하고 있는지 어떻게 확인할 수 있을까? 부모 멘토링으로 유명한 뇌과학자 홍양표 박사에 의하면 '읽기'를 확인하기 위해 '그리기'를 하라고 한다. 예를 들어, '별이 총총히 떠 있는 밤'을 그려 보게 하고 그림 속 별의 숫자를 세어 보면 독자가 '총총히'를 제대로 이해했는지를 알 수 있다. 성경을 읽으면서 '언제, 어디서, 무엇을'을 무시한다면 제대로 통독한다고 할 수 없다. 이 책은 '어디서' '무슨' 사건이 '언제' 일어났는지 명쾌히 알려 줌으로써 성경을 입체적으로 통독하게 한다. 이후 《역사지리로 보는 성경》을 통해 자세한 배경과 구약과 신약의 연결 관계를 연구하면 하나님의 말씀이 더 풍성하게 이해될 것이다.

---

02 성경을 한눈에 볼 수 있다. 《그리는 성경》은 성경의 한 권, 혹은 큰 사역을 한 장의 지도에 옮겨 놓았다. 창세기, 출애굽기, 민수기, 열왕기상하, 역대상하 등 복잡한 역사적인 사건을 한 지도에 옮기려 노력했다. 다만, 배경이 넓어졌다 좁아졌다 하는 문제로 지도 왼쪽에 확대된 배경을 배치해 놓기도 했

다. 레위기는 율법의 말씀이 신구약 어디에서 실현되었는지를 지도로 알 수 있도록 했다. 시가서의 경우, 대체로 장소 기록이 없지만 다윗의 시 일부는 장소를 지정하였기에 이를 표시했다. 선지서는 각 선지자의 고향을 위주로 기록하고 그들이 예언한 나라와 민족을 표시해 보았다. 현재의 구약 성경 순서는 헬라어로 번역된 70인역 성경부터 정해진 것이다. 유대인들은 사건 순서로 기록하기를 좋아해 일목요연하게 그리기를 하는 데는 한계가 있다. 그럼에도 이 책은 성경 순서대로 지도를 그려 나가도록 기획되었다. 성경 순서대로 사건을 볼 수 있도록 1장은 ①로, 2장은 ②로 하여 장 순서를 표시했다. 그리고 각 절은 2장 1절의 경우 '②1'로 표기해 장 옆에 기록했다. 장절 옆 키워드는 사건이 일어난 '장소'를 중심으로 표기한 것이다. 또한 화살표를 통해 지도에 역동성을 더하였다. 주로 초록은 아군, 파랑은 적군을 의미한다.

---

03 성경의 의도를 알 수 있다. 성경의 사건을 그려 놓고 지도를 자세히 보면 성경 사건의 순서와 저자의 의도가 보인다. 읽기만 할 때 발견하지 못하는 각 권의 특징이 지도를 그려 보면 분명해진다. '지도의 의미와 교훈'에서 그 특징을 다루었는데, 각자가 발견하는 또 다른 특징이 있을 것이다. '더 깊은 묵상'은 필자가 묵상하며 기록한 것인데, 각자 더 깊이 묵상하면 하나님의 크고 놀라운 역사가 입체적으로 다가올 것이라 믿는다.

---

04 성지순례를 복습 혹은 준비할 수 있다. '지도의 의미와 교훈' 다음에 나오는 각 성경의 '핫플레이스'는 성지순례에서 많이 방문하는 장소들이다. 이를 통해 배경을 깊이 이해할 수 있을 뿐 아니라 각 장소에서 일어난 사건이 성경과 어떤 관련이 있는지를 알게 된다. 특히, 성지순례를 다녀온 분들에

게는 성경과 장소를 연결해 줄 것이요, 아직 성지순례를 가지 못한 분들에게는 사전 지식이 되어 '아는 만큼 보이는' 성지순례 길라잡이가 될 것이다.

---

05 누구나 성경을 가르칠 수 있다. 동영상(이 책의 QR코드 참고)이나 세미나를 통해 좀 더 자세히 보고 들으면, 다른 사람들을 가르칠 수 있다. 특히 수요예배나 성경 공부 모임에서 성경 자체를 그리고 그 특징을 나누는 시간을 갖기에 적합하다. 수요예배 때 성경 한두 장을 함께 읽고 그리면서 흐름에 따라 강해설교를 하면 큰 유익이 있을 것이다. 단기나 장기 계획 어디에도 사용하기에 탁월한 교재이다.

---

06 통독-그리기-역사지리로 단계를 밟으면 유익하다. 여러 성경 통독 프로그램을 마친 분들이《그리는 성경》으로 통독하면 도움이 된다. 이 책 이후,《역사지리로 보는 성경》(신구약) 시리즈로 말씀을 깊게 연구해 보라. 살아 움직이는 말씀을 경험할 수 있다. 이 과정 중에 두란노 바이블 칼리지에서 하는 성지순례를 저자와 함께한다면 금상첨화가 될 것이다.

이 책은 하나님의 은혜가 아니면 도저히 나올 수 없었기에 모든 영광을 하나님께 돌린다. 「역지성 모임」 회원들은 더 구체적으로 힘을 보태 주었다. 특히, 그리기 설명 부분을 만들어 주고 교정 등 많은 노력을 해 준 황사라 목사님께 감사드린다. 나의 사랑하는 사랑누리교회 성도들은 사랑과 기도로 함께해 주었다. 두란노서원의 출판팀은 수고를 아끼지 않고 알차고 멋진 책으로 탄생할 수 있도록 도와주었다. 마지막으로 언제나 최고의 후원자가 되어 함께한 가족, 특히 아내에게 감사한다.

2020년 11월 청명산에서

이문범

1 이 책은 직접 성경 구절과 키워드를 기록하고, 사역 루트를 그려 봄으로써 성경을 깊이 이해하도록 돕습니다. 눈으로만 읽던 성경이 입체적으로 다가올 것입니다.

2 먼저 성경을 읽으십시오. 창세기 그리기를 예를 들어 설명하겠습니다. 창세기를 펴고 한 번 읽습니다. 그룹에서 진행할 경우 집에서 미리 읽어 와도 좋습니다. 다음 표에서 보듯 '성경에 표시할 부분'을 보고 해당 지명에 형광펜을 칠합니다. 예를 들면, 창세기 12장 8절을 펴고 '벧엘'에 형광펜을 칠합니다. 지도(부록: 지도 그리기)에는 장절과 키워드를 씁니다.

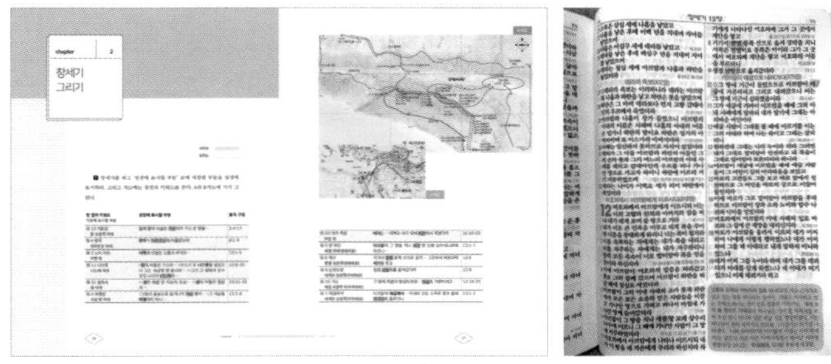

장절과 키워드 지도에 표시할 부분	성경에 표시할 부분	통독 구절
⑫ 6 첫 제단 **세겜 아래(중중좌중)**	**아브람**이 그 땅을 지나 **세겜** 땅 모레 상수리나무에 이르니…	12:1-7
⑫ 8 제단 **벧엘 오른쪽(중중중중)**	거기서 **벧엘** 동쪽 산으로 옮겨… 그곳에서 여호와께 **제단**을 쌓고	12:8
⑫ 9 남방으로 **네게브 오른쪽(우하좌상)**	점점 **남방으로** 옮겨갔더라	12:9
⑫ 10 기근 **애굽 오른쪽 위(우하좌하)**	그 땅에 **기근**이 들었으므로… **애굽**에 거류하려고…	12:10-20

□ **위치 구분선을 마련했습니다**

벧엘의 위치를 찾으려면 쉽지 않지요? 구약에 지명이 많고 생소하여 지명을 좀 더 쉽게 찾을 수 있도록 하늘색 점선으로 위치 구분선을 마련했습니다. 위도 경도선과 비슷한 역할을 합니다.

먼저 큰 지역을 구분하고, 그 지역 안에서 위치를 구분했습니다. 작은 지역의 상중하는 지도에 표시하지 않았기에 독자에 따라 상중하 판단이 조금씩 다를 수 있지만 지명을 찾는 데는 어려움이 없을 것입니다.

벧엘을 예로 설명하겠습니다.

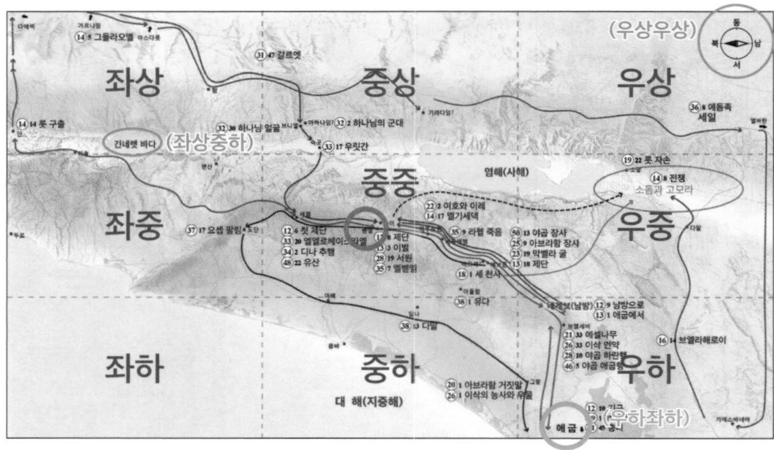

벧엘은 큰 지도에서 중간 가운데에 있습니다. 그래서 '중중' 이 됩니다.

벧엘이 속해 있는 칸만 보면, 그 칸에서 위치가 중간입니다.

그래서 벧엘은 중중중중입니다. 이렇게 각 지명의 위치를 찾으면 됩니다.

□ **A지도와 B지도가 있습니다**

어떤 지도는 A와 B로 나누었습니다. A지도는 B지도에서 복잡한 부분을 확대하거나, B지도에 없는 부분을 별도로 넣은 것입니다.

위치선은 B지도에만 있습니다. A지도의 지명은 비교적 쉽게 찾을 수 있기에 표시하지 않았습니다. 표에서 A지도는 옅은 색으로 구분해 두었으니, 옅은 바탕이 깔린 지명은 A지도에서 찾으면 됩니다.

□ **통독 구절을 넣었습니다.**

성경을 통독하면서 이 책을 읽기 바랍니다. 이 책의 '통독 구절'에서는 지명과 관계된 구절만 표시했습니다. 전체 통독을 하려면 각자 상황에 맞게 스케줄을 짜서 통독하기 바랍니다.

3 지도를 보고 벧엘의 오른쪽 아래에 ⑫8이라고 씁니다. 이것은 12장 8절이라는 의미입니다. 그리고 그 옆에 '제단'이라고 씁니다. ' ⑫8 제단' → 12장 8절, 즉 벧엘에서 제단을 쌓았다는 의미입니다.

4 지도에 성구와 키워드를 쓴 후 사역 루트를 그립니다.

> **2** 아브라함(초록선), 야곱(빨강선), 요셉(**검정선**)의 여정을 역동성 있게 표시해 보자.
>
> 아브라함 여정
>
> **<A지도 그리기>**
>
> **01** 구약의 배경을 다지는 아브라함의 큰 여정을 그려보자.
>
> **02** 우르에서 메소보다미아와 유브라데 사이를 지나 하란까지 초록 화살표를 그려라.
>
> **03** 하란에서 아람을 지나 가나안으로 향하는 초록 화살표를 그려라.
>
> **04** 가나안에서 애굽의 나일강 줄기까지 양방향 초록 화살표를 그려라.

창세기 12장 8절에 보면, 아브라함이 벧엘에서 단을 쌓았지요. 아브라함이 세겜에서 벧엘로 이동했으므로 그 방향으로 루트를 그립니다. 지도에 그려져 있는 세세한 갈색 선들이 길이니 그 선을 따라 이동하면 됩니다. 창세기부터 선지서까지 순서를 따라가다 보면 구약의 사건들이 지리적으로 어떻게 완성되어 가는지 알 수 있습니다. 이를 통해 성경 말씀을 풍성히 먹게 됩니다.

5 〈부록-지도 그리기〉에서는 OHP필름을 제공합니다. 밑그림 지도 위에 필름을 대고 성구와 키워드, 사역 루트를 그려 보고 지우고 다시 그릴 수 있습니다. 종이에 직접 그려도 됩니다.

6 이문범 목사의 강의 동영상을 보면서 따라하면 큰 도움이 됩니다.

7 성지 장소가 찍혀 있는 구글 어스 지도를 두란노 북카페(cafe.naver.com/duranno book)에 들어가서 다운받을 수 있습니다. 카페의 '공지사항'에 들어가 확인하세요. 구글어스를 인터넷에서 다운받고, 이 파일을 열면 볼 수 있습니다.
이 파일은 성지에서 구글어스 내비게이션으로 사용할 수 있습니다. 이제 누구든지 성지에서 렌트하여 성경의 땅을 스스로 답사할 수 있습니다.

8 이 책에 나오는 황제의 연도는 재위 연도입니다.

9 일반적인 지도는 위가 북, 아래가 남쪽이지만 성경은 동쪽을 앞이나 위로 표시합니다. 아브라함이 롯을 구하러 '다메섹 왼편 호바까지' 갔다고 나오는데 여기서 '왼편'은 북쪽입니다. 그러므로 오른쪽은 남쪽, 위는 동쪽이 됩니다. 이 책의 지도는 이러한 성경적인 관점에서 그렸습니다.

구약 개관

창세기 10장을 중심으로

에덴동산과 성경의 배경

성경의 배경은 창세기 2장 에덴동산에서부터 시작된다. 모세는 당시 사람이 이해할 수 있게 에덴동산 위치를 이렇게 소개한다.

> 10 강 하나가 에덴에서 흘러나와서 동산을 적시고, 에덴을 지나서는
> 네 줄기로 갈라져서 네 강을 이루었다. 11 첫째 강의 이름은 비손인
> 데, 금이 나는 **하윌라** 온 땅을 돌아서 흘렀다. 12 그 땅에서 나는 금
> 은 질이 좋았다. 브돌라라는 향료와 홍옥수와 같은 보석도 거기에서
> 나왔다. 13 둘째 강의 이름은 기혼인데, **구스** 온 땅을 돌아서 흘렀다.
> 14 셋째 강의 이름은 티그리스인데, **앗시리아의 동쪽**으로 흘렀다.
> 넷째 강은 유프라테스이다. 창 2:10-14, 새번역

첫째와 둘째 강의 배경이 되는 하윌라와 구스는 모두 함 족속의 이름

항공기에서 바라본 아라랏산
유브라데, 티그리스강의 근원으로 에덴동산의 일부라 할 수 있다.

이다. 창세기 10장은 바벨탑 사건 이후 흩어진 민족을 열거하는데 하윌라와 구스는 모두 아프리카 방향으로 갔다. 모세가 구스 여인과 결혼했기에 구스 민족이 어디에 있는지 분명히 알았을 것이다. 구스는 나일강 상류에 있었고 하윌라도 그 주변에 있었다(참고 창 10:7). 셋째 강은 앗수르 동쪽에 있었는데 현대 티그리스강을 가리키는 것이 분명하다. 유프라테스강은 당시 모두가 알기에 위치를 언급할 필요가 없었다.

즉 아프리카 대륙에 비손과 기혼강이 있었고, 아시아 메소포타미아 문명 지역에 나머지 두 강이 있었다. 이는 또한 구약성경의 배경이 되는 지역이다. 창세기 10장을 그려 보면 야벳, 함, 셈 족속의 분포를 알 수 있고, 그들이 유럽, 아프리카, 아시아로 향하였음을 확인하게 된다.

이 지도를 통해 다니엘서의 큰 신상이 보여 주는 구약의 역사를 알 수 있다. 바벨론, 바사(페르시아), 헬라(그리스), 로마로 이어지는 제국이 산돌 되신 예수님이 오심을 준비하고 있음을 알려 준다. 바벨론은 디아스포라 유대인의 회당과 율법을 준비하게 하고, 바사는 종교의 자유를, 헬라는 언어 통일과 민주화를, 로마는 도로와 법률을 통해 예수님이 오실 길을 준비한다.

성경 배경 지도 그리기

지도의 동그라미에 창세기 10장의 절만 기록한다(예. 창 10:1→①). 위치를 아는 데 초점을 맞춘 것이다. 그리기 쉽도록 하늘색의 위치 구분 점선을 마련했다. 위도 경도선과 비슷한 역할을 한다. 자세한 설명은 일러두기를 참고하라.

창 10장(절)	지도에 표시할 위치 절 표시는 지명 왼쪽 동그라미 안에 표기	노아 자손		성경 구절
1 셈	'아시아' 아래 초록원	노아		1 노아의 아들 셈과 함과 야벳의 족보는 이러하니라… 아들들을 낳았으니
1 함	'아프리카' 아래 파랑원			
1 야벳	'유럽' 오른쪽 주황원			
2 고멜	중상좌상	야벳	야벳	2 야벳의 아들은 고멜과 마곡과 마대와 야완과 두발과 메섹과 디라스요
2 마곡	우상좌상			
2 마대	우상중하			
2 야완	좌상우중			
2 두발	중상중중			
2 메섹	중상중중			
2 디라스	좌상좌상			
3 도갈마	중상우중		고멜	3 고멜의 아들은 아스그나스와 리밧과 도갈마요
4 엘리사	중상중하		야완	4 야완의 아들은 엘리사와 달시스와 깃딤과 도다님이라
4 달시스	좌상좌하			
4 깃딤	중중좌상			
6 구스	중하좌하	함	함	6 함의 아들은 구스와 미스라임과 붓과 가나안이요
6 미스라임	중중좌하			
6 붓	좌중중상			
6 가나안	중중중중			

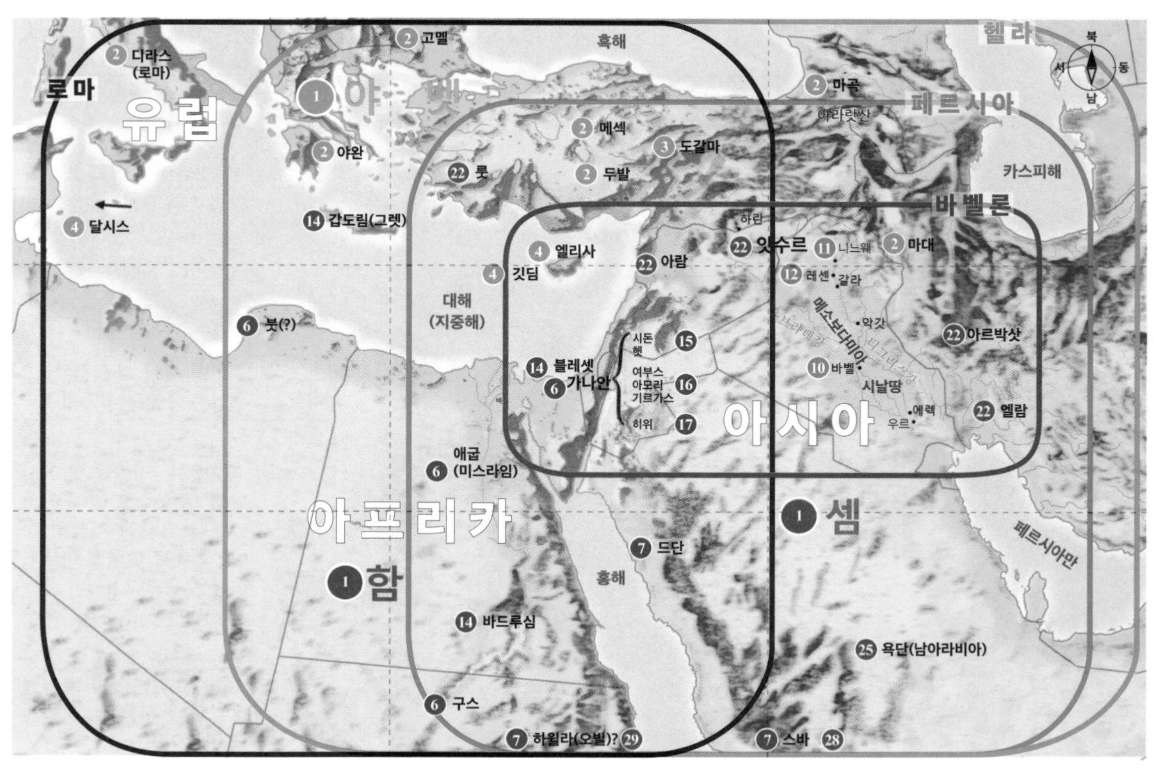

7 스바	우하좌하	함	구스	7 구스의 아들은 스바와 하윌라와 삽다와 라아마와 삽드가요 라아마의 아들은 스바와 드단이며
7 하윌라	중하중하			
7 드단	중하우상			
10 시날 땅	우중좌측 지역			10 그의 나라는 시날 땅의 바벨과 에렉과 악갓과 갈레에서 시작되었으며
11 니느웨	우상좌하			11 그가 그 땅에서 앗수르로 나아가 니느웨와 르호보딜과 갈라와
12 레센	우중좌상. 선 바로 밑			12 및 니느웨와 갈라 사이의 레센을 건설하였으니 이는 큰 성읍이라
14 바드루심	중하좌중		미스라임	13 미스라임은 루딤과 아나밈과 르하빔과 납두힘과
14 갑도림(그렛)	좌상우하			14 바드루심과 가슬루힘과 갑도림을 낳았더라(가슬루힘에게서 블레셋이 나왔더라)
14 블레셋	중중중중			

15 시돈, 헷	중중중중	함	가나안	15 가나안은 장자 시돈과 헷을 낳고
16 여부스, 아모리, 기르가스				16 또 여부스 족속과 아모리 족속과 기르가스 족속과
17 히위				17 히위 족속과 알가 족속과 신 족속과
22 엘람	우중중하	셈	셈	22 **셈의 아들**은 엘람과 앗수르와 아르박삿과 룻과 아람이요
22 앗수르	우상좌하. 선 바로 위			
22 아르박삿	우중중상			
			아르박삿	24 아르박삿은 셀라를 낳고 셀라는 에벨을 낳았으며
			셀라	
25 욕단	우하중중		에벨	25 에벨은 두 아들을 낳고 하나의 이름을 벨렉이라 하였으니 그때에 세상이 나뉘었음이요 벨렉의 아우의 이름은 욕단이며
28 스바	우하좌하. 스바 오른쪽		욕단	28 오발과 아비마엘과 스바와
29 오빌	중하중하. 오빌 오른쪽			29 오빌과 하윌라와 요밥을 낳았으니 이들은 다 욕단의 아들이며
바벨론	파랑선 위	제국시대		바벨론이 다스린 지역
페르시아	빨강선 위			바사(페르시아)가 다스린 지역
헬라	주황선 위			헬라가 다스린 지역
로마	검정선 위			로마가 다스린 지역

가나안 땅 분배

함의 넷째 아들 가나안 자손은 셈과 함의 경계에 거주했다. 하나님은 이 땅을 아브라함 자손에게 주셨다. 가나안은 지구상에서 가장 낮은 땅인 −430m인 염해로부터 백두산보다 높은 2814m의 헤르몬산까지 큰 고도 차이를 보이며 독특하고 다양한 지형을 포함하고 있다. 이로 인해 가나안 일곱 족속은 각기 다른 삶을 영위하게 되었다.

이스라엘은 가나안을 점령하고 지파별로 땅을 분배받았는데, 르우벤과 갓, 므낫세 일부 지파는 가나안 동쪽 길르앗과 바산을 미리 분배받았다. 가나안 땅에서는 유다 지파가 축복받은 갈렙 덕택에 남쪽을 분배받으면서 시므온을 네게브 지역에 두었고, 여호수아의 에브라임 지파가 중앙 산악 지대를 므낫세와 함께 분배받았다. 유다와 에브라임 사이에는 베냐민과 단이 거대 지파의 완충지대로 자리 잡았고, 북쪽에는 조상을 잘못 만난(?) 잇사갈이 이스르엘 골짜기를, 갈릴리 산지 남쪽은 스불론 지파, 북쪽은 납달리 지파, 서쪽은 아셀 지파가 분배받았다. 유목민이던 이스라엘은 함께 뭉칠 때는 강했지만 흩어질 때는 약했기에 아프리카와 아시아의 큰 힘이 지나가는 해변길에 위치한 잇사갈, 스불론, 납달리, 아셀 지파 땅은 수시로 전쟁터가 될 위험이 많았다. 가장 안전한 곳은 해변길에서 벗어나 있으면서 그 혜택은 일부 누릴 수 있는 안전한 땅, 산지였다. 이 산지를 모세에게 축복을 받은 갈렙과 여호수아 지파가 선점했다.

각 권의 성경은 한 지역에 집중된다

출애굽하여 가나안을 차지한 이스라엘은 지역별로 성경 각 권의 역사를 품게 되었다. 네게브에는 창세기 사건이 집중되었고, 시내 광야에서는 출애굽기 사건이, 시내산에서는 레위기 말씀을 받았다. 바란 광야와 에돔과 모압 지역에서는 민수기 사건이, 길르앗과 모압 평지에서는 신명기 말씀이 주어졌다. 요단 계곡은 여호수아, 이스르엘 골짜기에서는 사사기 사건이 집중되고, 유다 광야는 시편, 유다 산지와 쉐펠라에서는 사무엘상, 베냐민 산지에서는 사무엘하, 에브라임 산지에서는 열왕기상, 갈멜 산지에서는 열왕기하 사건이 집중되었다. 심지어 갈릴리에서는 사복음서 전반부가, 예루살렘에서는 사복음서 후반부가, 해안 평야인 블레셋과 사론 평야에서는 사도행전 전반부 사건이 집중되다가 사도행전 후반부부터 지중해 지역으로 성경 사건이 펼쳐졌다.

이제 지형도를 그려 보자.

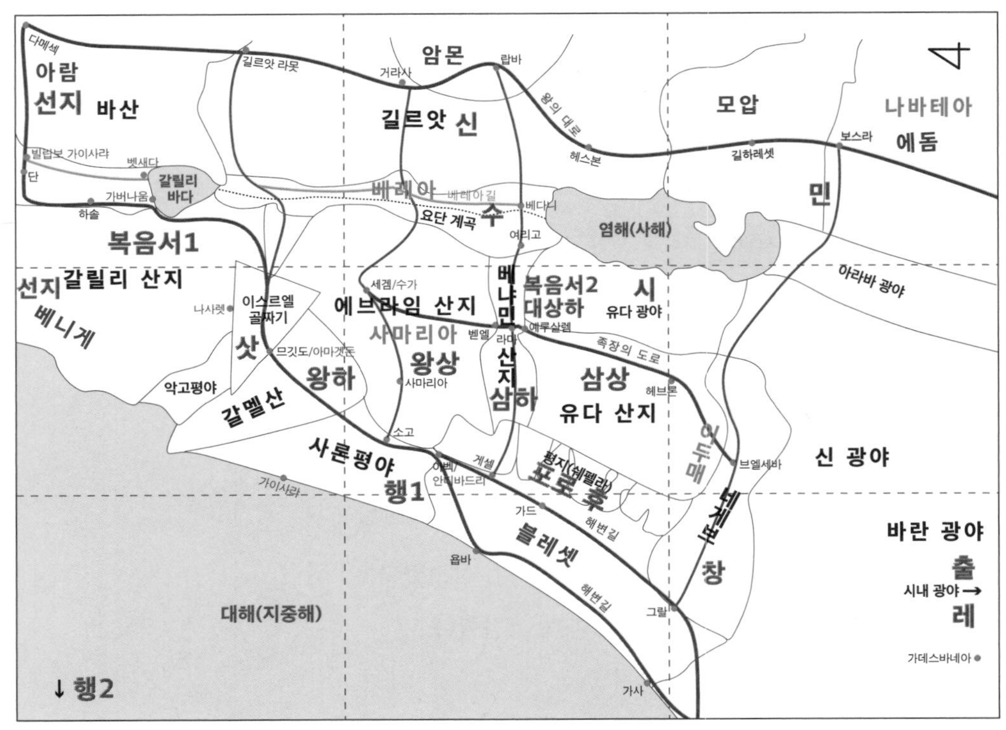

이스라엘의 배경 지역 그리기

이스라엘 배경 그리기는 바다, 나라, 지역, 도로, 도시, 성경 집중 지역 순으로 기록했다. 위치 구분 점선을 이용하여 쉽게 그릴 수 있다.

작업내용	지역 및 도시	위치
바다 익히기	갈릴리 바다	좌상중하
	염해	중상우하
	대해	좌하우중
나라 익히기	수리아	좌상좌상
	암몬	중상중상
	모압	우상좌상
	에돔	우상우중
	베니게	좌중좌상
	블레셋	중하중상

지역 익히기	요단 동편	바산		좌상좌상
		길르앗		중상좌상
	요단 지구대	요단 계곡		중상중하
		아라바 광야		우중우상
	요단 서편	광야	신 광야	우중중하
			바란 광야	우하우상
		유다 지역	유다 광야	중중우상
			유다 산지	중중우하
			평지(쉐펠라)	중중우하
		베냐민 산지		중중중상
		에브라임 산지		중중좌상
		이스르엘 골짜기		좌중우상
		갈릴리 산지		좌중좌상
		해안 평야	악고평야	좌중중중
			갈멜산	좌중우하
			사론평야	좌중우하
도시 익히기	요단 동편과 계곡	다메섹		좌상좌상
		길르앗 라못		좌상우상
		거라사		중상좌상
		랍바 암몬		중상중상
		헤스본		중상우중
		길하레셋		우상좌중
		보스라		우상중중
		빌립보 가이사랴		좌상좌중
		벳새다		좌상중중
		베다니		중상중하
		여리고		중상중하
	요단 서편	단		좌상좌하
		하솔		좌상좌하
		가버나움		좌상중하
		나사렛		좌중중상
		므깃도/아마겟돈		좌중우중
		세겜/수가		중중좌상
		사마리아		중중좌중

도시 익히기	요단 서편	벧엘	중중중상
		예루살렘	중중중상
		헤브론	중중과 우중의 구분선
		브엘세바	우중좌하
		가데스바네아	우하우하
		라마	중중중상(예루살렘과 벧엘 사이)
	해변길	가이사랴	좌중우하
		소고	중중좌하
		아벡/안디바드리	중중좌하
		욥바	중하중상
		게셀	중중중하
		가드	중하중상
		그랄	중하와 우하 구분선 가운데
		가사	중하우하
신약 이름 변경	베레아		중상좌하
	나바테아		우상우상
	사마리아		중중좌상
	이두매		우중좌하
도로 익히기	남북도로 (빨간색 선)	왕의 대로	다메섹-길르앗 라못-거라사-랍바-헤스본-길하레셋-보스라-오른쪽 지도 밖으로 랍바와 헤스본 사이 선 위에 '왕의 대로'라고 쓰라.
		족장의 도로	세겜-벧엘-라마-예루살렘-헤브론-브엘세바 예루살렘과 헤브론 사이 선 위에 '족장의 도로'라고 쓰라.
		해변길	다메섹-단-하솔-가버나움 바로 아래-므깃도-소고-(1)아벡-욥바-가사-아래 지도 밖으로/(2)아벡-가드-그랄-오른쪽 지도 밖으로 가드와 그랄 사이, 욥바와 가사 사이 선 위에 '해변길'이라 쓰라.
		베레아길	(1)베다니에서 왼쪽 요단 계곡을 따라 이스르엘 관통도로까지/(2)벳새다에서 빌립보 가이사랴까지 베레아와 베다니 선 위에 '베레아길'이라 쓰라.

	동서도로 (초록색 선)	이스르엘 골짜기 관통	길르앗 라못, 이스르엘 골짜기, 므깃도
		에브라임 산지 관통	거라사, 세겜, 사마리아, 소고
		베냐민 산지 관통	랍바, 베다니, 여리고, 라마, 게셀
		네게브 관통	보스라, 브엘세바, 그랄
성경 집중 지역	창세기	창	(우하좌중) 네게브 지역
	출애굽기	출	(우하우중) 광야 지역(화살표 위)
	레위기	레	(우하우중) 광야 지역(화살표 아래)
	민수기	민	(우상중하) 염해 동편 지역
	신명기	신	(중상중중) 요단 계곡 동편 지역
	여호수아	수	(중상중하) 요단 계곡 지역
	사사기	삿	(좌중우중) 이스르엘 골짜기 지역
	사무엘상	삼상	(중중우중) 유다 산지 지역
	사무엘하	삼하	(중중중중) 베냐민 산지 지역
	열왕기상	왕상	(중중좌중) 에브라임 산지 지역
	열왕기하	왕하	(좌중우중) 갈멜산 지역
	역대상하	대상하	(중중중중) 예루살렘
	포로기 이후	포로 후	(중중우하) 쉐펠라 지역
	시가서	시	(중중우상)유다 광야 지역
	선지서	선지	(좌상좌상) 아람 지역 (좌중좌상) 베니게 지역
	복음서1	복음서1	(좌상중하) 갈릴리 지역
	복음서2	복음서2	(중중우상) 예루살렘 지역
	사도행전1	행1	(중중좌하) 해안 평야 지역
	사도행전2	행2	(좌하좌하) 화살표 우측

MAPPING BIBLE

《그리는 성경》에서 다룬 배경 한눈에 보기

왕하2
앗수르
메대
포로기 이후
에스더
에스라
느헤미야
바사
창1
왕하3, 대하2
포로기
에스겔
다니엘
바벨론
베니게
아
선지서
엘
왕하
삿
왕상
수
역대상하
삼하
삼상
시
모압
창2

MAPPING
BIBLE

PART 1 모세오경

창세기 ~ 신명기

모세가 저술한 창세기, 출애굽기, 레위기, 민수기, 신명기 등 다섯 개의 성경을 '모세오경'이라고 한다. **창세기**는 모세가 태어나기 전의 역사이며, **출애굽기**는 애굽 고센 땅에서 나와 시내산까지의 여정과 율법과 성막을 받은 사건을 다룬다. **레위기**는 시내산에서 받은 제사와 명절 등 거룩한 삶을 위한 세부적인 율법을 기록하고 있다. **민수기**는 시내산을 출발하여 가데스바네아를 거쳐 여리고 앞 모압 평지에 이르는 약 39년의 여정을 설명한다. **신명기**는 모압 평지에서 광야 2세대에게 광야 역사와 율법을 복습하고 가나안을 예습하는 말씀이다.

chapter 1

창세기의 주요 무대

메소포타미아를 떠나다

메소포타미아에서 '메소'는 '중간', '포타미아'는 '강들'이라는 뜻으로, '강들 사이'에 위치한 땅이라는 뜻이다. 히브리어로는 '아람-나하라임'(대상 19:6)이라고 부르는데, 이 단어는 '두 강 사이의 아람'이라는 뜻이다. 이는 메세포타미아의 특징을 말해 준다. 그러나 넓게는 북쪽으로 터키의 산악지대, 남동쪽으로 페르시아만, 동쪽으로 티그리스강에서 자그로스(Zagros)산맥, 서쪽으로는 시리아 사막까지 이르는 지역을 말한다.

메소포타미아 문명의 근간을 이루는 유브라데강(2680km)과 티그리스강(1890m)은 터키의 동쪽 아라랏산(5137m)이 있는 산악 지역에서 발원하여 남동쪽으로 흘러 페르시아만까지 흘러간다. 평행으로 흐르는 두 강은 바그다드에서 32km 이내로 가까워졌다가 다시 멀어져 페르시아만까지 흘러간다. 두 강 사이의 비옥한 땅이 메소포타미아 문명을 일구었다. 메소포타미아 문명권의 대도시는 모두 이 물길을 관개농업으로 사용하면서

유브라데강 상류인 아디야만 지역의 강물

유브라데강이 흘러나오는 니므롯산 지역에 있는 로마 시대의 다리가 지금까지 건재하다.

세워졌다. 유브라데강의 대표적인 도시로는 남쪽부터 우르, 에렉, 바벨론, 하란이 있고, 티그리스강 연안에는 악갓, 갈라, 레센, 앗수르, 니느웨와 현 이라크의 수도 바그다드가 있다. 남쪽 지류인 카르케강에는 바사(페르시아)의 수도였던 수산(수사)도 위치한다.

아브라함의 고향은 유브라데강 남쪽 우르에서 북쪽의 하란에 이르는 메소포타미아 전역이라 볼 수 있으며, "너의 고향과 본토 친척과 아버지의 집을 떠나라"는 말은 셈의 후손이자 친척들이 많이 거주하는 우르와 하란을 포함한 메소포타미아 지역을 떠나라는 의미다. 그의 손자 야곱, 즉 이스라엘은 다시 메소포타미아에 와서 20년을 지내며 대가족을 이룬 뒤 다시 가나안을 향한다(창 31:17-18).

창세기 집중 지역, 네게브

족장들이 많이 머물던 네게브는 해안에 있는 블레셋 평야와 염해를 잇는 선 남쪽으로 약 19km 지점까지의 지역을 가리킨다. 네게브는 남북으로는 산지 능선 길인 족장의 도로의 남쪽 종착점이며, 동서로는 네게브를 관통해 블레셋의 가사와 에돔의 보스라를 잇는 중요한 교역로로 전략적 요충지 역할을 했다. 자신의 힘으로는 지역을 방어할 수 없기에 주로 북쪽 유다 산지가 강할 때 안정을 누렸고, 약할 때는 남쪽 유목민이나 주변국에 넘어갔다.

네게브는 '건조한' 혹은 '남쪽'이란 뜻을 지닌 반사막 지역이며, 1000m나 되는 유다 산지와 700m 정도의 광야 사이를 동서로 모래시계 모양으로 갈라놓는 해발 200~300m의 분지다. 동쪽으로는 －430m의 염해(사해)가 있고 서쪽으로는 지중해가 있어 양쪽으로 물이 흘러갈 수 있으나 염해 앞의 높은 산지로 인해 주로 지중해 쪽으로 물이 흐른다.

네게브는 연간 강수량이 200~300mm 정도로 약간의 곡물을 재배할 수 있다. 그러나 200mm 이하가 되면 사막이 되어 버린다. 이 때문에 반(半)사막 지역이라 할 수 있다. 토양은 황토로 건조하면 날아가고 비가 오면 쓸려가기 쉬우나 촉촉이 비가 내리면 100배의 수확을 얻을 수도 있다. 적은 강우량으로 네게브는 농업보다는 목축업이 발달했다.

물은 대개 우기에 유다 산지에서 내려오는 물을 모아 사용하고, 브엘세바같이 샘을 파서 오아시스처럼 얻곤 한다. 물이 귀하다 보니 물 분쟁이 많은 지역이다. 한편, 산지에서 물이 내려오거나 비가 오면 물을 흡수할 숲이 없어서 물은 빠른 속도로 흘러간다.

그러므로 시편 126편의 저자는 포로 신세인 자신을 네게브(남방)의 시내처럼 돌려보내 달라고 호소한다(시 126:4). 아브라함-이삭-야곱은 하늘에서 내리는 비에 의존해야 하는 이 땅에서 믿음의 훈련을 받았다. 이삭은 기근을 당했을 때 애굽으로 피하지 않고 하나님을 믿음으로 씨를 뿌렸고 백배나 얻어 거부가 되었다(창 26:12). 이삭은 생명과 같은 우물을 다섯 번 이상 빼앗긴다. 하지만 물러섰던 이삭 앞에 한 나라의 왕인 아비멜렉이 찾아와 "여호와께서 너와 함께 계심을 우리가 분명히 보았으므로"(창 26:28) 평화조약을 맺자고 한다. 이런 의미에서 네게브는 온유한 자가 땅을 기업으로 받는 땅이다(마 5:5).

네게브 와디와 양 떼
계절천인 와디는 비가 오면 물이 빠르게 흐른다.

네게브 지역의 밀밭
비가 적어서 그렇지 물만 있으면 풍요로운 땅이 된다. 현대 이스라엘은 상수시설을 만들어 네게브를 곡창지대로 만들었다.

chapter 2

창세기 그리기

A지도

B지도

1 창세기를 펴고 '성경에 표시할 부분' 표에 색칠한 부분을 성경에 표시하라. 그리고 지도에는 장절과 키워드를 쓴다.

장절과 키워드 지도에 표시할 부분	성경에 표시할 부분	통독 구절
② 13 기혼강 **나일강 아래**	둘째 **강**의 이름은 기혼이라 구스 온 땅을…	2:4-17
⑧ 4 방주 **아라랏산 오른쪽**	**방주**가 아라랏산에 머물렀으며	8:1-5
⑩ 2 노아 자손 **야벳 위**	**야벳**의 아들은 고멜과 마곡과…	10:1-5
⑩ 11 니므롯 **니느웨 아래**	6 **함**의 아들은 구스와… 8 구스가 또 **니므롯**을 낳았으니 그는 세상에 첫 용사라… 11 그가 그 땅에서 앗수르로 나아가 니느웨와…	10:6-20
⑩ 21 셈 족속 **셈 아래**	21 **셈**은 에벨 온 자손의 조상… 22 **셈**의 아들은 엘람과…	10:21-32
⑪ 2 바벨탑 **시날 땅 아래**	2 그들이 동방으로 옮기다가 시날 평지… 9 그 이름을 **바벨**이라 하니 …	11:1-9
⑪ 32 데라 죽음 **하란 위**	**데라**는… 이백오 세가 되어 하란에서 죽었더라	11:10-32

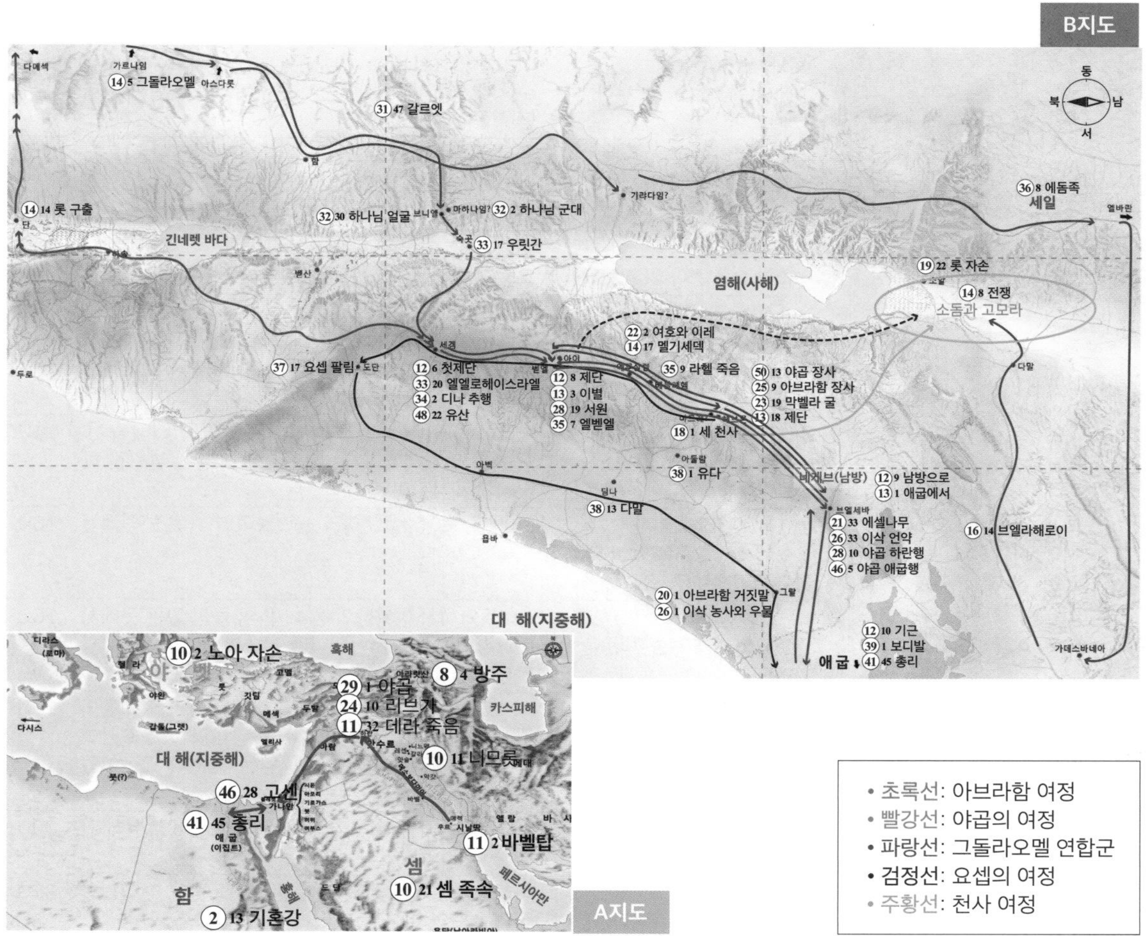

⑫ 6 첫 제단 **세겜 아래(중중좌중)**	**아브람**이 그 땅을 지나 세겜 땅 모레 상수리나무에 이르니…	12:1-7
⑫ 8 제단 **벧엘 오른쪽(중중중중)**	거기서 벧엘 동쪽 산으로 옮겨… 그곳에서 여호와께 **제단**을 쌓고	12:8
⑫ 9 남방으로 **네게브 오른쪽(우하좌상)**	점점 남방**으로** 옮겨 갔더라	12:9
⑫ 10 기근 **애굽 오른쪽(우하좌하)**	그 땅에 **기근**이 들었으므로… 애굽에 거류하려고…	12:10-20
⑬ 1 애굽에서 **네게브 오른쪽(우하좌상)**	아브람이 **애굽에서**… 아내와 모든 소유와 롯과 함께 네게브로 올라가니	13:1-2
⑬ 3 이별 **벧엘 오른쪽(중중중중)**	3 그(아브람)가… 벧엘에 이르며… 11 그들이 서로 **떠난지라**	13:3-13

⑬ 18 제단 **헤브론 오른쪽(중중우하)**	아브람이 장막을 옮겨 헤브론에 있는 마므레 상수리 수풀에 이르러 거주하며 거기서 여호와를 위하여 **제단**을 쌓았더라	13:14-18
⑭ 5 그돌라오멜 **가르나임 아래(좌상좌상)**	제십사년에 **그돌라오멜**과… 함께한 왕들이 나와서 **아스드롯 가르나임**에서 르바 족속을, **함**에서 수스 족속을, **사웨 기랴다임**에서 엠 족속을 치고	14:1-7
⑭ 8 전쟁 **소알 오른쪽 아래(우중중상)**	소돔 왕과 고모라 왕과… 나와서 싯딤 골짜기에서 그들과 **전쟁을** 하기 위하여 진을 쳤더니	14:8-12
⑭ 14 롯 구출 **단 위(좌상좌하)**	14 아브람이 그의 **조카(롯)**가 사로잡혔음을 듣고… 훈련된 자 삼백십팔 명을 거느리고 단까지 쫓아가서 15 …그들을 쳐부수고 다메섹 왼편(북쪽) 호바까지 쫓아가 16 …다 **찾아왔더라**	14:13-16
⑭ 17 멜기세덱 **예루살렘 위(중중중중)**	17 아브람이… 왕들을 쳐부수고 돌아올 때에… 18 살렘 왕 **멜기세덱**이… 나왔으니… 지극히 높으신 하나님의 제사장이었더라	14:17-24
⑯ 14 브엘라해로이 **브엘세바 오른쪽(2cm 오른쪽에 표기, 우하중상)**	그 샘을 브엘라해로이라 불렀으며… 가데스와 베렛 사이에 있더라	16:1-16
⑱ 1 세 천사 **마므레 아래(중중우하)**	1 여호와께서 마므레의 상수리나무들이 있는 곳에서 아브라함에게 나타나시니라 2 …본즉 사람 **셋**이 맞은편에 서 있는지라	18:1-33
⑲ 22 롯 자손 **소알 위(우중중상)**	22 그리로 속히 도망하라… 그 성읍 이름을 소알이라… 37 큰딸은 아들을 낳아 **모압**이라 하였으니… 38 작은딸도 아들을 낳아… **암몬** 자손의 조상이었더라	19:1-38
⑳ 1 아브라함 거짓말 **그랄 왼쪽(우하좌중)**	1 아브라함이… 옮겨 가 가데스와 술 사이 그랄에 거류하며 2 아내 사라를 **자기 누이라**…	20:1-18
㉑ 33 에셀나무 **브엘세바 아래(우하좌상)**	아브라함은 브엘세바에 **에셀나무**를 심고… 영원하신 여호와의 이름을 불렀으며	21:1-34
㉒ 2 여호와 이레 **예루살렘 위(중중중중)**	2 여호와께서… 네 아들 네 사랑하는 독자 이삭을 데리고 모리아 땅으로 가서 내가 네게 일러준 한 산 거기서 그를 번제로 드리라 14 아브라함이 그 땅 이름을 **여호와 이레**라…	22:1-19
㉓ 19 막벨라굴 **헤브론 오른쪽(중중우하)**	그(소유로 확정된) 후에 아브라함이 그 아내 사라를… 마므레 앞 막벨라 밭 굴에 장사하였더라(마므레는 곧 헤브론이라)	23:1-20
㉔ 10 리브가 **하란 위**	10 종이… 떠나 메소보다미아로 가서 나홀의 성에 이르러… 12 오늘 나에게 순조롭게 만나게 하사… 15 말을 마치기도 전에 **리브가**가 물동이를 어깨에 메고 나오니	24:1-67
㉕ 9 아브라함 장사 **헤브론 오른쪽(중중우하)**	그(아브라함)의 아들들인 이삭과 이스마엘이 그를 마므레 앞 헷 족속 소할의 아들 에브론의 밭에 있는 막벨라 굴에 **장사**하였으니	25:1-11
㉖ 1 이삭 농사와 우물 **그랄 왼쪽(우하좌중)**	1 아브라함 때에 첫 흉년이 들었더니 그 땅에 또 흉년이 들매 **이삭**이 그랄로 가서 블레셋 왕 아비멜렉에게 이르렀더니 7 그는 **내 누이**라…	26:1-25

㉖ 33 이삭 언약 **브엘세바 아래(우하좌상)**	26 아비멜렉이… 이삭에게로 온지라 28 여호와께서 너와 함께 계심을 우리가 분명히 보았으므로… 너와 **계약**을 맺으리라 33 그(이삭)가 그 이름을 세바라 한지라 그러므로 그 성읍 이름이 오늘까지 브엘세바더라	26:26-33
㉘ 10 야곱 하란행 **브엘세바 아래(우하좌상)**	**야곱**이 브엘세바에서… 하란으로 향하여 가더니	28:1-15
㉘ 19 서원 **벧엘 오른쪽(중중중중)**	19 그곳 이름을 벧엘이라… 20 야곱이 **서원**하여 이르되 하나님이 나와 함께 계셔서 내가 가는 이 길에서 나를 지키시고	28:16-22
㉙ 1 야곱 **하란 위**	**야곱**이 길을 떠나 동방 사람의 땅에 이르러	29-30장
㉛ 47 갈르엣 **브니엘 위(1.5cm 위에 표기, 중상좌상)**	라반은 그것을 여갈사하두다라 불렀고 야곱은 그것을 갈르엣이라 불렀으니	31:43-55
㉜ 2 하나님의 군대 **마하나임 오른쪽(중상좌하)**	야곱이 그들을 볼 때에 이르기를 이는 **하나님의 군대**라 하고 그 땅 이름을 마하나임이라 하였더라	32:1-12
㉜ 30 하나님 얼굴 **브니엘 왼쪽(중상좌하)**	야곱이 그곳 이름을 브니엘이라 하였으니… 내가 **하나님과 대면**하여 보았으나	32-13-32
㉝ 17 우릿간 **숙곳 오른쪽(중상좌하)**	야곱은 숙곳에 이르러… 집을 짓고 그의 가축을 위하여 **우릿간**을 지었으므로 그 땅 이름을 숙곳이라 부르더라	33:1-17
㉝ 20 엘엘로헤이스라엘 **세겜 아래(중중좌중)**	거기(세겜)에 **제단**을 쌓고 그 이름을 엘엘로헤이스라엘이라 불렀더라	33:18-20
㉞ 2 디나 추행 **세겜 아래(중중좌중)**	히위 족속 중 하몰의 아들 그 땅(세겜)의 추장 세겜이 그(야곱의 딸 디나)를 보고 끌어들여 **강간**하여…	34:1-31
㉟ 7 엘벧엘 **벧엘 오른쪽(중중중중)**	그(야곱)가 거기서 **제단**을 쌓고 그곳을 엘벧엘이라 불렀으니… 하나님이 거기서 그에게 나타나셨음이더라	35:1-15
㉟ 9 라헬 죽음 **베들레헴 위(중중우중)**	9 야곱이 밧단아람에서 돌아오매 하나님이 다시 야곱에게 나타나사 복을 주시고 19 **라헬**이 죽으매 에브랏 곧 베들레헴 길에 장사되었고	35:16-29
㊱ 8 에돔족 **세일 위(우상우하)**	이에 에서 곧 **에돔**이 세일산에 거주하니라	36:1-43
㊲ 17 요셉 팔림 **도단 왼쪽(좌중우중)**	17 그들이 여기(세겜)서 떠났느니라 내가 그들의 말을 들으니 도단으로 가자 하더라… **요셉**이… 도단에서 그들을 만나니라 26 유다가… 27 그를 이스마엘 사람들에게 **팔고**…	37:1-36
㊳ 1 유다 **아둘람 아래(중중우하)**	그 후에 **유다**가… 내려가서 아둘람 사람 히라와 가까이하니라	38:1-11
㊳ 13 다말 **딤나 아래(중하중상)**	13 어떤 사람이 **다말**에게 말하되 네 시아버지가 자기의 양털을 깎으려고 딤나에 올라왔다 한지라 27 (다말이) 해산할 때에 보니 쌍태라	38:12-30
㊴ 1 보디발 **애굽 오른쪽(우하좌하)**	**요셉**이 이끌려 애굽에 내려가매 바로의 신하 친위대장 애굽 사람 보디발이… 이스마엘 사람의 손에서 요셉을 **사니라**	39:1-23

㊶ 45 총리 **애굽 아래** **B지도, 애굽 오른쪽(우하좌하)**	그(바로)가 요셉의 이름을 사브낫바네아라 하고… 요셉이 나가 애굽 온 땅을 **순찰**하니라	41:1-57
㊻ 5 야곱 애굽행 **브엘세바 아래(우하좌상)**	5 **야곱**이 브엘세바에서 떠날새… 6 가축과 가나안 땅에서 얻은 재물을 이끌었으며 야곱과 그의 자손들이 다 함께 애굽으로 갔더라	46:1-27
㊻ 28 고센 **나일강 삼각주**	야곱이 유다를 요셉에게 미리 보내어… 다 고센 땅에 이르니	46:28-34
㊽ 22 유산 **세겜 아래(중중좌중)**	내가 네게 네 형제보다 세겜 땅을 **더 주었나니**…	48:8-22
㊿ 13 야곱 장사 **헤브론 오른쪽 위(중중우하)**	그(야곱)를… 마므레 앞 막벨라 밭 굴에 **장사하였으니**…	50:1-14

2 아브라함(초록선), 야곱(빨강선), 요셉(**검정선**)의 여정을 역동성 있게 표시해 보자.

아브라함 여정

<A지도 그리기>

01 구약의 배경을 다지는 아브라함의 큰 여정을 그려보자.

02 우르에서 메소보다미아와 유브라데 사이를 지나 하란까지 **초록 화살표**를 그려라.

03 하란에서 아람을 지나 가나안으로 향하는 **초록 화살표**를 그려라.

04 가나안에서 애굽의 나일강 줄기까지 **양방향 초록 화살표**를 그려라.

<B지도 그리기>

01 가나안 도착 : 세겜 왼쪽 사거리에서 세겜까지, 세겜에서 벧엘로, 벧엘에서 베들레헴과 헤브론을 거쳐 네게브(남방)까지 **초록 화살표**를 그려라.

02 기근으로 애굽행 : 네게브에서 브엘세바를 거쳐 애굽 화살표를 향해, 애굽 화살표에서 다시 네게브를 향하여 **초록 화살표**를 그려라.

03 가나안 귀환 : 네게브에서 아이까지 내려오는 화살표 위로 **초록 화살표**를 그려라.

04 아브람과 롯의 이별 : 아이에서 시작하여 염해 해안선을 따라 소돔과 고모라까지 **검정 화살표**를 하라.

05 그돌라오멜 침략 : 가르나임에서 아스다롯까지, 아스다롯에서 함을 거쳐 약간 구불거리게 길 따라 기랴다임까지, 기랴다임에서 길 따라 엘바란까지, 엘바란에서 아래를 향해 직선으로 쭉 내려가다가 가데스바네아까지, 가데스바네아에서 왼쪽 갈색 길을 따라 다말을 지나 소돔과 고모라까지 **파랑 화살표**를 그려라. '소돔과 고모라'를 **주황 타원**으로 두르라.

06 롯 구출 : 세겜 왼쪽 사거리에서 길 따라 구불구불하게 단까지, 단에서 위로 다메섹 화살표 전 중간 지점까지 **이중 초록 화살표**를 그려라. 그 이후 다메섹까지 **파랑 화살표**를 그려라.

07 소돔과 고모라 심판: 마므레 밑 '세 천사' 글씨 오른쪽에서 소돔과 고모라 글자까지 **주황 화살표**를 그려라.

야곱 여정

01 벧엘 서원 : 네게브에서 초록 선 위로 아이까지 **빨강 화살표**를 그려라.

02 야곱 귀환: 가르나임의 파랑 선 위로 함을 지나 마하나임 위까지 오다 아래쪽 마하나임까지, 브니엘에서 숙곳까지, 숙곳에서 강을 넘어 갈색 길을 따라 세겜까지, 세겜에서 벧엘까지, 벧엘에서 헤브론까지, 헤브론에서 브엘세바까지 **빨강 화살표**를 그려라.

요셉 여정

01 형 만나러 감 : 헤브론에서 첫 번째 초록선 아래쪽으로 세겜 거쳐 길 따라 도단까지 **검정 화살표**를 그려라.

02 애굽으로 팔려감 : 도단에서 갈색 해변길을 따라 그랄을 거쳐 지도 밖으로 나가는 **검정 화살표**를 그려라.

3 지도의 의미와 교훈

01 아브라함은 믿음의 조상일 뿐 아니라 성경 배경의 조상이다. 그는 하나님의 부르심을 받아 메소포타미아의 남쪽 갈대아 우르에서 출발한다. 바벨탑이 있던 곳, 문화가 번창했던 농업 중심의 지역에서 북쪽 하란으로 옮기면서 삶의 방식이 유목민으로 바뀌었다. 유목민으로 준비된 아브라함은 진짜 본토 메소포타미아 지역을 떠난다. 그는 상대적으로 척박한 수리아 광야를 들러서 가나안으로 갔다. 그리고 약속의 땅이지만 기근에 견디지 못하는 땅, 이용할 강이 없는 땅인 가나안에서 항상 물이 있는 나일강 지역으로 옮겼다. 결국 아시아에서 아프리카로 이동한 것이다. 그는 이동하는 중에 제단을 쌓으면서 자신이 지나간 모든 지역을 성경의 역사 배경으로 만들어 놓았다. 이런 대이동이 가능한 이유는, 고고학적으로 보아도 이 시기가 어떤 큰 힘이 무너진 혼란기여서 이동이 자유로웠기 때문이다. 그러나 한편으로, 자신의 아내조차도 누이로 속여 생명을 보존해야 하는 매우 불안정한 시기였다.

소돔과 고모라 지역에 엘람 왕 그돌라오멜 연합군이 쳐들어왔는데 이는 2000km가 넘는 원정이었다. 소금 전쟁으로 여겨지는 성경의 첫 전쟁은 국제 전쟁이었다. 그러나 조카를 구해 기업 무름을 하려는 한 유목민, 아브라함의 기습 작전이 전쟁의 승패를 갈라놓았다. 이 전쟁 결과 가나안 지역의 사람들은 아브라함에게 감사했다. 멜기세덱은 여호와의 제사장이기도 했지만 가나안 중심에 있는 예루살렘의 왕이기도 했다. 그와 소돔 왕은 아브라함에게 감사했고, 이로 인해 아브라함과 그 자손의 위치는 공고해졌음이 분명하다.

02 이삭은 네게브를 중심으로 제한적인 삶을 살았다. 네게브가 수시로 기근이 들고 힘든 환경이지만 비가 오면 100배로 거둘 수 있는 땅이라는 사실을 이삭을 통해 알게 된다. 또한 네게브의 우물은 그

지역의 인공 오아시스와 같은 것으로, 우물 파는 일을 통해 하나님이 그와 함께하심을 보여 주었다. 블레셋 왕 아비멜렉은 이삭이 네게브에서 농사해서 100배를 남기고, 파는 우물마다 물이 나오는 것을 보고 그가 하나님의 사람임을 인정하고 평화조약을 맺었다.

03 야곱은 할아버지와 버금가는 지경을 배경 삼아 살았다. 할아버지 아브라함이 사용하던 길을 사용하며 족장의 도로를 완성하기도 했다. 그는 기념비적인 장소마다 이름을 남겼고, 그 이름은 지역과 도시 이름이 되곤 했다. 특히 꿈에 하늘 사닥다리를 본 곳을 하나님의 집이라는 '벧엘'이라 칭했고, 라반과 만나 증거의 무더기를 쌓고 평화조약을 맺은 곳을 '갈르엣'이라 하였다. 갈르엣은 후에 '길르앗'이 되었다. 이외에도 하나님의 군대 진영이라는 '마하나임', 하나님의 얼굴을 보았다는 '브니엘', 우릿간을 지었다는 '숙곳' 등이 도시 이름이 되었다. 세겜에 이스라엘의 하나님, 즉 '엘엘로헤 이스라엘'이라는 제단을 쌓은 것도 아브라함이 여호와께 땅의 약속을 받은 장소이기 때문일 것이다. 이외에도 자기를 돌봐주던 리브가의 유모 드보라의 죽음을 애곡하면서 통곡의 상수리나무라 이름 붙인 '알론바굿'은 후에 여사사 드보라가 등장하는 배경이 되었고(삿 4:5), '라헬의 묘실'은 사울왕이 교훈을 받는 장소로 사용되었다(삼상 10:2).

04 요셉은 국제 해안도로인 해변길을 제대로 이용했다. 밧단아람에서 태어나 가나안에 온 요셉은 형들에게 도단에서 팔려 상인들이 이용하는 해변길을 따라 애굽으로 팔려 갔다. 어떻게 보면 야곱보다 요셉이 먼저 아브라함의 배경을 밟았다. 야곱은 요셉의 초청을 받아 브엘세바에서 마지막 제사를 드리고 가나안을 떠나 애굽으로 입성한 후 죽었다.

05 가장 많은 사건이 일어난 곳

세겜, 벧엘, 헤브론, 브엘세바는 모두 족장의 도로에 위치한다. 이런 결과가 중앙 산악 지대 능선길을 '족장의 도로'라 칭하게 했다고 할 수 있다. 이 네 곳과 예루살렘은 아브라함이 가나안에 들어와 제단을 쌓았던 곳이기도 하다. 아브라함이 예배를 드렸던 장소는 그의 후손인 이삭, 야곱, 요셉뿐 아니라 출애굽 후 이스라엘이 정착한 후에도 중요 사건의 배경이 된다. 세겜은 여호수아가 그리심산과 에발산 언약을 맺는 장소이자 예수님이 오셔서 예배를 가르친 수가성이기도 하다. 벧엘은 북이스라엘의 국경이 되는 동시에 금송아지를 만들어 놓은 북이스라엘의 종교 중심지가 되었다. 헤브론은 막벨라 굴이 있어 족장들이 묻힌 선산이 되었고 갈렙의 영지이자, 다윗왕의 첫 수도가 되기도 했다. 브엘세바는 남쪽의 중심지로 유적을 통해 신전이 있었을 것으로 추정된다.

믿음의 훈련장, 그랄

창세기
핫 플레이스

그랄
브엘세바

남쪽의 중심 도시 브엘세바에서 분쟁이 많은 가자 지구가 있는 서쪽으로 27km 지점에 이르면 아브라함과 이삭이 거짓말을 하였던 쓰라린 추억의 장소, 당시 블레셋의 수도였던 그랄이 있다. 그랄은 해변길에 있는 남쪽 네게브의 교통요지다. 그랄 언덕에서 바라보면 북쪽으로는 해변길을 따라 예루살렘으로 가는 길이 보인다. 이 길을 따라 사도행전 8장의 에티오피아 내시 간다게의 국고 맡은 자가 왔을 것이다. 7km 지점에 다윗이 피신하여 힘을 키웠던 블레셋의 국경도시 시글락도 있다. 동쪽으로는 네게브 지역 들판이 보인다. 남쪽으로는 멀지 않은 곳에 크고 넓은 광야가 펼쳐진다. 서쪽으로는 16km 지점에 콘크리트 장막으로 두른 가자 지구가 보인다. 삼손이 기생을 만난 후 자신을 보호하기 위해 성 문짝을 들고 나왔던 곳이다.

아브라함과 이삭이 애굽으로 내려갈 때마다 들러야 했던 국제적인 도시가 그랄이다. 이곳을 들를 때마다 무엇이 두려웠기에 모두 자신의 아내를 누이라고 속여야 했을까? 광야 가장자리에 있는 데다 누구도 도와줄 수 없는 마을의 지정학적인 위치가 그들을 두렵게 했을까?

이삭이 살던 때에 가나안에 가뭄이 찾아왔다(창 26:1). 이삭은 가뭄을 피해 아버지처럼 사시사철 물이 흐르는 애굽으로 내려가려 했다. 그러나 하나님은 애굽에 내려가지 말라면서 그 땅에서 복을 주겠다고 약속하셨다. 이삭은 이 사실을 믿었고 그다음 해 가장 좋은 땅을 택하여 자신이 가진 종자를 모두 뿌렸다. 그랄에 살던 블레셋 사람들은 비웃었다. 요셉의 이야기에서 나오는 것처럼 기근이 오면 몇 년 연달아 오는 것이 상례이기 때문이다. 차라리 그랄 사람들은 그랄 옆 시냇가, 지금은 와디라 불리는 비가 올 때만 물이 흐르는 계절천 주변에 곡식을 조금 뿌렸다. 그런데 이것이 웬일인가? 다음 해 예상

그랄 거주지

그랄 언덕(텔) 올라가는 길

그랄

그랄 시내
비가 올 때만 물이 흐르는 와디

그랄에서 바라본 북동쪽 시글락 방향

그랄의 남쪽 광야 방향

을 깨고 많은 비가 내렸다. 그랄 사람들은 그나마 조금 뿌린 종자들을 많은 물에 모두 잃어버렸다. 그러나 이삭은 뿌린 밭에서 100배의 곡식을 거두었다. 이로써 이삭은 졸지에 거부(巨富)가 되었다.

그렇다. 하나님이 이삭을 네게브에 두신 이유는 그의 믿음을 훈련하기 위함이었다. 네게브는 여호와를 의지할 때 100배의 축복을 받는 지역이요, 불순종할 때는 아무 것도 못 얻는 '꽝' 지역이다. 축복은 오직 하나님께 달렸음을 철저히 배우는 땅인 것이다. 이러한 축복관을 가장 잘 배운 사람이 야곱이다. 야곱은 아버지의 삶을 보면서 하나님이 축복하지 않으면 안 된다는 것을 분명히 배웠다. 그랬기에 그는 장자의 축복을 사모했다. 얍복강에서 천사와 씨름할 때 골반뼈의 신경줄을 다치면서까지 끈질기게 요구한 것이 '하나님의 축복'이었다. 축복을 받지 못하면 자신은 죽은 목숨이나 마찬가지라는 사실을 알았기 때문이다.

이것이 네게브 정신이다. 하나님을 의지하면 100배, 그렇지 않으면 모든 것을 잃어버린다.

때로 주님은 우리를 이런 두려움과 반 사막지대 같은 시련의 땅으로 몰아가신다. 당신이 서 있는 곳이 바로 네게브다. 아브라함의 후손이여, 네게브 정신으로 주님만을 의지하여 영육간의 거부(巨富)가 되자.

네게브의 중심지, 브엘세바

'맹세의 우물'이라는 뜻을 가진 브엘세바는 '우물'이라는 브엘과 '맹세 혹은 일곱'이라는 세바가 합쳐진 지명이다. 이곳에는 이름대로 두 개의 우물이 발견되어 남방에서 물이 중요함을 잘 말해 준다. 단에서 브엘세바까지(삼하 17:11)라는 말에서 보듯 브엘세바는 이스라엘의 남쪽 경계 도시로 세바라 부르기도 한다(수 19:2). 성경시대 브엘세바는 현대 도시 브엘세바 동쪽에 있는 해발 330m의 텔 브엘세바다. 이곳은 네게브의 중앙에 있으며 네게브 분지의 중앙 통로 역할을 했다. 와디 브엘세바와 와디 헤브론이 이곳에서 만난다. 오늘날 브엘세바는 예루살렘에서 약 85km 떨어진 네게브 지역에서 가장 중요하고 큰 도시다.

브엘세바에 들어서면 먼저 아브라함이 심었다던 거대한 에셀나무가 입구에 서 있다. 매표소 앞마당에는 성에서 발견된 다듬은 돌제단 모형이 있다. 브엘세바 성은 동쪽에 문이 있는데, 그 앞에 깊은 우물이 있어 나그네들이 성에 들어오지 않고도 물을 마실 수 있었다. 성문 앞에는 광장과 함께 신전이 있고, 정면에는 관공서가 있는데, 이 중앙에서 제단이 발견되었다. 남쪽으로는 원형 도로와 격자 모양의 주거용 성벽이 있다. 또한 지하 주거지와 이스라엘인의 전형적인 4방 구조의 집도 발견된다. 전망대에 올라서 보면 성문 왼쪽에 위치한 저장고와 성문 앞 넓은 와디가 눈에 선명하게 들어온다. 네게브의 지형적 특성과 농경 문화가 느껴지는 풍경이 펼쳐진다. 유다 산지 헤브론 시내에서 흘러오는 물을 끌어들여 브엘세바 동쪽에 거대한 물저장고를 만든 지형도 보인다. 성에서 물이 나갈 때는 이 저장고를 통했는데, 30m 이상의 나선형 길로 내려가 방수 처리된 시스턴을 거쳐 밖으로 나가게 된다. 물이 얼마나 귀한 것이었는지를 실감하는 시설이다.

브엘세바에서 발견된 오염된 제단

브엘세바 성문 앞 우물

성문 앞 광장과 하수로

브엘세바 물저장고
내려가는 길

모형과 함께 본 브엘세바
동쪽 지역

서쪽 입구에서 본
텔 브엘세바

성경 사건으로는 아브라함과 이삭이 그랄 왕 아비멜렉과 맹세를 한 뒤에 이곳을 브엘세바라고 불렀다(창 21:25-34, 26:23, 33). 아브라함이 에셀나무를 심고 하나님을 섬기며 살았다. 야곱이 요셉을 만나기 위해 애굽으로 갈 때 브엘세바에서 마지막 제사를 드리고 가나안을 떠났다(창 46:1-4). 브엘세바는 유다 지파의 성읍이었으나 시므온 지파에게 주었다(수 15:28, 19:2, 대상 4:28). 한때, 사무엘의 두 아들이 사사가 되어 브엘세바를 다스렸고(삼상 8:2), 선지자 엘리야가 갈멜산에서 바알 선지자들을 무찌른 뒤 브엘세바 남쪽의 로뎀나무로 피신했다(왕상 19:1-3). 이후 엘리야는 시내 광야에 있는 호렙으로 갔다(왕상 19:8). 요아스왕의 모친은 브엘세바 사람이었으며(왕하 12:1), 요시야왕은 브엘세바에 있는 산당을 헐어 버렸다(왕하 23:8). 바벨론 포로 후에 브엘세바는 유다 사람들의 거주지가 되었다(느 11:27).

더 깊은 묵상

시편 126편의 남방 시내들같이 돌려보내소서

시편 126편은 '네게브'('남방'이란 뜻)의 특징을 잘 드러내는 시다. 오늘날 네게브는 이스라엘의 유다 산지에서 홍해와 시나이에 이르는 남부의 대부분을 지칭한다. 그러나 성경에서는 제한된 의미로, 유다 산지와 광야 사이 모래시계 모양의 분지를 가리킨다. 유다 산지에 비가 내리면 그 물줄기가 서쪽 지중해나 동쪽 염해로 흐르는데, 브엘세바('맹세의 우물'이란 뜻)가 동서 방향의 물길을 가르는 기점이 되곤 한다. 연평균 강수량이 250mm 이하가 되면 사막이 되고 그 이상이면 농토가 되는데, 네게브는 이 사이를 오간다. 이런 환경은 얼마 정도의 풀을 자라게 해 그 땅을 초지로 만들지만, 숲을 만들지는 못한다. 그래서 큰비가 내리면 '와디'(계절천)로 모여 바다로 급하게 흘러간다. 남방 주민들은 이런 물길 일부를 돌려 큰 저수조에 모아 여름에 사용하곤 했다.

넓은 와디는 물이 없고 모래로 된 바닥이 많아 사람들이 야영하기에 좋아 보이지만, 이곳에서 야영하다 죽었다는 보도가 매년 나온다. 산지에 비가 내려 밤사이에 물이 밀려오면 무서운 속도로 와디를 쓸어 가기 때문이다. 그래서 이곳에서는 아무리 힘들어도 꼭 반석 위에 집을 지어야 한다. 예수님은 이런 특징을 아시기에, 말씀을 듣고 지키는 사람은 그 집을 반석 위에 지은 사람과 같다고 하셨다(마 7:24-25).

시편 기자가 '남방 시내'(4절)를 언급한 것을 볼 때, 그는 남방(네게브) 출신인 듯하다. 시온에서 잡혀 온 포로들을 하나님이 바사(페르시아) 왕 고레스를 통해 돌려보내실 때 그는 꿈꾸는 것 같았다고 한다(1절). 그는 고향 남방의 시내에 다시 물이 흐르듯이 '빨리' 돌려보내 달라고 간구한다. 또한 자신이 신앙을 지킬 수 있었던 힘을 고향의 농사에 비유한다. 브엘세바의 들판은 여름에는 광야가 되지만, 우기인 겨울에는 풍요로운 농지가 된다. 하나님이 비를 내려 주셔야만 그 땅에서 농사할 수 있었다. 이삭이 농사를 짓고 100배를 거두었던 것도 이런 지역적 특성 때문이었다(창 26:12). 이런 환경에서 야곱도 하나님의 복만이 살 길임을 배워 장자의 복을 사모했을 것이다.

이렇듯 강우가 불확실하고 물이 충분하지 못한 남방 지역은 바벨론 포로기 상황과 유사했다. 그래서 남방 출신의 포로들은 하나님이 비만 내려 주시면 100배의 수확을 거둘 수 있다는 사실을 잊지 않았다. 이러한 소망을 품고 매년 눈물로 믿음의 씨앗을 뿌리며 신앙을 지킨 그들은 마침내 포로 귀환 명령을 받고 기쁨으로 시편의 노래를 했다.

전망대에서 본 브엘세바 전경과 들판(겨울)

전망대에서 본 브엘세바 전경과 들판(여름)

chapter 1

출애굽기의 주요 무대

나일강 지역

이집트는 아프리카 대륙의 동북단에 위치하여 아시아와 유럽의 교량 역할을 하면서 찬란한 문명을 꽃피웠다. 이집트의 가장 중요한 자원은 나일강(6500~6700km)인데, 이 강을 따라 문명이 발달했다. 나일강은 아프리카 밀림지대인 탄자니아의 빅토리아 호수에서 출발하는 백나일이 에티오피아에서 흘러나오는 청나일과 합류하고, 또 하나의 지류인 아트바라 강과 합류하는 형세로 흐른다. 주의할 것은 나일강은 남쪽에서 흘러 북쪽 지중해로 흘러든다는 것이다. 그래서 남쪽을 상이집트, 북쪽 삼각주 지역을 하이집트라 부른다.

밀림의 우기에서 내려오는 물이 거세지만, 5개의 폭포가 급류를 잡아 주며, 상류에서 오는 적을 막아 준다. 이집트 영내로 들어오면 합세하는 물길과 폭포들 때문에 유속이 느려져 사람들이 이용하기 좋은 강이 된다. 그 첫 장소가 상이집트의 수도이자 모세가 자란 노아몬(현재 룩소)이

이집트의 젖줄인 나일강은 남쪽에서 북쪽으로 흐른다.

나일강 상류
룩소(노아몬)에 위치한 카르낙 신전에는 다양한 역사 기록이 남아 있다.

다. 이집트 역사를 보면 대부분 헝그리 정신이 강한 상이집트가 하이집트를 다스렸다. 하이집트의 삼각주는 우기마다 상류의 기름진 토양을 받아 옥토를 이룬다.

삼각주는 비가 거의 오지 않는 사막일지라도 나일강 덕분에 기름진 토양과 강물을 사용해 풍성한 농사를 지을 수 있다. 5~7월에 서서히 올라가던 수위는 9~10월에 이르면 최고치를 기록한다. 이때 불어난 물이 범람하여 홍수를 일으키지만 이로써 온갖 수목이 자라고 동물이 서식할 수 있는 환경이 조성된다. 이집트인들에게 매년 범람하여 자연의 선물을 안겨 주는 나일강의 홍수는 하나의 순환이고 동시에 숭배의 대상이었다. 이집트의 주신인 태양신 '라' 때문에 신전과 주거지는 태양이 뜨는 동쪽이고, 무덤은 해가 지는 나일강 서쪽이 되었다.

이집트의 계절은 3개로 구분된다. 나일강이 범람하는 7~10월은 농한기, 물이 빠진 11~2월은 파종기, 3~6월은 추수기다. 우기 때 흘러오는 물을 사용해서 침수 농업을 하거나 물을 퍼올려 농사를 해야 한다(신 11:10).

나일강이 이렇게 중요한 만큼 출애굽 직전의 열 가지 재앙도 나일강과 깊은 관련이 있다. 이집트의 나일강 주변을 제외하고는 모두 광활한 사막이며, 특히 북동쪽은 아시아 대륙에 해당하는 시내 광야다. 이렇게 사방이 바다와 사막으로 둘러싸이다 보니 외적의 침입이 대단히 어려웠

나일강 동쪽의 룩소 신전

다. 그래서 이집트는 메소포타미아보다 전쟁이나 외부의 침략이 훨씬 적었고 통일된 왕국을 지속할 수 있었다. 많은 문화재가 파손되지 않고 보존되어 연대 계산의 기초로 사용될 수 있는 것도 이런 지리적인 장점 때문이다. 하나님은 이런 이집트를 사용하여 야곱의 70인 가족을 430년 만에 장정만 60만이 되는 민족을 이루어 이스라엘을 세우셨다.

시내 광야

시내 반도의 시내 광야는 아프리카인 이집트와 아시아인 가나안을 연결하는 교량 역할을 하며, 남쪽은 높고 지중해와 접한 북쪽은 고도가 낮은 삼각형 모양이다. 북부는 해안과 접하여 32km가량의 모래톱 평야로 되어 있고 약간의 농업이 가능하다. 중부로 갈수록 고도가 높아지면서 사암과 석회암으로 된 평편한 고원지대를 이룬다. 드넓은 들판을 끝없이 가다 한 언덕에 모래톱이 나오면 잠시 쉬면서 모래 미끄럼을 타며 지루함을 달래 볼 수 있다.

남부는 화강암으로 된 험준한 산들이 계속되는데 고대로부터 터키옥, 대리석, 구리를 생산하던 광산이 있었다. 그중 가장 유명한 곳이 세라빗 엘 카딤으로 이집트 신인 하토르 여신을 섬기는 신전도 발견되었다. 그런 면에서 이집트에서 남쪽 시내산에 이르는 길은 농한기 때 한 번 정도 사용하는 광산길이다.

시내 광야는 대부분이 바위로 이뤄졌지만 이렇게 모래톱이 형성되기도 한다.

시내 광야는 60만 1400km^{2}로 1년 중 70% 이상이 구름이 없다. 시내 광야에는 작은 광야로 신(Sin) 광야, 에담 혹은 수르 광야가 있고, 시내 광야에서 북쪽을 향하여 가나

시내산의 양 떼들
모세는 40년간 이런 지역에서 목자로 살았다.

안 땅으로 가려면 바란 광야를 만나고 이어서 신(Zin) 광야를 만난 후에야 반사막 지대인 네게브를 지나 가나안에 이르게 된다. 홍해에서 염해에 이르는 골짜기는 아라바 광야라 부르고, 미디안 광야는 동쪽에 위치한 아카바만 남서쪽에 있다. 시내 반도는 이집트 삼각주에서 아시아를 향하는 4개의 길이 지나고 있어 무역과 군사도로로 이용되었다.

01 해변길 : 애굽의 소안에서 가사까지

02 술길 : 수르 광야길로 애굽 고센 지역에서 가데스바네아를 거쳐 브엘세바까지

03 메카 순례길 : 애굽의 삼각주 꼭짓점에 해당하는 온에서 엘랏으로 가다 스바 쪽으로

04 세라빗 엘-카딤길 : 숙곳-마라-르비딤-시내산 방향(1년에 한 번 사용하는 광산길)

이런 도로 여건 때문에 시내는 정치 분쟁이 끊이지 않았다. 시내 반도에 거주하던 유목민 중 미디안 족속과 아말렉 족속이 있다. 모세가 피난한 미디안 광야는 아카바만 남서쪽인데, 출애굽 백성은 모세가 40년 동안 살던 광야를 40년 동안 헤매고 다녔다.

chapter	2

출애굽기 그리기

1 출애굽기를 펴고 '성경에 표시할 부분' 표에 색칠한 부분을 성경에 표시하라. 그리고 지도에는 장절과 키워드를 쓴다.

장절과 키워드 지도에 표시할 부분	성경에 표시할 부분	통독 구절
① 8 새 왕 **노아몬 위(우하우상)**	**새 왕**이 일어나 애굽을 다스리더니	1:8-10
① 11 국고성 **라암셋 오른쪽(좌하우중)**	그들에게 바로를 위하여 **국고성** 비돔과 라암셋을 건축하게 하니라	1:11-14
② 5 갈대상자 **라암셋 오른쪽(좌하우중)**	바로의 딸이 목욕하러 나일강으로 내려오고… 그가 **갈대 사이의 상자**를 보고…	2:1-10
② 15 모세 도피 **시내산 위(중중우상)**	바로가 이(애굽 사람 죽인) 일을 듣고 **모세**를 죽이고자 하여… 모세가… **피하여** 미디안 땅에 머물며…	2:11-25
③ 1 모세 부름 **시내산 아래(중중우상)**	1 양 떼를 치더니… 호렙에 이르매… 4 여호와께서… **그를 불러**	3:1-22
④ 27 아론 만남 **시내산 아래(중중우상)**	**아론**에게 이르시되 광야에 가서 모세를 맞으라	4:1-31
⑦ 20 피재앙 **라암셋 오른쪽(좌하우중)**	모세와 아론이… 나일강을 치니 그 물이 다 **피로 변하고**	7:14-25
⑧ 22 열 재앙 **고센 아래(좌하우상)**	그날에 나는 내 백성이 거주하는 고센 땅을 **구별**하여 그곳에는 파리(네 번째 재앙)가 없게 하리니	8:20-24

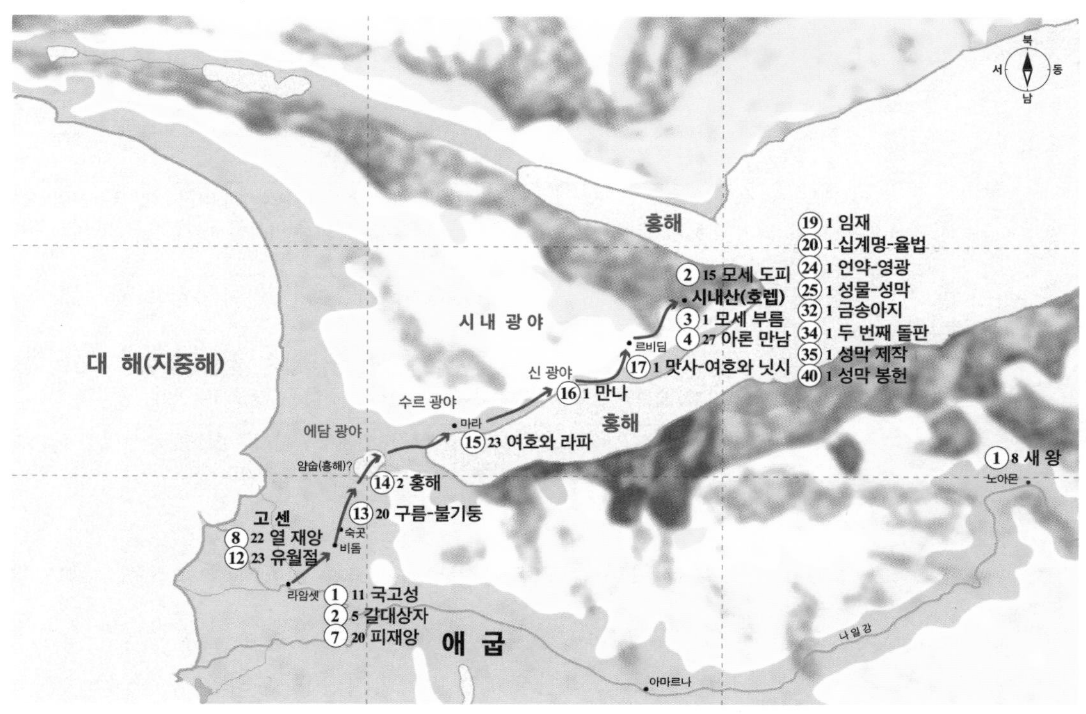

⑫ 23 유월절 **라암셋 왼쪽 위(좌하우중)**	애굽 사람들에게 재앙을 내리려고 지나가실 때에… **피를 보시면**… 그 문을 **넘으시고**	12:1-42
⑬ 20 구름-불기둥 **숙곳 위(좌하우상)**	20 그들이… 광야 끝 에담에 장막을 치니 21 여호와께서… 낮에는 **구름 기둥**으로… 밤에는 **불 기둥**을 그들에게 비추사	13;17-22
⑭ 2 홍해 **얌숩 오른쪽 아래(좌중우하)**	이스라엘 자손에게 명령하여 돌이켜 바다와 믹돌 사이의 비하히롯 앞 곧 바알스본 맞은편 바닷가에 장막을 치게 하라	14;1-31
⑮ 23 여호와 라파 **수르 광야 마라 아래(중중좌하)**	23 마라에 이르렀더니 그곳 물이 써서 마시지 못하겠으므로 그 이름을 마라라 하였더라 26 나는 너희를 **치료하는 여호와**임이라	15:22-26
⑯ 1 만나 **신 광야 아래(중중중중)**	1 이스라엘 자손의 온 회중이 엘림에서 떠나… 신 광야에 이르니 15 **이것이 무엇이냐** 하니…	16:1-12
⑰ 1 맛사-여호와 닛시 **르비딤 아래(중중우중)**	1 신 광야에서 떠나… 르비딤에 장막을 쳤으나… 7 그가 그곳 이름을 맛사 또는 므리바라… 15 그 이름을 **여호와 닛시**라 하고	17:1-16
⑲ 1 임재 **시내산 오른쪽(중중우상)**	1 애굽 땅을 떠난지 삼 개월이 되던 날… 시내 광야에 이르니라 20 시내 산 곧 그 산 꼭대기에 **강림**하시고	19:1-25
⑳ 1 십계명-율법 **시내산 오른쪽(중중우상)**	하나님이 이 모든 **말씀**으로 말씀하여(시내산 꼭대기에서)	20:1-17

㉔1 언약-영광 **시내산 오른쪽(중중우상)**	1 함께 여호와께로 올라와 멀리서 경배하고 7 **언약서**를 가져다가 백성에게 낭독하여 듣게 하니… 17 여호와의 **영광**이…	24:1-18
㉕1 성물-성막 **시내산 오른쪽(중중우상)**	1 여호와께서 모세에게 말씀하여… 2 이스라엘 자손에게 명령하여 내게 **예물**을 가져오라 하고…	25:1-9
㉜ 1 금송아지 **시내산 오른쪽(중중우상)**	1 백성이 모세가 산에서 내려옴이 더딤을 보고… 4 아론이… 금 고리를 받아 부어서 조각칼로 새겨 **송아지 형상**을 만드니…	32:1-35
㉞ 1 두 번째 돌판 **시내산 오른쪽(중중우상)**	너는 돌판 **둘**을 처음 것과 같이 다듬어 만들라…	34:1-17
㉟ 1 성막 제작 **시내산 오른쪽(중중우상)**	1 모세가 이스라엘 자손의 온 회중을 모르고… 10 여호와께서 명령하신 것을 **다 만들지니** 11 곧 **성막**과…	35:1-35
㊵ 1 성막 봉헌 **시내산 오른쪽(중중우상)**	1여호와께서 모세에게 말씀하여 이르시되 17 둘째 해 첫째 달… 초하루에 **성막을 세우니라**	40:1-38

2 긴박한 출애굽 여정과 불평하는 이스라엘 백성들, 그러나 신실하신 하나님의 인도하심을 **초록색 선**으로 역동성 있게 표시해 보자.

01 출애굽 : 라암셋에서 비돔까지, 비돔부터 얌숩(하늘색 위치 구분선)까지, 얌숩 흰색 공간을 가로질러 가는 **초록 화살표**를 그려라.

02 광야 생활 : 얌숩(홍해)에서 마라까지, 마라에서 '신 광야' 글자 아래까지, 신 광야에서 르비딤까지, 르비딤에서 시내산 점까지 **초록 화살표**를 그려라.

3 지도의 의미와 교훈

01 배경을 보면 13장까지는 애굽에서 일어난 사건이며, 14장에서 홍해를 건너며 진정한 출애굽이 이루어졌다. 그러나 시내산까지 이르는 길은 50일도 안 되며, 14장에서 18장까지 짧게 다룬다. 이후 40장까지는 시내산에서 일어난 일이다. 구약성경을 히브리어에서 헬라어로 번역하면서 성경 이름을 이집트 탈출이라는 '출애굽기'라고 적었지만 실제로 시내산에서 언약을 받는 과정이 더 길게 나온다.

02 모세는 고센 땅에서 태어났지만, 나일강 상류 남쪽의 노아몬(현재

룩소)에서 살았다. 40년간 그곳에서 왕자로 자랐지만, 어머니요 유모였던 요게벳의 교육으로 민족의식을 가질 수 있었다. 한창 축성이 되던 때 왕자로 자란 모세는 건축과 지도력을 배우고, 전쟁이 잦던 시기였기에 무술과 군사작전도 학습했으리라 본다. 이 능력을 자기 뜻을 위해 사용할 때는 히브리인을 괴롭히는 이집트인을 죽이는 데 발휘되었지만, 하나님을 위해 사용될 때는 이스라엘 민족을 이끄는 지도력으로 발휘되었다. 거기에 더해 이집트의 피라미드를 만들 정도로 정교한 건축술을 배운 모세는 여호와께서 말씀으로 성막 설계도를 설명할 때도 충분히 소화할 수 있었다. 모세의 학문은 모세오경이라는 성경 기록에서 최고봉을 이룬다. 히브리인 중에 이렇게 체계적이고 확실하게 하나님의 말씀을 정리하고 받아 적을 사람이 모세 외에는 없었다. 모세니까 왕들의 기록에나 사용되는 역사 기록을 할 수 있었다. 법을 공부한 모세는 레위기, 신명기 등 법에 관한 세부 사항을 정리해 성경의 헌법인 모세오경을 완성할 수 있었다. 서신서를 기록한 지식인 바울도 모세와 맥을 같이한다고 할 수 있다.

03 모세의 미디안 광야 40년은 이스라엘의 광야 여정 40년과 일치한다. 모세가 도망한 미디안 광야는 그 범위가 확실치 않다. 왜냐하면 미디안 사람들이 살았던 흔적은 시내 광야에서는 세라빗 엘 카딤이라는 광산과 아라바 광야의 팀나에 나타나고, 이스라엘이 여리고 앞 모압 평지에 있을 때 미디안 여인과 음행한 것을 보면(민 25:6) 미디안족이 광범위하게 움직인 유목민임을 알 수 있다. 40년간 유목 생활을 한 모세는 분명히 이 모든 지역을 한 번 정도는 탐방했을 것이다. 하나님은 그가 미리 본 지역으로 이스라엘을 이끌어 가신다. 예수님이 오셨을 때 세례 요한이 세례를 주고 준비한 곳에 예수님이 사역하신 것과 같은 원리라고 할 수 있다.

04 출애굽기의 반 이상의 배경이 되는 시내산은 어디인가? 《역사지리로 보는 성경》 구약 1권 140쪽에서 밝혔지만, 시내산이 시내 광야에 있는 것은 분명하다. 다른 곳을 주장하는 의견이 있을지라도 환경은 대동소이하다. 모세를 부르신 곳에 이스라엘을 불렀다. 그 결과 모세가 소명받은 장소와 이스라엘이 소명받은 장소가 같게 되었다.

05 큰 그림으로 보면 시내산 동쪽 홍해는 아라랏산까지 이르는 거대한 지구대다. 두 판이 만나 움직이는 곳으로 남쪽부터 시내산, 예루살렘, 아라랏산이 한 라인에 위치한다. 아라랏산에서 노아와 언약을 맺으신 하나님은 가나안 산맥인 세겜과 벧엘, 예루살렘에서 아브라함과 언약을 맺으시고, 시내산에서 모세와 언약을 맺으셨다. 그리고 다시 예루살렘에서 다윗과 언약을 맺으셨다. 종국에는 이 지구대에서 가장 낮은 땅인 염해 옆 요단강에서 세례를 받으신 예수님이 갈릴리 바다 근처에서 사역하시고, 예루살렘에서 죽으시고 성령을 부어 주셨다. 이로써 모세의 언약을 완성하는 새 언약을 이루셨다.

출애굽기
핫 플레이스

카이로
마라
르비딤

카이로 기자의 피라미드

카이로의 나일강 서쪽, 기자 피라미드는 애굽의 가장 유명한 조형물 중 하나로, 고왕조인 제3~6왕조(BC 2691~2176)의 무덤들이다. 그중 가장 큰 피라미드는 쿠푸왕의 피라미드로 높이 146.5m, 무게 650만t, 밑변 넓이 230.3m의 정사각형으로 이루진 고대 최고의 무덤이자 탑이다. 이 무덤이 BC 2700년 아브라함 시대 이전에 만들어진 것을 보면 구스의 장남인 니므롯이 주축이 되어 바벨탑을 쌓으려 했던 함 족속의 건축 기술이 바로 나일강 문명에 전수된 듯하다.

원래 붉은 화강암으로 표면이 덮여 있었지만 주변에서 무덤 돌들로 사용하려 여러 번 시도하는 바람에 표면은 없어졌다. 하지만 내부의 돌들은 너무 단단하여 차라리 다른 곳에서 돌을 채취하는 것이 효과적이라 포기할 정도였다. 수천 년이 지났지만 석양의 피라미드는 아직도 찬란하다.

아브라함은 분명히 피라미드가 만들어진 지 얼마되지 않아 피라미드를 보았을 것이고, 그 위세에 질려 자신의 아내를 누이라 둘러대며 죽음을 면하려 하지 않았을까 싶다. 세 피라미드와 나일강은 별자리 오리온의 모양을 따라 설계한 것으로 보인다. 이보다 먼저 만든 초기 피라미드는 사카라 등에 퍼져 있고, 태양신 숭배로 인해 태양이 들어가는 서쪽에 피라미드 무덤군이 위치한다. 다만 세 피라미드를 지키는 스핑크스는 신왕조, 출애굽 이후에 만들어진 것으로 보인다. 스핑크스 앞에 검은 현무암 돌을 '꿈의 비석'이라 부르는데 이곳에 스핑크스를 만들게 된 이유가 적혀 있다.

"나는 모래 속에 묻혀 있다. 괴로워 죽겠으니 모래를 파내고 나를 꺼내 주오. 그렇게만 해준다면 나는 너를 이집트의 왕으로 만들어 주겠다."

보수적인 견해에 의하면, 모세는 하셉수트 여왕(BC 1479~1457)의 손에 건져져 투트모세 3세(BC 1479~1425)와 같이 자라다가 경쟁에서 밀려나 미디안 광야로 도망했다. 이후 아멘호텝 2세(BC 1427-1401)가 왕이 되었을 때 돌아왔다. 10가지 재앙 중 장자 재앙이 있을 때 세자는 죽고 투트모세 4세(BC 1401-1391)가 왕이 되었는데 그가 스핑크스를 세우고 꿈의 비문을 세웠다고 한다. 비문의 내용은 장자가 죽었기에 차자인 자신이 왕이 되었다는 표현으로 볼 수 있다.

출애굽기의 장자 재앙을 생각나게 하는 스핑크스의 꿈의 비문

카이로 서쪽 기자 지역의 세 피라미드는 아브라함 시대에 이미 완성되어 있었다.

기자에서 가장 큰 쿠푸왕의 피라미드 원형이 윗부분에 남아 있다.

카이로 아기예수피난 교회와 모세기념회당

아기예수피난 교회는 아기 예수가 애굽으로 피신한 후에 머문 곳에 이집트 콥트 정교회에서 3~4세기에 교회를 세우고 기념한 곳이다. 이 교회는 카이로의 나일강 서쪽 강가에 있으며, 성 세르기우스와 바쿠스 교회(아부 세르가)로 불린다. 현대 도시 건물이 높아져 교회는 지하처럼 낮은 곳에 위치한다. 교회 구조는 열두 사도들을 기념하여 12기둥이 있고, 더 아래에 아기 예수가 머물렀다는 장소가 있다. 추정하기로는, 아기 예수는 1년 정도 이곳에 머무신 후 헤롯이 죽자 바로 유대로 올라가셨다. 마태는 이 상황을 "내 아들을 애굽에서 불러냈"(호 11:1)다 함을 이루려는 것이라고 했다. 고린도전서 5:7에서 예수님을 "우리의 유월절 양 곧 그리스도"라고 칭했다. 유월절에 1년 된 어린 양을 드렸는데 유월절 양으로 오신 예수님이 희생제물이 되기 위해 유대로 향한 것이다.

모세기념회당은 아기 모세를 강에서 건진 장소로 알려졌다.

아기예수피난 교회 입구는 지하에 있다.

아기예수피난 교회에서 골목을 따라 50m 정도 들어가면 '벤 에즈라 회당'이 있다. 모세가 바로의 공주에게 건짐을 받은 장소로 알려져 있다. 원래 9세기까지 미가엘 혹은 가브리엘 천사 교회로 세워졌으나 이슬람 시대에 교회에 지운 막대한 세금을 감당하지 못해 예루살렘 유대인에게 팔렸고, 이후 랍비 벤 에즈라 방문을 기념해 벤 에즈라 회당이라 불렸다. 스페인에서 추방당한 유대인들이 대거 카이로로 오면서 이곳은 9세기부터 1965년까지 유대인의 중심지가 되었다. 9세기부터 사용했던 성경이나 귀중한 문서를 폐기해 보관해 놓은 게니자(Geniza)의 문서가 28만 개나 발견되었다. 예수님의 피신 장소와 모세가 건짐받은 장소가 지척 간에 있음은 남다른 의미가 있지 않을까?

눈이 바뀐 곳, 마라

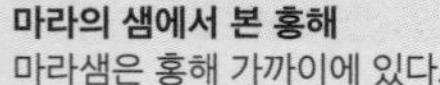
마라의 샘에서 본 홍해
마라샘은 홍해 가까이에 있다.

마라는 시내 광야에 있는 해변 지역의 샘이다. 해안가에 있는 샘의 문제는 내륙의 물이 부족하면 역류하여 바닷물이 섞여 물이 쓰게 된다는 점이다. 당시도 물이 부족해 쓴맛을 내던 물을 하나님이 달게 만드셨다. 마라의 샘이 변화된 것은 광야 생활의 첫 번째 이적이다. 하나님은 한 나무를 지시하셨고 그것이 물에 떨어지자 쓴물이 단물로 바뀌었다. 하나님은 이후에 법도와 율례를 정하시고 백성을 시험했다. 주의 계명을 청종하고 귀 기울이면 애굽에 내린 질병을 내리지 않겠다고 말씀하시며 '치료하시는 여호와', 즉 '여호와 라파' 되심을 선언하셨다(출 15:23-26).

샘을 히브리어로 '아인'이라 하는데 아인은 '눈'(eye)이라는 뜻도 가진다. 이런 면에서 히브리인은 샘을 변화시킨 것을 눈을 변화시킨 것과 같은 뜻으로 받아들인다. 눈이 바뀌는 것은 가치관이 바뀌는 것이다. 출애굽한 이스라엘이 애굽의 종 된 시각에서 하나님 중심의 시각으로 바뀌기를 원하시는 기적이었다. 세상 가치관에 젖어 있던 이스라엘의 눈을 새롭게 열어 주셔서 세상 법이 아닌 하나님의 법을 보게 하신 것이다. 이를 위해 하나님의 율례와 법도를 알려 주셨다.
그래서인지 첫 번째 이적은 대체로 물이 변하는 이적이다. 모세도 물을 변화시켜 피가 되게 했고, 엘리사도 여리고의 샘을 변화시켜 좋은 물로 만들었다. 예수님도 물을 변화시켜 포도주가 되게 하셨다. 제자들도 물이 변한 후 믿음을 가지게 되었다. 주님은 우리가 믿음을 가진 뒤 눈이 변하기를 원하신다.

시내산의 길목 르비딤

르비딤은 시내산 가는 길목에 있다. 누군가 이 길을 가로막으면 시내산을 갈 수 없다. 아말렉은 출애굽한 이스라엘을 이곳에서 가로막으며 싸움을 걸었는데, 출애굽 후 첫 전쟁이었다. 깎아지른 절벽 같은 돌산 협곡에 있는 르비딤에는 지금도 종려나무가 많고 우물들도 있다. 한 동산에는 모세가 기도한 장소로 여겨지는 곳이 있는데 수도원 흔적도 있다. 나무가 있으면 샘이 있다는 증거인데, 이스라엘이 도착했을 때는 물이 턱없이 부족했던 것 같다. 구원의 감격도 잊고 이스라엘은 물이 부족함을 원망했다. 모세는 반석을 쳐서 물을 내었고, 백성은 그 샘물을 마셨다. 이스라엘은 그곳에서 하나님이 우리 가운데 안 계신가 하여 주님을 시험하고 다투었기에 그곳 이름을 므리바 혹은 맛사라 불렀다(출 17:7). 므리바는 '다툼', 맛사는 '시험함'이라는 뜻이다. 고린도전서 10:4에서 바울은 예수님을 반석이라고 하였고, 예수님은 '누구든지 나를 믿으면 그 배에서 생수의 강이 흐르리라'고 말씀하셨다(요 7:37-39). 생수는 성령을 상징한다. 광야에서 물을 마시는 것은 성령의 능력을 받는 걸 의미한다. 성령의 능력을 받아야 광야 같은 삶을 이겨 낼 수 있다.

르비딤은 시내산으로 가는 길목에 있는 오아시스다.

르비딤에서 이스라엘은 에돔 족속의 후예 아말렉의 습격을 받고 전쟁을 치른다. 그런데 이스라엘은 모세가 손을 들면 전쟁에서 이기고, 손을 내리면 지기를 반복한다. 손을 드는 것은 항복의 표현으로 하나님께 모두 맡긴다는 의미다. 또 손을 드는 행위는 기도를 뜻한다.
이스라엘 사람들은 기도할 때 손을 든다. 아론과 훌이 양쪽에서 모세의 손을 붙들어 올리고 협력하여 기도하니 이스라엘은 아말렉과의 전쟁에서 승리했다. 아론과 훌은 중보기도를 한 것이다. 모세의 손이 들릴 때, 즉 기도할 때 승리했다. 모세가 기도한 장소에 제단을 쌓고 '여호와의 깃발'이라는 뜻으로 '여호와 닛시'라 이름 붙였다. 하나님께서 아말렉과 대대로 싸우시겠다고 선언하셨다(출 17:8, 15-16). 이 모습을 지켜본 여호수아는 나중에 손을 들어 아이성 전쟁에서 이기게 된다.

이스라엘이 아말렉과 싸울 때 모세가 기도한 동산

chapter 1

레위기의 주요 무대

시내산에서 주신 율법은 하나님 백성의 생활 방침이다. 하나님은 백성이 하나님과 거룩한 관계를 계속 유지하도록 마음을 다하고 성품을 다하고 힘을 다하는 예배를 요구하셨다. 그리고 삶 속에서 거룩함을 유지하도록 부정을 제거하는 방법을 알려 주셨다.

레위기는 지금도 우리가 '거룩한 백성'으로 살기를 바라는 하나님의 마음을 가르치고 있다. 제사 방식은 예배의 정신을 알려 주고, 명절은 천국 신앙을 준비하는 삶을 알려 준다. 레위기가 성경의 역사에서 얼마나 크고도 다양한 영향을 끼쳤는지 지도를 통해 배울 수 있다.

시내산

레위기는 시내산 지역에 머물며 기록한 말씀이다. 호렙산이라고도 불리는 시내산은 엘리야 이후 그 위치가 분명하게 전해진 바 없다. 12개가

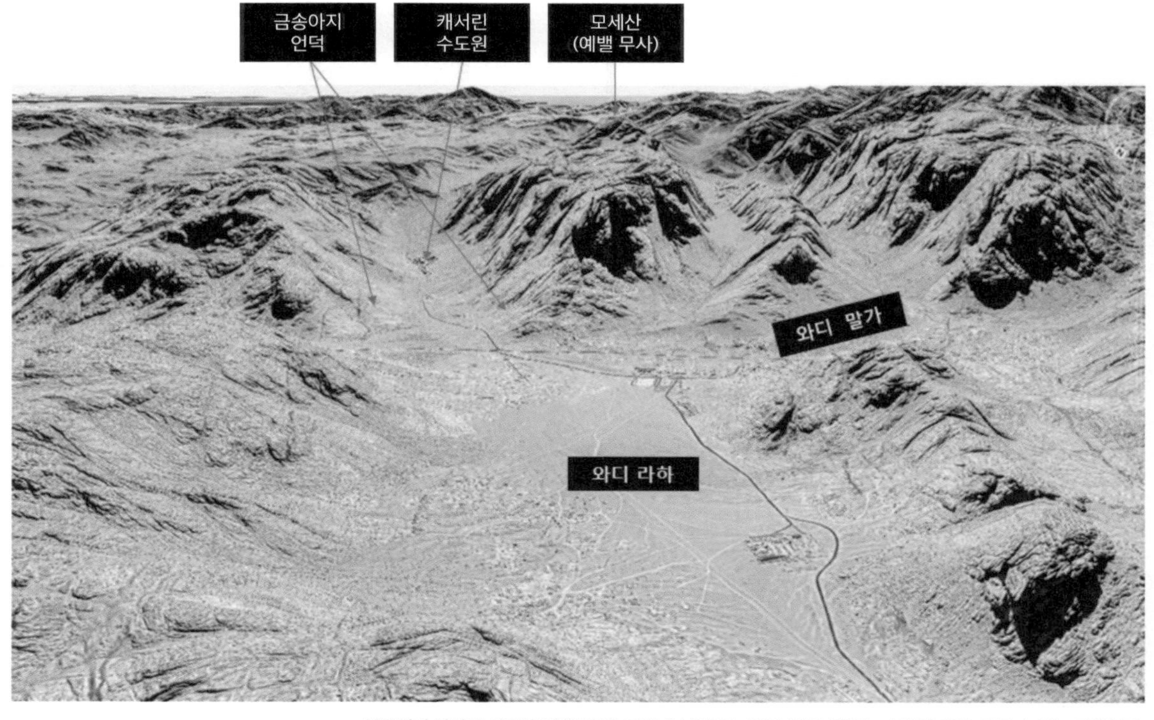

북쪽에서 바라본 시내산(예벨 무사) 지역 휴식이라는 뜻의 '와디 라하'는 수백만 명이 머물 수 있는 지역이다.

넘는 시내산의 후보지 중 가장 지지를 많이 받는 곳은 시내 반도 남쪽에 있는 2285m의 모세산(예벨 무사)이다. 최근 사우디아라비아 미디안 광야의 라오즈산이 시내산이라는 주장이 나오기도 했다. 하지만 이 주장이 받아들여지려면 많은 난제를 극복해야 한다.

▷**라오즈산을 주장하는 이유는** ① 사우디의 라오즈산이 미디안 땅이다. ② 사도 바울도 시내산이 아라비아에 있다고 하였기 때문이다(갈 4:25). ③ 그 외에도 유대인이 남긴 글씨와 문양, 아론의 제단, 물이 나오는 모세의 돌, 열두 기둥의 흔적, 솔로몬의 기둥 등이 존재한다.

▶**이 문제에 대하여 다음과 같은 반론이 있다.** ❶ 미디안 사람들은 유목민이었다. 그들이 살았던 흔적은 시내산 지역에서도 발견된다. ❷ BC

> 2세기에 헬라어로 성경을 번역한 70인역은 "고센 땅에 살게 되리이다"(창 46:34)의 '고센'을 '아라비아의 고센'이라고 번역했다. 즉 사도 바울이 언급한 아라비아는 신약시대 시내 반도에서 요르단 남부까지의 전부를 의미했다. 그러므로 바울이 아라비아에 시내산이 있다고 한 말은 현재 사우디아라비아에 시내산이 있다는 말이 아니다. ❸ 여러 유물은 고고학적인 문제다. 남겨진 글씨는 타무딕 문자로 출애굽 후 천년 뒤에나 사용된 BC 4세기에서 AD 3~4세기까지의 문자다. 아론의 제단과 모세의 돌 등은 고고학적으로 증명된 바가 없다. 이것보다 더 오랜 전통이 예벨 무사라는 시내 반도에도 있다. 열두 기둥이라는 돌과 솔로몬의 출애굽 기념 기둥이라 알려진 돌기둥은 이스라엘 고고학자들의 견해를 종합하면, 기독교가 공인된 비잔틴 시대의 것으로 보인다. 마지막으로 솔로몬 시대에는 돌기둥이 없었다.

평생 성지를 방문하여 확인하고 한국인 최초로 이스라엘의 라기스 발굴을 주도한 홍순화 목사님은 라오즈산과 시내산을 자세히 돌아본 뒤 시내 반도에 있는 예벨 무사가 성경의 시내산인 이유를 다음과 같이 설명한다.

> ① 떨기나무 전승을 가진 나무가 있는 곳에 캐서린 수도원이 세워졌다. ② 그리고 수도원에는 모세의 우물이라는 곳이 있는데 모세가 이드로의 딸을 만난 곳이라 전해진다. ③ 호렙산이라는 봉우리와 이드로의 계곡(와디 슈에이브)이 예벨 무사에 있다. ④ 2018m에 호렙산을 방문한 엘리야 수도원이 있으며 엘리야의 동굴도 있다. 현재 모세산은 3천 계단을 이용하는 길과 낙타를 이용하는 두 길이 있지만 마지막 계단에서는 모두 합쳐진다. 엘리야 수도원은 3천 계단길에 있다. ⑤ 예벨 무사에서 2.5km 떨어진 곳에 금송아지를 만들었다는 언덕과

그것을 섬긴 언덕이 기념된다. ⑥ 무엇보다 와디 라하(휴식)라는 계곡이자 평지와 그 옆의 말가 평지는 수백만 명이 머물 수 있는 장소다.

금송아지를 섬겼다는 언덕

어떤 장소가 성경의 장소인지를 결정하려면 가장 중요한 요소인 도자기, 층 분석 등 고고학적인 증거가 뒷받침되어야 한다. 그러나 안타깝게도 두 지역 모두 고고학적으로 뒷받침될 만한 유물이 명확하게 나오지 않았다. 다만 문서로 볼 때 콘스탄틴 대제의 어머니 헬레나가 이곳에 와서 그간의 기록을 기초해서 시내산을 지정했는데, 이것이 가장 오래되고 신빙성 있다. 또한, 전승되는 지명의 이름을 통해 장소를 판단하는데 시내 반도의 예벨 무사가 어느 곳보다 오래되고 많은 이름을 소유하고 있다. 다만, 사우디아라비아의 알 라오즈산이나 시내 반도의 예벨 무사는 사실 주변 환경이 크게 다르지 않다. 둘 다 풀 한 포기 자라기 힘든 환경이라 은혜로밖에 살 수 없는 곳이다. 이런 배경을 가지고 레위기를 바라보자.

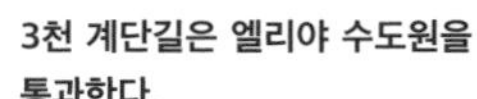
3천 계단길은 엘리야 수도원을 통과한다.

엘리야가 사명을 받은 엘리야 수도원

캐서린 수도원
모세의 우물과 떨기나무가 있다.

chapter 2

레위기 그리기

❶ 레위기를 펴고 '성경에 표시할 부분' 표에 색칠한 부분을 표시하라. 그리고 지도에는 '성경 적용 구절'의 장절과 키워드를 쓴다. 지도에서 레위기의 장절과 키워드는 오른쪽 상단부터 일렬로 적는다.

레위기 장절과 키워드	성경 적용 구절 (지도에 기록)	성경에 표시할 부분	통독 구절
①3 번제	① 왕하 ③27 아들 번제 **길하레셋 아래(우상우하)**	소의 번제이면 흠 없는 수컷으로… 기쁘게 받으시도록 드릴지니라	1:1-9
②1 소제	② 삿 ⑬19 삼손 부모 **소라 아래(우중좌하)**	소제의 예물을 여호와께 드리려거든 고운 가루로… 기름을 붓고… 유향을 놓아	2:1-16
③1 화목제	③ 삼하 ⑥17 궤 이동 **기럇여아림 아래(우중좌하)**	화목제의 제물을… 소로 드리려면 수컷이나 암컷이나 흠 없는 것으로…	3:1-17
④3 속죄제	④ 히 ⑨12 예수 피 **예루살렘 위(우중좌중)**	제사장이 범죄하여… 흠 없는 수송아지로 속죄제물을 삼아 여호와께 드릴지니	4:1-35
⑤15 속건제	⑤ 눅 ⑲8 삭개오 **여리고 위(중중우상)**	성물에 대하여 부지중에 범죄하였으면… 속건제를 드리되… 성소의… 세겔은에 상당한 흠 없는 숫양을…	5:14-19

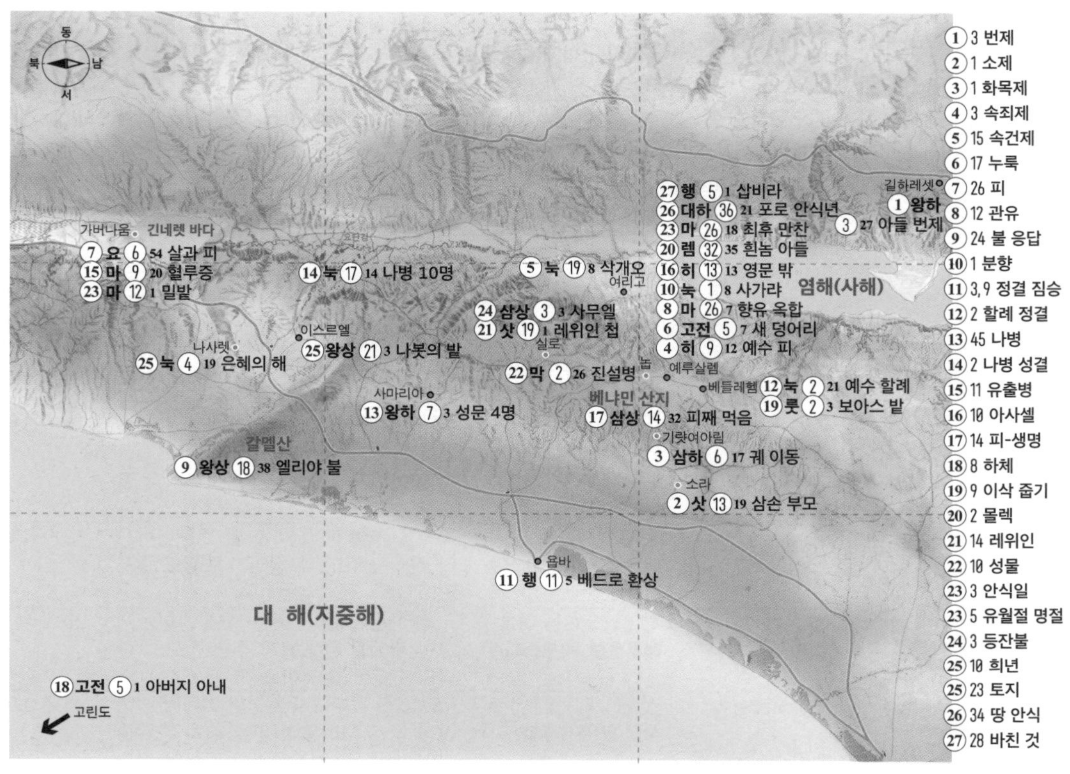

⑥17 누룩	⑥ 고전 ⑤7 새 덩어리 **예루살렘 위(우중좌중)**	그것(소제)에 **누룩을 넣어 굽지 말라**… 속죄제와 속건제같이 지극히 거룩한즉	6:14-18
⑦26 피	⑦ 요 ⑥54 살과 피 **가버나움 아래(좌상중하)**	너희가 사는 모든 곳에서… 무슨 **피든 지 먹지 말라**	7:22-27
⑧12 관유	⑧ 마 ㉖7 향유 옥합 **예루살렘 위(우중좌중)**	관유를 아론의 머리에 붓고 그에게 발라 거룩하게 하고	8:10-13
⑨24 불 응답	⑨ 왕상 ⑱38 엘리야 불 **갈멜산 아래(좌중우하)**	불이 여호와 앞에서 나와… 번제물과 기름을 사른지라 온 백성이 이를 보고 소리 지르며 엎드렸더라	9:22-24
⑩1 분향	⑩ 눅 ①8 사가랴 **예루살렘 위(우중좌중)**	나답과 아비후가 각기 향로를 가져다가… 명령하시지 아니하신 다른 불을 담아… 분향하였더니	10:1-7
⑪3, 9 정결 짐승	⑪ 행 ⑪5 베드로 환상 **욥바 아래(중하우상)**	3 모든 짐승 중 굽이 갈라져 **쪽발이 되고 새김질하는 것**	11:9
⑫2 할례 정결	⑫ 눅 ②21 예수 할례 **베들레헴 오른쪽(우중좌중)**	2 남자를 낳으면… 3 여덟째 날에는… **포피를 벨 것**… 4 **정결하게 되는 기한**(33일)이 차기 전에는 성물을 만지지도 말며 성소에 들어가지도 말 것이며	12:1-8

성경 적용 구절 맨앞의 숫자는 레위기의 장과 동일하다

⑬45 나병	⑬ 왕하 ⑦3 성문 4명 **사마리아 아래(중중중중)**	45 나병 환자는… 외치기를 부정하다… 46 혼자 살되 진영 밖에서 살지니라	13:45-46
⑭2 나병 성결	⑭ 눅 ⑰14 나병 10명 **요단강 아래(중상좌하)**	나병 환자가 정결하게 되는 날… 제사장에게로 데려갈 것이요	14:1-20
⑮11 유출병	⑮ 마 ⑨20 혈루증 **가버나움 아래(좌상중하)**	유출병이 있는 자가 물로 그의 손을 씻지 아니하고 아무든지 만지면… 저녁까지 부정하리라	15:11-33
⑯10 아사셀	⑯ 히 ⑬13 영문 밖 **예루살렘 위(우중좌중)**	아사셀을 위하여 제비 뽑은 염소는 산 채로… 속죄하고… 광야로 보낼지니라	16:6-28
⑰14 피-생명	⑰ 삼상 ⑭32 피째 먹음 **베냐민 산지 아래(중중우중)**	모든 생물은 그 피가 생명과 일체라… 어떤 육체의 피든지 먹지 말라… 그 피를 먹는 모든 자는 끊어지리라	17:10-16
⑱8 하체	⑱ 고전 ⑤1 아버지 아내 **고린도 위(지도 밖이므로 대해 왼쪽 하단, 좌하좌하)**	8 **네 아버지의 아내의 하체**를 범하지 말라 이는 네 아버지의 하체니라 9 네 **아버지의 딸**이나 네 어머니의 딸이나… 하체를 범하지 말지니라	18:6-18
⑲9 이삭 줍기	⑲ 룻 ②3 보아스 밭 **베들레헴 오른쪽(우중좌중)**	곡식을 거둘 때에 너는 밭 모퉁이까지 다 거두지 말고 네 떨어진 **이삭도 줍지 말며**	19:9-11
⑳2 몰렉	⑳ 렘 ㉜35 힌놈 아들 **예루살렘 위(우중좌중)**	이스라엘 자손이든지… 거류민이든지 그의 자식을 **몰렉에게 주면** 반드시 죽이되… 돌로 칠 것이요	20:1-5
㉑14 레위인	㉑ 삿 ⑲1 레위인 첩 **실로 위(중중우중)**	(레위인은) 과부나 이혼당한 여자나 창녀 짓을 하는 **더러운 여인**을 취하지 말고 자기 백성 중에서 처녀를 취하여 아내를 삼아	21:4-15
㉒10 성물	㉒ 막 ②26 진설병 **놉 왼쪽(우중좌중)**	일반인은 성물을 먹지 못할 것이며 제사장의 객이나 품꾼도 다 성물을 먹지 못할 것이니라	22:10-16
㉓3 안식일	㉓ 마 ⑫1 밀밭 **가버나움 아래(좌상중하)**	엿새 동안은 일할 것이요 일곱째 날은 쉴 안식일이니… **너희는 아무 일도 하지 말라**… 여호와의 안식일이니라	23:1-3
㉓5 유월절 명절	㉓ 마 ㉖18 최후 만찬 **예루살렘 위(우중좌중)**	첫째 달 열나흗날 저녁은 여호와의 유월절이요	23:4-8
㉔3 등잔불	㉔ 삼상 ③3 사무엘 **실로 위(중중우중)**	아론은 회막 안 증거궤 휘장 밖에서 저녁부터 아침까지… 항상 등잔불을 정리할지니	24:1-4
㉕10 희년	㉕ 눅 ④19 은혜의 해 **나사렛 아래(좌중우중)**	오십 년째 해를 거룩하게 하여… 자유를 공포하라 이 해는 너희에게 희년이니… 각각 자기의 소유지… 가족에게로 돌아갈지며	25:8-12
㉕23 토지	㉕ 왕상 ㉑3 나봇의 밭 **이스르엘 아래(좌중우상)**	토지를 영구히 팔지 말 것은…	25:23-33
㉖34 땅 안식	㉖ 대하 ㊱21 포로 안식년 **예루살렘 위(우중좌중)**	원수의 땅에 살 동안에… 그때에 땅이 안식을 누리리니	26:34-39
㉗28 바친 것	㉗ 행 ⑤1 삽비라 **예루살렘 위(우중좌중)**	온전히 바친 모든 것은… 무르지도 못하나니 바친 것은 다 **여호와께 지극히 거룩함이며**	27:28-29

2 지도의 의미와 교훈

01 거룩을 위한 많은 법이 언급되었지만, 소수의 법률 외에는 현재 우리 생활과는 상관이 없어 보인다. 그러나 지도에서 보듯이 각 장의 모든 법은 성경적인 삶 속에서 적용되었고 거룩의 판단 기준으로 사용되었다. 그 적용이 집중적으로 일어난 곳은 아무래도 예루살렘이다. 그 이유는 예루살렘에 성전이 있어 정결예식과 제사예식이 많이 행해졌기 때문이다.

02 레위기의 율법은 구약에만 적용된 것이 아니라, 신약과 더 많은 관련을 가지고 있다. 즉 레위기의 법을 모르면 신약의 사건을 이해할 수가 없다. 예를 들어 예수님이 할례를 받고 정결예식을 가지는 일이라든지, 혈루증 앓던 여인이 예수님의 옷자락을 만지는 일이 얼마나 결례였는지, 그리고 예수님이 나병 환자에게 다가가 그를 만지며 치료한 일은 레위기 관점에서 얼마나 획기적인 사건이었는지를 알려 준다. 레위기는 거룩을 위해 격리된 삶을 요구하지만, 예수님은 적극적인 접촉을 시도하셨다. 생명의 근원이 되시는 예수님과 그의 영을 받은 자들은 생수의 강이 흘러넘쳐 부정한 자까지 거룩하게 하는 새 언약의 사람이 되는 것이다.

03 예루살렘을 제외하면 예수님이 천국 복음 전파 사역을 하던 가버나움에서 신약의 사건이 집중된다. 특히 레위기 23장의 명절은 안식일부터 시작되고, 이 문제는 예수님이 유대인들과 가장 크게 부딪치는 이유가 된다. 예루살렘에 너무 많은 사건이 적용되고 레위기 23장 사건을 모두 기록할 수 없어 생략했지만, 유월절, 오순절, 초막절과 관련된 예수님의 사역이 예루살렘에서 행해졌다. 이 명절을 이해하지 못하면 특히 요한복음의 배경을 이해하기 힘들다.

지리적으로 시내산과 예루살렘은 같은 산맥 라인에 위치한다. 이 산맥은 헤르몬(헐몬, 시 133편)산까지 이어진다. 성전 동편 감람산에 서서 성전산인 시온산을 깊이 묵상해 본다.

시내산-시온산-헤르몬산

시내산에서 모세는 성막의 설계도를 받고 성소를 만들었다. 그리고 이 성막은 광야 생활을 거친 후 실로를 지나 예루살렘에서 성전이라는 건물로 바뀐다. 변화산으로 여겨지는 헐몬산에서 예수님은 모세와 만나 별세에 대하여 말씀하시고 시온산으로 향하셨다. 아론 같은 대제사장 되신 예수님, 성전 되신 예수님이 이곳 감람산 베다니에 이르러 마리아에게 기름 부음을 받고 시온산에서 우리 생명을 대신하여 죽으심으로 복, 영생의 복을 주셨다.

> 2 머리에 있는 보배로운 기름이 수염 곧 아론의 수염에 흘러서 그의 옷깃까지 내림 같고 3 헐몬의 이슬이 시온의 산들에 내림 같도다 거기서 여호와께서 복을 명령하셨나니 곧 영생이로다 _시 133:2-3

은혜의 보좌

시내산과 시온산은 성소라는 공통점을 가진다. 히브리서를 이해하기 위해서는 유대인들이 이해했던 예배 제도, 특히 제사시 대제사장과 성전과 성막의 모습 등에 대한 선이해가 있어야 한다. 특히 성소 가장 중심에는 거룩하고 거룩한 장소, 지성소(Holy of Holy)가 있다. 그 방의 중심에 언약궤가 있다.

시내산을 지그재그로 오르는 낙타길

일출 중인 시내산 지역

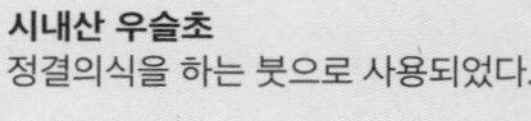

시내산 우슬초
정결의식을 하는 붓으로 사용되었다.

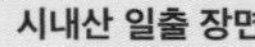

시내산 일출 장면

언약궤 덮개 위의 판을 '시은소' '은혜의 보좌'라고 한다. 이곳에 대제사장이 피를 뿌려 이스라엘의 죄를 속했기 때문이다. 덮개 위 좌우에는 두 천사가 서로 마주보고 있다. 1년에 한 번 대제사장이 하나님과 다시 언약을 맺기 위해 지성소 언약궤 위 은혜의 보좌에 피를 뿌린다. 그러면 천사가 그 언약을 잘 지켰는지 보고 언약을 갱신한다. 그러나 인간은 그 언약을 지킬 수 없다. 예수님이 말씀하셨듯이 마음으로 음욕을 품는 자는 간음한 자요, 욕을 한 자는 살인자다(마 5:21-28). 이런 기준에 의하면 언약은 파기된다. 그러나 그 위에 피를 뿌림으로써 또 한 번의 유월절이 일어난다. 천사가 피를 보고 넘어감으로써 또 1년간 언약이 갱신되는 것이다.

예수님은 매년 임시로 드리던 제사를 단번에 완성한 영원한 대제사장이시다(히 9:28). 그 증거로 예수님이 죽으실 때 성전 휘장이 위에서 아래로 찢어져 우리가 '은혜의 보좌'로 나갈 수 있는 길이 열렸다. 이제 예수님의 피로 성소에 들어갈 담력을 얻고, 언제든 때를 따라 도우시는 은혜를 구할 수 있게 되었다(히 4:16, 10:19).

민수기

chapter 1

민수기의 주요 무대

신(Zin) 광야

신 광야는 성경의 남방인 네게브의 남쪽을 말한다. 현대에서는 홍해까지 이르는 모든 광야를 네게브라고 하지만 성경에서는 이 지역을 신 광야와 바란 광야로 구분한다. 즉 네게브에서 시내 광야 사이에 신 광야와 바란 광야가 있다. 그런데 이 경계는 유다의 남쪽 끝이 신(צִן 찐) 광야라는 언급으로 볼 때 이스라엘의 실질적인 경계임을 알 수 있다(민 34:3-5, 수 15:1).

신 광야의 경계를 나타내는 지점들의 정확한 위치 파악은 어렵더라도 분명한 것은 각 지점이 동쪽에서 서쪽 순으로 이동하며, 염해-다말 → 므리봇가데스 물(가데스바네아) → 애굽 시내 → 대해 순으로 묘사되고 있다는 것이다(겔 47:19, 민 34:4~5). 현대 지명으로 보면, 신 광야의 경계이자 성경 이스라엘의 국경은 염해에서 아그랍빔 비탈길을 올라 미쯔베라몬 서쪽 면을 따라 남쪽으로 가다 현대 이스라엘 국경을 지나 서쪽으로 향한

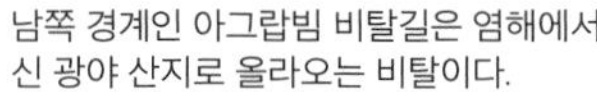

남쪽 경계인 아그랍빔 비탈길은 염해에서
신 광야 산지로 올라오는 비탈이다.

신 광야와 아라바 광야의 경계인 마크테쉬 라몬 저지대

다. 그리고 가데스바네아 전망대가 있는 국경에서 남쪽으로 8km에 있는 가데스바네아에서 서쪽으로 향하는 애굽 시내를 따라 대해까지 나간다.

신 광야에는 유명한 엔 아브닷이 있어 광야의 샘이 얼마나 중요한지를 알려 주기도 한다. 신약시대 나바테아인은 낙타를 이용한 대상무역을 발전시켰는데 신 광야의 모아, 아브닷, 시브타같이 인공 저수조를 갖춘 정거장이 요단 동편과 이집트를 연결했다. 헤롯의 외가는 나바테아인이었다.

바란 광야

신 광야의 남쪽에 있으며, 신명기는 이 지역을 크고 두려운 광야요, 아모리 족속의 산지길이라고 한다(신 1:19). 홍해 부근 에시온게벨에서 출발한 이스라엘이 바란 광야를 통과해 가데스바네아에 이르렀는데 이곳을 신 광야 지역이라 부른다(민 33:36). 그런데 때로 가데스바네아를 바란 광야 지역이라고도 한다(민 13:26). 이로 보건대 가데스바네아는 바란 광야와 신 광야의 경계 지역임을 알 수 있다.

바란 광야길은 끝없는 고원지대다.

바란 광야의 경계는 신 광야 남쪽 경계부터 홍해까지 이르는 산지의 광야이며, 그 남쪽 경계는 거대한 와디 엘 아리쉬라는 애굽 시내로 이곳

바란 광야는 싯딤나무만 겨우 자랄 정도로 강수량이 적다.

을 건너면 시내 광야가 시작된다. 그러므로 이스라엘이 정탐꾼을 보내고 이후 40년을 채우기까지 있었던 가데스바네아는 이스라엘이 차지할 국경이었음을 알 수 있다. 바란 광야는 연간 강수량이 50mm밖에 안 되지만 와디라는 건천의 너비는 최고 1000m에 이른다. 미쯔베라몬에서 보는 마크테쉬 라몬은 거대한 분지로 이스라엘의 그랜드캐니언이라 할 수 있다.

아라바 광야

아라바 지역은 갈릴리 바다부터 홍해에 이르는 대협곡 지대를 말한다. 그러나 아라바 광야라 할 때는 주로 염해에서 홍해까지 이르는 지역을 말한다. 출애굽 때 이스라엘이 간 홍해길로 추정된다. 이 지역은 동쪽으로는 에돔 혹은 세일 산지가 있고, 서쪽으로는 신 광야와 바란 광야 산지가 있다. 아라바 광야는 대부분의 지역이 바다보다 낮기에 어느 광야보다 더운데 폭 4~6km, 길이 160km나 된다.

이 광야는 염해에서 페트라 근처인 80km 구간에서 650m 정도 높아지다가 홍해에 이르는 70km 구간에서 250m 낮아져 바다에 이른다. 이런 특이한 지형이기에 바닷물이 염해로 들어오지 못한다. 아라바 바다라 불리는 염해에 들어오는 물이 대부분 상수원으로 사용되어 수위가 급격히 낮아지고 있어 아라바 광야를 통해 홍해 물을 끌어들이는 프로젝트를 추진하고 있다.

아라바 광야를 개간하여 고수익을 올리는 대추야자 농장으로 만들었다.

끝없이 펼쳐진 아라바 광야는 요르단과 국경을 맞대고 있다. 평화의 무지개 아래 진격하는 탱크가 모순된 광경을 연출한다.

바란 광야에서 내려가는 길에 보이는 아라바 광야. 그 뒤로 에돔 산지가 보인다.

이 광야에는 북쪽 부논과 남쪽 팀나에 구리광산이 있었다. 팀나의 한 신전에서는 구리뱀이 발견되어 이스라엘 백성의 놋뱀 사건을 기억하게 한다. 홍해 물가에는 에시온게벨과 엘랏이 있어 무역의 중요한 역할을 했다. 이스라엘이 강성할 때는 이 길을 따라 홍해 무역을 통해 오빌의 금이라든지 아프리카 내륙의 물건을 가져올 수 있었다. 스바 여왕이 온 길도 이곳이 아닐까 한다. 요단 동편 왕의 대로가 지나는 에돔의 수도 보스라에서 아라바 광야를 거치는 아그랍빔 비탈길은 브엘세바와 가사에 이르러 남북의 주요 도로인 족장의 도로와 해변길을 연결한다.

에돔(세일산)

모압 지역의 남쪽에 있는 에돔은 모압과 세렛강이라는 경계로 나뉘며, 동쪽은 아라비아 사막, 서쪽은 아라바 광야, 남쪽은 에시온게벨(엘랏)이 있는 홍해가 있다. 에서의 후손인 에돔 족속은 유다 멸망 후 신약시대에는 유다 남부로 이주하여 살며 이두매 족속이라 불렸다. 그 후손의 대표적인 인물이 헤롯왕이다.

아라바 광야에서 바라본 세일산이라 부르는 에돔 산지는 에서의 별명인 에돔이라는 의미대로 붉은 바위산이다.

요단 동쪽 세일산 지역은 1300~1700m 고도의 높은 산맥이 남북으로 이어진다. 산지는 남쪽으로 가면서 더욱 험해지고 높아지다가 남동쪽으로 와디람을 거쳐 아라비아 메카 방향으로 가기도 하고, 남서쪽으로 향해 엘랏이 있는 곳에서 홍해를 만나기도 한다. 요새가 많은 산악지대로 깊은 계곡에는 기름진 농경지가 형성되기도 한다. 도로는 남북으로 '왕의 대로'가 있어 해변길의 다메섹과 홍해를 이어 준다.

동서도로 중 하나는 에돔의 수도 보스라에서 시작하고, 다른 하나는 데마가 있는 페트라에서 시작해 아라바 광야 쪽으로 빠져나간다. 에돔의 궁궐이 있던 보스라길은 구약에서 주로 사용되었고, 페트라길은 신약에서 나바테아 왕인 아레다 4세에 의하여 왕의 대로와 해변길을 이어 주기 위해 사용되었다. 토양은 석회암과 누비안 사암층과 일부는 화산암으로 이루어져 있다. 보스라와 페트라 사이의 에돔 산지 기슭에는 부논이라는 구리광산이 있었고, 한때 에돔 사람들은 구리광산 일을 주관하기도 했다.

모압

모압은 아브라함의 조카 롯의 장자 모압 후손이 세운 나라다. 지역 경계는 서쪽은 염해, 동쪽은 사막, 남쪽은 세렛강, 북쪽은 아르논강으로 지경이 56×40km에 이른다. 아합왕 이후에는 모압 왕 메사가 길르앗의 느

모압 산지를 내려오는 길에서 바라본 염해와 그 너머 유다 광야. 길하레셋에서 내려오는 이 길을 통해 다윗이 부모와 함께 피신했고, 모압 왕 메사는 이스라엘을 침공했다.

보산까지 그 지경을 넓혔다.

모압 평지라 불리는 지역은 가나안에서 모압으로 가는 요단강과 느보산 사이 언덕으로 모압 지역은 아니기에 '모압으로 가는 평지'라고 보는 것이 좋다(민 21:20, 22:1, 수 13:32). 지형은 900m 이상 되는 고원지대를 이루고 염해의 깊이에서 재면 1300m를 올라가야 한다. 겨울에는 주변보다 풍부한 수자원으로 좋은 목초지와 포도원을 이룬다. 룻기에서 나오미 가족이 모압에 오게 된 이유도 이런 요인이 작용했다.

모압인은 그모스 신을 섬겼기에 예레미야 48:46에는 모압을 "그모스의 백성"이라고 한다. 도로는 남북으로 왕의 대로가 지나고 동서로는 여름이 되면 염해 중간 닛산반도에서 유다 광야까지 이어진다. 이 길을 따라 모압의 연합군이 여호사밧의 유다를 침공했다가 엔게디에서 참패하기도 했다. 도시는 모압의 수도인 길하레셋 외에 길르앗 지역에 있지만 메사의 비문이 발견된 디본, 세례 요한이 순교한 마케루스 요새 등도 열왕기하 시대의 모압 지역에 해당된다.

chapter 2

민수기 그리기

A지도

B지도

1 민수기를 펴고 '성경에 표시할 부분' 표에 색칠한 부분을 성경에 표시하라. 그리고 지도에는 장절과 키워드를 쓴다.

장절과 키워드 지도에 표시할 부분	성경에 표시할 부분	통독 구절
①1 인구조사 **시내산 왼쪽**	1 둘째 해 둘째 달 첫째 날에 여호와께서 시내 광야 회막에서 모세에게 말씀하여 이르시되 2 …가문에 따라 그 명수대로 **계수할지니**	1:1-4
③1 제사장 **시내산 아래**	1 여호와께서 시내산에서 모세와 말씀하실 때에… 3아론의 아들들의 이름이며… **제사장들**이라	3:1-4
⑨1 두 번째 유월절 **시내산 아래**	1 애굽 땅에서 나온 **다음 해 첫째 달**에 여호와께서 시내 광야에서 모세에게 말씀하여 이르시되 2 …**유월절**을 그 정한 기일에 지키게 하라	9:1-14
⑩12 출발 **시내산 아래**	이스라엘 자손이 시내 광야에서 **출발**하여 자기 길을 가더니 바란 광야에 구름이 머무니라	10:1-13

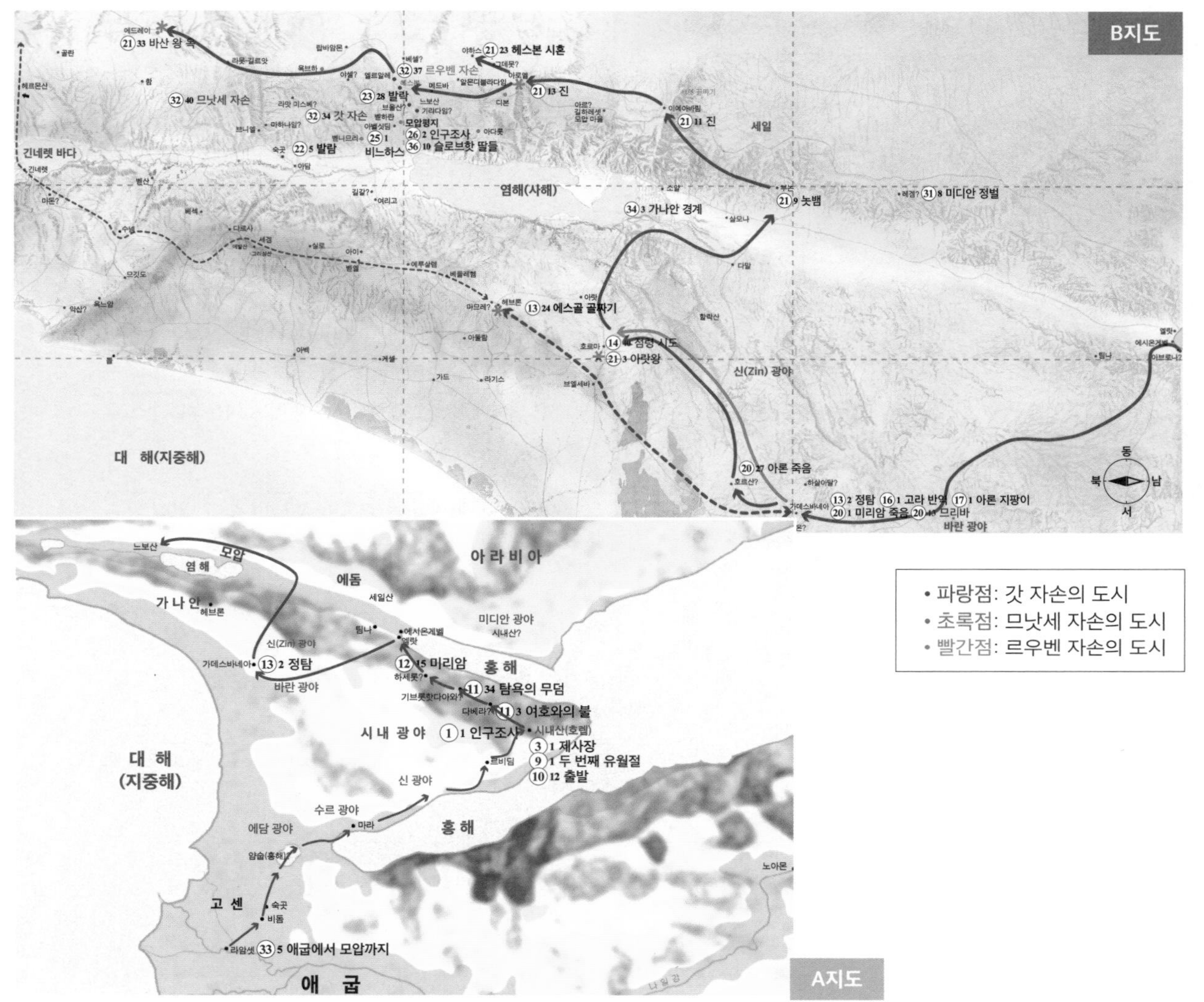

⑪3 여호와의 불 **다베라 오른쪽**	그곳 이름을 다베라라… **여호와의 불**이 그들 중에 붙은 까닭이었더라	11:1-3
⑪34 탐욕의 무덤 **기브롯핫다아와 오른쪽**	그곳 이름을 기브롯 핫다아와라 불렀으니 욕심을 낸 백성을 거기 장사함이었더라	11:31-35
⑫15 미리암 **하세롯 위**	15 **미리암**이 진영 밖에 이레 동안 갇혀 있었고 백성은… 16 그 후에 백성이 하세롯을 떠나 바란 광야에 진을 치니라	12:1-16

⑬2 정탐 **가데스바네아 오른쪽** **B지도, 가데스바네아 오른쪽(우하좌하)**	2 가나안 땅을 **정탐**하게 하되… 3 모세가 여호와의 명령을 따라 바란 광야(가데스바네아)에서 그들을 보냈으니…	13:1-22
⑬24 에스골 골짜기 **헤브론 오른쪽(중중좌중)**	23 에스골 골짜기에 이르러… 24 **포도**를 베었으므로 그곳을 에스골 골짜기라 불렀더라	13:23-24
⑭40 점령 시도 **호르마 오른쪽(중중중하)**	아침에 일찍이 일어나 산꼭대기(호르마)로 올라가며… 허락하신 곳으로 **올라가리니**	14:39-45
⑯1 고라 반역 **가데스바네아 오른쪽(우하좌하)**	1 레위의 증손… **고라**와 르우벤 자손… 온이 **당을 짓고** 2 …모세를 **거스르니라**	16:1-50
⑰1 아론 지팡이 **가데스바네아 오른쪽(우하좌하)**	1 여호와께서 모세에게… 3 레위의 **지팡이**에는 **아론**의 이름을 쓰라	17:1-13
⑳1 미리암 죽음 **가데스바네아 오른쪽(우하좌하)**	첫째 달에 이스라엘 자손 곧 온 회중이 신 광야에 이르러 백성이 가데스에 머물더니 **미리암**이 거기서 **죽으매** 거기에 장사되니라	20:1
⑳13 므리바 **가데스바네아 오른쪽(우하좌하)**	2 회중이 물이 없으므로… 3 모세와 다투어… 11 모세가… 반석을 두 번 치니 물이 많이 솟아나오므로… 13 이스라엘 자손이 여호와와 다투었으므로 이를 므리바 물이라	20:2-13
⑳27 아론 죽음 **호르산 위(중하우하)**	27 모세가 여호와의 명령을 따라… 호르산에 오르니라 28 **아론이** 그 산꼭대기에서 **죽으니라**	20:22-29
㉑3 아랏 왕 **호르마 오른쪽(중중중하)**	1 네겝에 거주하는… **아랏의 왕**이… 이스라엘을 쳐서 그중 몇 사람을 사로잡은지라 3 …성읍을 다 멸하니라… 호르마라	21:1-3
㉑9 놋뱀 **부논 아래(중중우상)**	4 에돔 땅을 우회하려 하였다가 길로 말미암아 백성의 마음이 상하니라 5 …원망하되… 9 모세가 **놋뱀**을 만들어 장대 위에 다니… 놋뱀을 쳐다본즉 모두 살더라 (* 민 33:42 부논 혹은 팀나)	21:4-9
㉑11 진 **이예아바림 아래(중상우중)**	오봇을 떠나 모압 앞쪽… 이예아바림에 **진을 쳤고**	21:10-12
㉑13 진 **아로엘 오른쪽 아래(중상좌중)**	거기(세렛)를 떠나… 아르논강 건너편에 **진을 쳤으니** 아르논은 모압과 아모리 사이에서 모압의 경계가 된 곳이라	21:13-20
㉑23 헤스본 시혼 **야하스 오른쪽(중상좌상)**	**시혼**이… 자기 영토로 지나감을 용납하지 아니하고 그의 백성을 다 모아… 야하스에 이르러 이스라엘을 치므로	21:21-32

㉑33 바산 왕 옥 **에드레이 아래(좌상좌상)**	그들이 돌이켜 바산 길로 올라가매 **바산 왕 옥**이 그의 백성을 다 거느리고 나와서… 에드레이에서 싸우려 하는지라	21:33-35
㉒5 발람 **숙곳 오른쪽(좌상우하)**	그(모압왕 발락)가 사신을… **발람**의 고향… 브돌에 보내어 발람을 부르게 하여 이르되 보라 한 민족이 애굽에서 나왔는데 그들이 지면에 덮여서 우리 맞은편(숙곳에서 발람 저주문 발굴)에 거주하였고	22:1-35
㉓28 발락 **브올산 위(좌상우중)**	**발락**이 발람을 인도하여 광야가 내려다보이는 브올산 꼭대기에 이르니	23:27-30
㉕1 비느하스 **아벨싯딤 아래(좌상우중)**	1 이스라엘이 싯딤에 머물러 있더니 그 백성이 모압 여자들과 음행하기를 시작하니라… 7 **비느하스**가 보고… 일어나 손에 창을 들고 8 …두 사람을 죽이니 염병이 이스라엘 자손에게서 그쳤더라	25:1-18
㉖2 인구조사 **모압 평지 아래(중상좌하)**	이스라엘 자손의 온 회중의 총수를 그들의 조상의 가문을 따라 조사하되… 이십 세 이상으로 능히 전쟁에 나갈 만한 **모든 자를 계수**하라	26:1-4
㉛8 미디안 정벌 **레겜 오른쪽(우중좌상)**	그 죽인 자 외에 미디안의 **다섯 왕을 죽였으니**… 에위와 레겜과 수르와 후르와 레바이며 또 브올의 아들 발람을 칼로 죽였더라	31:1-24
㉜34 갓 자손 **마하나임 오른쪽 위(좌상중중)**	**갓 자손**은 디본과 아다롯과 아로엘과	32:34
㉜37 르우벤 자손 **헤스본 위(중상좌중)**	**르우벤 자손**은 헤스본과 엘르알레와 기랴다임과	32:37
㉜40 므낫세 자손 **브니엘과 함 사선 중간(좌상중중)**	모세가 길르앗을 **므낫세의 아들** 마길에게 주매 그가 거기 거주하였고	32:40
㉝5 애굽에서 모압까지 **라암셋 오른쪽**	이스라엘 자손이 라암셋을 떠나 숙곳에 진을 치고	33:5
㉞3 가나안 경계 **염해 오른쪽 끝 부분(중중중상)**	2 그(가나안) 땅은 너희의 기업이 되리니… 3 남쪽은 에돔 곁에 접근한 신 광야니 너희의 남쪽 **경계**는 동쪽으로 염해 끝에서 시작하여	34:1-5
㊱10 슬로브핫 딸들 **모압 평지 아래(중상좌하)**	**슬로브핫의 딸들**이 여호와께서 모세에게 명령하신 대로 행하니라	36:1-13

2 민수기 33장을 펴고 '성경에 표시할 부분' 표에 색칠한 부분을 성경에 표시하라. 그리고 지도에는 장절과 키워드를 쓴다.

장절과 키워드 **지도에 표시할 부분**	**성경에 표시할 부분**	**통독 구절**
㉝5 **라암셋 오른쪽,** **숙곳 오른쪽**	이스라엘 자손이 라암셋을 떠나 숙곳에 진을 치고	33:5
㉝6 **에담 광야 오른쪽 아래**	숙곳을 떠나 광야 끝 에담에 진을 치고	33:6
㉝8 **마라 왼쪽**	하히롯 앞을 떠나 광야를 바라보고 바다 가운데를 지나 에담 광야로 사흘 길을 가서 마라에 진을 치고	33:8
㉝11 **신 광야 아래**	홍해 가를 떠나 신 광야에 진을 치고	33:11
㉝14 **르비딤 아래**	알루스를 떠나 르비딤에 진을 쳤는데 거기는 백성이 마실 물이 없었더라	33:14
㉝15 **시내산 아래** **미디안 광야 아래**	르비딤을 떠나 시내 광야에 진을 치고	33:15
㉝16 **기브롯핫다아와 아래**	시내 광야를 떠나 기브롯핫다아와에 진을 치고	33:16
㉝17 **하세롯 아래**	기브롯핫다아와를 떠나 하세롯에 진을 치고	33:17
㉝34 **아브로나 아래(우중우하)**	욧바다를 떠나 아브로나에 진을 치고	33:34
㉝35 **에시온게벨 아래(우중우하)**	아브로나를 떠나 에시온게벨에 진을 치고	33:35
㉝36 **가데스바네아 오른쪽(우하좌하)**	에시온게벨을 떠나 신 광야 곧 가데스에 진을 치고	33:36
㉝37 **호르산 오른쪽(중하우하)**	가데스를 떠나 에돔 땅 변경의 호르산에 진을 쳤더라	33:37
㉝40 **호르마 오른쪽(중중중하)**	가나안 땅 남방… 가나안 사람 아랏왕은 이스라엘 자손이 온다는 소식을 들었더라 (* 21:3 여호와께서… 그들의 성읍을 다 멸하니라… 그곳 이름을 호르마라 하였더라)	33:40

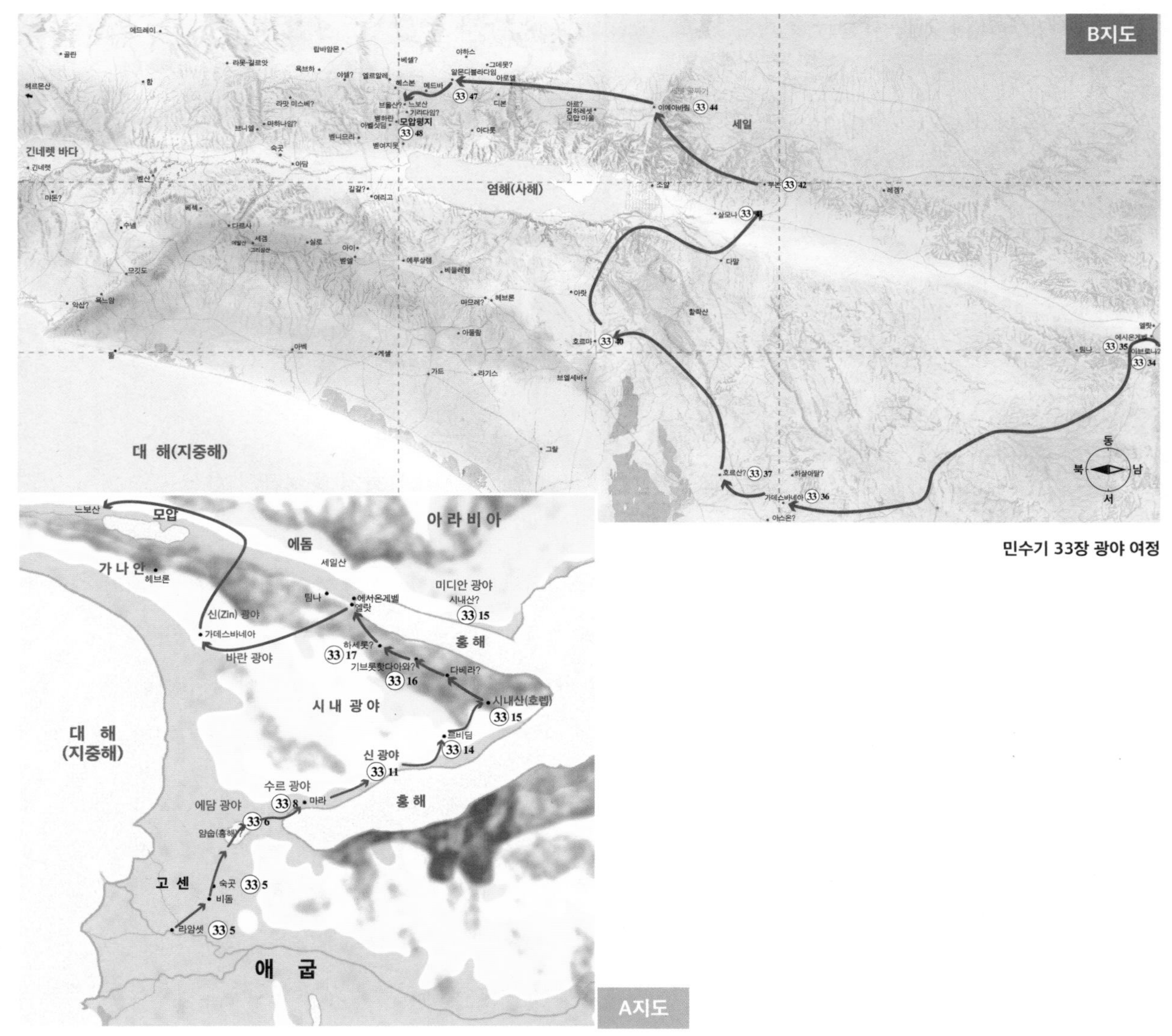

민수기 33장 광야 여정

㉝41 **살모나 오른쪽(중중우상)**	그들이 호르산을 떠나 살모나에 진을 치고	33:41
㉝42 **부논 오른쪽(중중우상)**	살모나를 떠나 부논에 진을 치고	33:42
㉝44 **이예아바림 오른쪽(중상우중)**	오봇을 떠나 모압 변경 이예아바림에 진을 치고	33:44

㉝47 알몬디블라다임 아래(중상좌중)	알몬디블라다임을 떠나 느보 앞 아바림산에 진을 치고	33:47
㉝48 모압 평지 아래(중상좌중)	아바림산을 떠나 여리고 맞은편 요단강가 모압 평지에 진을 쳤으니	33:48

3 인구조사 후 38년 6개월 동안 광야 훈련 여정과 요단 동편 정복을 역동성 있게 표시해 보자.

<A지도를 그린다>

01 출애굽과 광야 생활 : 라암셋에서 시내산까지 출애굽의 화살표를 옮겨 놓으라.

02 시내산에서 가데스바네아까지 여정 : 시내산에서 다베라까지, 다베라에서 기브롯핫다아와까지, 기브롯핫다아와에서 하세롯까지, 하세롯에서 엘랏을 거쳐 가데스바네아까지, 가데스바네아에서 염해 남쪽을 건너 '모압' 글씨 왼쪽의 느보산까지 초록 화살표를 그려라.

<B지도를 그린다>

01 가데스바네아까지 : 아브로나에서 에시온게벨을 거쳐 7시 방향에 있는 갈색 길을 따라 가데스 바네아까지 초록 화살표를 그려라.

02 가나안 정탐 : 가데스바네아에서 헤브론까지 초록 굵은 점선으로 양방향 화살표를 하고, 마므레에서 예루살렘, 벧엘, 세겜, 수넴, 마돈, 긴네렛, 헤르몬산을 지나 지도 위쪽으로 초록 양방향 점선을 그려라.

03 불순종 무리 일부 북진 : 가데스바네아 왼쪽에서 길 따라 호르산을 지나고 신 광야를 지나 호르마까지 빨강 화살표를 그려라.

04 아랏 왕 복수 : 가데스바네아에서 호르산까지, 호르산에서 호르마까지 초록 화살표를 그려라. 호르마 아래 빨강 별표로 전쟁을 표시하라.

05 세렛 강과 아르논 강 건넘 : 호르마에서 아랏 오른쪽을 지나 갈색 길을 따라 올라가다가 다말을 거쳐 부논까지, 브논에서 이예아바림까지, 이예아바림에서 아로엘까지 **초록 화살표**를 그려라.

06 요단 동편 정복 :

1) 아로엘 아래 **빨간 별표**로 전쟁 표시를 하라.
2) 아로엘에서 아하스까지 **초록 화살표**를 그려라.
3) 아로엘에서 헤스본까지 **초록 화살표**를 그려라.
4) 엘르알레에서 아셀 위를 지나고 욕브하 아래를 지나 라못길르앗을 지나 에드레이까지 **초록 화살표**를 그려라.
5) 에드레이 오른쪽에 **빨간 별표**로 전쟁 표시를 하라.

<33장 광야 여정>

민수기 지도의 화살표를 33장 광야 여정에 그대로 옮겨 놓으라.

4 지도의 의미와 교훈

01 민수기의 첫 글자가 '광야에서'라는 말이 실감 날 정도로 이스라엘 백성은 많은 곳을 다녔다. 그중에서도 세 곳에 사건이 집중된다. 첫째는 출발지인 시내산이고 다음은 가데스바네아이며 마지막이 모압 평지다. 시내산에서 가데스바네아에 이르는 다베라, 기브롯하다아와 등에서 이스라엘 백성은 여호와를 원망했고, 그것은 즉각적인 징계로 이어졌다. 시내산에 이르기까지는 원망이 있었어도 징계가 없었지만 시내산에서 율법을 받은 후 징계가 즉시 일어난 것은 훈련 기간이 끝나고 실전이 시작되었음을 알려 준다. 고라의 반역 등은 지도력의 권위에 도전한 것이었다. 하나님은 이에 민감하게 반응하셨다. 이는 모세의 권위 손상이 하나님의 말씀, 특히 모세오경의 권위 손상으로 이어질 것을 우려하셨기 때문일 것이다.

02 정탐꾼을 보낸 가데스바네아는 바란 광야와 신 광야의 경계 지점이자, 가나안의 경계였다. 이스라엘 백성은 이 근처에서 38년을 헤맸다. 마지막에는 아랏 지역인 가나안 남부에 들어갔다가 우회하여 요단 동편으로 향했다. 요단 동편으로 향하는 길에 아라바 광야가 있고 그 지역에 구리광산이 있었다. 놋뱀을 만들 수 있는 이런 광산 지역에서 놋뱀 사건이 일어났을 것이다. 소위 애굽에서 20세 이상의 성인으로 나온 1세대는 세렛강을 지나기 전에 모두 죽었다. 그러므로 1세대의 마지막 시험은 불뱀 사건이었고, 이후 2세대의 첫 징계는 발람의 꾀 사건이었다.

03 열두 정탐꾼은 이스라엘 진영을 벗어나는 동시에 구름기둥과 불기둥의 보호를 벗어났다. 그런데 그들은 헤브론의 성벽과 아낙 자손을 보고 겁을 먹었다. 사실 헤브론은 애굽의 지배하에 있던 성으로 애굽에 비하면 초라할 정도로 작았다. 더구나 정탐꾼들은 이스라엘 진영에 특별한 보호하심이 있다는 것을 알고 있었다. 따라서 그들은 정탐 후 이스라엘 진영에 돌아왔을 때 구름기둥과 불기둥의 보호하심이 더 크다고 얘기해야 했다. 그리고 가나안이 애굽보다 약함을 인정해야 했다. 그러나 그들의 부정적인 보고는 사람들의 마음을 완전히 무너뜨렸다. 다만 여호수아와 갈렙만이 자신들을 보호하고 있던 구름기둥과 불기둥 가운데 계신 하나님을 바라보았다. 하지만 여호수아와 갈렙의 믿음 선언은 이미 불신의 마음이 되어 버린 사람들의 귀에 들리지 않았다. 여호와는 우리가 말한 대로 행하시는 주님이시다.

04 새로운 세대는 모세의 지도를 받아 헤스본 왕 시혼을 무찌르고, 아낙 자손같이 거인인 바산 왕 옥을 이기며 연전연승했다. 모압과 암몬을 몰아낸 헤스본 왕 시혼도 가나안을 향하는 이스라엘에게는

상대가 되지 않았다. 역사적으로 보아도 가족을 뒤에 두고 죽기 살기로 싸우는 군대를 누구도 막을 수 없었다. 모세는 이를 통해 가나안에 들어가 행할 모델을 제시했다. 모든 아모리 족속을 멸절시켜 죄를 심판하고 하나님의 백성으로서 그 땅에서 새로운 삶을 살도록 했다.

05 발람의 꾀가 유발한 죄는 2세대가 우상과 음행에 얼마나 주의해야 하는지를 알려 준다. 이 사건으로 한 지파 규모라 할 만한 2만 4천 명이 죽었다. 가나안 땅에서는 무엇보다 강한 적이 우상과 음행임을 긴 이야기로 말해 주고 있다.

민수기 핫 플레이스

중동의 그랜드캐니언, 엔 아브닷

신 광야에 있는 아브닷은 유네스코 지정 문화유산이 될 만큼 중요한 장소다. 이곳은 700년간 인도, 예멘, 사우디를 거쳐 요르단에서 신 광야의 아브닷을 지나 가사를 거쳐 애굽으로 향하는 향유 무역의 중요한 경로다. 향유 무역은 우리나라에까지 이르렀다. 향유 무역은 낙타 캐러밴을 이끌던 아라비아인 나바테아 사람을 통해 이루어졌다. 이들의 유명한 왕으로 바울을 잡으려 했던 아레다 4세가 있고, 아브닷에 묻힌 오보다 1세가 있다. 그의 이름을 따라 이곳을 아브닷이라고 부른다.

엔 아브닷 공원에 들어서면 북쪽에서 남쪽으로 오르는 트레킹 코스가 있다. 이 길에 들어서면 그랜드캐니언 같은 거대한 협곡이 펼쳐지면서 메마른 땅에 풍성한 물이 나타난다. 엔 아브닷 협곡에는 3개의 샘이 있다. 남쪽의 첫 번째 샘은 엔 모르(Ein Mor)로 '몰약'이라는 말에서 유래했다. 다시 남쪽으로 거슬러 올라가면 15m의 폭포를 이루며 떨어지는 엔 아브닷이 있고 깊이가 8m에 달하는 풀이 있다. 가장 남쪽 상류에는 엔 마아리프(Ein Ma'arif)가 폭포와 저수지를 만든다. 이러한 샘들은 깎아지른 협곡을 만들며 새로운 강을 탄생시킨다. 그러나 건기에는 상류만 물이 흐르고 우기에는 25km 정도 남쪽에 있는 마크테쉬 라몬의 미쯔베라몬 쪽에서 시작된 와디가 물을 모아 엔 아브닷 협곡으로 떨어져 일시적으로 강을 이룬다. 엔 아브닷 입구에는 이스라엘 초대 수상이던 벤구리온의 무덤이 있다. 그는 독립전쟁을 끝낸 후, 유대 청년들에게 광야를 개척할 것을 호소하고 실천하다 그곳에 잠들었다.

엔 아브닷은 신 광야에서 가장 물이 많은 지역이다.

엔 아브닷 위에서 바라보면 거대한 협곡이 펼쳐지는데 이는 샘과 건천이 만든 하나님의 작품이다.

나바테아 문명의 중심지, 에돔의 페트라

모세의 샘으로 알려진 페트라의 샘인데 모세와는 관련이 없다.

페트라(헬라어로 '바위'라는 뜻)는 요르단이 자랑하는 최고의 유적지다. 유목 생활을 하던 서부 아라비아에서 이주해 온 부족들이 이 지역에 정착하기 시작한 것은 BC 6세기의 일이다. 이들은 BC 580년경 에돔족과 혼합되었으며 BC 6세기에서 AD 106년경까지 페트라를 중심으로 거주하면서 이곳을 나바테아 문명의 중심지로 만들었다. 최고의 번영 시기는 성경에 언급된 아레다 4세(BC 9-AD 39) 때다.

무역과 상권을 주도하였으며, 페트라를 교역의 중심지로 발전시켰을 뿐만 아니라, 106년 로마에 점령당하기까지 문명의 절정을 이룩하였다. 로마 시대에 아라비아 사막에 새로운 상업로가 개척되면서 교역로로써 페트라의 중심적 역할은 점차 쇠퇴하였다. AD 4세기에는 콘스탄틴에 의하여 기독교화되었고, 6세기경에 있었던 지진으로 폐허가 되었다. 이후 아랍 이슬람이 요르단을 점령한 7세기에서 1812년까지 이곳은 잊힌 도시가 되었다.

나바테아인들은 불후의 문명 유산을 남겼다. 그러나 유감스럽게도 그들은 역사 기록을 남기지 않았다. 그들은 당시 널리 사용되던 아람(Aramaic) 문자를 사용하였으며, 지금까지 4천 점에 달하는 나바테아인들의 문자 기록이 수집되었다. 고도의 문명을 이룩했던 나바테아인들이 문자를 사용했음에도 불구하고 그들의 역사와 문학, 사상과 종교를 기록으로 남기지 않았다는 것은 고대 문명이 안고 있는 또 하나의 수수께끼다.

나바테아인들은 돌을 깎아 웅장한 건물들을 만들었다. 이곳 페트라에는 암벽을 깎아서 만든 거대한 암벽 도시의 유적이 거의 그대로 남아 있다. 19세

페트라 모형도
시크라는 입구 길을 나오면 알 카즈네라는 보물궁전 그리고 원형극장, 그 사이 위에 산당이 있고 가장 오른쪽에는 로마 도시가 있다.

페트라에 들어오는 길인 시크로 중앙에
낙타와 나바테아인이 들어오는 부조 일부가 보인다.

기까지 페트라를 가데스바네아로 여겼던 순례객들 때문에 페트라 계곡이 시작되는 지점의 샘을 '모세의 샘'(아윤 무사)이라 부르고, 이 계곡을 따라 페트라 근처의 무덤이 피라미드형 오벨리스크 형태로 만들어진 것도 모세가 애굽과 관련이 있기 때문으로 이해했다.

페트라의 최고 장관은 페트라 도시까지 이르는 입구 길로 '시크'라고 불리는 수십 미터 높이의 바위 사이를 지나는 2km의 길이다. 이 길 입구에는 나바테아인의 영혼을 상징하는 정방형의 바위가 있고, 시크 내에는 물을 공급하는 수로가 좌우에 있으며, 나바테아인의 신인 두사라(제우스)와 우자(아프로디테)가 새겨진 바위, 낙타와 함께 페트라를 향하거나 나오는 부조 조각 등으로 지루할 틈이 없다. 시크 끝에는 알 카즈네라는 거대한 궁전 모양의 바위 조각품이 나오는데 아레다 4세의 무덤으로 추정된다. 조금 넓게 열린 계곡을 따라가다 보면 좌우에 형형색색 가지각색의 무덤군이 있다.

바위를 파서 만든 알 카즈네는 페트라 최고의 걸작품으로 바울을 잡으려 한 아레다 4세의 무덤이라 추정된다.

페트라는 에돔 족속이 먼저 차지하고 아라비아인에게 내준 곳이다. 알 카즈네 오른쪽 산지 길로 오르면 산당이 나오는데 이곳은 두 족속 모두의 종교적인 장소로 사용되었던 것으로 보인다.

계곡을 따라 계속 내려가면 왼쪽에 아레다 4세가 바위산을 깎아 만든 원형극장과 본격적인 로마형 도시가 나오고, 끝까지 가면 다시 협곡과 산지가 나타난다. 수고롭지만 다시 산을 오르면 수도원에 이르게 되는데, 이곳에 세워진 수도원 건물은 알 카즈네를 그대로 옮겨 놓으려 한 건물이다. 수도원 근처의 정상에서는 아론이 죽었다는 호르산 수도원뿐만 아니라 아라바 광야까지도 보인다.

갈라디아서 1:17에서 바울은 자기보다 먼저 사도 된 자들을 만나려고 예루살렘으로 가지 않고 아라비아로 갔다가 다시 다메섹으로 돌아갔다고 한다. 여기서 아라비아는 분명히 페트라였을 것이다. 왜냐하면, 고린도후서 11:32에서 바울은 다메섹에서 아레다왕의 고관이 자신를 잡으려고 다메섹성을 지켰고 그로 인하여 광주리를 타고 도망갔다고 했기 때문이다. 그래서인지 시크 거리를 걷다 보면 바울이 큰 소리로 사람들에게 복음을 전하는 모습이 그려진다.

에돔 족속부터 나바테아인까지 꾸준히 사용한 이 지역의 최고 산당이다.

천연의 요새, 모압 길하레셋

모압의 수도 역할을 한 길하레셋은 모압 산지의 방어 요새였던 곳으로, 3면이 깊은 계곡으로 둘러싸인 천연의 요새 지역이다. 남북으로 왕의 대로에 있으며, 서쪽으로 내려가는 길은 건기에 유다로 건너가는 마른 땅을 내어 여러 시대에 걸쳐 전략적으로 중요한 역할을 했다. 길하레셋에서 내려가는 길에 닛산반도 너머 맛사다가 보이고 그 오른쪽에 엔게디도 보인다. 이곳은 성경에는 '기르' '길헤레스'(Kir heres) 또는 '길하레셋'(Kir hereseth)으로 언급되며 모압 미스베로 추정되기도 한다.

신약시대 이후에는 로마의 지방 도시로 '카르카모바'(Kharkamoba)라 불렸으며, 로마와 비잔틴 시기에는 중요한 기독교 지역으로 페트라의 대주교좌가 있었다.

1132년 십자군 시대에 이르러서는 예루살렘 공국을 세운 발드윈 1세가 이곳을 점령하면서 확장하는 무슬림 세력을 막기 위해 왕의 대로상에 있는 아카바-쇼박-카락에 요새를 건설하고 카락을 그 중심으로 삼았다. 카락은 쇼박과 예루살렘을 연결하는 중요한 지역이었다. 해발 1050m 정상의 카락성에는 옛 요새의 한 부분과 십자군이 그 위에 다시 지은 성채의 유적이 남아 있는데, 십자군 당시에 쌓았던 성벽이 복원되어 십자군 시대 요새의 모습을 확인해 준다.

다윗은 사울을 피해 다닐 때 자신의 부모를 이곳에 맡겼다(삼상 22:3). 그의 증조모인 룻이 모압 여인이었기 때문이다. 길하레셋의 최고 전투는 이스라엘과 유다 연합군이 엘리사의 도움을 받아 모압을 이긴 전쟁이다. 그러나 이때 모압 왕 메사가 자신의 세자를 불태워 그모스에게 드리자, 사람들이 민망해 전쟁을 그치게 된다(왕하 3:27). 멀리서 요새를 보면 이곳은 정말 난공불락의 성임을 알 수 있다. 모압의 심판을 이사야 선지자가 말할 때 한결같이 길하레셋이 대표로 등장한다(사 16:7).

길하레셋은 모압의 수도로
아르 혹은 모압 마을로 불린 난공불락의 성이다.

십자군이 성채를 세웠고 카락이라 불렀다.

모압과 에돔의 경계, 세렛강

세렛 골짜기는 에돔과 모압 사이의 경계이며 시내가 흐르는 곳이다(민 21:12). 히브리어로 '제레드'라 하며 '무성하다' 혹은 '버드나무 숲' 등을 뜻한다. 세렛 골짜기는 '알 하사'라는 해발 810m의 55km 상류에서 작은 개천으로 시작하여 -400m 염해 남동쪽으로 흘러내린다. 이 물은 56km가량의 와디 엘 하사(Wadi el-Hasa)를 만들고, 낙차는 1.2m 정도다. 이 시내의 지류가 예벨 에쉬 세라 북쪽 전 지역에 걸쳐 흐른다.
세렛 골짜기의 길이는 꼭대기에서 맞은편 끝 지점까지 5~6km에 달한다. 염해와 합류하기 전에 작은 개울이 하나 있는데 이 개울은 세일 엘 케라히(Seil el-Qerahi)로 평지를 흘러 염해와 합쳐진다. 이 지역은 상류에서 내려온 옥토로 비옥한 토지를 형성할 뿐 아니라 물까지 풍부하여 소돔과 고모라 같은 도시를 이루었다. 그런 환경에 더해 염해의 암염으로 이루어진 소금이 풍족하여 고대에 부요한 도시를 만들었다.
이스라엘 백성은 가데스바네아에서 출발하여 38년 만에 세렛 시내를 건넜다(민 21:12, 신 2:13). 세렛 주변에는 에돔의 요새들이 산재해 있어 세렛 남쪽 고원으로 침입하는 적을 막는 데 크게 기여했다. 이스라엘의 여호람과 유다의 여호사밧이 에돔 왕과 연합하여 에돔 광야 길을 갈 때 사용한 골짜기가 세렛 골짜기인 듯하다. 이곳에서 물이 떨어져 엘리사가 거문고 타는 자와 함께 기도했을 때 물이 나와 위기를 극복했을 뿐 아니라 모압과의 전쟁을 승리로 이끌었다(왕하 3:1-25). 이사야가 모압의 패망을 예언하는 중에 나오는 '버드나무 시내'는 세렛 시내를 의미한다고 보기도 한다(사 15:7).

세렛강의 바닥
엘리사가 전쟁 중에 기도하자 여기서 물이 나왔다.

길르앗과 모압의 경계, 아르논강

'포효하는 강'이라는 뜻의 아르논강은 동쪽에서 염해로 흘러가는 모압의 최대 강으로 지금의 와디 엘 무지브(Wadi el-Mujib)와 동일시된다. 여러 물줄기가 합쳐서 강이 되어 내려가는 깊은 계곡은 자연스럽게 남북의 경계로 사용되었다. 출애굽 전에는 이 강이 모압 족속과 북쪽의 아모리 족속의 경계선이었으며(민 21:13, 24, 26), 후에는 이스라엘의 길르앗과 경계 역할을 했다. 그러나 모압 왕 메사는 북이스라엘 왕 아합이 전쟁에서 죽자 이곳을 넘어 느보산까지 북진했다. 모압 고원지대에서 흘러나온 또 하나의 물줄기는 염해에서 동쪽으로 3km 떨어진 곳에서 아르논강과 합쳐져 더 큰 강과 깊고 가파른 계곡을 만든다. 왕의 대로가 요단 계곡에서 동쪽으로 훨씬 떨어진 곳에 세워지게 된 이유 중 하나가 이 계곡이 험준했기 때문이다.

아르논은 모압의 영토였다가 헤스본의 시혼왕에게 점령된 듯하다(신 2:24, 36). 후에는 모압과 르우벤 지파의 경계가 되었다(신 3:8, 12, 16). 암몬 자손이 이스라엘의 입다에게 아르논에서 얍복과 요단까지의 땅을 돌려 달라고 요구하기도 했다(삿 11:12-13). 아르논강 북쪽 르우벤 지파 땅이던 디본 출신의 모압 왕 메사의 비문을 보면 "나는 아로엘을 세우고 아르논 연안에 대로를 만들었다"고 기록하였는데, 이는 그가 느보산까지 진격했음을 말하고 있다. 신약시대에는 갈릴리 헤롯과 나바테아인들과의 경계가 되었다.

모압과 길르앗의 경계인 아르논강은 많은 물을 저장하는 댐이 되었다.

아르논강 하류 염해로 물이 흘러간다.

신명기

chapter 1

신명기의 주요 무대

길르앗과 암몬 지역

'길르앗'이라는 말은 야곱이 라반과 언약을 하면서 큰 돌무더기를 쌓아 경계를 삼으면서 "이 무더기가 너와 나 사이에 증거가 된다" 했을 때 '증거의 무더기'라는 '갈르엣'에서 유래했다(창 31:48). 길르앗 산지와 암몬 지역은 지리적인 구분이 어려워 몇 개의 도시로 구분할 정도다.

출애굽 당시 이스라엘은 길르앗 지역의 맹주인 헤스본을 이기고 길르앗을 얻었다. 헤스본 왕이 다스리던 경계는 아르논 골짜기 가장자리에 있는 아로엘에서 시작된다. 한편, "암몬 족속의 땅 얍복강가와 산지에 있는 성읍들"이라는 표현을 통해서 볼 때 암몬은 얍복강이 시작되는 상류 지역의 산지 도시들이었음을 알 수 있다(신 2:36-37). 이를 근거로 길르앗의 경계는 동쪽은 아라비아 사막이며, 서쪽은 요단강, 남쪽은 아르논강, 북쪽은 야르묵강이라고 할 수 있다.

특별히 길르앗 중간에 자리를 잡은 얍복강은 '길르앗 절반'이라고 불

길르앗과 암몬 지역

렀다(신 3:12, 수 12:2, 13:31). 길르앗은 남쪽으로부터 르우벤, 갓, 므낫세 반 지파 일부에게 분배되었다. 신약시대에는 길르앗보다는 산지 쪽은 10개의 헬라화된 도시라는 뜻의 '데가볼리'(마 4:25, 막 5:20, 7:31)로, 요단 계곡 지역은 '요단강 건너편'이라는 '베레아'(Peraea) 지방으로 불렸다(마 4:25, 막 3:8, 요 1:28).

길르앗의 동쪽은 1000m가 넘는 강석회암인 세노마눔(Cenomanian)으로 형성된 고원지대이고, 서쪽은 요단강으로 내려가면서 급경사를 이루어 해저 300m까지 내려간다. 길르앗 반에 있는 얍복강 지역은 누비안 사암인 붉은 사암으로 형성된 깊은 계곡을 이룬다. 서쪽에서 불어오는 비바람이 산지가 시작되는 계곡에 부딪혀 비를 내리며 숲을 이룬다. 이 길르앗 숲에서 치료제로 쓰이는 유향이 난다(렘 8:22). 길르앗 산지 서쪽 기슭은 산지에서 내려오는 물로 40~50km에 이르는 숲과 초지를 이루는데, 이를 따라 사르단, 숙곳, 펠라 등의 마을이 형성되어 '에브라임 수풀'이라 불리기도 했다(삼하 18:6). 신약시대에는 이 기슭의 동서 마을을 연결하는 사마리아 우회도로인 '베레아길'이 만들어져 갈릴리 사람들이 예루살렘을 안전하게 갈 때 사용했다.

길르앗에서 가나안 땅으로 가기 위해서는 요단강이라는 지리적인 장

애물이 있다. 따라서 길이 제한될 수밖에 없었다. 그중 ① 길르앗라못-벧산-므깃도 길 ② 마하나임-숙곳-아담-디르사 길 ③ 랍바 암몬-베다니-여리고 길은 성경에서 언급된 대표적인 길이다. 길르앗 산지 위에는 왕의 대로가 남북으로 놓여 랍바 암몬을 거쳐 길르앗 라못, 바산을 지나 다메섹을 향한다.

바산

'평탄한 땅'이라는 바산은 동쪽은 아라비아 사막, 서쪽은 갈릴리 바다와 요단 계곡, 남쪽은 길르앗의 북쪽 경계인 야르묵강, 북쪽은 헤르몬산까지를 지칭한다. 지형은 제주도 지역과 같은 현무암으로 이루어진 고원 평원지대로 풍부한 목초지를 형성한다. 긴 풀이 잘 자라 양보다는 소를 키우기에 적합한 땅으로 바산의 살진 소를 지칭할 때 '바산의 암소'라 불렀다. 아모스 선지자는 사마리아의 사치스럽고 쾌락을 즐기는 타락한 여인들을 가리켜 바산의 암소라 했다(암 4:1). 반면에 의로운 자를 박해하는

바산의 암소

자를 '바산의 힘센 소'라고 했다(시 22:12).

북쪽은 지대가 높아 헤르몬산을 제외하고 가장 높은 산인 아비탈산이 1210m에 이르고, 남쪽 지역은 500m에서 350m 정도 된다. 바산 남쪽의 서쪽 경계인 갈릴리 바다 지역이 바다보다 200m 낮으므로 서쪽 지중해의 비구름이 오면 바산 산지에 부딪혀 연간 300~600mm의 비를 내린다.

현무암이 풍화된 토양은 비옥해서 밀 재배와 목축에 아주 적합하며, 북부 헤르몬산 가까이 형성된 상수리나무 숲은 성경에도 언급될 정도로 유명하다(사 2:13, 겔 27:6, 슥 11:2). 도로는 남북으로 왕의 대로가 지나고 동서로는 단과 빌립보 가이사랴에서 올라온 해변길이 바산 지역을 지나 다메섹으로 향한다. 로마 시대에는 바산이 '바타네아'라는 이름으로 바뀌었다.

모세가 이 지역을 점령할 때 바산은 옥이 다스렸는데 그는 아낙 자손과 같은 르바임 족속이었다. 그가 사용한 철 침상은 길이가 9규빗(4.10m)이고 너비가 4규빗(1.8m)으로 그의 거구를 가늠할 수 있다. 그러므로 바산의 옛 이름은 '크다'는 '라바'에서 유래해 르바임, 즉 거인족의 땅이라 불렸다. 이 지역은 므낫세 반 지파에게 분배되었다(신 3:11-13).

chapter 2

신명기 그리기

A지도

B지도

1 신명기를 펴고 '성경에 표시할 부분' 표에 색칠한 부분을 성경에 표시하라. 그리고 지도에는 장절과 키워드를 쓴다.

장절과 키워드 **지도에 표시할 부분**	**성경에 표시할 부분**	**통독 구절**
①4 정복 **에드레이 아래(좌상좌상), 헤스본 오른쪽(좌상우상)**	헤스본에… 아모리 왕 시혼을… 에드레이에서… 바산 왕 옥을 쳐죽인 후라	1:4
①5 두 번째 율법 **모압 평지 아래(좌상우중)**	요단 저쪽 모압 땅에서 이 율법을 설명…	1:1-5
①19 출발 **시내산 아래**	명령하신 대로 우리가 호렙산을 떠나…	1:19
①19 정탐 **가데스바네아 오른쪽 위(우하좌하)**	호렙산을 떠나… 가데스 바네아에 이른 때에	1:19-46
②1 홍해길 **세일산 위(중중우하)**	명령하신 대로 홍해길로 광야에 들어가서…	2:1-7
②8 행진 **엘랏 왼쪽(우중우하)**	아라바를 지나며 엘랏과 에시온 게벨 곁으로 지나 **행진**하고…	2:8

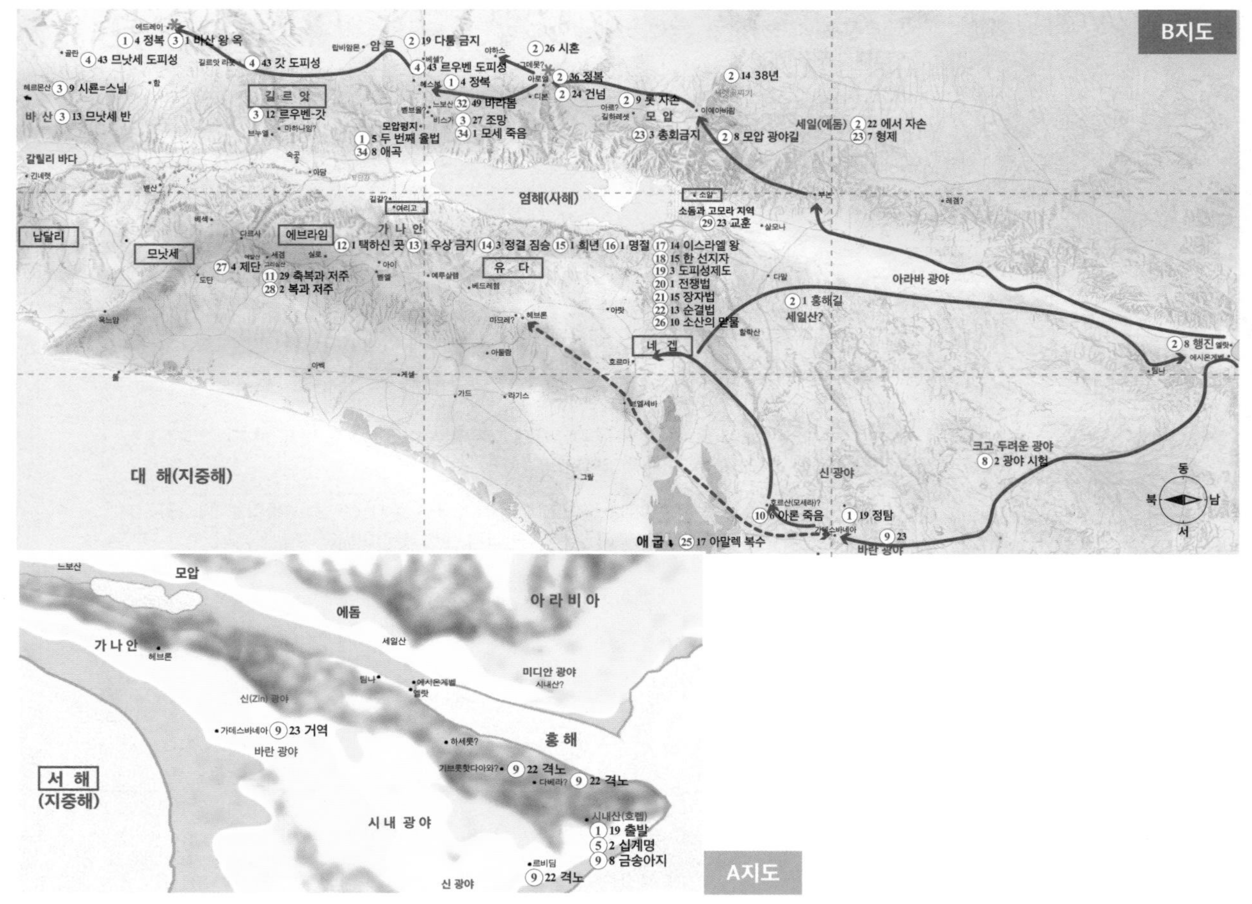

②8 모압 광야길 **세일 왼쪽 아래(중상우중)**	세일산에 거주하는… 동족 에서의 자손을 떠나서 아라바를 지나… 모압 광야길로 지날 때에…	2:8
②9 롯 자손 **모압 위(중상중중)**	모압을 괴롭히지 말라 그와 싸우지도 말라… 내가 **롯 자손**에게…기업으로	2:9
②14 38년 **세렛 골짜기 위(중상우중)**	가데스 바네아에서 떠나 세렛 시내를 건너기까지 **삼십팔 년**…	2:14-15
②19 다툼 금지 **암몬 오른쪽(좌상우상)**	암몬 족속… 을 괴롭히지 말고 그들과 **다투지도 말라**… 롯 자손에게 기업으로…	2:16-21
②22 에서 자손 **세일(에돔) 오른쪽(중상우중)**	세일에 거주한 **에서 자손**…	2:22-23
②24 건넘 **아르논강 위 디본 오른쪽(중상중중)**	아르논 골짜기를 **건너라**… 헤스본 왕… 시혼과 그의 땅을 네 손에 넘겼은즉…	2:24-25

②26 시혼 **그데못 위(중상중상)**	그데못 광야에서 헤스본 왕 **시혼**에게 사자를 보내어…	2:26-35
②36 정복 **아로엘 오른쪽(중상중중)**	아르논 골짜기… 아로엘과… 길르앗까지… **점령**	2:36-37
③1 바산 왕 옥 **에드레이 오른쪽(좌상좌상)**	바산 **왕 옥**이… 우리를 대적하여 에드레이에서 싸우고자…	3:1-8, 10
③9 시룐=스닐 **헤르몬산 오른쪽(좌상중좌)**	헤르몬산을 시돈 사람은 시룐… 아모리 족속은 스닐이라…	3:9
③12 르우벤-갓 **길르앗 아래(좌상중중)**	아르논 골짜기 곁의 아로엘에서부터 길르앗 산지 절반(얍복강)과 그 성읍들을… **르우벤** 자손과 **갓** 자손에게 주었고	3:12, 16-17
③13 므낫세 반 **바산 오른쪽(좌상좌중)**	길르앗의 남은 땅과… 온 바산으로는… **므낫세 반** 지파에게 주었노라…	3:13-15
③27 조망 **비스가 오른쪽 아래(중상좌중)**	비스가산 꼭대기에 올라가서… 동서남북을… **바라보라** 너는 이 요단을 건너지 못할 것임이니라	3:23-29
④43 도피성 **베셀 아래(르우벤 도피성, 중상좌상)** **길르앗라못 오른쪽(갓 도피성, 좌상중상)** **골란 오른쪽(므낫세 도피성, 좌상좌상)**	베셀이라 **르우벤 지파**를 위한 것이요… 길르앗 라못이라 **갓 지파**를… 바산 골란이라 **므낫세 지파**를 위한 것이라	4:41-43
⑤2 십계명 **시내산 아래**	2 호렙산에서… 언약을 세우셨나니 3 …오늘 여기 살아 있는… 우리와 세우신 것이라(7~21절 **십계명**)	5:1-21
⑧2 광야 시험 **크고 두려운 광야 아래(우하중중)**	이 사십 년 동안에… 광야 길을 걷게 하신 것을 기억하라…너를…**시험**하사… 그 명령을 지키는지… 알려 하심이라	8:1-6
⑨8 금송아지 **시내산 아래**	8 호렙산에서 너희가… 16 자기를 위하여 **송아지**를 부어 만들어서…	9:8-21
⑨22 격노 **다베라 오른쪽** **기브롯핫다아와 오른쪽** **르비딤 아래**	다베라와 맛사와 기브롯 핫다아와에서도… **격노**하게	9:22
⑨23 거역 **가데스바네아 오른쪽**	가데스 바네아에서 떠나게 하실 때에… **거역**하여 믿지 아니하고…	9:23-24
⑩6 아론 죽음 **호르산 아래(중하우하)**	브에롯 브네야아간에서 길을 떠나 모세라에 이르러 **아론**이 거기서 **죽어**…	10:6
⑪29 축복과 저주 **그리심산 아래(좌중중중)**	차지할 땅으로…인도하여 들이실 때에… 그리심산에서 **축복**을 선포하고 에발산에서 **저주**를 선포하라	11:26-29
⑫1 택하신 곳 **실로 오른쪽(좌중우중)**	1 차지하게 하신 땅에서… 5 자기의 이름을 두시려고… 택하신 곳…	12:1-7

⑬1 우상 금지 **실로 오른쪽** **(좌중우중)**	1 선지자나 꿈꾸는 자가… 이적과 기사를… 보이고… 2 **다른 신들**을… 따라 섬기자고 말할지라도… 3 **청종하지 말라**	13:1-5
⑭3 정결 짐승 **실로 오른쪽(좌중우중)**	3 가증한 것은 무엇이든지 먹지 말라… 4 **먹을 만한** 짐승은…	14:3-21
⑮1 희년 **실로 오른쪽(좌중우중)**	**매 칠 년** 끝에는 면제하라(참조 레 **25:1-7** 안식년)	15:1-18
⑯1 명절 **실로 오른쪽(좌중우중)**	**유월절**을 행하라… 아빕월… 밤에… 애굽에서 인도하여 내셨음이라	16:1-8
⑰14 이스라엘 왕 **실로 오른쪽(좌중우중)**	14 **왕**을 세워야겠다는 생각이 나거든 15 반드시… 여호와께서 택하신 자를 네 위에 왕으로…	17:14-20
⑱15 한 선지자 **실로 오른쪽(좌중우중)**	네 형제 중에서… 나와 같은 **선지자 하나**를 일으키시리니… 그의 말을 들을지니라	18:15-22
⑲3 도피성 제도 **실로 오른쪽(좌중우중)**	기업으로 주시는 땅 전체를 세 구역으로 나누어… 모든 살인자를 그 성읍으로 **도피**하게 하라	19:1-13
⑳1 전쟁법 **실로 오른쪽(좌중우중)**	적군과 **싸우려** 할 때에… 그들을 두려워하지 말라… 인도하여 내신 네 하나님 여호와께서 너와 함께하시느니라	20:1-20
㉑15 장자법 **실로 오른쪽(좌중우중)**	15 어떤 사람이 두 아내를 두었는데… 미움을 받는 자의 아들이 **장자**이면… 17 반드시… 두 몫을 줄 것이니…	21:15-17
㉒13 순결법 **실로 오른쪽(좌중우중)**	13 **아내**를 맞이하여… 그를 미워하여… 15 처녀인 표를… 20 처녀의 표적이 없거든… 21 악을 제할지니라	22:13-21
㉓3 총회 금지 **모압 아래(중상중중)**	암몬 사람과 모압 사람은 여호와의 **총회에 들어오지 못하리니**…	23:3-6
㉓7 형제 **에돔 오른쪽(중상우중)**	에돔 사람을 미워하지 말라… 네 **형제**…	23:7-8
㉕17 아말렉 복수 **애굽 오른쪽(중하중하)**	애굽에서 나오는 길에 **아말렉**이… 행한 일을 기억하라	25:17-19
㉖10 소산의 맏물 **실로 오른쪽(좌중우중)**	토지 **소산**의 **맏물**을… 네 하나님 여호와 앞에 두고… 경배할 것이며	26:1-11
㉗4 제단 **에발산 아래(좌중중중)**	4 요단을 건너거든… 이 돌들을 에발산에 세우고… 5 **제단 곧 돌단**을 쌓되 그것에 쇠 연장을 대지 말지니라	27:1-8
㉘2 복과 저주 **그리심산 아래(좌중중중)**	2 말씀을 청종하면 이 모든 **복**이 네게 임하며… 15 지켜 행하지 아니하면 이 모든 **저주**가 네게 임하며…	28:1-19
㉙23 교훈 **소돔과 고모라 아래(중중우상)**	23 멸하신 소돔과 고모라와… 같음을 보고… 24 **무슨 뜻이냐** 하면	29:22-29
㉜49 바라봄 **느보산 오른쪽(중상좌중)**	모압 땅… 느보산에 이르러… 가나안 땅을 **바라보라**	32:48-52

㉞1 모세 죽음 **비스가 오른쪽(중상좌중)**	1 **모세가**… 느보산… 비스가 산꼭대기에 이르매… 길르앗 온 땅을 단까지 보이시고 2 또 온 납달리와 에브라임과 므낫세의 땅과 서해까지의 유다 온 땅과 3 네겝과 종려나무의 성읍 여리고 골짜기 평지를 소알까지 보이시고… 5 말씀대로… **죽어**	34:1-7
㉞8 애곡 **모압 평지 아래(좌상우중)**	모압 평지에서 모세를 위하여… 삼십 일을 **애곡**하니라	34:8

2 광야 여정을 다시 한 번 역동성 있게 표시해 보자.

01 가데스바네아까지 : 에시온게벨 점 아래에서 '크고 두려운 광야' 아래 갈색 길을 따라 가데스바네아까지 초록 화살표를 그려라.

02 정탐 : 가데스바네아의 점에서 브엘세바를 지나 헤브론까지 왕복으로 초록 점선 화살표를 그려라.

03 가데스바네아에서 요단 동편까지: 모두 초록 화살표

1) 가데스바네아에서 호르산 아래까지, 호르산에서 길을 따라 위로 호르마까지 화살표를 그려라.

2) 호르마에서 다말과 아라바 광야 글자 아래를 지나 텀나를 거쳐 에시온게벨까지, 엘랏에서 갈색 길을 따라 부논까지 화살표를 그려라.

3) 부논에서 이예아바림까지, 이예아바림에서 아로엘까지 직선으로 화살표를 그려라.

04 요단동편 정복: 모두 초록 화살표

1) 아로엘 위에 빨강 별표를 하여 시혼과 전쟁한 표시를 하고, 아로엘에서 아하스까지 화살표 하나, 아로엘에서 헤스본까지 화살표 하나를 그리고, 헤스본에서 길르앗 라못을 지나 에드레이까지 화살표 하라.

2) 에드레이 도시 점 옆에 빨강 별표를 하여 바산 왕 옥과의 전쟁을 표시하라.

05 모세가 느보산에서 죽기 전 바라본 지역 : 초록 사각형

1) 북쪽 : 길르앗, 납달리, 므낫세, 에브라임, 여리고

2) 남부 : 유다, 네겝, 소알, (A지도에서) 서해

3 지도의 의미와 교훈

01 신명기는 설교 대상이 광야 2세대였기에 지도에도 2세대를 향한 마음과 내용이 정확히 드러난다. 세렛강을 넘으면서 새로운 세대가 주도하는 시대가 되었다(신 2:14). 1장부터 10장까지 조상의 출애굽 역사와 2세대가 요단 동편에서부터 정복한 역사를 기록한다. 신명기는 원어로 두 번째 세대에게 준 '두 번째 율법'이라는 뜻인데, 이 말대로 새로운 세대에 새로운 율법을 주는 글로 인식될 수도 있지만, 지도에서 보듯 수많은 과거 역사의 기록도 있다. 이를 통해 율법은 역사에 기초했고, 하나님이 말씀하시는 방식이 역사였음을 알 수 있다.

02 11장부터는 말씀의 방향이 미래적이고 가나안 땅에 초점을 맞추고 있다. 특별히 11장과 27장에서는 그리심산과 에발산과 모레 상수리나무 등 세겜 지역의 특정 장소를 지명한다. 모세오경에서 창세기 외에 가나안의 특정한 장소를 기록한 것은 신명기 11장과 27장이 유일할 것이다. 창세기에서 아브라함에게 '네 자손에게 주리라'(창 12:7)고 언급했던 곳이다. 그곳에서 언약을 맺어 아브라함에게 약속한 지리적인 성취를 이룰 것을 명령한다. 이외 대부분의 명령은 가나안 땅에 들어가서 행할 규례와 법도에 대한 것이다. 신상품에 사용설명서가 있듯, 새로운 땅에 대한 사용설명서에는 주의사항이 많다.

03 34장에서 모세가 죽음을 앞두고 바라보는 가나안 전역에 대한 묘

사는 매우 비현실적으로 보이나 느보산에서 보면 실제적이다. 주의할 점은 모세가 바라본 땅의 지명 중 단, 납달리, 므낫세, 에브라임, 유다 지역 등은 모세가 보긴 했어도 당시에 그렇게 불리던 지역은 아니다. 다만 후대 서기관이 독자들이 이해할 수 있도록 바꿔서 기록했음이 분명하다. 예를 들어 단이라는 지명은 사사시대 단 지파가 이동한 후 단이라 불렸다. 그 전에는 레셈(수 19:47)이나 라이스라고 불렸다(삿 18:29).

느보산에서 보면 날씨가 엄청나게 맑을 때 가나안 전부와 그 너머 지중해까지 보인다. 모세는 그들이 들어가 얻을 땅에 가지는 못했어도 보기는 했다. 신기한 것은 모세가 바라본 대부분의 땅은 이스라엘이 들어가 얻었지만, 바라보지 못한 가나안 서쪽 지역인 블레셋 등 해안평야와 이스르엘 골짜기는 후에 다윗과 솔로몬 때가 되어서야 굴복시켜 얻었다는 점이다. 이스라엘은 모세가 바라본 만큼 얻었다.

chapter 3

출애굽 여정 종합

출애굽기/ 민수기/ 신명기

A지도
B지도

1. 출애굽 여정 출애굽기 부분 그리기

1 출애굽기를 펴고 '성경에 표시할 부분' 표에 색칠한 부분을 성경에 표시하라. 그리고 지도에는 장절과 키워드를 쓴다.

장절과 키워드 지도에 표시할 부분	성경에 표시할 부분	통독 구절
①11 국고성 **라암셋 오른쪽**	감독들을… 세우고… 무거운 짐을 지워 괴롭게 하여… 바로를 위하여 **국고성** 비돔과 라암셋을 건축하게 하니라	출 1:11
⑫37 출애굽 **숙곳 오른쪽**	라암셋을 떠나서 숙곳에 이르니 유아 외에 보행하는 장정이 육십만가량이요	출 12:37
⑭2 홍해 **얌숩(홍해) 오른쪽 위**	명령하여 돌이켜 바다와 믹돌 사이의 비하히롯 앞 곧 바알스본 맞은편 바닷가에 장막을 치게 하라	출 14:2
⑮22 여호와 라파 **마라 오른쪽**	22 모세가 홍해에서 이스라엘을 인도하매… 수르 광야로 들어가서… 사흘길을 걸었으나 물을 얻지 못하고… 23 마라라 하였더라	출 15:22
⑯1 만나 **신 광야 아래**	1 온 회중이 엘림에서 떠나… 신 광야에 이르니 애굽에서 나온 후 둘째 달 십오일이라… 35 만나를 먹었으니	출 16:1

⑰1 맛사-여호와 닛시 **르비딤 아래**	1 온 회중이 여호와의 명령대로 신 광야에서 떠나… 르비딤에 장막을 쳤으나… 마실 물이 없는지라… 15 여호와 닛시라	출 17:1
⑲1 임재 **시내산 오른쪽**	애굽 땅을 떠난 지 삼 개월이 되던 날… 시내 광야에 이르니라	출 19:1

2. 출애굽 여정 민수기 부분 그리기

1 민수기를 펴고 '성경에 표시할 부분' 표에 색칠한 부분을 성경에 표시하라. 그리고 지도에는 장절과 키워드를 쓴다.

장절과 키워드 **지도에 표시할 부분**	**성경에 표시할 부분**	**통독 구절**
①2 인구조사 **시내산 오른쪽 아래**	이스라엘 자손의 모든 회중 각 **남자의 수**를… 종족과 조상의 가문에 따라 그 명수대로 **계수**할지니	민 1:2
⑪3 여호와의 불 **다베라 오른쪽**	그곳 이름을 다베라라 불렀으니… 여호와의 불이 그들 중에 붙은 까닭…	민 11:3
⑪35 **기브롯핫다아와 아래**	기브롯 핫다아와에서… 하세롯에 이르러 거기 거하니라	민 11:35
⑫16 미리암 **하세롯 오른쪽**	하세롯을 떠나 바란 광야에 진을 치니라	민 12:16
㉝5 **라암셋 오른쪽** **숙곳 오른쪽**	라암셋을 떠나 숙곳에 진을 치고	민 33:5
㉝6 **에담 광야 오른쪽**	숙곳을 떠나 광야 끝 에담에 진을 치고	민 33:6
㉝8 **마라 오른쪽**	하히롯 앞을 떠나… 바다 가운데를 지나 에담 광야로 사흘 길을 가서 마라에 진을 치고	민 33:8
㉝11 **신 광야 아래**	홍해 가를 떠나 신 광야에 진을 치고	민 33:11
㉝14 물 **르비딤 아래**	알루스를 떠나 르비딤에 진을 쳤는데… 백성이 마실 물이 없었더라	민 33:14
㉝15 시내 광야 **시내산 오른쪽**	르비딤을 떠나 시내 광야에 진을 치고	민 33:15
㉝16 **기브롯핫다아와 아래**	시내 광야를 떠나 기브롯핫다아와에 진을 치고	민 33:16
㉝17 하세롯 **하세롯 오른쪽**	기브롯핫다아와를 떠나 하세롯에 진을 치고	민 33:17

출애굽기-민수기-신명기 여정

㉝34 아브로나 아래 (우중우하)	욧바다를 떠나 아브로나에 진을 치고	민 33:34
㉝35 에시온게벨 아래 (우중우하)	아브로나를 떠나 에시온게벨에 진을 치고	민 33:35
㉝36 가데스바네아 오른쪽 (우하좌하)	에시온게벨을 떠나 신 광야 곧 가데스에 진을 치고	민 33:36
㉝37 호르산 오른쪽(중하우하)	가데스를 떠나 에돔 땅 변경의 **호르산**에 진을 쳤더라	민 33:37
㉝41 호르마 오른쪽(중중중하)	그들이 호르산을 떠나 살모나에 진을 치고	민 33:41
㉝42 부논 오른쪽(중중우상)	살모나를 떠나 부논에 진을 치고	민 33:42
㉝44 이예아바림 오른쪽(중상우중)	오봇을 떠나 모압 변경 이예아바림에 진을 치고	민 33:44
㉝47 느보산 오른쪽(중상좌중)	알몬디블라다임을 떠나 느보 앞 아바림산에 진을 치고	민 33:47
㉝49 모압 평지 아래(중상좌중)	모압 평지의 진영이 벧여시못에서부터 아벨싯딤에 이르렀더라	민 33:49

3. 출애굽 여정 신명기 부분 그리기

1 신명기를 펴고 '성경에 표시할 부분' 표에 색칠한 부분을 성경에 표시하라. 그리고 지도에는 장절과 키워드를 쓴다.

장절과 키워드 지도에 표시할 부분	성경에 표시할 부분	통독 구절
①5 두 번째 율법 모압 평지 아래(중상좌중)	요단 저쪽 모압 땅에서 이 율법을 설명하기 시작하였더라	신 1:5
①19 정탐 가데스바네아 오른쪽 (우하좌하)	19 호렙산을 떠나… 가데스 바네아에 이른 때에… 42 대적에게 **패**할까 하노라	신 1:19
②1 홍해 길 세일산 위(중중우하)	명령하신 대로 홍해길로 광야에 들어가서…	신 2:1
②8 모압 광야 길 세일 왼쪽(중상우하)	세일산에 거주하는 우리 동족 에서의 자손을 떠나서 아라바를 지나… 모압 광야길로 지날 때에	신 2:8
②8 행진 엘랏 왼쪽(우중우하)	아라바를 지나며 엘랏과 에시온 게벨 곁으로 지나 행진하고…	신 2:8

②9 롯 자손 **모압 위(중상중중)**	모압을 괴롭히지 말라 그와 싸우지도 말라… 내가 **롯 자손**에게… 기업으로 주었음이라	신 2:9
②24 건넘 **디본 오른쪽(중상좌중)**	아르논 골짜기를 **건너라**… 헤스본 왕…시혼과 그의 땅을 네 손에 넘겼은즉	신 2:24
③1 바산 왕 옥 **에드레이 오른쪽(좌상중상)**	**바산 왕 옥**이… 우리를 대적하여 에드레이에서 싸우고자 하는지라	신 3:1
⑨22 격노 **다베라 오른쪽** **기브롯핫다아와 아래** **르비딤 아래**	22 다베라와 맛사와 기브롯 핫다아와에서도… **격노**하게 하였느니라…	신 9:22
⑨23 거역 **가데스바네아 오른쪽**	23 가데스 바네아에서 떠나게 하실 때에… **거역**하여 믿지 아니하고…	신 9:23
⑩6 아론 죽음 **호르산 오른쪽(중하우하)**	브에롯 브네야아간에서… 떠나 모세라에 이르러 **아론**이… **죽어**…	신 10:6
⑪29 축복과 저주 **그리심산 오른쪽(좌중중중)**	차지할 땅으로… 인도하여 들이실 때에… 그리심산에서 **축복**을 선포하고 에발산에서 **저주**를 선포하라	신 11:29
㉞1 모세 죽음 **느보산 오른쪽(중상좌중)**	1 **모세가**… 느보산… 비스가 산꼭대기에 이르매… 길르앗 온 땅을 단까지 보이시고… 5 말씀대로… **죽어**	신 34:1

2 지도 A에는 민수기 지도의 화살표를 옮겨라. 신명기와 약간 다르다. 지도 B에는 신명기 지도의 화살표를 그대로 옮겨 그려라.

4. 출애굽기와 민수기, 신명기 합성 지도의 의미와 교훈

01 출애굽기에서 신명기까지의 배경은 서로 겹치는 부분이 많다. 그러므로 합성 지도와 함께 전에 그렸던 출애굽기, 민수기, 신명기 지도를 비교하면서 보도록 하자. 합성 지도에는 표현하지 못한 사건이 많기 때문이다. 상대적으로 출애굽기는 애굽에서 나와 시내산까지의 여정임을 분명하게 보여 준다. 그러나 민수기는 시내산부터 가나안 앞 모압 평지까지의 긴 여정을 보여 주는 동시에 33장에서 출애굽기의 여정을 다시 언급함으로써 출애굽 여정을 복습하고 있다. 신명기는 민수기의 기록 여정과 비슷하나 출애굽기의 여정은 언급하지 않고, 민수기 기록 후 앞으로 들어갈 가나안 땅에서

지킬 율법을 기록하였다. 세 성경은 쇠사슬 연결고리 같은 구조를 보인다. 출애굽기를 민수기가 연결하고, 민수기를 신명기가 연결하면서 한 단계 앞으로 나아가는 구조를 가진다. 세 성경은 신앙의 선조의 바통을 이어받는 광야의 경주를 보여 준다.

02 연결고리가 되는 핵심 지역인 시내산, 가데스 바네아, 모압 평지 등에서 일어난 사건이 다수 겹치는 경향이 있다. 예를 들어 시내산은 출애굽기에서 십계명과 성막을 받은 곳이고, 레위기에서는 율법을 받은 곳이다. 이어서 민수기에서는 인구 조사와 이스라엘 진영과 관련된 내용이 기록되었다. 가데스 바네아도 민수기에서 정탐꾼을 보내는 사건과 하나님을 거역하는 일이 기록되었는데 이것이 신명기에서도 반복된다.

03 광야 1세대와 2세대의 이야기가 구분된다. 20세 이상으로 애굽에서 나온 광야 1세대는 세렛 시내를 지나면서 모두 죽었다(신 2:14). 민수기 단독 지도를 보면 민수기 33장의 출애굽 여정 요약을 제외하면 21장부터 2세대의 사건을 기록하고 있다. 2세대의 가장 큰 승리는 헤스본 왕 시혼을 이기고 길르앗을 차지한 일과, 바산 왕 옥을 이기고 바산을 얻음으로 요단 동편 땅을 확보한 일이다. 반면에, 가장 치명적인 일은 발람의 꾀에 넘어가 2만 명 이상이 죽은 일이다. 이 일은 민수기에서 길게 기록되었을 뿐 아니라 신명기 23장에서 다시 언급되고 있다. 이는 발람의 죄에 주도적인 역할을 한 모압이 여호와의 총회에 들어오지 못하는 이유가 되었다(신 23:3-4).

헤스본 관저
정상의 마물룩 시대 관저

잘못된 책략의 성, 헤스본

요르단의 수도 암만에서 19km 떨어진 도시 '히스반'에 '책략'이라는 뜻을 가진 헤스본성이 있다. 발굴 결과 이스라엘이 거주하던 철기시대 유적과 로마 시대의 유대인 무덤과 망대, 이슬람 마물룩 시대의 목욕탕 등이 발견되었다. 헤스본성에 올라 주변을 바라보니 '왕의 대로'를 지나는 교통의 요지인 데다 사방으로 기름진 평야를 품고 있어 길르앗 전체를 다스리는 왕도가 위치할 만한 도시라는 걸 확인할 수 있다.

헤스본은 성경에서 38곳에서나 언급될 정도로 요단 동편의 중요한 성이다. 시편 136편 19, 21절은 "아모리인의 왕 시혼을 죽이신 이에게 감사하라 그 인자하심이 영원함이로다… 그들의 땅을 기업으로 주신 이에게 감사하라 그 인자하심이 영원함이로다"라고 노래한다. 이스라엘이 출애굽할 당시, 헤스본 왕 시혼은 길르앗 전체를 차지하고 모압 족속을 아르논강 남쪽으로 몰아냈으며, 암몬 족속을 동쪽으로 밀어냈다. 모세가 이끄는 이스라엘은 요단 동편에 들어서면서 형제 국가인 에돔이나 모압과 부딪치지 않으려 주요 도로인 '왕의 대로'를 돌아 길르앗 지역에 진입했다. 이스라엘의 목표는 요단 동편이 아니라 요단 서편인 가나안이었지만 가나안으로 가려면 시혼의 영토를 지나야 했기에 헤스본 왕 시혼에게 허락을 요청했다. 그러나 시혼은 허락하지 않았을 뿐 아니라 이스라엘을 치러 나와 요단 동편에서 첫 전쟁을 일으켰다.

헤스본 왕 시혼은 성의 이름대로 책략을 잘 세워 주변 나라를 정

헤스본의 로마 신전 오르는 길

헤스본의 로마 신전

헤스본 표지

헤스본 채석장

헤스본 토기 조각

복했지만, 이번에는 잘못된 책략으로 단번에 멸망당하고 만다. 이스라엘은 가족을 뒤에 두고 목적한 땅을 향해 가는 민족이동 중이었다. 역사가 증명하듯 가족을 뒤에 두고 진군하는 군대는 죽기 살기로 싸우기에 상대하기 힘들다. 한 예로 해양 민족인 블레셋은 람세스 3세 때 가족들과 함께 이집트 나일강 하류로 들어왔다. 강력한 이집트조차도 이들에게 쩔쩔매다가 가나안 땅 서쪽 해안으로 길을 터주었다. 헤스본 왕 시혼도 절박한 마음으로 요단 동편에서 가나안을 향하는 이스라엘 군대를 당할 수 없었다.

시혼의 패배로 이스라엘은 길르앗 전체를 차지하고 그 땅을 르우벤과 갓, 므낫세 반 지파에게 나눠 주었다. 그러나 두 지파 반은 길르앗을 단번에 차지할 수 있었던 것처럼 단번에 뺏길 수 있다는 사실을 간과했다. 두 지파의 후손은 이스라엘의 힘이 약해졌을 때 자신의 지역을 쉽게 내줄 수밖에 없었다. 사사기 때는 미디안 족속과 암몬 족속에게 침략당했다. 이스라엘 아합왕이 죽은 후, 모압 왕 메사는 자신의 비문에 헤스본을 정복하고 느보산에서 이스라엘 사람 7천 명을 절벽으로 밀어 죽였다고 자랑했다. 이어 이 지역은 아람으로부터 철타작기로 밀듯이 고난받고, 앗수르, 바벨론, 바사, 로마에 점령당했다. 갓, 르우벤, 므낫세 반 지파의 대표 도시인 헤스본은 가나안의 약속보다 당장 보이는 땅을 선택한 이들의 후예가 얼마나 험한 세월을 살았는지를 보여 준다. 말씀에 따라 반석 위에 집을 짓는 일은 힘들지만, 환난의 시간, 심판의 시간에 그 결과는 확실히 나타난다.

헤스본 회의장

헤스본성 비잔틴 교회 터

느보산과 모압 평지

모세의 마지막, 느보산

느보산은 성경의 '여리고 맞은편 비스가산'과 동일한 장소이며, 히브리어로 '비스가'란 '꼭대기'라는 뜻이다. 느보산 줄기 서쪽 끝에 위치한 산이 키르밧 알 무카야트(Khirbat al-Mukhayyat)로 비스가산이자 느보산으로 여겨진다. 최고 높이 해발 835m에서 느보산 수도원이 있는 790m까지의 느보산 능선은 3개의 봉우리를 만들어 낸다. 느보산은 40년간의 광야 생활을 청산하고 가나안으로 들어가기 직전에 모세가 가나안 땅을 조망하며 숨을 거둔 곳이다(민 21:20, 신 4:49, 34:1).

느보산 입구에서 북쪽으로 깊은 골짜기에 샘이 있고 큰 나무가 있는데, 그곳이 벧브올이라 추정된다. 모세가 묻혔다고 여겨지는 곳이다. 느보산 기념교회는 1933년부터 계속 발굴한 결과 철기시대부터 비잔틴 시대까지 유적이 나왔으며, 농사와 고기잡이 등이 그려져 있는 아름다운 모자이크 바닥이 발견되었다. 2000년까지는 지붕이 허술한 임시 건물 같은 교회였으나 2000년 교황 요한 바오로 2세가 방문한 후 정식 교회로 다시 세워졌다.

느보산 북쪽 벧브올

가장자리에는 모세의 놋뱀을 기념하여 거대한 조각을 만들어 놓았다. 느보산 모세기념교회 앞 전망대에서 바라보면 멀리 염해와 여리고 지역이 눈에 들어온다. 날이 맑은 날은 그 시야가 더 넓어져서 예루살렘의 감람산 지역까지도 식별이 가능하다. 교회 왼쪽에 있는 완만한 언덕은 모압 왕 발락이 선지자 발람에게 모압 평지에 있던 이스라엘 자손을 향해 저주해 달라고 요청한 곳으로 알려져 있다. 느보산 박물관에선 주변 지형과 근처에서 발견된 로마 시대 유적들을 볼 수 있다.

느보산 놋뱀

느보 표지

느보산 교회 내부

느보산 박물관

이스라엘의 도깨비 도로, 모압 평지

모압 평지 인공위성지도

민수기의 마지막 절인 36장 13절에서 모세는 말씀을 받은 곳이 모압 평지라고 말한다. 신명기 1장 5절에서는 '요단 저쪽 모압 땅'으로 표현한다. 신명기에서 모압 평지는 느보산 바로 아래에 있다.
느보산에서 예루살렘까지는 46.5km로 날이 맑으면 느보산에서 예루살렘의 감람산 능선이 희미하게 보인다. 예루살렘과 느보산 사이에는 염해와 요단강이라는 장애물이 있는데, 이 요단으로 내려가는 구불구불한 길이 보인다. 가파르게 오르다 중턱에 이르면 15km에 이르는 넓은 평지가 나타는데 이곳이 바로 모압 평지다.
일반적으로 모압 평지 하면 모압에 속한 평지로 보기 쉽지만, 정확히 말하면 '모압으로 가는 평지'라고 해야 한다. 모압이 이곳을 차지한 적이 그리 오래지 않기 때문이다. 느보산에서 모압 평지로 깊이 내려갔다가 다시 올라가는 지점은 사실 내려가는 경사지인데도 올라가는 것 같은 착시현상을 일으키는 '도깨비 도로'다.
모압 평지는 가나안에서 보면 천혜의 요새다. 중간에 약간 들어간 평지이기에 요단강 쪽, 특히 여리고에서는 모압 평지에 머물던 이스라엘 백성의 숫자를 가늠하기 힘들었다. 보이지 않는 적을 상대해야 하는 여리고 사람들로선 더 두려움에 떨 수밖에 없었다.
이 지역은 출애굽 당시 헤스본 왕 시혼이 차지하고 있었다. 이후 르우벤 지파가 차지했다가 이스라엘 왕 아합이 죽은 후 모압이 차

모압 평지와 염해와 요단 계곡

모압 평지와 요단 계곡

염해에서 본 느보산과 모압 평지 (중턱)

지해 다스렸다. 이후 예수님 시대에는 갈릴리를 다스리던 헤롯 안티파스가 통제했다. 그리 넓지 않은 이 평지가 중요한 이유는 이스라엘이 가나안에 입성하기 전 한 달가량 이곳에 머물며 말씀을 받았던 곳이기 때문이다.

신명기는 영어로 Deuteronomy로 '계명을 명확히 밝히는 책'이란 뜻이다. 원어로는 '두 번째 율법'이라는 뜻을 가지고 있다. 새로운 세대는 애굽에서 나와 홍해를 건너고, 시내산에서 율법을 받은 후 가데스 바네아를 거쳐 홍해로 다시 남하한 후, 북진하여 요단 동편 모압 평지까지 이른 역사를 되짚어 가며 배우고 있다. 이 역사를 써 내려온 1세대는 모두 광야에서 죽었다. 모세는 2세대에게 시내산에서 받은 율법을 다시 알려 주어야 할 필요를 느꼈고, 그 말씀이 신명기다. 예수님이 모압 평지 맞은편 유대 광야에서 시험받으실 때 인용한 말씀은 대부분이 신명기 말씀이었다!

암몬의 수도, 랍바 암몬

랍바 암몬 입구의 지도

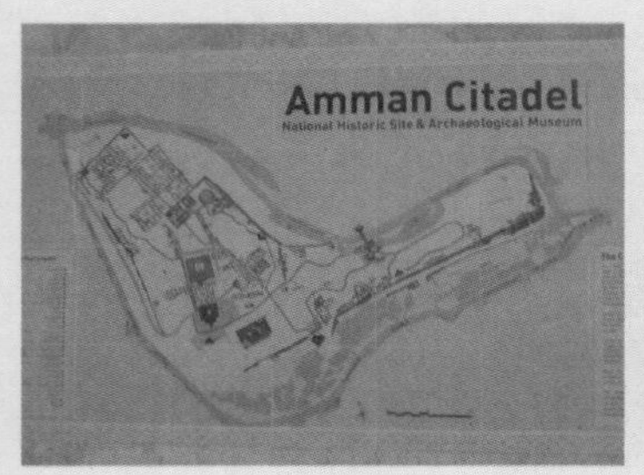

암몬은 언급했듯이, 길르앗과의 경계가 구분하기 어렵다. 다윗이 랍바 암몬을 정복했을 때 요압은 이곳을 '물들의 성읍'이라 칭했다. 물이 많이 나오는 얍복강의 근원지이기 때문이다(삼하 12:27). 랍바 암몬은 넓은 들판에서 푹 함몰된 지형으로, 그 가운데 국자 모양으로 솟아 있는 것이 랍바성이다. 랍바성은 3면이 급경사로 되어 있는 반면에 북쪽은 완만하여 이곳에 성을 높이 쌓았다. 암몬은 길르앗과 경계가 겹친 까닭에 사사 시대 입다나 사울왕 시대에 랍바를 벗어나 수시로 길르앗으

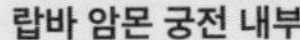

랍바 암몬 궁전 내부

랍바 암몬성 내 헤라클레스 신전

로 영역을 확대하려 했다. 자신의 힘이 약할 때는 자주 모압과 연합 전선을 폈다.

현재 출입구는 동쪽 면에 있는데 입구에 들어서자마자 성의 이름이 암몬족의 '랍바 암몬, 헬라와 로마의 빌라델비아, 아랍의 암만'으로 바뀌었다는 표지석이 놓여 있다. 다사다난(多事多難)한 역사의 현장임을 알 수 있다. 출입구에 들어서서 가장 먼저 보이는 거대한 건물이 헤라클레스 신전이다. 그 아래로 암몬 족속의 밀곰 신전이 있었다. 오른쪽으로 돌아 북쪽으로 향하면 로마 시대의 목욕탕에 이어 아랍 우마야드 시대의 거대한 궁전이 방문객을 맞는다. 유일하게 아치형 입구가 있는 궁전은 그 크기가 당대에 몇 손가락에 꼽을 정도로 컸다. 궁전을 지나면 물을 담아 두는 거대한 저수조가 나온다. 성 위에는 샘이 충분하지 않기에 물저장고가 매우 크다. 최북단은 성의 가장 취약한 곳인 만큼 높이 쌓은 성벽의 흔적이 보인다. 다윗이 요압에게 명령하여 죽인 우리아가 이곳 전투에서 죽었을 것이다.

다시 돌아 남쪽 끝으로 오면 박물관이 나온다. 암몬성에서 발견된 소소한 유물을 볼 수 있다. 남쪽 끝에서 내려다보는 깊은 골짜기에는 잘 보존된 로마 시대 극장과 로마 시대 아고라인 포룸이 있다. 로마 도시는 현대 도시와 어우러져 동쪽으로 골짜기가 기울어져 있는데 이곳이 얍복강의 시작 지점이다.

암몬은 아브라함의 조카 롯의 후손으로 사사 시대, 왕국 시대에 이스라엘을 자주 괴롭혔다. 다윗 시대에 이스라엘에 정복당하여 속국처럼 지내다 솔로몬이 암몬 공주와 결혼하여 르호보암을 낳은 후론 우호적인 관계를 지속했다. 그러나 바벨론 포로기 이후 암몬은 꾸준히 이스라엘을 괴롭히는 입장에 섰다. 그 중심에 있던 것이 랍바 암몬성으로 현재는 요르단의 수도가 되었다.

랍바 암몬성 물저장고

랍바 암몬 북쪽 성벽은 우리아가 죽은 곳이다.

랍바 암몬 로마 극장

MAPPING
BIBLE

PART 2

역사서 1

여호수아 ~ 사무엘하

여호수아는 가나안으로 입성해서 정복과 분배를 다룬다. 전반부 입성을 중요하게 다루기에 요단계곡 지역을 연구한다. 정복은 중부, 남부, 북부 순으로 진행되었고, 분배는 갈렙의 유다 지파가 남쪽을, 여호수아의 요셉 지파가 북쪽 산지를 차지한 후 다른 지파는 실로에서 분배받았다. **사사기**는 분배받은 땅에서 정착하는 과정 중 각 지파의 구원자 사사를 묘사한다. 사사들의 순서는 남쪽 유다 지파부터 시작해 북쪽과 동쪽으로 향하다 다시 돌아오는 시계 반대 방향이다. 대사사는 6명으로 이들 중 드보라, 기드온이 이스르엘 골짜기를 배경으로 하기에 이스르엘 골짜기를 연구한다. 마지막 부분에 단 자손의 이동과 베냐민 땅에서 이루어진 내전을 다룬다. 왕이 없으므로 자기 소견에 옳은 대로 행하던 사사 시대에 룻과 한나 같은 경건한 세대가 이어진다. **사무엘상**에서는 베냐민 산지의 사무엘과 사울왕 사역과 유다 지역의 다윗을 다룬다. 다윗은 유다 산지 중심으로 사역하였기에 이 지역을 연구한다. **사무엘하**에서는 베냐민의 사울 왕국이 무너지고 베냐민과 유다의 경계지인 예루살렘이 수도가 되기에 베냐민 산지 지역을 연구한다. 이후 주변 나라와 민족을 차례로 정복해 강력한 왕국이 되었다.

여호수아

chapter 1

여호수아의 주요 무대

여호수아서는 가나안 정복과 분배의 역사를 담고 있다. 따라서 이스라엘 전체를 다룬다. 이 책의 맨 앞 개관에서 보았던 지형도를 복습해 보면 좋을 듯하다. 가나안 땅 전체를 다룰 수 없어, 여호수아 첫 부분에 언급되는 요단 계곡을 다루고 다른 지역은 앞으로 계속될 성경 역사를 통해 다루도록 한다.

요단 계곡 하류

요단(Jordan)의 구약 어형은 야르덴(yarden)으로 '내려가다'라는 뜻의 '야라드'에서 유래했다. 요단 계곡은 터키 북부에서 아프리카 중부까지 이어지는 대협곡이자 지구대 일부다. 동서의 두 판이 부딪쳐 헤르몬산이 솟았고 요단 계곡 일부는 바다보다 더 낮아졌다. 요단 계곡은 헤르몬산 아래에서부터 염해까지로 갈릴리 바다를 포함하지만, 여호수아 사건과 관련된 요단 계곡은 갈릴리 바다에서 염해까지 이르는 요단 계곡 하류에 해당한다. 이 지역은 때로 아라바라 불렸고(신 3:17, 4:49), 이곳으로 향하는 길을 '아라바길'이라 했다(삼하 4:7, 왕하 25:4). 그런 의미에서 염해도 아라바 바다라 불렸다(신 3:17, 수 3:16).

요단 계곡을 흐르는 요단강은 이스라엘의 동쪽 경계이자 항상 흐르는 유일한 강(nahar)으로, 북쪽 헤르몬산 기슭에서 발원하여 염해까지 이른다. 성경에 언급된 요단강의 주요 근원은 단, 빌립보 가이사랴, 스닐 등으로 염해까지 직선거리로 165km 되지만 굴곡 때문에 320km가 넘는다. 특히 해발 −200m에 위치한 갈릴리에서 −400m인 염해까지 고도차는 200m인데 길이는 100km가 되어 100m에 20cm밖에 고도차가 나지 않는다. 느린 물 흐름으로 직선거리 100km가 220km 되는 사행천을 만든다.

요단강 물이 흐르는 곳을 '골', 범람당하는 고수 부지 지역을 '졸'이라 부르고 골과 졸의 경사지를 '카탈라' 지역이라 부르는데 대개 척박한 토양으로 되어 있다. 요단강의 깊이는 0.9m에서 3m 정도이고 골의 넓이는 30~40m, 졸은 180~550m 넓이를 가지며 관목림이 무성하다(렘 49:19,

요단강 하류

12:5). 여리고 앞 요단강 지역은 고도가 해저에 위치하여 여름에는 50℃까지 올라간다. 가장 비옥한 지역은 갈릴리 바다와 요단강과 야르묵강이 만나는 곳으로 유대인이 돌아와 최초의 키부츠를 세우기도 했다. 요단강 상류는 수위가 낮아 동서로 지나기 쉽지만, 하류로 갈수록 교통에 장애가 되어 사사 입다 시대에는 십볼렛과 쉽볼렛이라는 방언 차이까지 생겼다.

남북 도로는 신약시대에 예루살렘과 갈릴리 지역을 연결하는 족장의 도로를 사마리아인들이 차지하고 있어, 유대인들은 불편하더라도 요단 동편에 있는 베레아길을 이용했다. 이 길을 따라 마을이 발달했는데, 길르앗에서 내려오는 물줄기 덕분에 물과 식량을 얻을 수 있었기 때문이다. 예수님은 최소 1년에 세 번 예루살렘으로 오르내릴 때 대부분 베레아 남북 도로를 사용했다.

동서 도로로는 요단강의 북쪽인 상류가 유량이 적어 넘기 쉬웠다. 그러므로 얍복강이 요단강과 합류하는 아담 나루터 상류에는 22개의 나루터가 있던 반면, 하류에는 5개 정도의 나루터가 발견될 뿐이다. 성경에서 언급된 나루터로는 동쪽 얍복강과 요단강이 만나고 서쪽 와디 파리아와

동쪽에서 본 여리고성과 요단 계곡

요단강이 만나는 아담 나루터가 유명하다. 그러나 이곳의 다리는 전쟁 중에 폐허가 되었고, 현대 요르단과 이스라엘의 정식 국경은 아담 위 벧산과 펠라 사이에 위치한다. 이 북쪽 두 나루터는 므낫세 지파가 동서로 펴져 있으면서도 쉽게 교류할 수 있게 했다. 그 외 요단강 하류 여리고 앞 베다니를 지나는 나루터는 여호수아가 가나안 입성 시 사용했고 예수님도 세례를 받았던 곳이다.

chapter 2

여호수아 그리기

1. 정복

1 여호수아서를 펴고 '성경에 표시할 부분' 표에 색칠한 부분을 성경에 표시하라. 그리고 지도에는 장절과 키워드를 쓴다.

장절과 키워드 지도에 표시할 부분	**성경에 표시할 부분**	**통독 구절**
②1 정탐 **여리고 아래(우중좌상)**	싯딤에서 두 사람을 **정탐**꾼으로 보내며… 그 땅과 여리고를 엿보라…	2:1-24
③16 도하 **아담 오른쪽(중중우상)**	흘러내리던 물이… 매우 멀리 있는 아담… 한 곳에 쌓이고… 염해로… 흘러가는 물은… 끊어지매… 여리고 앞으로… **건널새**	3:12-17
④19 진영 **길갈 왼쪽(중중우상)**	요단에서 올라와… 길갈에 **진** 치매	4:15-24
⑥20 점령 **여리고 오른쪽(우중좌상)**	제사장들은 나팔을 불매 백성이… 크게… 외치니 성벽이 무너져… 그 성을 **점령**하고	6:15-21
⑦1 아간 **여리고 오른쪽(우중좌상)**	온전히 바친 물건으로 말미암아 범죄하였으니… **아간**이… 바친 물건을 가졌음이라 여호와께서… 진노하시니라	7:1-26
⑧28 아이성 **아이 오른쪽(중중우중)**	아이를 불살라… 영원한 무더기를 만들었더니 오늘까지 황폐하였으며	8:24-29

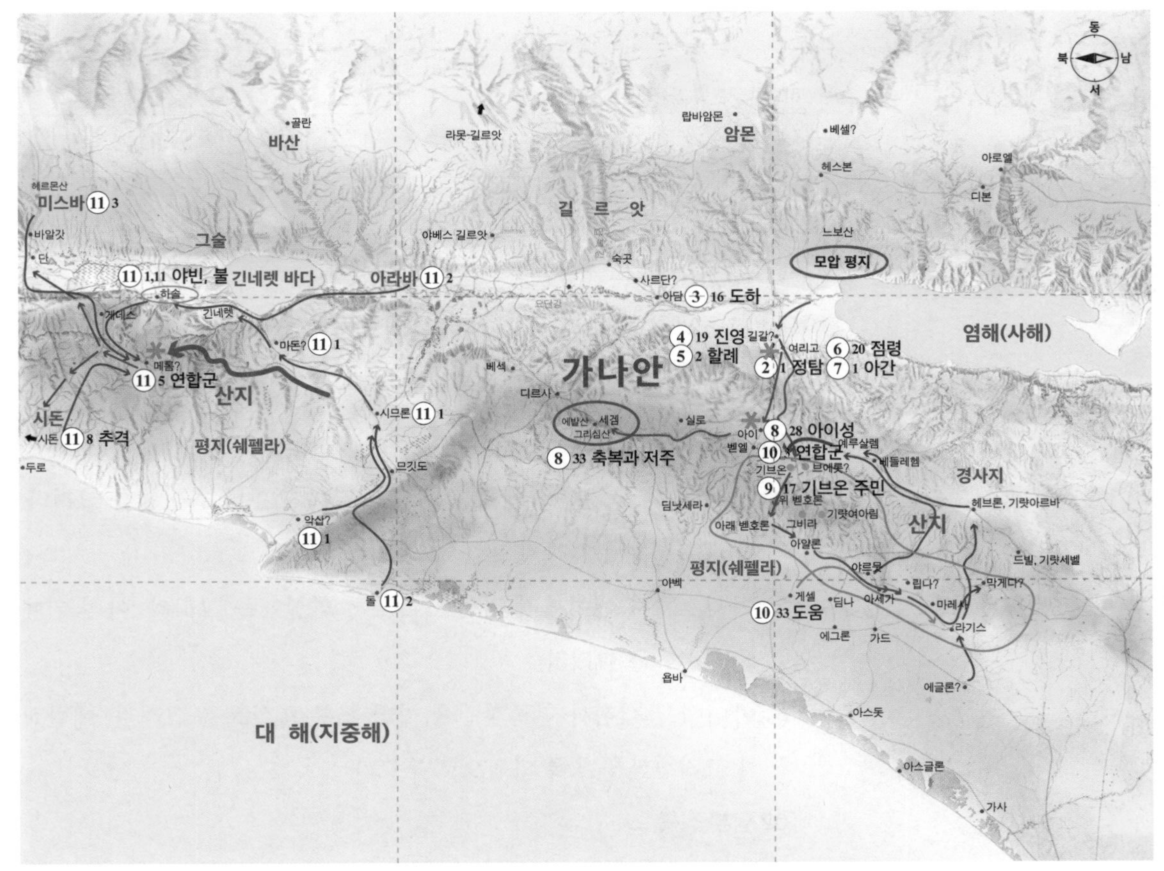

가나안 정복

⑧33 축복과 저주 **그리심산 아래(중중중중)**	언약궤를 멘… 제사장들 앞에서… 절반은 그리심산 앞에, 절반은 에발산 앞에 섰으니… **축복**하라고 명령한 대로 함이라	8:30-35
⑨17 기브온 주민 **기브온 아래(우중좌중)**	셋째 날에 그들의 여러 성읍들에 이르렀으니… 기브온과 그비라와 브에롯과 기럇여아림이라	9:16-21
⑩3 연합군 **기브온 위(우중좌중)**	예루살렘 왕 아도니세덱이 헤브론 왕 호함과 야르뭇 왕 비람과 라기스 왕 야비아와 에글론 왕 드빌에게 **보내어**…	10:1-5
⑩33 도움 **게셀 아래(우하좌상)**	…게셀 왕 호람이 라기스를 도우려고 올라오므로…	10:31-33
⑪1, 11 야빈, 불 **하솔 위(좌상중하)** ⑪1 **마돈 오른쪽(좌중우상)** **시므론 오른쪽(좌상우중)** **악삽 아래(좌중우하)**	1 하솔 왕 **야빈**이 이 소식을 듣고 마돈 왕 요밥과 시므론 왕과 악삽 왕과…11 하솔을 **불**로 살랐고	11:1
⑪2 **아라바 오른쪽(좌상우하)** **돌 오른쪽(좌하우상)**	긴네롯 남쪽 아라바와 평지와 서쪽 돌의 높은 곳에 있는 왕들과	11:2

⑪3 미스바 오른쪽(좌상좌중)	…미스바 땅 헤르몬 산 아래 히위 족속에게 사람을 보내매	11:3
⑪5 연합군 메롬 아래(좌중좌상)	이 왕들이… 이스라엘과 싸우려고 메롬 물 가에 함께 진 쳤더라	11:5
⑪8 추격 시돈 오른쪽(좌중우중)	그들을 격파하고 큰 시돈과 미스르봇 마임까지 추격하고…	11:8

2 하나님이 약속하신 가나안 땅 중부, 남부, 북부의 정복 전쟁을 역동성 있게 표시해 보자.

01 가나안 입성과 중부 정복

1) 모압 평지 쪽 요단강에서 건너편 길갈까지 초록 화살표를 그려라. 여리고 왼쪽에 빨강 별표를 그려라.

2) 여리고에서 아이까지 직선으로 초록 화살표를 그려라. 아이 위에 빨강 별표를 그려라.

3) 아이에서 세겜까지 족장길을 따라 초록 화살표를 그려라. 에발산과 그리심산을 초록 타원으로 두르라.

02 남부 정복

1) **기브온 족속 화친** : 기브온 오른쪽, 브에롯 왼쪽, 그비라 위, 기럇여아림 왼쪽 도시 점에 주황 점을 덧칠하라.

2) **남부 연합군의 집합 : 파랑 화살표**

① 에글론에서 라기스까지, 라기스에서 헤브론까지, 헤브론에서 예루살렘까지

② 야르뭇에서 '산지' 글자 사이로 올라가서 헤브론에서 오는 화살표와 평행을 이루어 예루살렘까지 화살표를 그려라.

③ 예루살렘에서 기브온까지 화살표 한다. 기브온 주변을 빨강 점선으로 두른다.

3) **기브온 전쟁**

① 길갈에서 기브온까지 길 따라 초록 화살표를 그려라.

② 기브온에서 아래 벧호론으로 두 개의 초록 화살표로 추격을 표

시하라.

③ 아래 벧호론에서 아얄론까지 **파랑 화살표**를 그려라.

④ 아얄론에서 립나 아래까지 길을 따라 두 개의 **초록 화살표**로 추격을 표시하라.

⑤ 립나 아래서 라기스를 향하다 위를 향해 막게다까지 **파랑 화살표**를 그려라.

⑥ 정복 지역(브에롯, 기브온, 아래 벧호론, 아얄론, 아세가, 라기스, 막게나 포함)을 **빨강 선**으로 묶으라.

⑦ 게셀에서 야르뭇 아래를 지나 라기스로 **빨강 화살표**를 하라. 게셀은 라기스를 도우러 왔으나 패해 돌아갔다.

03 북부 정복

1) 연합군 집합 : 파랑 화살표

① 돌에서 위로 올라가 길 따라 므깃도를 지나 시므론 아래까지

② 악삽에서 길을 따라 므깃도를 지나 시므론까지

③ 시므론에서 마돈까지, 마돈에서 긴네렛까지 화살표를 그려라.

④ 아라바의 '바' 자에서 왼쪽으로 요단강 길을 지나 긴네렛 바다 해안선을 따라 하솔까지 화살표를 하라.

⑤ 하솔에서 게데스를 거쳐 메롬까지 화살표를 하라.

⑥ 미스바의 '미'자에서 바알갓과 게데스를 지나 메롬까지 화살표를 하라.

⑦ 시돈에서 2시 방향으로 올라가 직각으로 꺾어 메롬까지 화살표 하라.

2) 메롬 전투

① 여호수아 군대의 갑작스런 공격을 표시하기 위해 시므론과 마돈 중간부터 시작한 **굵은 초록 화살표**를 메롬까지 길을 따라 그려라.

② 메롬 위에 **빨강 별표**를 그려 전쟁을 표시하라.

③ 여호수아군의 추격 표시로 메롬에서 10시 방향 **초록 화살표**를 갈

색 길까지 하고, 그 길에서 왼쪽, 오른쪽으로 각각 초록 화살표를 하나씩 그려라. 화살표 길이는 메롬에서 온 화살표 정도로 하라.

2. 분배

1 여호수아서를 펴고 '성경에 표시할 부분' 표에 색칠한 부분을 성경에 표시하라. 그리고 지도에는 장절과 키워드를 쓴다.

장절과 키워드 지도에 표시할 부분	성경에 표시할 부분	통독 구절
⑫1/ 아르논 **헤르몬산 오른쪽(좌상좌중)** **아르논강 위(우상좌중)**	해 돋는 쪽 곧 아르논 골짜기에서 헤르몬산까지의 동쪽 온 아라바를 차지하고…	12:1
⑫2 시혼/얍복강 **헤스본 아래(중상중중)** **얍복강 위(중상좌중)**	**시혼**은 헤스본… 왕이라 그가 다스리던 땅은 아르논 골짜기… 아로엘에서부터… 암몬 자손의 경계 얍복강까지…	12:2
⑫3 **아라바 왼쪽(좌상우하)** **벧여시못 오른쪽(중상중하)**	또 동방 아라바 긴네롯 바다… 아라바의 바다 곧 염해의 벧여시못… 남쪽으로 비스가 산기슭까지…	12:3
⑫4 옥 **아스다롯 위(좌상중상)**	**옥**은… 아스다롯과 에드레이에 거주하던 바산의 왕이라	12:4
⑫5 **헤르몬 오른쪽(좌상좌중)** ⑫5 절반 **길르앗 위(중상좌중)**	다스리던 땅은 헤르몬산과 살르가와 온 바산과 및 그술 사람과 마아가 사람의 경계까지의 길르앗 절반이니… 시혼의 경계에 접한 곳이라	12:5
⑫7 남쪽 경계/북쪽 경계 **할락산 아래(우하중상)** **바알갓 오른쪽(좌상좌중)**	여호수아와 이스라엘 자손이 요단 이편 곧 서쪽 레바논 골짜기의 바알갓에서부터 세일로 올라가는 곳 할락산까지… 멸한 그 땅의 왕들은…	12:7
⑫9 **여리고 아래(중중중상)**	여리고 왕… 벧엘 곁의 아이 왕이요	12:9
⑫10 **예루살렘 위(중중중중)**	예루살렘 왕… 헤브론 왕… 야르뭇 왕…	12:10
⑫11 **라기스 아래(중하우상)**	라기스 왕…	12:11
⑫12 **에글론 왼쪽(중하우중)**	에글론 왕… 게셀 왕…	12:12
⑫13 **드빌 위(우중좌하)**	드빌 왕… 게델 왕…	12:13
⑫15 **립나 위(중중우하)**	립나 왕… 아둘람 왕…	12:15

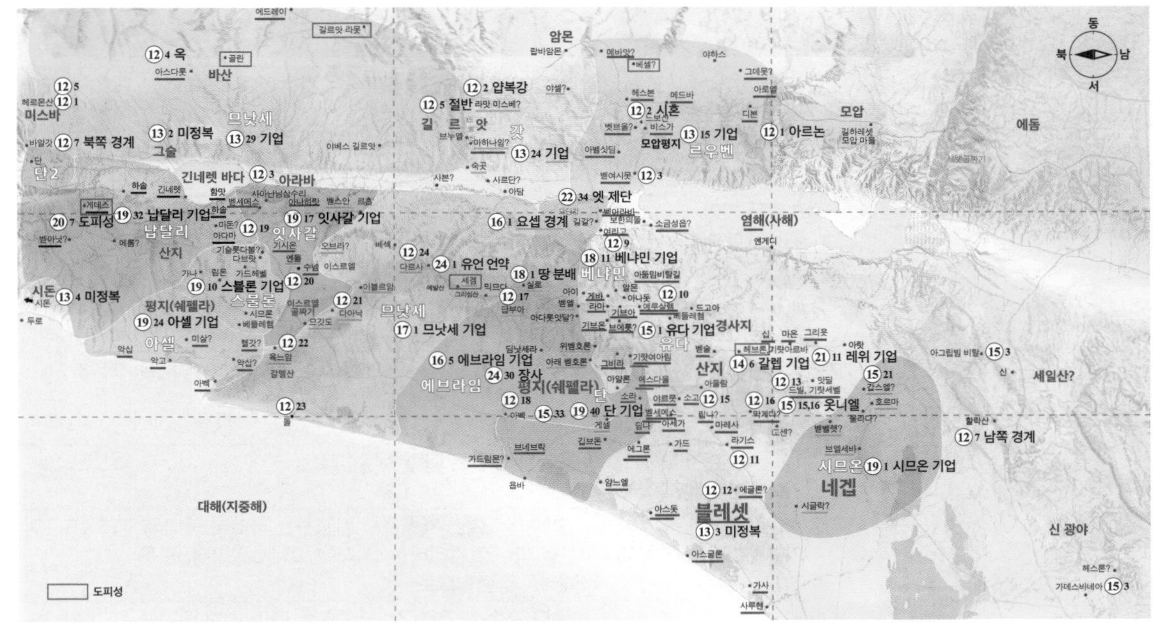

열두 지파 분배

⑫16 막게다 위(중중우하)	막게다 왕… 벧엘 왕…	12:16
⑫17 답부아 위(중중좌중)	답부아 왕… 헤벨 왕…	12:17
⑫18 아벡 위(중중좌하)	아벡 왕… 랏사론 왕…	12:18
⑫19 마돈 오른쪽(좌중중상)	마돈 왕… 하솔 왕…	12:19
⑫20 이스르엘 골짜기 위(좌중우중)	시므론 므론 왕… 악삽 왕…	12:20
⑫21 다아낙 위(좌중우중)	다아낙 왕… 므깃도 왕…	12:21
⑫22 욕느암 위(좌중우하)	게데스 왕… 갈멜의 욕느암 왕…	12:22
⑫23 돌 위(좌중우하)	돌의 높은 곳의 돌 왕… 길갈의 고임 왕	12:23
⑫24 디르사 위(중중좌상)	디르사 왕… 모두 **서른한 왕**이었더라	12:24
⑬2 미정복 그술 위(좌상중하)	블레셋 사람의 모든 지역과 그술 족속의 모든 지역	13:1-3
⑬3 미정복 블레셋 아래(중하우중)	곧 애굽 앞 시홀 시내에서부터… 블레셋 사람의 다섯 통치자들의 땅 곧 가사 족속과 아스돗 족속과 아스글론 족속과 가드 족속과 에그론 족속과…	13:3
⑬4 미정복 시돈 오른쪽(좌중좌중)	또 가나안 족속의 모든 땅과 시돈 사람에게 속한 므아라와 아모리 족속의 경계 아벡까지와	13:4-7

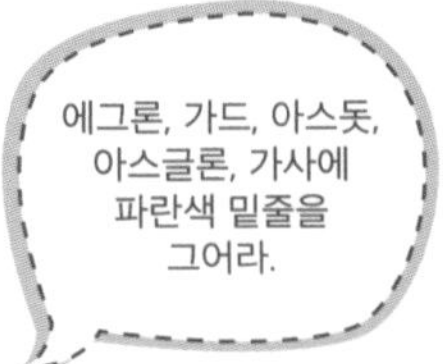

⑬15 기업 **르우벤 위(중상우하)**	르우벤 **자손**의… 가족을 따라서 **기업**을 주었으니	13:15-23
⑬24 기업 **갓 아래(중상중하)**	갓 자손에게도… 가족을 따라서 **기업**을 주었으니	13:24-28
⑬29 기업 **므낫세 아래(좌상중중)**	므낫세 **반 지파**에게 **기업**을 주었으되… 가족대로 주었으니	13:29-33
⑭6 갈렙 기업 **헤브론 아래(중중우하)**	6 유다 자손… 그니스 사람 여분네의 아들 **갈렙**이… 가데스 바네아에서… 이르신 일을 당신이 아시는 바… 13 헤브론을 그에게 주어 **기업**을 삼게 하매	14:6-15
⑮1 유다 기업 **유다 위(중중우중)**	유다 **자손의 지파**가… 가족대로 제비 뽑은 **땅**의 남쪽으로는 에돔 경계… 남쪽 끝은 신 광야까지라	15:1-2
⑮3 **아그랍빔 비탈 오른쪽 (우중중하)**	아그랍빔 비탈 남쪽… 신에 이르고 가데스 바네아 남쪽… 헤스론… 아달… 갈가에 이르고	15:3-20
⑮15 **기럇세벨 아래(우중좌하)**	드빌의 본 이름은 기럇 세벨이라	15:15
⑮16 옷니엘 **기럇세벨 아래(우중좌하)**	16 갈렙이… 기럇 세벨을… 점령하는 자에게… 내 딸 악사를 아내로 주리라… 17 아우 그나스의 아들인 **옷니엘**이… 점령함으로…	15:16-19
⑮21 **갑스엘 위(우중좌하)**	20 **유다 자손**… 기업… 21 남쪽 끝 에돔 경계에 접근한 성읍들은 갑스엘과 에델과 야굴과	15:20-32
⑮33 **평지 아래(중중중하)**	평지에는 에스다올과 소라와 아스나와	15:33-63
⑯1 요셉 경계 **요단강 아래(중중좌상)**	**요셉 자손**이 제비 뽑은 것은… 여리고 곁 요단으로부터 광야로 들어가… 벧엘 산지…	16:1-4
⑯5 에브라임 기업 **에브라임 위(중중좌하)**	**에브라임 자손**… 경계는 동쪽으로 아다롯 앗달에서 윗벧호론에 이르고	16:5-10
⑰1 므낫세 기업 **므낫세 아래(중중좌중)**	므낫세 지파… 장자 마길은 길르앗의 아버지라 그는 용사였기 때문에 길르앗과 바산을…	17:1-18
⑱1 땅 분배 **실로 위(중중중중)**	1 온 회중이 실로에… 회막을 세웠으며… 10 실로의 여호와 앞에서 제비를 뽑고… 그 땅을 **분배**하였더라	18:1-10
⑱11 베냐민 기업 **베냐민 위(중중중상)**	베냐민 자손… 경계는 유다 자손과 요셉 자손의 중간이라	18:11-28
⑲1 시므온 기업 **시므온 오른쪽(우하좌상)**	시므온 자손… 기업은 유다 자손의 기업 중에서라	19:1-9
⑲10 스불론 기업 **스불론 위(좌중중중)**	스불론 자손… 기업의 경계는 사릿까지이며	19:10-16
⑲17 잇사갈 기업 **잇사갈 위(좌중우상)**	17 잇사갈 자손…18 지역은 이스르엘과 그술롯과 수넴과	19:17-23
⑲24 아셀 기업 **아셀 위(좌중중중)**	24 아셀 자손… 25 지역은 헬갓과 할리와 베덴과 악삽과	19:24-31
⑲32 납달리 기업 **납달리 위(좌중중상)**	32 납달리 자손… 33 지역은 헬렙과 사아난님의 상수리나무에서부터…	19:32-39
⑲40 단 기업 **단 아래(중중중하)**	40 단 자손… 41 지역은 소라와 에스다올과… 42 아얄론… 43 딤나…	19:40-48
⑳7 도피성 **게데스 아래(좌중좌상)**	납달리의 산지 갈릴리 게데스와 에브라임 산지의 세겜(중중좌중)과 유다 산지의 기럇 아르바 곧 헤브론(중중우하)과	20:7-9

㉑11 레위 기업 **기럇아르바 오른쪽 (우중좌중)**	유다 산지 기럇 아르바 곧 헤브론과… 목초지를… 주었고…	21:11-12
㉒34 엣 제단 **요단강 위(중중중상)**	르우벤 자손과 갓 자손이 **그 제단**을 **엣**이라… 이 제단은 여호와께서 하나님이 되시는 증거라…	22:34
㉔1 유언 언약 **세겜 위(중중좌중)**	1 세겜에 모으고… 하나님 앞에 나와 선지라 18 …우리도 여호와를 **섬기리니**…	24:1-28
㉔30 장사 **딤낫세라 아래(중중중하)**	29 백십 세에 죽으매 30 …그의 기업의 경내 딤낫 세라에 **장사**… 딤낫 세라는 에브라임 산지 가아스산 북쪽이었더라	24:29-31

2 각 지파에 분배된 기업을 표시해 보자.

01 르우벤 지파 기업 : 메바앗, 헤스본, 메드바, 그데못, 아로엘, 디본, 벳브올, 비스가, 디본, 아벨싯딤, 벧여시못에 초록 밑줄을 그어라.

02 갓 지파 기업 : 야셀, 라맛 미스베, 마하나임, 숙곳에 주황 밑줄을 그어라

03 므낫세 반 지파 기업 : 마하나임(중복), 에드레이, 아스다롯에 **파랑 밑줄**을 그어라.

04 유다 지파 기업 : 소금성읍, 염해, 아둠밈 비탈길, 십, 마온, 그리욧, 벧술, 기럇여아림, 에스다올, 야르뭇, 소고, 벧세메스, 아사게, 립나, 마레사, 에그론, 라기스, 막게다, 드빌 기럇세벨, 벧벨렛, 갑스엘, 호르마, 브엘세바, 얍느엘, 아스돗, 에글론, 사루헨, 시글락에 초록 밑줄을 그어라.

05 에브라임 지파 기업 : 실로, 답부아, 벧엘, 아다롯앗달, 위 벧호론, 아래 벧호론, 게셀에 주황 밑줄을 그어라.

06 므낫세 반 지파 기업 : 욕느암, 므깃도, 다아낙, 이블르암, 다르사, 세겜에 주황 밑줄을 그어라.

07 베냐민 지파 기업: 여리고, 벧아라바, 벧엘, 게바, 기브온, 라마, 브에롯, 그비라, 예루살렘, 기부앗(기브아)에 **보라 밑줄**을 그어라.

08 시므온 지파 기업 : 브엘세바, 호르마, 시글락, 벨벨렛, 갑스엘에 분홍 밑줄을 그어라(시므온은 유다의 기업 중에서 분배받았다).

레위인 자손 분배

09 스불론 지파 기업: 기슬롯다볼, 다브랏, 가드헤벨, 림몬, 한나돈, 시므론, 베들레헴에 **초록 밑줄**을 그어라.

10 잇사갈 지파 기업: 이스르엘, 수넴, 아나하랏, 엔간님, 벧세메스에 **빨강 밑줄**을 그어라.

11 아셀 지파 기업: 헬갓, 악삽, 가불, 르홉, 악십, 악고, 미살, 아벡에 **파랑 밑줄**을 그어라.

12 납달리 지파 기업 : 벧아낫, 하솔, 깃네렛, 함맛, 하솔, 아다마에 **검정 밑줄**을 그어라.

13 단 지파 기업 : 기랏여아림(중복), 에스다올(중복), 소라, 벧세메스(중복), 딤나, 깁브돈, 브네브락, 가드림몬에 **빨강 밑줄**을 그어라.

14 블레셋 5대 성읍 : 에그론, 가드, 아스돗, 아스글론, 가사에 **파랑 밑줄**을 그어라.

3. 레위인 거주지(21장)

1 여호수아서를 펴고 '성경에 표시할 부분' 표에 색칠한 부분을 성경에 표시하라. 그리고 지도에는 장절과 키워드를 쓴다.

레위 자손	각 지파	각 지파에서 받은 거주지	통독 구절
레위	㉑2 레위 기업 **실로 아래(중중우중)**	1 레위 사람의 족장들이… 2 가나안 땅 실로에서… 여호와께서 모세에게 명령하사 우리가 거주할 성읍들과… 주라 하셨나이다	21:1-3
그핫 가족	㉑4 아론 자손 **오른쪽 (괄호) 참고**	4 제사장 아론의 자손들—유다(우중좌중), 시므온(우하우상), 베냐민(우중좌상)	21:4
	㉑5 그핫 자손 **오른쪽 (괄호) 참고**	5 남은 자—에브라임(중중우중), 단(우하좌상), 므낫세 반(중중중중)	21:5
게르손	㉑6 게르손 자손 **오른쪽 (괄호) 참고**	6 잇사갈(중중좌상), 아셀(좌중중중), 납달리(좌중중상), 므낫세 반(좌상우중)	21:6
므라리	㉑7 므라리 자손 **오른쪽 (괄호) 참고**	7 르우벤(우상중하), 갓(중상우하), 스불론(좌중우중)	21:7
		상세 지역들(48개 성읍)	
아론 자손 13성읍	유다, 시므온(9개) **도시 원에 초록색 칠**	13 **도피성** 헤브론(우중중중), 립나(우중중하) 14 얏딜(우중우하), 에스드모아(우중우하) 15 홀론, 드빌(우중중하)…16 아인, 윳다(우중중하), 벧세메스(우중중하)	21:13-16
	베냐민(4개) **도시 원에 초록색 칠**	17 기브온(우중좌중), 게바(우중좌중) 18 아나돗(우중좌중), 알몬(우중좌중)	21:17-19
그핫 자손 10성읍	에브라임(4개) **도시 원에 초록색 칠**	21 **도피성** 세겜(중중중중), 게셀(우하좌상) 22 깁사임, 벧호론	21:20-21
	단(4개) **도시 원에 초록색 칠**	23 엘드게(우하좌상), 깁브돈(우하좌상) 24 아얄론(중우좌하), 가드 림몬(중하우상)	21:23-24
그핫 자손 10성읍	므낫세 반(2개) **도시 원에 초록색 칠**	25다아낙(중중중좌), 가드 림몬(해안의 도시와 다른 곳)	21:5
게르손 자손 13성읍	므낫세 반(2개) **도시 원에 파란색 칠**	27**도피성** 바산 골란(좌상우상), 브에스드라(=아스다롯)(좌상중중)	21:27-33
	잇사갈(4개) **도시 원에 파란색 칠**	28기시온, 다브랏(좌중우상) 29 야르뭇, 엔 간님(좌중우상)	21:28-29
	아셀(4개) **도시 원에 파란색 칠**	30미살(좌중중중), 압돈(좌중중중) 31헬갓(좌중우하), 르홉(좌중중중)	21:30-31

레위, 아론 자손은 검정색,
그핫 자손은 파란색,
게르손 자손은 초록색,
므라리 자손은
빨간색으로 쓰라.

도피성은
초록색 박스로
두른다.

게르손 자손 13성읍	납달리(3개) **도시 원에 파란색 칠**	32 **도피성** 게데스(좌상좌하), 함못 돌, 가르단	21:32-33
므라리 자손 12성읍	스불론(4개) **도시 원에 파란색 칠**	34 욕느암(좌중우하), 가르다 35 딤나, 나할랄	21:34-35
	르우벤(4개) **도시 원에 파란색 칠**	36 **도피성** 베셀(우상좌상), 야하스(우상중상) 37 그데못(우상중상), 므바앗(=메바앗)(우상좌상)	21:36-37
	갓(4개) **도시 원에 파란색 칠**	38 **도피성** 길르앗 라못(중상좌상), 마하나임(중상중하), 39 헤스본(우상좌중), 야셀(중상우중)	21:38-39
고핫 자손 가운데			2,750명
게르손 자손 가운데			2,630명
므라리 자손 가운데			3,200명

4. 지도의 의미와 교훈

01 여호수아는 정복 과정에서는 가나안 전체를 다루고, 분배 과정에서는 이스라엘이 정착한 모든 지역을 다룬다. 그리고 21장에서 땅을 분배받지 못한 레위 지파의 거주지를 다룬다. 이에 따라 3장의 지도로 만들어 보았다.

02 가나안 정복 과정에서 여리고, 아이, 기브온, 메롬 등 네 지역이 눈에 들어온다. 여리고 지역에서는 가나안 입성 후 길갈을 산지로 향하는 주둔지로 삼고 진영을 편 뒤 여리고를 쳤다. 이어 산지에 오르기 위해 7-8장에서 아이성 전투를 치렀다. 점령 대상이던 기브온이 선수를 치는 바람에 화친 조약을 맺게 되었고, 이에 위협을 느낀 남부의 왕들이 연합해서 기브온을 쳤으나 전화위복이 되어 남부 지역을 일순간에 차지하는 결과를 낳았다. 이어 하솔이 주도한 북부 전쟁은 메롬 물가에서 일어났다.

03 다만 중부에 해당하는 세겜은 전쟁 없이 입성했으며, 그리심산과 에발산에서 축복과 저주를 선포했다. 사사기 1장 4절에서 유다 지파가 베섹을 거쳐 입성했다고 기록되어 있는데 세겜을 입성할 때 남쪽과 북쪽으로 입성했던 것 같다. 이는 느헤미야 시대 성벽 봉헌식을 할 때 에스라와 느헤미야가 남북으로 향하다 성전에서 만나는 장면을 연상하게 한다.

04 12장부터 시작되는 분배 지도는 어느 지파가 어디를 차지했는지를 알려 줄 뿐 아니라, 각 지파의 주요 도시가 어디였는지도 알려준다. 갈렙 덕택인지 상대적으로 유다 지파가 헤브론을 중심으로 가장 많은 도시와 넓은 지역을 차지했다. 유다가 지리적으로 가장 안전한 곳을 차지했다. 동쪽으로는 염해, 남쪽으로는 광야, 서쪽으로는 쉐펠라라는 숲이, 북쪽으로는 이스라엘 지파들이 적으로부터 막아 주기 때문이다. 북쪽의 맹주인 요셉 지파는 에브라임과 므낫세로 나뉘어 분배받았고, 므낫세가 요단 동편까지 받은 것을 보면 요셉 지파가 가장 큰 땅을 분배받았지만, 고고학이나 도시 이름으로 보아도 요단 동편은 당시 사람들이 거의 살지 않았던 것 같다. 분배는 동쪽의 3개 도시, 서쪽의 3개 도시를 나눈 도피성으로 마무리된다.

05 레위기 21장은 레위인의 분배 지역을 언급하고 있다. '케핫'이라는 레위의 아들은 민수기 4장 4절의 고핫으로 여호수아 21장 5절에는 그핫으로 번역되었다. 레위인을 위한 도시는 장소가 정확하지 않아 지도에 다 표시되지 않았지만, 지파의 면적과 상관없이 각 지파당 4개를 주었다. 다만 유다와 시므온은 9개로 하나 많고, 납달리 지파만 3개다. 사방으로 퍼져 있는 레위 지파를 예배뿐 아니라 국고를 관리하는 데 잘 활용한 사람은 솔로몬이었다(대하 8:15).

가장 낮은 곳, 여리고

'달'이라는 뜻을 가진 여리고는 '지구상에서 가장 오래된 도시, 가장 낮은 곳에 위치한 도시'로 유명하다. 지중해보다 250m가량 낮은 곳에 위치하며, 여름은 40~50℃가 일상인 곳이다. 연강수량이 100mm 정도이지만, 연중 마르지 않는 샘물과 따뜻한 기후 및 비옥한 토양으로 각종 과실수가 무성한 농장 지대를 이루고 있다. 예루살렘에서 28km가량 떨어져 있으며, 여리고에서 가장 가까운 요단강 줄기까지는 9km가량 떨어져 있다. 유적으로는 성안에 고대 망대와 구약시대의 성터가 있고(텔 에스 술탄Tell es-Sultan), 성 동쪽 아래로 엘리사의 샘이 위치하며, 서쪽에는 예수님의 시험산이 있다. 서쪽 산지에는 헤롯이 자기 어머니의 이름을 따라 사이프러스 요새를 세웠다. 북동쪽으로는 주후 6세기의 회당과 길갈로 추정되는 AD 8세기의 히샴 궁전, 십자군 시대의 설탕 방앗간 등이 있고, 남서쪽 와디 킬트 입구 쪽에는 신약시대 여리고라고 불리는 하스모니아 왕가에 이어 헤롯이 세운 겨울궁전이 있다.
구약시대의 여리고에는 유대인들이 살았고, 신약시대의 여리고에는 관리들이 살았다. 그래서 마태와 마가는 예수님이 여리고에서 떠나갈 때 맹인을 만났다고 한 반면(마 20:29-30, 막 10:46), 누가복음에서는 여

엘리사의 샘

여리고 동쪽 비옥한 오아시스지역

남에서 본 여리고

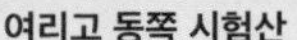

여리고 동쪽 시험산

삭개오의 돌무화과나무

여리고 남동쪽 파노라마

리고에 가까이 가셨을 때 맹인을 만났다고 했다(눅 18:35). 이것은 어느 여리고에서 보느냐에 따라 달라지기 때문으로, 마태와 마가는 유대인이 사는 구약시대 여리고에서 이 사건을 기술했고, 누가는 삭개오가 살던 신약시대 여리고에서 기술한 것이다.

이스라엘이 여호수아의 지도 아래 여리고성을 정복했지만, 여리고성에 있던 금은보화가 아간의 마음을 어지럽혔다. 예수님께 나아온 부자 청년도 다른 계명은 모두 잘 지켰으나 재산을 가난한 사람에게 주고 예수님을 따르라는 말을 듣고 근심하면서 돌아갔다. 이를 볼 때 여리고는 풍요로우나 탐욕의 땅이었음을 알 수 있다. 그럼에도 삭개오는 예수님을 만난 뒤 이 탐욕까지 버림으로 예수님의 마음을 시원하게 해주었다. 삭개오는 자원하여 자기 재산의 반을 가난한 자에게 주고 나머지는 타인에게 약탈한 세금이 있다면 율법대로 4배로 갚겠다고 서원했다(출 22:1).

여리고성 전경

남쪽에서 본 신약시대 여리고 삭개오가 살았던 곳이이다. 멀리 시험산이 보이고 그 오른쪽이 구약시대 여리고다.

신석기시대 여리고 망대

예수님이 세례받은 곳, 요단강 베다니

성경에는 두 베다니가 있다. 예루살렘 감람산 동쪽 기슭, 나사로와 마리아와 마르다가 살던 베다니가 있고(요 11:1), 그곳에서 동쪽 31km 지점에 세례 요한이 세례를 베풀던 요단강 베다니가 있다(요 1:28). 베다니는 집이라는 '벧'과 가난한 자라는 '아니'가 합쳐진 이름으로 '빈민촌'을 의미한다. 예루살렘과 요단강에 살던 가난한 사람이 모이는 장소라 추정된다. 예수님과 세례 요한은 가난한 자들이 모여 사는 곳에 찾아갔다. 낮은 곳에 임하신 예수님은 가장 낮은 땅이자, 낮은 자들 가운데 일하셨다.

베다니는 이스라엘 건너편 요단강 동쪽에 있다. 교황이 방문한 이후 요르단 정부의 후원을 받아 개발하고 개방했다. 아치 모양의 교회가 있는 곳이 엘리야가 승천한 장소로 여겨지고, 요단 숲길을 따라 아래로 내려가다 보면 기독교 시대에 세례 요한을 기념해서 세운 교회 유적들이 자주 눈에 들어온다. 현재 요단강에는 아름다운 교회가 세워져 있다.

현재 요단강은 흙탕물에 작은 시냇물로 변해 버렸다. 강물의 대부분을 상수원으로 사용하다 보니 염해로 흘러가는 물이 거의 없기 때문이다. 요단강은 현재 이스라엘과 요르단의 국경이다. 자칫 발을 헛디디면 국경을 넘어갈 수 있다. 실제로 물길에 쓸려 국경을 넘어가 곤경을 겪은 사람도 있다. 요르단 쪽의 베다니가 개방되자 이스라엘도 무료 개방하여 요단강에서 침례까지 하며 베다니를 바라볼 수 있게 했다.

요단 동편 길르앗 산지의 디셉 사람 엘리야는 그의 생애를 요단 동편에서 시작하고 거기서 끝맺었다. 엘리야가 승천한 베다니 주변은 지금도 회오리바람이 자주 일어난다. 당시는 더 강한 바람이 일었을 것이다. 엘리사는 주변 사람들의 만류에도 불구하고 엘리야를 끝까지 따랐다. 그리고 마지막에 갑절의 영

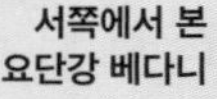
서쪽에서 본
요단강 베다니

동쪽에서 본 요단강 베다니

감을 요구했다. 갑절은 장자에게 주는 축복이다(신 21:17). 엘리사는 선지자로 부름받은 후 적극적으로 장자로서 일하길 원했던 것 같다. 앞장서 일하는 자에게는 갑절의 영감이 주어진다. 엘리사는 그 표시로 요단강을 갈라 가나안에 입성했고, 첫 이적으로 여리고의 샘물을 고쳤다. 예수님이 요단에서 세례를 받으신 후 물을 포도주로 바꾸는 이적을 가장 먼저 베푸셨는데 이와 맥을 같이한다.

엘리야가 사역한 곳에서 세례 요한이 사역했다. 엘리야와 요한은 지리적으로나 성경적으로 깊은 관계가 있다. 예수님은 신약의 엘리야가 세례 요한임을 인정해 주셨다(말 4:5, 마 11:14). 엘리야가 엘리사를 준비하고, 세례 요한이 예수님을 준비한 셈이다. 예수님이 세례받으신 곳은 여호수아와 엘리사가 가나안으로 입성했던 장소다. 예수님과 여호수아, 엘리사는 '여호와는 구원이다' 혹은 '나의 하나님은 구원이다'라는 뜻이다. '구원'이라는 뜻을 가진 사람들이 사역하던 그곳에 구원자되시는 예수님이 오셨다. 예수님이 세례 요한에게 세례를 받자 하늘이 갈라지며 성령이 임하셨다. 여호수아는 보이는 물을 갈랐지만 예수님은 하늘을 가르며 여호수아의 그림자 사건을 성취하셨다.

여호수아가 가나안에 입성할 때 언약궤, 즉 법궤가 앞장섰다. 법궤의 대표적인 물건은 십계명이 새겨진 돌판이다. 한마디로 앞장선 것은 '말씀'이다. 이제는 말씀 자체이신 예수님이 요단강에 섰다(요 1:1). 말씀이신 예수님이 요단강에 들어서실 때 여호수아 때처럼 요단강이 갈라졌으나 가나안 땅이 열리지는 않았다. 그것은 물리적인 예표에 불과하기 때문이다. 그러나 진정한 가나안인 천국, 즉 하늘 문이 열렸다. 이곳에서 성부, 성자, 성령 삼위일체의 완벽한 만남이 아름답고 황홀하게 이루어졌다(마 3:16-17). 예수님이 세례받으신 사건은 예수님이 앞으로 펼치실 사역을 요약한다. 구약은 가나안에 들어가는 것이 천국에 들어가는 것처럼 예표되었지만 그 실체는 예수님임을 이 사건은 말해 주고 있다. 예수님만이 천국에 들어가는 길이요 진리요 생명되심을 첫 사역부터 선포하신 것이다.

사울왕이 못 박힌 곳 아담(요단 나루터)

요르단이 요단 서안지구를 다스리기 시작한 1967년 전까지만 하더라도 아담은 요단강을 건너는 곳으로 이용되었다. 나루터는 아니더라도 교량이 놓여 있어 동서가 왕래를 했다. 그러나 현재는 국경지대라서 어렵게 들어가 보니, 무너진 교량만이 그때를 기억하고 있다. 이곳은 여호수아가 가나안으로 입성할 때 물이 멈춘 곳이다. 언약궤를 멘 제사장들이 요단강에 발을 내디뎠을 때 물이 멈춘 곳이 아담인 것이다.

근대사에서도 요단강이 멈춘 적이 두 번이나 있다. 갑자기 내린 비로 얍복강에서 흘러오던 토사가 요단강을 일시적으로 막은 것이다. 아담 근방에 얍복강 쪽에서 흘러온 토사들이 요단강을 향해 길게 늘어져 있는데, 가나안 입성 당시 요단강이 어떻게 멈추게 되었는지를 짐작하게 해준다. 여호수아는 가나안에 들어가기 전, 주의 말씀을 듣고 두려움을 이겼다(수 1:9). 이스라엘 백성은 가나안 입성 3일 전부터 거룩을 유지했으며, 이곳에서 멈춘 요단강을 건너 가나안을 향할 수 있었다.

아담 토사

아담 나루터 다리

벧산 텔 겨울

물이 풍부한 땅, 벧산

'산(Shan)이라는 신의 집'이라는 뜻의 벧산은 갈릴리 바다 남쪽 27km에 위치한다. 이스르엘 골짜기와 요단 계곡이 만나는 지점으로 물이 풍부하다. 벧산은 상류에서 요단강을 넘는 중심 도시다. 이런 중요성 때문에 석동기 시대(Chalcolithic Period)에서부터 지금까지 꾸준히 사람들이 거주해 왔다. 유대인 현자는 "만약 에덴동산이 이스라엘 땅 안에 있다면, 그 문은 벧산이다"라고 말했다. 그만큼 풍요로운 땅이다.

로마 비잔틴 지역이 가장 잘 보존되어 있으며, 아브라함이 오기 전인 초기 청동기 시대부터 20번 이상 무너졌다가 다시 세운 흔적이 발견되었다. 벧산은 이집트의 저주문서, 투트모세 3세 전쟁, 아마르나 문서, 세티 1세 전쟁 기록에 언급되기도 했다. 벧산은 므낫세 지파에게 분배되었지만 철병거에 막혀 정복하지 못했다. 사울이 죽은 후, 블레셋이 이 도시 성벽에 사울의 시체를 매달았고, 그의 갑옷을 아스다롯 신전에 놓았다(삼상 31:8-12). BC 107년 요한 힐카누스의 아들이 벧산을 정복했지만, 폼페이와 로마인들은 BC 63년에 이 도시를 재건하여 다시 스키토폴리스로 개명하고 데가볼리(데카폴리스)의 수도로 삼았다. 데가볼리 중 유일하게 요단강 서쪽에 있는 도시가 되었다.

벧산에 높이 솟은 텔은 구약 시대에 사용되다가 로마 시대부터는 아래 평지에 도시를 이루었다. 로마 도시에는 디오니소스 신전과 목욕탕, 원형극장에 이어 6천 명을 수용할 수 있는 원형경기장까지 잘 보존된 유적 다수가 있다. 예수님이 이곳에 들렀다는 기록은 없으나, 요단강을 오가며 분명히 통과하셨을 것이다. 이스라엘 안에서 돼지를 키우는 이방 도시로서 탕자의 비유에 잘 어울렸을 것이다.

벧산 극장

벧산 텔과 신약 시대 거리(여름)

발람의 축복문

숙곳 표지

야곱이 천막을 친 숙곳

이스라엘 벧산 국경을 넘어 남쪽으로 36km에 이르면 길가에 우뚝 솟은 텔이 보인다. 얍복강 하구에 있는 '우릿간, 천막, 초막'이라는 뜻을 가진 '숙곳'이다. 갈릴리에서 남쪽으로 가는 길에 지나는 이 장소는 야곱이 에서를 만나 화해한 후에 자기를 위하여 집을 짓고 가축을 위해 '우릿간을 지었다' 하여 붙은 이름이다(창 33:17). 현재 초막절을 히브리어로 숙곳이라 부른다. 길가에서 서쪽으로 돌아 들어가면 소박한 박물관이 발굴 당시의 모습과 유물들을 소개하고 있다. 가장 눈에 띄는 것은 고대 히브리어로 적어 놓은 발람의 축복문이다. 이곳에서 왜 발람의 축복문이 발견되었는지 논쟁이 있지만, 발람의 고향으로 추정한다(참고 민 22:5, 31:8).

조금 높긴 하지만 텔(언덕) 위에 올라서면 동쪽으로는 얍복강 줄기가 보이고, 서남쪽으로는 얍복강이 요단강과 합쳐지는 강줄기가 보인다. 이곳이 아담 나루터다. 얍복강 하구는 평상시에는 물이 흐르지 않다가 우기가 되어 비가 많이 오면 개천의 토사와 함께 요단강을 향하여 흐른다.

야곱이 이곳을 온 이유는 아마도 밧단 아람으로 갔을 때 이용한 길이기 때문일 것이다. 그의 할아버지 아브라함 때부터 하란으로 갈 때 사용한 길로 보인다. 야곱은 얍복강에서 여호와의 축복을 구하는 목숨 건 기도를 한 후에 에서의 마음이 변해 있는 모습을 보고 하나님의 얼굴을 뵙는 듯했다. 에서와 화해의 문턱을 넘고 이제 가나안 입성을 앞두고 머문 곳이 숙곳이다.

기드온 시절, 미디안은 가나안에 들어갈 때 숙곳을 거쳐 이스르엘 골짜기 쪽으로 입성해 이스라엘을 괴롭혔다. 기드온에게 패해 도망가던 미디안의 두 방백 오렙과 스

숙곳

엡은 아담에서 에브라임 지파에게 잡혀 죽었다(시 83:9-11). 그러나 미디안 왕 세바와 살문나는 빠져나가 숙곳을 거쳐 얍복강가에 있는 브누엘을 지나 요단 동편 고원지대로 올라갔다. 그들이 전열을 다시 정비해서 쳐들어올 것이 분명했으므로 기드온은 그들을 끝까지 추격했다. 그러나 숙곳 사람들은 군수품을 요구하는 기드온에게 "우리를 보고 당신의 군대에게 빵을 주라니, 세바와 살문나가 당신의 손아귀에 들기라도 하였다는 말이오?"(삿 8:6, 새번역)라고 말한다. 그들은 기드온보다 기드온을 돕고 나서 미디안 왕들에게 보복당하는 것이 두려웠던 것이다.

숙곳 사람들은 미디안, 즉 세상을 두려워하고 하나님의 군대를 두려워하지 않았다. 여호와를 경외함이 지혜의 근본인데 사람들은 세상을 더 두려워한다. 결국 기드온은 미디안 왕들을 잡아 오는 길에 숙곳의 장로 77인을 잡아 들가시와 찔레로 징계했다.

숙곳에서 아담에 이르는 길은 길르앗에서 에브라임 산지로 넘어가는 나루턱이다. 에브라임 사람들이 길르앗의 입다와 싸우다 패배하고 돌아가는 길에 나루터를 넘으려 할 때, 길르앗 군인들은 '쉽볼렛'이라는 발음을 가지고 길르앗 사람인지 에브라임 사람인지를 구별했다. '이삭'이라는 뜻의 '쉽볼렛'을 에브라임 사람들은 '십볼렛'이라고 발음했다(삿 12:6). 경상도 사람이 벼 이삭을 '살'이라고 하고, 전라도 사람들이 '쌀'이라고 하는 것과 같다.

요단강 하나로 방언 차이가 생겼고 이것이 생명을 가르는 비극을 만들어 냈다. 이 단어 하나로 4만 2000명이 죽었다.

숙곳에서 아담에 이르는 지역은 고대에 수풀이 많아 에브라임 수풀이라 불렸다. 다윗은 압살롬에게 쫓길 때 얍복강에 있는 마하나임이라는 도시로 도망해서 전열을 정비하고 압살롬의 군대와 에브라임 수풀에서 싸웠다. 이 수풀에 번성한 나무가 많았는데, 압살롬이 자랑하는 머리카락이 큰 상수리나무에 걸리면서 공중에 매달리는 우스꽝스러운 일이 일어났다. 다윗이 아들 압살롬을 살려 두라고 했지만 요압은 압살롬을 죽여 수풀의 구덩이에 넣고 돌로 쌓아 버렸다. 요단강 특성상 웅덩이가 많았던 것 같다. 압살롬은 아버지 다윗을 넘어 자신이 이스라엘 왕이 되려 했지만 그 문턱을 넘지 못하고 이곳에서 죽었다.

다윗은 이 전쟁에서 승리한 후에 요단강을 넘어 다시 이스라엘의 왕이 되었다. 그의 아들 솔로몬은 성전을 만들 때, 숙곳과 아담에 이르기 전의 사르단에서 차진 흙을 가져와 성전에 필요한 놋으로 된 성물을 만들어 냈다(왕상 7:46).

숙곳 텔

더 깊은 묵상

예수님이 왕래하신 베레아 길

예수님은 숙곳을 자주 지나가셨다. 명절이 되면 갈릴리에서 예루살렘을 오가는 데 이 길을 이용했다. 갈릴리 사람들은 갈릴리와 예루살렘 중간에 사마리아가 있어 산지로 다니지 못하고 요단 동편 베레아길로 다녔다. 베레아길의 중간이 얍복강이 내려오는 숙곳이다. 예수님은 세례를 받으시고 베레아길을 거쳐 갈릴리로 가는 길, 아마도 얍복강이 내려오는 숙곳 근처에서 나다나엘을 만나셨다(요 1:43-45). 예수님은 나다나엘에게 "하늘이 열리고 하나님의 사자들이 인자 위에 오르락내리락 하는 것을 보리라"고 말씀하셨다(요 1:51).

숙곳에서 요단 나루터인 아담에 이르는 지역은 가나안의 문턱과 같다. 야곱과 여호수아는 두려움을 기도로 이기고 가나안 문턱을 넘어 입성했다. 세상을 두려워하고 사랑했던 숙곳인과 에브라임인과 압살롬은 그들이 원하던 가나안에 이르지 못하고 이곳에서 죄 값을 치렀다. 하나님을 두려워하는 사람은 숙곳 문턱을 넘었고, 세상을 두려워하는 사람들은 이곳에서 전멸되었다. 예수 그리스도를 경외하고 사랑하는 자만이 숙곳의 문턱을 넘어 천국으로 입성할 수 있다.

베레아길

사사기

chapter 1

사사기의 주요 무대

사사기는 이스라엘이 가나안 땅에 정착하는 과정을 잘 보여 준다. 서두에서는 이스라엘이 정복한 지역과 정복하지 못한 지역을 알려 준다. 이후 언급되는 사사는 대사사와 소사사로 나눌 수 있다. 대사사는 스토리가 있는 사사들로 옷니엘, 에훗, 드보라, 기드온, 입다, 삼손 등 6명이고, 스토리 없이 간단히 소개된 소사사는 6명이다. 삼갈을 더하면 총 13명이지만, 삼갈의 족보를 보건대, 이스라엘에 도움을 준 이방인으로 보인다.

사사의 순서는 지파별로 남쪽부터 시작하여 유다, 베냐민, 에브라임, 기드온 등 북쪽으로 올라가다 입다 등 동쪽으로 향한 후 다시 서쪽으로 돌아와 단 지파의 삼손이 있는 남쪽으로 향한다. 다음 지도를 보면 시계 반대 방향 순서로 사사가 나타났음을 알 수 있다. 마지막은 베냐민 지파와 이스라엘 연합군의 전쟁, 즉 내전으로 마무리했다. '왕이 없으므로'라는 표현을 통해 사사기는 왕정을 향하여 나가는 서론 역할을 한다고 할 수 있다.

이스르엘 골짜기 남서쪽 갈멜산에서 바라본 이스르엘 골짜기
오른쪽 푸른 언덕이 욕느암이다. 왼쪽이 나사렛 산지며 그 뒤에 볼록한 산이 다볼산, 중앙이 모레산, 오른쪽이 길보아산으로 에브라임 산지의 시작이다.

이스르엘 골짜기

사사기는 여호수아처럼 이스라엘 전역을 다룬다. 전체를 다룬 창세기, 여호수아, 사사기의 배경만 이해해도 가나안의 지형에 익숙해진다. 사사기에서 이스르엘 골짜기를 다루는 이유는, 대부분의 지역이 한 지역에 한 사사가 다스린 반면, 이스르엘 골짜기에서는 대사사인 드보라와 기드온 사건이 기록되었기 때문이다. 즉 6명의 대사사 사역 중 1/3이 이스르엘 골짜기를 배경으로 하고 있는 것이다.

이스르엘 골짜기는 삼각형 모양의 지형으로 넓이는 남쪽 32km, 북쪽 24km, 동쪽 24km의 365km^2이 되는 평야 지역이지만, 산과 산 사이가 아무리 넓어도 골짜기로 부르는 히브리어 특성 때문에 이스르엘 골짜기라 한다. '하나님이 뿌린다'는 뜻의 이스르엘 골짜기는 사마리아와 갈릴리를 갈라놓는다. 남서쪽에는 갈멜산이 있고, 북쪽에는 나사렛 능선이 위치하며, 동쪽에는 다볼산, 모레산, 길보아산이 있어 많은 사건의 배경이 되었

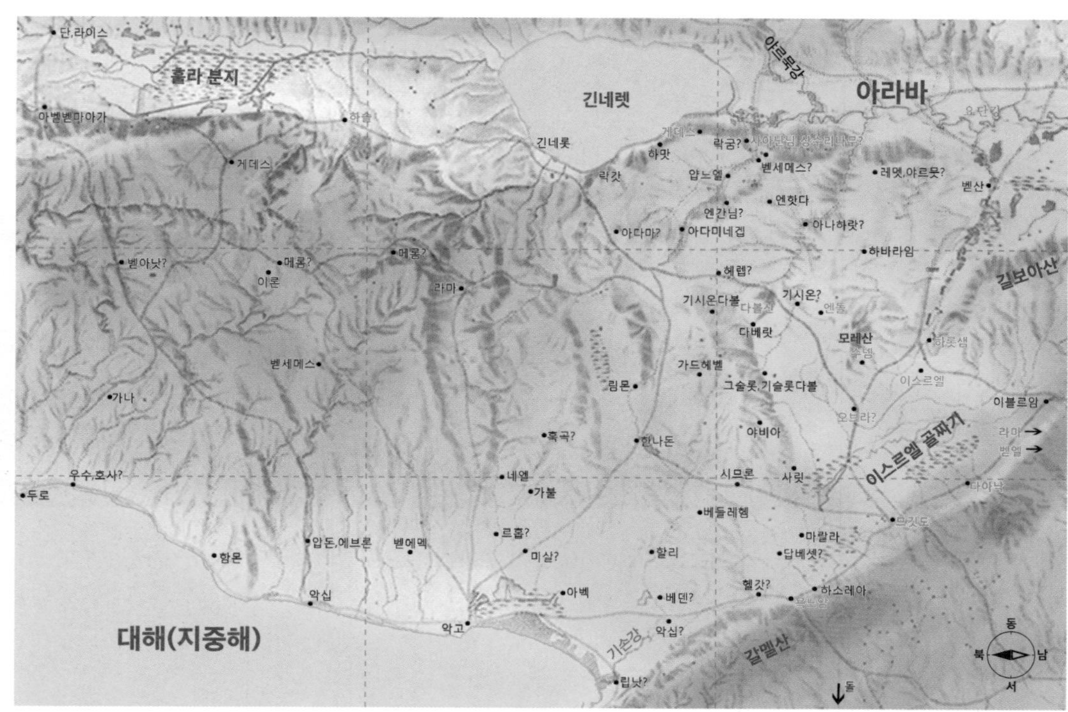

이스르엘 골짜기와 주변 도시

다. 길보아산 쪽에는 하롯샘과 이스르엘이라는 도시가 있고, 갈멜산에는 다아낙, 므깃도, 욕느암이 있으며, 모레산 서쪽에는 오브라, 북동쪽에는 엔돌, 남쪽에는 술람이라 부르는 수넴이 있고, 북쪽에는 나인성이 있다. 오브라는 기드온의 고향이며, 수넴은 다윗의 동녀 아비삭의 고향이다. 모레산의 남북 마을 수넴과 나인은 엘리사로 인한 부활과 예수님의 부활이 일어난 곳으로 모레산은 부활의 산이라 불릴 만하다.

현대의 중심 도시인 모레산 서쪽 자락의 아풀라는 해발 60m로 주변이 현무암 지대다. 토양은 두께가 100m에 이르는 충적토로 덮여 있으며 이스라엘의 곡창지대다(호 2:22). 다른 지역에 비해 토양이 두꺼운 이유는 이스르엘 골짜기가 갈릴리 산지와 에브라임 산지 사이에 있어 홍수가 나면 산지의 옥토가 흘러들어 오기 때문이다. 골짜기 가운데를 흐르는 기손 시내는 서쪽 지중해로 가는 배수로 역할을 하고, 모레산의 동쪽은 점점 낮아져 벧산에 이르러서는 －100m에 이른다. 자주 늪지대가 되기에 오브라, 므깃도, 다아낙, 욕느암 같은 주거지는 골짜기 주변 경사지에 위치한다.

이스르엘 골짜기 동쪽을 가로막는 다볼산-모레산-길보아산은 남과 북을 이어 주는 징검다리 역할과 동서를 연결하는 관문 역할을 한다. 다볼산의 드보라 사건은 이스라엘의 남과 북을 연결하려는 전쟁이었고, 모레산과 길보아산 사이의 기드온 전쟁과 사울왕의 마지막 전쟁은 동서를 연결하는 관문을 확보하기 위한 싸움이었다.

이스르엘 골짜기를 지나는 가장 중요한 도로는 해변길로, 남쪽 사론 평야에서 갈멜산을 직선으로 관통해 므깃도를 지나 북쪽 다볼산 쪽으로 향한다. 므깃도에서는 동쪽 왕의 대로를 연결하는 벧산 방향의 길이 시작되기도 한다. 또한, 서쪽 욕느암을 향하여 베니게 쪽으로 향하는 길도 있다. 이처럼 므깃도는 어떤 길보다 중요한 장소여서 신약성경에서는 이곳을 아마겟돈이라 불렀다.

이스르엘 골짜기는 사사기 지도에서 보듯 스불론 지파가 주로 분배받았지만, 므깃도, 다아낙, 욕느암, 오브라, 엔돌 같은 중요한 도시는 힘이 있던 므낫세 족속에게 분배되었다. 동쪽 다볼산 지역은 주로 잇사갈 지파에게, 서쪽 지중해 쪽으로 빠져나가는 악고평야 주변은 아셀 지파에게 분배되었다. 즉 이스르엘 골짜기는 스불론, 므낫세, 잇사갈, 아셀 지파가 공유하는 땅이다.

chapter 2

사사기 그리기

1. 열두 사사 순서

1 사사기를 펴고 '성경에 표시할 부분' 표에 색칠한 부분을 성경에 표시하라. 그리고 지도에는 장절과 키워드를 쓴다. 사건이 나오는 대사사는 빨강으로 하고 간단히 언급한 소사사는 파랑으로 기록한다.

장절과 키워드 **지도에 표시할 부분**	**성경에 표시할 부분**	**통독 구절**
③9 옷니엘 **드빌, 기럇 세벨 위 (우중중하)**	부르짖으매… 한 구원자를 세워… 구원하게 하시니… 갈렙의 아우 그나스의 아들 **옷니엘**(기럇 세벨, 1:12-13 참고)이라	3:7-11
③15 에훗 **여리고 아래(중중우상)**	부르짖으매… 한 구원자를 세우셨으니… 베냐민 사람… 왼손잡이 **에훗**… 모압 왕 에글론에게 공물을 바칠 때에	3:12-30
④5 드보라 **미스바 아래(중중우중)**	2 야빈의 손에 그들을 파셨으니… 4 그때에… 여선지자 **드보라**가… 사사가 되었는데… 5 라마와 벧엘 사이… 거주…	4:1-10
⑥11 기드온 **오브라 위(좌중우상)**	여호와의 사자가… 요아스에게 속한 오브라에 이르러 상수리나무 아래에 앉으니라… **기드온**이… 밀을 포도주 틀에서 타작하더니	6:11-18

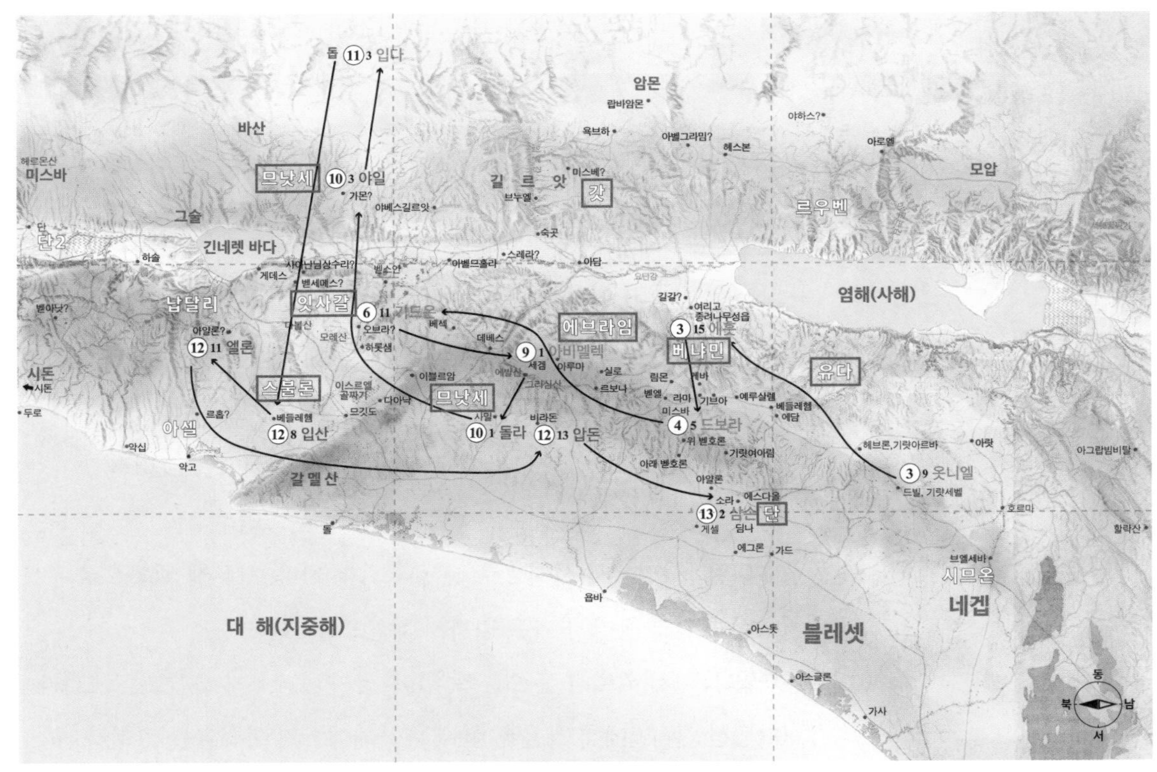

열두 사사 순서

⑨1 아비멜렉 **세겜 위(중중중중)**	**아비멜렉**이 **세겜**에 가서 그의 어머니의 형제… 외조부의 집의 온 가족에게 말하여…	9:1-6
⑩1 돌라 **사밀 아래(중중좌중)**	잇사갈 사람 도도의 손자 … **돌라**가… 이스라엘을 구원… 에브라임 산지 **사밀**에 거주하면서	10:1-2
⑩3 야일 **가몬 위(좌상우하)**	3 길르앗 사람 **야일**이… 이십이 년 동안… 사사… 5 **가몬**에 장사…	10:3-5
⑪3 입다 **돕 오른쪽(좌상우상)**	**입다**가 그의 형제들을 피하여 **돕** 땅에 거주하매 잡류가… 그와 함께 출입하였더라	11:1-11
⑫8 입산 **스불론의 베들레헴 아래(좌중우중)**	**베들레헴**의 **입산**이… 사사…	12:8-10
⑫11 엘론 **아얄론 아래(좌중중상)**	11 **스불론** 사람 **엘론**이… 십 년 동안… 다스렸더라 12 … 죽으매 스불론 땅 **아얄론**에 장사되었더라	12:11-12
⑫13 압돈 **비라돈 아래(중중중중)**	**비라돈** 사람… **압돈**이… 사사…	12:13-15
⑬2 삼손 **소라 아래(중중우하)**	2 **소라** 땅에 단 지파… 마노아… 24 아들을 낳으매… **삼손**이라…	13:1-7

2 사사들이 사역한 곳을 역동성 있게 따라가며 **검정 선**으로 표시해 보자.

01 에훗 : 옷니엘이 사역한 드빌 위에서 여리고 밑 '종려나무 성읍' 아래까지 화살표를 그려라.

02 드보라 : 에훗 왼쪽 '3' 자 아래에서 미스바의 '바' 자 오른쪽까지 화살표를 그려라.

03 기드온 : 드보라의 왼쪽 '4' 자 옆에서 베섹 위까지 화살표를 그려라.

04 아비멜렉 : 오브라의 '라' 자에서 세겜까지 화살표를 그려라.

05 돌라 : 세겜에서 사밀 오른쪽까지 화살표를 그려라.

06 야일 : 사밀에서 사선으로 다아낙 위를 지나, 하롯샘 왼쪽으로 부드럽게 위로 올라가 가몬 밑까지 화살표를 그려라.

07 입다 : 야일 위에서 돕 오른쪽 '입다' 글자 아래까지 화살표를 그려라.

08 입산 : 돕 밑에서 스불론 아래 베들레헴까지 화살표를 그려라.

09 엘론 : 베들레헴에서 아얄론 밑까지 화살표를 그려라.

10 압돈 : 아얄론에서 르홉 왼쪽을 지나면서 부드러운 커브로 갈멜산 위를 지난 후 돌라 밑에서 약간 곡선으로 비라돈 아래까지 화살표를 그려라.

11 삼손 : 압돈 아래에서 소라까지 부드럽게 화살표를 그려라.

12 위 사사가 속한 지파에 차례대로 초록 사각을 두르라. 먼저 요단강 서쪽에서 **유다, 베냐민, 에브라임, 므낫세**에 초록 사각을 두르고, 이어서 요단 동편에 **갓, 므낫세, 잇사갈**에 초록 사각을 두른다. 입다가 있던 길르앗은 지역 이름이지 지파 이름이 아니다. 그런데 입다가 있던 미스베가 므낫세를 지난 도시라는 언급을 보면(삿 11:29), 그가 갓 지파일 가능성이 크다. 이어 언급된 길르앗의 야일은 민수기와 신명기 기록에 근거하면 므낫세 지파였을 것이다(민 32:41, 신 3:14). 다시 서쪽으로 넘어와 **스불론과 단**에 초록 사각을 두르라.

2. 사사기 주요 사건

1 사사기를 펴고 '성경에 표시할 부분' 표에 색칠한 부분을 성경에 표시하라. 그리고 지도에는 장절과 키워드를 쓴다.

장절과 키워드 지도에 표시할 부분	성경에 표시할 부분	통독 구절
①5 아도니베섹 **베섹 오른쪽(중중좌상)**	또 베섹에서 **아도니 베섹**을 만나 그와 싸워서…	1:1-7
①8 유다 자손 **예루살렘 위(중중우중)**	**유다 자손**이 예루살렘을 쳐서 점령하여… 그 성을 불살랐으며	1:8-9
①10 유다 **기럇아르바 위(우중좌하)**	**유다**가 또 가서 헤브론에 거주하는 가나안 족속을 쳐서… 헤브론의 본 이름은 기럇 아르바였더라	1:10
①11 유다 **드빌 아래(우하중상)**	거기서 나아가서 드빌의 주민들을 쳤으니 드빌의 본 이름은 기럇 세벨이라	1:11-15
①17 유다 **호르마 위(우중중하)**	유다가 그의 형제 시므온과 함께 가서 스밧…을 진멸하였으므로 그 성읍의 이름을 호르마라 하니라	1:16-20
①21 베냐민 미정복 **예루살렘 위(중중우중)**	베냐민…은 예루살렘에 거주하는 여부스 족속을 쫓아내지 못하였으므로…	1:21
①22 요셉 **벧엘 아래(중중우중)**	요셉 가문도 벧엘을 치러 올라가니 여호와께서 그와 함께 하시니라	1:22-26
①27 미정복 **므낫세 아래(중중좌하)**	므낫세가 벧스안과… 다아낙과… 돌과… 이블르암과… 므깃도와… 주민들을 쫓아내지 못하매… * 므낫세 미정복 도시인 벧스안, 다아낙, 돌, 이블르암, 므깃도에 주황 밑줄을 그어라.	1:27
①29 미정복 **에브라임 아래(중중중상)**	에브라임이 게셀에 거주하는 가나안 족속을 쫓아내지 못하매… * 에브라임의 미정복 도시 게셀에 주황 밑줄을 그어라.	1:29
①30 미정복 **스불론 아래(좌중우중)**	스불론은 기드론 주민과 나할롤 주민을 쫓아내지 못하였으므로	1:30
①31 미정복 **아셀 오른쪽(좌중중하)**	아셀이 악고 주민과 시돈 주민과 알랍과 악십과 헬바와 아빅과 르홉 주민을 쫓아내지 못하고 * 아셀의 미정복 도시 르홉, 악십, 악고에 파랑 밑줄을 그어라.	1:31-32
①33 미정복 **납달리 아래(좌중중상)**	납달리는 벧세메스 주민과 벧아낫 주민을 쫓아내지 못하고 그 땅의 주민 가나안 족속 가운데 거주하였으나… * 납달리 미정복 도시인 벧아낫에 **검정 밑줄**을 그어라.	1:33
①34 미정복 **단 오른쪽(우하좌상)**	아모리 족속이 단 자손을 산지로 몰아넣고… 내려오기를 용납하지 아니하였으며 * 단의 미정복 도시인 아얄론, 사알빔에 빨강 밑줄을 하라.	1:34-35

①36 아모리 경계 **아그랍빔 비탈 아래(우중우하)**	아모리 족속의 경계는 아그랍빔 비탈의 바위부터 위쪽이었더라	1:36
②1 보김 **길갈 왼쪽(중중우상)**	여호와의 사자가 길갈에서부터 보김으로 올라와 말하되… 언약을 영원히 어기지 아니하리니	2:1-5
②9 여호수아 장사 **딤낫 헤레스 아래(중중중하)**	무리가 그의 기업의 경내 에브라임 산지… 딤낫 헤레스에 장사하였고	2:6-23
③9 옷니엘 **드빌, 기럇 세벨 위(우중중하)**	9 부르짖으매… 한 구원자를 세워… 옷니엘… 10 **메소보다미아 왕 구산 리사다임**을 이기니라(기럇 세벨, 1:12-13 참고)	3:7-11
③13 에훗 **여리고 아래(중중우상)**	13 종려나무 성읍(여리고, 신 34:3)을 점령한지라… 15 베냐민 사람… 왼손잡이 에훗… **모압 왕 에글론**에게 공물을 바칠 때에	3:12-23
④2 야빈 **하솔 위(좌중좌상)**	여호와께서 하솔에서 통치하는 가나안 왕 **야빈**의 손에 그들을 파셨으니…	4:1-3
④5 드보라 **미스바 아래(중중우중)**	2 가나안 왕 야빈의 손에… 파셨으니… 4 랍비돗의 아내 여선지자 드보라가… 사사… 5 라마와 벧엘 사이… 거주…	4:4-5
④6 바락 **게데스 아래(좌중우중)**	드보라가 사람을 보내어… **바락**을 납달리 게데스에서 불러다가… 납달리 자손과 스불론 자손 만 명을 거느리고 다볼 산으로 가라	4:6-10
④12 다볼산 전투 **다볼산 위(좌중우상)**	12 바락이 다볼산에 오른 것을… 알리매 13 시스라가… 기손강으로… 16 **시스라의 온 군대**가 다 칼에 엎드러졌고…	4:12-16
④11 야엘, 말뚝 **사아난님 상수리 위(좌중우상)**	11 겐 사람 헤벨이… 사아난님 상수리나무 곁에 이르러 장막을 쳤더라 17 **시스라**가 걸어서 도망하여… 헤벨의 아내 야엘의 장막에… 21 야엘이… 말뚝을… 관자놀이에 박으매…	4:17-22
⑤19 시스라 **다아낙 위(좌중우중)**	19 가나안 왕들이… 다아낙에서 싸웠으나 20 시스라와 싸웠더라	5:1-19
⑤21 기손강 **이스르엘 골짜기 위(좌중우중)**	기손강은 그 무리를 표류시켰으니… 힘 있는 자를 밟았도다	5:20-23
⑥11 기드온 **오브라 위(좌중우상)**	오브라에 이르러… 요아스의 아들 기드온이 **미디안** 사람에게 알리지 아니하려 하여 밀을 포도주 틀에서 타작하더니	6:11-24
⑦1 미디안 **모레산 아래(좌중우중)**	기드온과… 모든 백성이 일찍이… 하롯 샘 곁에 진… **미디안**의 진영은 그들의 북쪽이요 모레산 앞 골짜기에…	7:1-6
⑦7 300명 **하롯샘 오른쪽(좌중우중)**	5 이에 백성을 인도하여 물 가(하롯샘)에 내려가매 7 여호와께서… 이 물을 핥아 먹은 **삼백 명**으로 너희를 구원하며…	7:7-23
⑦25 오렙-스엡 **아담 아래(중중중상)**	미디안의 두 방백 **오렙과 스엡**을 사로잡아 … 죽이고 … 머리를 요단 강 건너편(아담)에서 기드온에게 가져왔더라	7:24-25

사사기 주요 사건

⑧4 추격 숙곳 위(중상중하)	4 기드온과 그와 함께한 자 삼백 명이… **추격**하며 5 그가 숙곳 사람들에게… 나를 따르는 백성이 피곤하니… 그들에게 떡덩이를 주라…	8:1-8
⑧9 망대 브누엘 아래(중상좌하)	기드온이 또 브누엘 사람들에게… 내가 평안히 돌아올 때에 이 **망대**를 헐리라…	8:9
⑧11 세바-살문나 욕브하 왼쪽(중상중중)	11 기드온이 노바와 욕브하 동쪽… 적진을 치니 12 **세바와 살문나**가 도망… 추격하여 미디안의 두 왕… 사로잡고… 온 진영을 격파하니라	8:10-12
⑧27 에봇 오브라 위(중중좌상)	기드온이 그 금으로 **에봇**… 만들어 자기의 성읍 오브라에 두었더니 온 이스라엘이 그것을 음란하게 위하므로…	8:13-35
⑨1 아비멜렉 세겜 위(중중중중)	1 **아비멜렉**이 세겜에… 5 오브라에 있는 그의 아버지의 집으로 가서… 형제 칠십 명을 한 바위 위에서 죽였으되…	9:1-6
⑨7 요담 그리심산 아래(중중중중)	사람들이 **요담**에게 그 일을 알리매… 그리심산 꼭대기로 가서… 세겜 사람들아 내 말을 들으라…	9:7-21

⑨50 맷돌 **데베스 아래(중중좌중)**	50 아비멜렉이 데베스에 가서… 점령하였더니 53 한 여인이 **맷돌** 위짝을 아비멜렉의 머리 위에 내려 던져…	9:22-57
⑩ 1 돌라 **사밀 아래(중중좌중)**	아비멜렉의 뒤를 이어서… **돌라**가… 이스라엘을 구원하니라… 에브라임 산지 사밀에 거주하면서	10:1-2
⑩3 야일 **야베스 길르앗 위(중상우하)**	3 그 후에 길르앗 사람 **야일**이 일어나서 이십이 년 동안 이스라엘의 사사가 되니라 5 야일이 죽으매 가몬에 장사되었더라	10:3-5
⑩17 암몬 전쟁 **미스베 오른쪽(중상중중)**	그때에 **암몬** 자손이 모여서 길르앗에 진을… 이스라엘 자손도 모여서 미스바에 진을 치고	10:6-18
⑪3 입다 **돕 오른쪽(좌상우상)**	3 **입다**가 그의 형제들을 피하여 돕 땅에 거주하매 잡류가… 모여 와서… 함께 출입… 29 미스베… 33 아로엘… 아벨 그라밈…	11:1-6
⑪11 입다 역사 **미스베 오른쪽(중상중중)**	이에 입다가 길르앗 장로들과 함께 가니… 자기들의 머리와 장관을 삼은지라 입다가 미스바에서 자기의 말을 다 여호와 앞에 아뢰니라	11:4-28
⑪31 입다 서원 **암몬 아래(중상우상)**	내가 암몬 자손에게서 평안히 돌아올 때에… 내 집 문에서… 나를 영접하는 그는 **여호와께 돌릴 것**이니…	11:29-40
⑫5 쉽볼렛 **아담 위(중상중하)**	5 **길르앗** 사람이… 요단강 나루턱을 장악… 네가 에브라임 사람이냐… 아니라 하면 6 …쉽볼렛이라 발음하라…	12:1-6
⑫8 입산 **스불론의 베들레헴 아래(좌중우중)**	그 뒤를 이어 베들레헴의 **입산**이… 사사가 되었더라	12:8-10
⑫12 엘론 **스불론 왼쪽(좌중중중)**	스불론 사람 **엘론**이 … 아얄론에 장사되었더라	12:11-12
⑫13 압돈 **비라돈 아래(중중중중)**	그 뒤를 이어 비라돈 사람 힐렐의 아들 **압돈**이… 사사가 되었더라	12:13-15
⑬25 삼손 **소라 아래(중하우상)**	소라와 **에스다올** 사이 **마하네단**에서 여호와의 영이 그(삼손)를 움직이기 시작하였더라	13:21-25
⑭5 사자 **딤나 오른쪽(중하우상)**	삼손이… 부모와 함께… 딤나의 포도원… 젊은 **사자**가… 보고 소리 지르는지라	14:1-9
⑭19 옷 탈취 **아스글론 위(우하좌하)**	삼손이 아스글론… 삼십 명을 쳐죽이고 **노략**하여 수수께끼 푼 자들에게 **옷**을 주고 심히 노하여…	14:15-20
⑮4 여우 **딤나 오른쪽(중하우상)**	4 삼손이 가서 **여우** 삼백 마리를 붙들어서 그 꼬리와 꼬리를 매고… 6 딤나 사람의 사위 삼손이니…	15:1-6
⑮8 피신 **에담 오른쪽(우중좌중)**	블레셋 사람들… 크게 쳐서 죽이고 내려가서 에담 바위 틈에 머물렀더라	15:7-13
⑮19 엔학고레 **소렉(골짜기) '렉' 자 오른쪽(중중우하)**	레히에서… 터뜨리시니… 물이 솟아나오는지라… 마시고… 소생하니… 그 샘 이름을 엔학고레라…	15:14-19

⑯4 들릴라 **소렉(골짜기) '렉' 자 아래(중중우하)**	이후에 삼손이 소렉 골짜기의 **들릴라**… 사랑하매	16:1-20
⑯21 삼손 죽음 **가사 위(우하좌하)**	21 눈을 빼고 끌고 가사에 내려가… 옥에서 맷돌을 돌리게… 30 **삼손이 죽을 때**… 살았을 때에 죽인 자보다 더욱 많았더라	16:21-30
⑰1 미가 **에브라임 위(중중중상)**	에브라임 산지에 **미가**라 이름하는 사람이 있더니	17:1-13
⑱29 미가 신상 **단 위(좌상좌하)**	29 성읍을 단이라… 본 이름은 라이스… 31 **미가**가 만든… **신상**이 단 자손에게 있었더라	18:27-31
⑲2 레위 첩 **베들레헴 오른쪽(중중우중)**	그(레위) **첩**이 행음하고 남편을 떠나… 베들레헴 그의 아버지의 집에 돌아가서… 넉 달 동안을 지내매	19:1-9
⑲15 만행 **기브아 아래(중중우중)**	15 기브아에 가서 유숙하려고… **성읍** 넓은 거리에 앉아 있으나… 영접하여 유숙하게 하는 자가 없었더라 25 그들이… 밤새도록 그 여자를 **능욕**…	19:10-30
⑳8 연합군 **미스바 아래(중중우중)**	8 모든 백성이 **일제히** 일어나… 11 합심하여 그 성읍을 치려고 모였더라	20:8-35
⑳47 600명 **림몬 위(중중우중)**	베냐민 사람 **육백 명**이… 광야로 도망하여 림몬 바위에 이르러… 넉 달 동안…	20:36-48
㉑12 400명 **야베스길르앗 아래(중상좌하)**	야베스 길르앗 주민 중에서 젊은 처녀 **사백 명**을… 실로 진영으로 데려오니…	21:8-12
㉑21 200명 **실로 아래(중중중중)**	실로의 여자들이 춤을 추러 나오거든… 포도원에서 나와… 아내로 삼아(200명) 베냐민 땅으로 돌아가라	21:16-25

2 사사들이 사역한 곳을 역동성 있게 따라가며 표시해 보자.

01 사사 옷니엘 사역

1) 염해 오른쪽 끝부분에서 왼쪽 '아랏'을 향하는 갈색 선을 따라가다 아랏에서 드빌 쪽으로 향하는 **파랑 화살표**를 그려라. 화살표 아래에 '구산 리사다임'이라 쓴다.

2) 드빌에서 파랑 화살표를 향해 **초록 화살표**를 그려라.

02 사사 에훗 사역

1) 모압왕 에글론이 요단강 건너, 길갈에서 요단강 거리 정도에서 출발하여 여리고를 향하여 진격하는 **파랑 화살표**를 그려라.

2) 여리고 왼쪽에 빨강 별표를 그려 에훗이 에글론을 죽인 표시를 해라.

3) 빨강 별표에서 요단강 너머에서 온 화살표 반대 방향, 요단강 직전까지 추격 표시인 초록 화살표 두 개를 짧게 연이어서 그려라.

4) 두 초록 화살표 앞에 도망가는 **파랑 화살표**를 그려라.

03 사사 드보라 사역

1) 이스라엘 진영인 다볼산에 초록 원을 둘러라.

2) 시스라 군대 진영인 다아낙에 **파랑 원**을 둘러라.

3) 다아낙 왼쪽에서 이스르엘 골짜기 아래를 지나 스불론 오른쪽까지 **파랑 화살표**를 그려라.

4) 다볼산부터 파랑 화살표 앞까지 초록 화살표를 그려라.

5) 두 화살표 사이에 빨강 별표를 그려라.

6) 빨강 별표에서 다아낙 전까지 추격 표시인 초록 화살표를 두 개 하고, 그 뒤에 **파랑 화살표**를 그려라.

7) 빨강 별표에서 다볼산과 잇사갈 사이를 지나 사아난님 상수리 나무까지 추격 표시인 초록 화살표를 두 개 하고, 그 뒤에 **파랑 화살표**를 그려라.

04 사사 기드온 사역

1) 하롯샘에서 모레산을 향하는 세 개의 초록 화살표를 그려라. 하롯샘에서 모레산으로 향하는 직선 화살표 하나, 하롯샘에서 오브라를 스쳐 모레산으로 가는 반원 화살표 하나, 하롯샘 아래서 다시 모레산을 향하는 반원 화살표를 그려라.

2) 모레산 주위를 빨강 원으로 둘러라.

3) 모레산에서 잇사갈 오른쪽을 지나 벧스안으로 향하는 짧은 초록 화살표 두 개를 그려라. 벧스안 위에서 아벨므홀라를 향하는 짧은 초록 화살표 하나와 그 뒤에 **파랑 화살표** 하나를 그려라.

4) 초록 화살표를 아벨므홀라에서 숙곳까지, 숙곳에서 브누엘까지 그려라.

5) 브누엘에서 얍복강을 따라 올라가 욕브하까지 가는 **파랑 화살표**를 그려라.

6) 세바-살문나와 욕브하를 감싸는 **빨강 원**을 그리고, 욕브하 위에 **빨강 별표**를 하라.

7) 데베스와 에브라임의 '에'자에서 아담으로 향하는 **주황 화살표**를 각각 그려라.

8) 세겜을 **빨강 원**으로 둘러 기드온의 아들 아비멜렉의 세겜 파괴를 표시하라.

05 사사 입다 사역

1) 암몬의 침략을 표시하기 위해 암몬과 랍바 암몬을 **파랑 점선**으로 둘러라.

2) 길르앗 사람들이 입다를 불러오는 표로 돕 오른쪽에서 미스베를 향하는 직선 **초록 화살표**를 그려라.

3) 미스베 오른쪽에서 아벨그라밈 왼쪽까지 **초록 화살표**를 그려라. 아벨그라밈, 헤스본, 야하스, 아로엘을 둘러싼 **빨강 점선 원**을 그려라. 아벨그라밈과 아로엘 밑에 **빨강 밑줄**을 그어라.

06 베냐민과 연합군의 내전

1) 연합군 진영인 미스바 도시 점 위에 **초록 점**을 덧칠하고, 베냐민 진영인 기브아의 도시 점 위에 **빨강 점**을 덧칠하라.

2) 미스바에서 기브아까지, 기브아에서 림몬까지 **초록 화살표**를 그려라.

3) 림몬의 도시 점에 **주황 사각형**으로 둘러라.

3 지도의 의미와 교훈

01 첫 번째 지도(열두 사사 순서)를 지파별로 연결하면, 유다-베냐민-에브라임-므낫세-잇사갈-갓-므낫세 반-스불론-에브라임-단 지파로 연결된다. 결국, 시계 반대 방향으로 한 바퀴 돌면서 사사기

의 구조가 지파별로 영웅을 한 명씩 내는 방향으로 기록되었음을 알 수 있다. 다만, 베들레헴와 아얄론은 유다 지파 땅에 있는 지명이 아니다.

02 두 번째 지도(사사기 주요 사건)를 보면 사사가 나오지 않은 북쪽의 스불론, 납달리, 아셀 지파도 기드온 전쟁에 합세한다(삿 6:35). 드보라 전쟁에서 실질적으로 앞장선 사람은 납달리 사람 바락이다(삿 4:6). 요단 동편에서 언급되지 않은 르우벤 지파도 드보라 전쟁에 합세했다(삿 5:15). 사사기에서 유일하게 언급되지 않은 지파는 남쪽 네게브에 있던 시므온 지파다. 민수기에서 발람의 꾀에 빠져 큰 피해를 본 후 시므온 지파는 유다 지파가 분배받은 땅을 재분배받으며 존재감이 없었던 것 같다.

03 정복하지 못한 곳은 주로 서쪽에 몰려 있다. 에브라임 지파와 단 지파가 쉐펠라 도시 일부를 얻지 못했고, 아셀, 스불론, 잇사갈은 이스르엘 골짜기 지역의 대부분을 얻지 못했다. 이는 골짜기의 주민들이 철기 문명의 산물인 철병거를 가지고 있었기 때문이다(삿 1:19). 므낫세 서쪽의 도시가 없는 이유는 사론평야가 늪지대를 형성했기 때문이다. 유다 지파는 상대적으로 미정복 도시가 없었다. 유다는 의외로 먼저 므낫세의 베셀에서 출발하여 베냐민의 예루살렘까지 정복했지만, 자신의 땅이 아니었기에 남쪽으로 가야만 했다. 도시명이 유다 지파에 가장 많은 점과 모든 도시를 정복했음은 초창기 갈렙이 이끄는 유다 세력이 강력했다는 증거다. 이후 철기 문명을 가져온 신블레셋에 밀렸다는 점은 아쉽다.

04 사사기가 지역별로 영웅을 다루고 있지만, 다른 지파와 연합하여 전쟁을 치른 사사도 종종 있었다. 먼저 드보라는 에브라임에서 납

달리의 바락을 불러 연합하여 하솔 왕 야빈의 군대장관 시스라를 물리친다. 북쪽의 하솔은 여호수아 때 이미 불태운 성이었지만 지리적으로 요충지이다 보니 사사시대에 다시 부활해 이스르엘 골짜기까지 영향력을 미쳤으리라 추정된다. 기드온은 동편이 뚫리면서 들어온 미디안을 쳤을 뿐 아니라 동쪽까지 추격하여 미디안을 뿌리 뽑았다. 에브라임 지파는 베냐민의 에훗부터 드보라, 기드온까지 북쪽의 맹주로 등장하지만, 주도적인 맹주가 아니라 뒤처리를 해주고 전리품을 취하는 인상을 준다. 길르앗의 입다 전쟁 때는 그 정도가 심하여 다 이긴 전쟁에 숟가락을 얹으려 했다. 이 때문에 분쟁이 일어나 4만 2000명이나 죽었다(삿 12:6). 이 결과는 사무엘상 4장의 블레셋 전쟁에 에브라임이 패배하는 사건에도 영향을 미쳤을 것이다.

하롯샘에서 본 모레산(미디안 군사가 진쳤던 곳)

300용사 택한 하롯샘

하롯샘은 길보아산 북쪽 기슭에 위치한다. 수천 년이 지났음에도 여전히 샘의 물이 흘러 엔하롯 국립공원을 이루고 있다. 공원에 들어서면 하롯샘 물로 만든 멋진 수영장과 넓은 잔디밭이 방문객을 맞는다. 길보아산은 사울왕이 전사한 곳으로 다윗이 저주했지만 사마리아 산지를 이어 주는 중요한 산이다. 이곳 주변으로 많은 샘이 터져 나온다. 산 아래 바위에서는 아직도 맑은 물이 흘러나와 기드온이 300용사를 택한 상황을 그리게 한다.

모레산에 진을 친 미디안군과 길보아산 아래 하롯샘 부근에 진을 친 기드온군은 전력 면에서 상대가 안 되었다. 그나마 처음에 모인 3만 2000명이라면 싸워 볼 만했으나, 하나님은 서서 한 손으로 물을 마신 300명만 택하셨다. 그들은 한 손에 무기를 들어 경계를 게을리하지 않고 주변을 돌아보며 물을 마시던 사람들이다.

하롯샘에서 북쪽을 보면 6km 지점에 모레산이 눈에 들어온다. 미디안 군사가 낙타 군대를 가지고 전력 질주하면 10분 내에 도착할 수 있는 곳이다. 거기다 당시 하롯샘 주변은 사람 키보다 더 큰 갈대숲으로 덮여 있어 경계를 게을리했다간 역공을 당할 수 있었다. 그들은 자신이 전쟁 중임을 잊지 않고 경계를 게을리하지 않는 깨어 있는 군사들, 기도하는 사람들이었다.

3만이 넘는 병사보다 300명의 기도 용사가 하나님 나라에서는 더 강하다.

그리스도인이 무장하는 전신갑주의 마지막은 깨어 있는 기도다(엡 6:18). 하롯샘에서 서쪽으로 2.6km 지점에는 이스르엘이라는 도시가 있다. 이스르엘과 모레산 아래 수넴 사이에서 사울왕과 블레셋 간의 전쟁이 있었다. 기드온과 반대로 기도를 잃은 사울은 패하여 길보아산에서 죽었다.

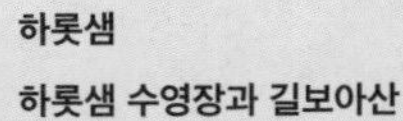

하롯샘

하롯샘 수영장과 길보아산

하롯샘 지역(오른쪽은 길보아산)

북진 정책의 기지, 이스르엘

호세아가 장자를 얻었을 때 하나님은 아기의 이름을 '이스르엘'이라 하라고 했다. 이는 조금 후에 하나님이 이스르엘의 피를 예후의 집에 갚으며 이스라엘 족속의 나라를 폐할 것이기 때문이라고 했다(호 1:4). 예후는 이스르엘에서 아합의 아들 요람과 태후 이세벨, 유다 왕 아하시야까지 죽이면서 왕위에 올랐다. 그의 후예는 4대까지 왕위를 이어 갔고, 마지막 왕인 여로보암 2세 때 가장 큰 번영을 누리기도 했다. 그러나 그의 가문은 호세아를 통해 심판받을 것을 선고받았다.

솔로몬은 이스르엘 골짜기의 중요성을 알고 국토 3개의 병거성 중 하나를 므깃도에 세웠다. 아합은 이를 재건하였으나 동북쪽에 위치한 수리아라 불리는 다메섹의 아람이 위협적이었기에 그의 주요 병거성은 '이스르엘성'이었다. 이 성은 이스르엘평야의 동편 중앙에 위치하여 전략상 요지를 점하고 있으며, 북쪽 이스라엘 왕들의 별궁이 있던 곳이기도 하다. 현재까지의 발굴에 의하면, 왕국 시대에는 성문을 동남쪽으로 냈으며, 성의 가장자리에 호를 파고 물을 끌어들여 해자(Moat) 시스템을 도입함으로써 도시 방어의 취약점을 보완한 것으로 알려졌다. 이스르엘성 북동쪽 아래 이스르엘평야의 한 모퉁이에는 아합이 탐내던 나봇의 포도원이 있다.

이스르엘성은 다윗의 아내 아히노암의 고향이다(삼상 25:43). 이스르엘성에서 북동쪽을 바라보니 포도원이 언덕을 따라 형성돼 있다. 나봇의 포도원처럼 보이는 이곳에는 하나님의 말씀대로 살다가 억울하게 죽은 이들의 아픔이 서려 있는 듯하다. 좀 더 동쪽으로 눈을 돌리자 기드온이 300명의 용사를 뽑은 하롯샘이 보인다.

동쪽 멀리 요단강 너머로 희미하게 길르앗 산지가 보인다. 열왕기하 9장을 보면 예후는 길르앗 산지의 길르앗 라못에서 엘리사의 생도를 통해 기름 부음을 받았다. 그는 혁명을 일으켜 병거를 몰아 이스르엘로 달려갔다. 그러고는 이스라엘 왕 아합의 아들 여호람을 죽이고 유다 왕 아하시야도 죽였으며, 이세벨을 죽였다. 베니게(페니키아)의 공주였던 이세벨은 아합과 결혼하면서 바알와 아세라 우상을 가져와 이스라엘을 타락시켰다. 한편, 그녀는 베니게와 이스라엘, 남유다를 연결하는 접촉점이기도 했다. 요한계시록은 당시 두아디라 교회가 자칭 선지자라 하는 여자 이세벨을 용납함으로써 교회가 행음하게 하고 우상의 제물을 먹게 했다고 경고하고 있다(계 2:20).

고고학 발굴에 의하면, 이스르엘은 병거를 두는 성이었고, 북진 정책의 전진 기지였다. 아합왕과 그의 아내 이세벨은 힘과 경제력을 합쳐 바알의 힘으로 이스라엘을 넘어 길르앗 라못 북쪽의 수리아까지 얻으려 했으나, 도리어 그것이 부메랑이 되어 그들을 쳤다.

이스르엘성

이스르엘 성에서 본 모레산(왼쪽 마을이 블레셋이 진쳤던 수넴)

더 깊은 묵상

모레산과 길보아산 사이에서 예수님을 만나다

이스르엘성은 기드온과 사울왕의 전적지다. 이곳에서 전쟁이 잦았던 것은 동쪽과 북쪽에서 오는 적들이 모두 여기를 지나기 때문이다. 적만 오는 것이 아니라 요셉을 사간 상인들같이 무역상도 지나고, 엘리야와 엘리사 같은 영적인 인물들도 지나는 장소다.

이스르엘 북쪽 맞은편에 있는 모레산 남쪽 수넴은 엘리야를 대접한 수넴 여인과 다시 살아난 그의 아들의 이야기를 간직하고 있다. 엘리사에 이어 예수님도 길보아산과 모레산 골짜기를 지나셨다. 모레산 북쪽에서 나인성 과부를 만나 그의 죽은 아들을 살리셨다. 그런 면에서 모레산은 구약과 신약의 부활 사건을 품고 있는 부활의 산이다. 예수님은 또한 이 지역에서 열 명의 나병 환자를 만나셨다. 고침받은 열 명 중 사마리아인 한 명만이 찾아와 감사를 드렸다. 그는 이스르엘 골짜기의 엘리사를 찾아와 고침을 받은 나아만 장군을 떠올리게 한다. 엘리사의 시종 게하시는 나아만의 물건을 탐하다 자손 대대로 나병에 걸렸다(왕하 5:27). 게하시의 후손이 지역상 사마리아인이 되었으리라 추정한다면 예수님께 고침받은 사마리아인은 게하시의 피가 흐르는 사람이 아닐까?

룻기
사무엘상

chapter 1

룻기·사무엘상의 주요 무대

룻기는 모압에서 유다 땅으로 돌아온 룻과 나오미의 이야기다. 사무엘상은 에브라임 산지에 속한 실로와 라마, 기브아 등 베냐민 산지와 사론평야의 아벡까지가 배경이다. 그러나 여기서는 다윗이 주로 활동한 유다 산지를 배경으로 소개하고자 한다.

유다 산지

유다 산지는 유다 지파가 살았다고 하여 붙여진 이름으로, 북쪽은 베냐민 산지이고 남쪽은 유다 광야, 서쪽은 쉐펠라(평지) 지역이다. 지질은 강한 석회암인 세노마늄으로 넓이는 80×20km^2 정도이며, 해발 700~1000m 고도로 이루어져 있다. 세노마늄 석회암은 풍화되면서 '테라로사'(Terra rossa)라는 붉은 흙을 만든다. 아담과 에돔 모두 '붉다'라는 말에서 왔고, 아담이 이런 붉은 흙에서 나왔음을 알려 주는 듯하다.

유다 산지
유다 산지는 해발 700-1000m로 위는 완만하지만 경사지가 대부분이므로 건축과 농사가 계단식으로 이루어졌다.

지형은 우리나라 태백산맥과 비슷하게 남북으로 길게 늘어져 있지만, 능선이 완만하기에 능선 위에는 족장의 도로가 지나면서 베들레헴, 헤브론 등 성경의 유명한 도시가 다수 자리 잡고 있다. 야곱은 유언에서 유다가 얻을 땅을 이렇게 예언했다.

> 9 유다는 사자 새끼로다⋯ 11 그의 나귀를 포도나무에 매며 그의 암
> 나귀 새끼를 아름다운 포도나무에 맬 것이며 또 그 옷을 포도주에
> 빨며 그의 복장을 포도즙에 빨리로다 12 그의 눈은 포도주로 인하여
> 붉겠고 그의 이는 우유로 말미암아 희리로다 창 49:9-12

유다를 '사자 새끼'라 했는데, 유다 산지는 이스라엘의 다른 지역에 비해 숲이 깊어 사자와 곰이 있었다(삼상 17:34). 서쪽은 대해(지중해)가 있어 겨울에는 비를 내려 주고, 여름에는 이슬로 습기를 공급해 울창한 숲

을 유지해 준다. 그러나 지중해에서 불어오는 비구름이 서쪽을 적신 뒤 동쪽에는 일부만 흩뿌리는 까닭에 초지는 형성될 수 있어도 여름에는 이슬조차 내리지 않아 자라던 풀과 수목이 말라 광야를 이룬다. 더구나 동쪽의 아라비아 사막에서 불어오는 건조한 바람인 동풍이 그나마 꽃을 피운 초목을 말려 버린다.

유다 광야의 양들은 건초를 먹고 자라기에 많은 수는 아니어도 일정 정도는 건강하게 키울 수 있다. 그래서 야곱은 유다 지파가 목축에서 얻는 우유로 그들의 이가 희겠다고 말했다(창 49:12). 유다 산지는 서쪽은 숲, 동쪽은 초지를 이루고, 능선 사이 완만한 골짜기에서 보리농사를 지었다.

룻기의 보아스는 능선에 있는 베들레헴에서 보리농사를 했고, 다윗은 광야에서 목축을 했으며, 아모스 선지자는 베들레헴 옆 드고아에서 뽕나무를 재배했다(암 7:14). 또한 겨울에 내린 비로 골짜기 이곳저곳에 샘이 있어 포도 재배가 가능했다.

야곱은 유다가 포도주가 많이 생산되는 곳을 얻으므로 나귀를 포도나무에 매고, 옷을 포도주에 빨며, 포도주를 즐겨 마셔서 눈이 붉게 될 것이라고 예언했다. 세례 요한의 고향은 '포도원의 샘'이라는 뜻의 엔케렘이다. 농사는 산지 특성상 계단식으로 만든 농지에서 이루어졌다.

chapter 2

룻기·사무엘상 그리기

A지도
B지도

1. 룻기 그리기

1 룻기를 펴고 '성경에 표시할 부분' 표에 색칠한 부분을 성경에 표시하라. 그리고 지도에는 장절과 키워드를 쓴다.

장절과 키워드 지도에 표시할 부분	성경에 표시할 부분	통독 구절
룻 ①2 나오미 가족 **모압 아래(우상우중)**	그 사람… 그의 아내… **나오미**… 그의 두 아들… 유다 베들레헴 에브랏 사람들… 그들이 모압 지방에 들어가서 거기 살더니	1:1-5
룻 ①7 룻 귀환 **유다 광야 아래 (우중좌상)**	7… 두 며느리도 그와 함께하여 유다 땅으로 돌아오려고 길을 가다가 16 **룻**이… 어머니께서 머무시는 곳에서 나도 머물겠나이다…	1:6-22
룻 ②4 보아스 **베들레헴 위(우중좌중)**	**보아스**가 베들레헴에서부터 와서 베는 자들에게… 여호와께서 너희와 함께하시기를 원하노라…	2:1-16

2. 사무엘상 그리기

1 사무엘상을 펴고 '성경에 표시할 부분' 표에 색칠한 부분을 성경에 표시하라. 그리고 지도에는 장절과 키워드를 쓴다.

장절과 키워드 **지도에 표시할 부분**	성경에 표시할 부분	통독 구절
①1 엘가나 **라마 아래**	라마다임소빔에 에브라임 사람 **엘가나**라 하는 사람이…	1:1-8
①9 한나 기도 **실로 위(중중우중)**	그들이 실로에서 먹고 마신 후에 **한나**가 일어나니 그때에 제사장 엘리는…	1:9-18
③21 사무엘 **실로 위(중중우중)**	여호와께서 실로에서 다시… 말씀으로 **사무엘**에게 자기를 나타내시니라	3:10-22
④1 언약궤 빼앗김 **에벤에셀 오른쪽 위(중중중하)**	1 블레셋 사람들과 싸우려고 에벤에셀 곁에 진 치고 블레셋 사람들은 아벡에 진 쳤더니… 3 **언약궤**를… 가져다가…구원하게…	4:1-22
⑤1 궤 이동 **아스돗 오른쪽(우하좌중)**	블레셋 사람들이 하나님의 **궤**를 빼앗아… 에벤에셀에서부터 아스돗에 이르니라	5:1-12
⑥12 암소 **벧세메스 위(우중좌하)**	**암소**가 벧세메스… 대로로 가며… 울고 좌우로 치우치지 아니하였고 블레셋 방백들은 벧세메스 경계선까지 따라가니라	6:10-21
⑦1 궤 머묾 **기럇여아림 아래(우중좌중)**	기럇여아림 사람들이 와서… 궤를… 산에 사는 아비나답의 집에 들여놓고… 아들 엘리아살을… 구별하여… **궤를 지키게** 하였더니	7:1-4
⑦5 성회 **미스바 아래(중중우중)**	사무엘이… 온 이스라엘은 미스바로 모이라… 너희를 위하여… **기도하리라**	7:5-14
⑦16 사무엘 순회 **길갈 오른쪽 위(중중우상)**	해마다 벧엘과 길갈과 미스바로 **순회**하여 그 모든 곳에서… 다스렸고	7:15-17
⑧2 사사 **브엘세바 아래(우하우상)**	(사무엘의) 장자의 이름은 요엘이요 차자의 이름은 아비야라… 브엘세바에서 **사사**가 되니라	8:1-9
⑨6 사울 **라마 아래**	(사환이) (**사울**에게) …이 성읍에 하나님의 사람이 있는데… 말한 것은… 다 응하나니… 갈 길을 가르쳐 줄까 하나이다…	9:1-10
⑩3, 26 사울 집 **기브아 오른쪽**	3 벧엘로 올라가는 세 사람을 만나리니… 26 사울도 기브아… **집**으로 갈 때… 하나님께 감동된 유력한 자들과 함께 갔느니라	10:1-27
⑪1 암몬 위협 **랍바암몬 아래(중상우상)**	1 암몬 사람 나하스가… 길르앗 야베스에 맞서 진 치매… 우리와 언약하자… 너를 섬기리라… 2 **오른 눈을 다 빼야**… 언약하리라	11:1-5

⑪8 모병 **베섹 오른쪽(중중좌상)**	7 모든 지역에 두루 보내어… 8 베섹에서… 수를 세어 보니 이스라엘 자손이 **삼십만** 명이요 유다 사람이 **삼만** 명…	11:6-10
⑪11 사울 구원 **길르앗야베스 오른쪽 (중상좌중)**	9 **구원**을 받으리라… 야베스 사람들에게 전하매… 기뻐하니라… 11 사울이… 적진 한가운데로… 암몬 사람들을 치매… 다 흩어져서…	11:11-13
⑪14 나라 재건 **길갈 오른쪽 위(중중우상)**	사무엘이… 오라 우리가 길갈로 가서 **나라를 새롭게** 하자	11:14-15

⑬3 요나단 **게바 오른쪽**	**요나단**이 게바… 블레셋 사람의 수비대를 치매…	13:1-3
⑬4 사울 제사 **길갈 오른쪽 위(중중우상)**	4 온 이스라엘이… 블레셋 사람들의 미움을 받게 되었다 함을 듣고… 길갈로 모여 사울을 따르니라 9 … **번제**를 드렸더니	13:4
⑬5 블레셋 진 **믹마스 위**	**블레셋** 사람들이… 싸우려고… 병거가 삼만이요 마병이 육천 명이요 백성은 해변의 모래같이… 벧아웬 동쪽 믹마스에 진 치매	13:5-7
⑬17 침략길 **오브라 위**	노략꾼들이… 블레셋… 진영에서… 한 대는 오브라 **길**을 따라서 수알 땅에 이르렀고	13:16-18
⑭31 추격 **아얄론 위**	그날에… 믹마스에서부터 아얄론에 이르기까지 블레셋 사람들을 **쳤으므로**…	14:31-35
⑮12 기념비 **갈멜 아래(우중중중)**	어떤 사람이 사무엘에게… 사울이 갈멜에… 자기를 위하여 **기념비**를 세우고… 길갈로 내려갔다…	15:10-16
⑮21 헤렘 **길갈 오른쪽 위(중중우상)**	다만 백성이 그 마땅히 **멸할** 것 중에서 가장 좋은 것으로 길갈에서… 제사하려고 양과 소를…	15:17-31
⑯4 기름 부음 **베들레헴 아래(우중좌중)**	4 사무엘이… 말씀대로 행하여 베들레헴에 이르매… 12 이가 그니 일어나 **기름을 부으라**…	16:1-13
⑰1 전쟁 **아세가 왼쪽 위(우하좌상)**	블레셋 사람들이… **싸우고자**… 유다에 속한… 소고와 아세가 사이의 에베스담밈에 진 치매	17:1-16
⑰23 골리앗 **가드 아래(우하좌상)**	블레셋… 가드 사람 **골리앗**이… 그 전열에서 나와서 전과 같은 말을 하매 다윗이 들으니라	17:17-54
⑱7 만만 **유다 산지 아래(우중좌중)**	여인들이 뛰놀며 노래하여… 사울이 죽인 자는 천천이요 다윗은 **만만**이로다…	18:6-9
⑲18 나욧 **라마 위(중중우중)**	다윗이 도피하여 라마… 사무엘에게로 나아가서 사울이 자기에게 행한 일을 다 전하였고 다윗과 사무엘이 나욧으로 가서 살았더라	19:18-24
⑳1 친구 **기브아 아래(우중좌중)**	1 다윗이… 요나단에게… 내 죄가 무엇이기에… 내 생명을 찾느냐 17 요나단의 사랑이… 자기 생명을 사랑함같이 그를 사랑함이었더라	20:1-23
㉑1 진설병 **놉 위(우중좌중)**	1 다윗이 놉에 가서 제사장 아히멜렉에게 이르니… 6 거룩한 떡을 주었으니… **진설병**…	21:1-6
㉑10 미친 척 **가드 아래(우하좌상)**	10 다윗이 사울을 두려워하여… 도망하여 가드 왕 아기스에게로 가니… 13 **미친 체**하고…	21:10-15
㉒1 400명 **아둘람 오른쪽(우중중하)**	1 다윗이 그곳을 떠나 아둘람 굴로 도망… 그의… 온 집이… 그에게 이르렀고 2 환난당한… 빚진… 원통한… **사백 명**…	22:1-2

㉒3 부모 위탁 **모압 미스베 아래(우상우중)**	다윗이… 모압 미스베로 가서 모압 왕에게… 나의 **부모**가… 당신들과 함께 있게 하기를…	22:3
㉒4 시 18편 **요새 아래(우중우상)**	그들은 다윗이 요새에 있을 동안에 모압 왕과 함께 있었더라	22:4
㉒5 교제 **헤렛 수풀 아래(우중중중)**	선지자 갓이 다윗에게… 이 요새에 있지 말고 떠나 유다 땅으로 **들어가라**… 떠나 헤렛 수풀에 이르니라	22:5
㉓5 에봇 **그일라 오른쪽(우중중하)**	5 그일라로 가서 블레셋…과 싸워… 죽이고… 그일라 주민을 구원하니라 6 …아비아달이 그일라 다윗에게로 도망… **에봇**을 가지고…	23:1-5
㉓14 위기 **헤렛 수풀 왼쪽 아래(우중중중)**	다윗이… 광야의 요새… 십 광야 산골에도… 사울이 **매일 찾되** 하나님이… 넘기지 아니하시니라	23:6-29
㉔1 옷자락 **엔게디 위(우중중상)**	1 사울이 블레셋… 쫓다가 돌아오매 어떤 사람이… 보소서 다윗이 엔게디 광야에… 4 다윗이… **겉옷 자락**을… 베니라	24:1-22
㉕2 나발 **마온 오른쪽(우중중중)**	2 마온에… 심히 부하여… 갈멜에서… 양 털을 깎고… 3 이름은 **나발**… 완고하고 행실이 악하며…	25:2-38
㉖1 창-물병 **헤렛 수풀 왼쪽 아래(우중중중)**	1 십 사람이 기브아에 와서 사울에게… 다윗이 광야 앞 하길라산에… 12 다윗이 사울… **창과 물병**을 가지고 떠나가되…	26:1-25
㉗2 망명 **가드 아래(우하좌상)**	다윗이… 함께 있는… 육백 명과… 가드 왕 마옥의 아들 아기스에게로 **건너가니라**	27:1-7
㉗8 아말렉 **시글락 위(우하중중)**	다윗과 그의 사람들이… 그술 사람과 기르스 사람과 아말렉 사람을 침노하였으니…	27:8-12
㉘4 블레셋 진 **수넴 아래(좌중우상)**	**블레셋**…이 모여 수넴에… 진 치매 사울이 온 이스라엘을 모아 길보아에 진 쳤더니	28:4-5
㉙1 회군 **아벡 오른쪽(중중중하)**	1 블레셋…은… 모든 군대를 아벡에… 이스라엘 사람들은 이스르엘… 샘 곁에 진… 11 다윗이… 블레셋 사람들의 땅으로 **돌아가고**…	29:1-11
㉚9 추격 **브솔 시내 오른쪽(우하우중)**	8 …**추격**하면 따라잡겠나이까… 9 다윗과… 육백 명이 가서… 18 아말렉 사람들이 빼앗아 갔던 모든 것을 도로 찾고…	30:1-20
㉛1 사울 죽음 **길보아산 위(중중좌상)**	1 블레셋…이 이스라엘을 치매… 도망하여 길보아산에서 엎드러져 죽으니라 4 …**사울**이 자기의 칼을 뽑아… 엎드러지매	31:1-6
㉛10 사울 시체 **벧산 위(중상좌하)**	8 블레셋 사람들이… 10 그의 갑옷은 아스다롯의 집에… **시체**는 벧산 성벽에 못 박으매	31:7-10
㉛11 사울 장례 **길르앗야베스 오른쪽(중상좌중)**	1 1길르앗 야베스 주민들이 블레셋…이 사울에게 행한 일을 듣고 13 그의 뼈를… 야베스 에셀 나무 아래에 **장사**하고	31:11-13

2 룻기와 사무엘상을 역동성 있게 따라가며 표시해 보자.

<B지도를 그린다>

01 나오미와 룻의 이동 : 베들레헴에서 엔게디 요새 위를 지나 혓바닥 모양의 염해 반도를 가로질러 길하레셋까지 주황 점선으로 양방향 화살표를 그려라.

02 아벡 전투

1) 가드 아래에서 아벡을 향해 **파랑 화살표**를 그려라. 블레셋 진영인 아벡을 **파랑 사각형**으로 둘러라.

2) '에브라임 산지' 글자 아래서 세 개의 **초록 화살표**가 에벤에셀을 향한다: '브'자와 '임'자와 '지' 자에서 각각 시작하라. 이스라엘 진영을 의미한 **초록 사각형**으로 에벤에셀을 둘러라.

3) 에벤에셀의 '셀' 자 밑에 **빨강 별표**를 그려라.

4) 전쟁 후 실로가 파괴되었음을 알리는 표시로 실로에 **빨강 원**을 둘러라.

5) 빼앗긴 언약궤 이동 경로 표시를 위해 **검정 화살표**를 아벡에서 해변길을 따라 욥바를 지나 아스돗까지, 아스돗에서 가드까지, 가드에서 에그론까지, 에그론에서 벧세메스까지, 벧세메스에서 기럇여아림까지 그려라.

03 미스바 성회

1) 성회가 열린 미스바를 **초록 사각형**으로 둘러라.

2) 게셀에서 위로 올라가 아래 벧호론을 지나 미스바 아래까지 **파랑 화살표**를 그려라. 화살표 아래쪽에 **빨강 별표**를 그려라.

3) 미스바의 '바' 자 아래에서 아래 벧호론 오른쪽 점을 지나 아얄론 위까지 **초록 화살표** 두 개를 하고, 이어서 아세가 왼쪽을 지나면서 아래로 가드까지 향하는 **파랑 화살표**를 그려라.

04 사울의 길르앗 야베스 전쟁 : 기브아 위의 점에서 시작해서 족장의 도로를 따라 베섹까지, 베섹에서 벧산 근처에서 길르앗 야베스를 향

하는 초록 화살표를 그려라.

<A지도를 그린다>

05 요나단 전투

1) 요나단이 게바의 진을 친 표시로 기브아에서 라마 오른쪽을 지나 게바로 향하는 초록 화살표를 하라.
2) 블레셋 진인 믹마스에서 나가는 3개의 **파랑 점선 화살표**를 하라: 믹마스에서 오브라까지, 믹마스에서 벧호론까지, 믹마스 오른쪽 점에서 블레셋의 '레' 자 오른쪽을 지나 길을 따라 위로 올라가는 화살표를 각각 그려라.
3) 믹마스에서 벧호론으로 향하는 초록 추격 화살표 두 개를 하고, 그 앞에 벧호론을 지나 아얄론으로 향하는 **파랑 화살표**를 하라.

<B지도를 그린다>

06 사울의 아말렉과 정벌

1) 기브아 오른쪽에서 족장의 도로를 따라 헤브론으로 와서 십과 갈멜을 지나 아랏 방향으로 초록 화살표를 그려라.
2) 아말렉 주위를 빨강 점선으로 둘러싸라.

07 다윗과 골리앗 전투

1) 베들레헴에서 소고 앞까지 약간 곡선의 초록 화살표를 그려라.
2) 소고 왼쪽에 빨강 별표로 전쟁 표시를 하라.
3) 소고에서 가드로 향하는 초록 추격 화살표와 그 앞에 **파랑 화살표**를 하라.
4) 소고에서 길을 따라 에그론을 향하는 초록 추격 화살표와 그 앞에 **파랑 화살표**를 하라.

08 사울 왕의 최후

1) 가드 아래서 시작하여 아벡까지, 가사에서 해변길을 따라 아벡

으로 향하는 **파랑 화살표**를 각각 그려라.

2) 아벡에서 해변길을 따라 수넴까지 가는 **파랑 화살표**를 그려라.

3) 블레셋 진영인 수넴에는 **파랑 사각**을 두르고, 이스라엘 사울 진영인 이스르엘에는 **초록 사각**을 둘러라.

4) 이스르엘과 수넴 사이에 **빨강 별표**를 해 전쟁을 표시하라.

5) 사울 장례를 치러 준 길르앗 야베스에서 벧산으로 향하는 **검정 양쪽 화살표**를 그려라.

3 지도의 의미와 교훈

01 베들레헴에서 볼 때 모압 지역은 염해 건너편이다. 룻기 시대, 기근이 있던 가나안 땅보다 모압은 고도가 높아 높은 구름이 부딪쳐 유다 산지 베들레헴보다 많은 비를 흡수했다. 모압에 기근이 없다는 소식은 나오미 가족을 유혹하기에 충분했다. 그러나 보아스의 어머니가 라합인 것을 보면 룻기 사건은 가나안 입성 직후에 벌어진 일이다. 하나님의 선물로 얻은 땅이자, 부모 세대가 피 흘려 정복한 땅을 기근 하나로 포기하고 이민을 가는 일은 큰 잘못이라 할 수 있다. 결국 모압 이주 후 집안의 모든 남자는 죽고 나오미와 모압 며느리 2명만 남았다.

02 나오미와 룻이 돌아오는 길은 쉽지 않았다. 고도 1000m가 넘는 모압 산지에서 염해(사해) 쪽으로 가려면 20km를 내려가야 하는데 해저 400m를 내려가니 1400m를 내려가는 셈이다. 거기다 염해 중간의 닛산 반도와 소금 바다를 건너는 15km 구간은 지구상에서 가장 낮은 지역이다. 여름에나 유다로 가는 길이 말라서 건널 수 있는데 그즈음 기온이 50℃가 넘는다. 유다 산지로 오르는 길도 만만치 않다. 염해를 건넌 후 20km를 북쪽으로 올라와야 유다 산지로 올라가는 엔게디의 시스 고개가 나

온다. 이후 -400m에서 해발 150m까지 550m의 급경사를 올라야 한다. 이후부터는 좀 완만한 유다 광야가 나온다. 그래도 광야 길 31km를 가야 하니 하루 안에 도착하기는 힘들다. 한마디로 모압 길하레셋 근처에서 베들레헴까지는 85km이며, 고도차가 1400m인 곳을 오르락내리락 해야 한다. 가장 큰 문제는 이 모든 지역이 광야이기에 하루에 20km를 걷기도 힘든 지역이라는 점이다. 결국 최소 5일은 걸려야 베들레헴에 도착할 수 있다.

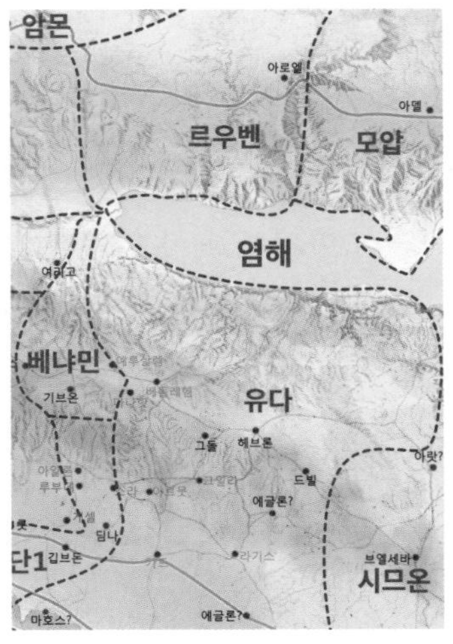

베들레헴-모압 루트

모압 며느리 오르바는 여러 이유로 포기했지만, 룻은 미래도 불확실하고 시어머니를 보살펴야 하는 길을 택했다. 그뿐 아니라 자기 신을 버리고 하나님을 섬기기로 했다. 룻은 고생길을 마다하지 않고 베들레헴으로 옴으로써 믿음의 어머니가 되었다.

03 사사기는 실로, 라마, 기브아, 베들레헴이 배경이 된 베냐민 전쟁으로 마쳤다. 그리고 "그때에 이스라엘에 왕이 없으므로 사람이 각기 자기의 소견에 옳은 대로 행하였더라"(삿 21:25)라는 말로 마무리한다. 사무엘상 1-4장은 엘리와 홉니와 비느하스가 사사이던 때가 얼마나 혼란스러웠는지를 보여 준다. 그리고 지도자가 실로에 있던 엘리에서 라마에 있던 사무엘로 기브아에 살던 사울에서 베들레헴의 다윗으로 옮겨 간다. 즉 북쪽에서 남쪽으로, 에브라임 지파에서 베냐민 지파, 그리고 유다 지파로 옮겨 간다.

04 아벡 전투에서 빼앗긴 언약궤는 실로에서 아벡으로, 아벡에서 블

레셋의 아스돗-가드-에그론으로 옮겨지다가 벧세메스로 간다. 원래 있던 자리는 실로인데 언약궤를 멘 암소들은 실로로 가지 않고 유다 지파의 땅인 벧세메스로 간다. 실로가 파괴되어 그곳에 가도 안치할 곳이 없었겠지만, 여하튼 에브라임 지파로 가지 않고 유다 지파 땅으로 향함으로써 이스라엘의 중심이 이동했다.

아벡은 이후 다윗이 블레셋과 함께 전쟁하러 갔다가 회군하던 곳이기도 하다. 신약에서는 안디바드리라고 불렸으며 베드로가 고넬료를 만나러 가면서 지났던 길이다. 또한 바울이 로마로 호송되기 전에 잠시 머물던 장소이기도 하다. 아벡은 모든 중심이 이동하는 중요한 일이 일어난 장소다.

05 17장에서 다윗이 골리앗과 싸우러 내려간 엘라 골짜기는 1차적으로 베들레헴으로 올라오는 통로를 막는 전쟁이었다. 그래서 다윗의 가족에게는 자기 지역을 지키는 절실한 전쟁이었고 사울왕은 고마운 후원자였다. 그런데 다윗이 골리앗을 죽인 후 베들레헴 쪽으로 올라오는 길에 백성이 다윗에겐 만만을, 사울에게는 천천을 돌리자, 사울이 자신이 속한 지파보다 훨씬 강한 유다 지파의 지지를 받는 다윗을 견제하게 된다.

이후 다윗의 도피 생활을 다룬 19장부터 30장까지는 유다 지역인 쉐펠라, 유다 광야, 유다 산지가 활동 무대가 된다. 다윗이 자신의 지파 지역에서 도피 생활을 한 덕분에 사울왕을 피해 다니기에 유리했다. 마지막으로 쉐펠라의 블레셋 가드로 피신했을 때는 그들의 철기 문명을 배웠고, 남쪽 블레셋 변방에서 네게브로 들어오는 아말렉을 막는 전쟁을 통해서는 군사 훈련을 충분히 할 수 있었다. 또한 변방을 막아 줌으로써 블레셋뿐 아니라 유다 남쪽의 안전에도 유익을 주었다. 유다 지파에 유익을 준 많은 일은 후에 북쪽에서 사울왕이 죽자 다윗이 유다의 왕으로 등극하는 길이 되었다.

06 철기 문명을 가지고 들어온 블레셋은 유다에게 최고의 위협이었다. 그들은 삼손 때부터 유다를 다스리고 있었고, 아벡 전투를 통해 북쪽으로 영토를 확장했다. 이스르엘 골짜기까지 얻은 블레셋은 동쪽 벧산을 통해 왕의 대로로 가는 길을 얻고자 사울왕과 전투했다. 이 길을 잃어버리면 사사 드보라 때와 같이 북의 갈릴리와 남의 에브라임 산지가 단절되어 사람들이 소로로 다녀야 했다. 결국 이 전투의 승리로 블레셋은 가나안에서 가장 중요한 해변길과 요단 동편의 중요 도로인 왕의 도로를 연결하는 동서도로까지 얻음으로써 가나안에서 가장 큰 부를 축적할 수 있는 기반을 마련했다.

룻기·사무엘상 핫 플레이스

베들레헴
헤브론

예수님을 낳은 위대한 도시, 베들레헴

마태복음 2장에서 동방박사들은 예루살렘을 방문해 유대인의 왕이 베들레헴에서 나실 것이라는 예언을 듣는다. 그들이 방문한 당시 베들레헴, 유대인의 왕으로 오신 예수님이 태어나신 곳은 어떤 곳일까? 요단강 옆 여리고에서 예루살렘 길을 올라 베들레헴으로 가보자.

빵집, 베들레헴

베들레헴의 '예수탄생교회'는 예루살렘 남쪽 9km에 위치한다. 마리아와 요셉이 호적하러 왔을 때 나사렛에서 여리고, 예루살렘을 거쳐 베들레헴으로 왔다면, 나사렛에서 여리고까지 강을 두 번 건너고 여리고에서 베들레헴까지 1천 m를 올랐을 테니 총 160km가량의 거리를 온 셈이다. 이렇게 험한 여정을 거쳐 온 베들레헴은 창세기부터 많은 역사가 깃들어 있다.

예루살렘을 거쳐 베들레헴으로 들어서려면 이스라엘이 보안 장벽이라 하여 세운 5m 높이의 콘크리트 장벽이 앞길을 막는다. 그 장벽 옆에 야곱이 사랑한 아내, 라헬의 무덤이 있다. 필자가 1997년 유학할 때만 해도 시골길의 기념 무덤이던 장소가 이제는 팔레스타인과 유대인을 가르는 경계의 상징처럼 되었다.

베들레헴 목자들의 들판 교회
베들레헴 동쪽 골짜기에 있으며 보리농사가 가능한 지역에 세워졌다.

고대의 풍취가 느껴지는 베들레헴은 그래도 기독교 마을이라는 생각에 다정다감하게 느껴진다. 예수탄생교회로 가는 길 왼쪽 곧 동쪽으로는 골짜기가 깊게 놓여 있다. 이 골짜기를 따라 농경지가 있고 유다 광야 가까이에 '보아스의 들판'이 있다. 룻기의 배경이 된 지역이다. 또한, 이 골짜기에 '목자들의 교회'도 있어 예수님을 처음으로 경배했던 이들을 기념하고 있다. 보아스 같은 이들이 보리농사를 지으면 레갑 자손 같은 목자들이 보리 밑동을 양에게 먹이러 밭에 오고, 양의 배설물은 밭을 기름지게 하는 선순환의 농법이 이뤄지던 곳이다. 예수님의 조상 다윗과 그의 증조부 보아스, 증조모 룻이 이곳에서 기업 무름으로 하나가 되었다. 이 골짜기 덕에 보리농사를 하여 빵을 얻을 수 있었기에 빵집이라는 뜻의 베들레헴 지명이 나왔다.

예수탄생교회 전경

예수탄생교회 정문
세 번에 걸쳐 개축한 흔적이 보인다.

예수탄생교회

베들레헴의 '예수탄생교회'는 마치 요새 같다. 콘스탄틴 대제의 어머니 헬레나가 건축한 이래 수많은 침략을 겪으면서 교회가 요새화되었다. 그 처절한 흔적이 교회 입구에 나타난다. 교회 문은 허리를 숙여야 입장할 수 있을 만큼 좁다. 좁은 문 위로 거대한 문 흔적이 2개나 있다. 거대한 문 중 하나는 기독교가 국교로 부흥했을 때이고, 다른 하나는 기독교가 쇠퇴했을 때, 그리고 마지막 좁은 문은 기독교가 박해당했을 때를 나타낸다. 교회를 보호하기 위해 세운 문이지만 해석이 더 좋다. "누구든지 아기 예수께 나아오려면 머리를 숙이고 이 문에 들어서시오!" 지하 동굴로 내려가면 예수님이 태어난 곳이 있다. 예수님은 양 우리에서 태어나셨다. 양과 염소가 있던 동굴 한쪽에 예수님이 태어났던 장소가 있고, 그 바닥에 황금으로 별을 만들어 놓았다. 14개 뿔을 가진 별 모양은 다윗을 의미한다. 다윗이라는 이름을 숫자로 하면 14가 나온다. 마태복음 1장에서 예수님의 족보를 14대씩 구분한 것도 이런 이유에서다.

예수님의 탄생 장소
14개의 뿔이 있는 별 모양은 다윗을 상징한다.

예수 탄생 교회의 성화
예수님의 탄생 장면을 묘사했다.

원어 성경을 라틴어 성경으로 번역한 제롬의 무덤

빵으로 오신 예수님

예수님이 태어난 곳이 양 우리가 있던 베들레헴의 동굴이라는 점은 성경적으로 많은 것을 시사한다.

예수님은 양들이 사는 곳에 선한 목자로 태어나셨다. 그는 오시자마자 양의 여물통인 구유에 누워 우리의 생명의 양식이 되실 것을 암시하셨다. 그는 왕으로 오셨지만 어두운 밤, 냄새나는 양 우리에서 이리저리 뒹굴다 양털과 똥이 묻은 몸으로 이 땅에 오셨다.

예수님의 탄생 장소 14뿔 위에 성화가 있다. 동방박사들이 왼쪽에서 예물을 들고 아기 예수께 경배하러 나온다. 마리아가 예수님이 태어난 지 40일 후에 정결 예식을 가졌고, 헤롯이 동방박사를 만난 후 만 2세 이하의 젖먹이를 살해한 이야기를 참고할 때, 동방박사들은 최소 마리아의 산후조리가 끝난 40일 후에 찾아왔다. 그들이 가진 황금과 유향과 몰약은 무역을 위해 이집트로 향하던 동쪽 사람들이 자주 지니던 물건이다. 과거 요셉을 사간 동방의 상인들도 이런 물건을 가지고 다녔을 것이다. 예수님은 요셉 이야기처럼 예물을 받고 이집트로 피난을 가셨다. 동방박사들은 피난 생활을 하던 예수님 가족에게 생활비를 제공한 셈이다. 그러나 한편으로는 동방박사 때문에 피신했다는 점에서 그들은 '병 주고 약 준' 사람들이다.

백골이 되도록 성경 번역에 전념한 제롬

탄생 장소에서 나오면 빨간 줄로 친 구역이 보인다. 한 교회 안에 교단별 지분이 정해져 있다. 그리스 정교회가 중심을 차지하고 아르메니아 정교회가 일부를 차지하고 있다. 그리고 북쪽 문으로 나가면 벽을 사이에 두고 로마 가톨릭교회 본당이 나온다. 교회 밖에는 성경 번역자 제롬상이 높이 올려 있고 그 아래 해골이 놓여 있다. 무덤 같은 곳에서 백골이 진토될 때까지 주님의 말씀을 번역한 제롬이 존경스럽다.

기독교가 박해를 받던 시절에 물러났던 로마 가톨릭교회는 본당 바깥 지역을 뒤늦게 얻었다. 그 교회 오른쪽으로 또 하나의 동굴로 내려가는 길이 보인다. 평생을 성경 번역에 몸 바친 제롬의 사역지가 있던 곳이다. 생명의 양식, 빵으로 오신 예수님께 감사하던 제롬은 예수 탄생 동굴 옆에 또 하나의 동굴을 만들었다. 그리고 일평생 생명의 말씀을 라틴어로 번역하는 작업을 했다. 그의 무덤 옆, 한 동굴 방에는 성경 지리와 배경 지식으로 그를 도왔던 역사가 유세비우스, 생필품으로 섬겼던 파울라라는 여인의 모자이크가 벽에 새겨져 있다. 세계 최초로 라틴어로 번역된 그의 신구약 성경은 천년 가까이 중세시대의 유일한 번역서로 사용되었다. 이후 그를 이은 위클리프, 루터, 존 로스 같은 수많은 번역자들이 제롬의 심령으로 성경을 번역하여 각 나라말로 생명의 양식인 성경을 볼 수 있게 하였다. 우리가 보는 성경 번역의 역사가 이곳에서 시작되었다 하니 놀랍고 수고한 모든 분들에게 감사할 따름이다.

만왕의 왕이지만 가장 비참한 모습으로 이 땅에 오신 예수님!
선한 목자이기에 양들과 함께하시기 위해 냄새나는 곳을 찾으신 예수님!
생명의 양식이 되기 위해 양의 여물통에 누이신 아기 예수님!
그러기에 우리 삶을 너무 잘 이해하시고 동감하시는 예수님!
그분이 오늘도 우리를 위해 기도하신다니 든든하고 감사할 뿐이다(히 4:15, 롬 8:34).

예수탄생교회 내부
4세기 헬레나가 세운 후 파괴되지 않고 지속적으로 개축했다.

로마 가톨릭 탄생교회
원래 교회 북쪽에 교회를 세웠다. 두 교회 사이에 제롬 동굴이 있다.

고대 헤브론인 텔 루메이다
다윗은 이 텔(언덕)을 차지하고 7년 반 동안 유다의 왕으로 이 지역을 다스렸다. 촬영 장소와 텔 사이는 에스골 골짜기로 추정된다.

이스라엘의 선산, 헤브론

아브라함의 숨결, 헤브론 지역

'친구'라는 뜻의 헤브론은 명실상부 유다의 최고 도시다. 고대 헤브론은 해발 927m의 텔 루메이다(Tel Rumeida)로 보이며, 그 북쪽 650m 지점에 막벨라 굴이 있다. 현대 헤브론 도시가 형성된 그 중간 골짜기를 에스골 골짜기로 추정한다. 골짜기 근처에서 물이 나와 각종 과일을 재배할 수 있었고, 그중 열두 정탐꾼이 가져간 헤브론 포도가 유명하다. 텔 헤브론에서는 아브라함 시대의 중기 청동기 유적과 여호수아와 사사기 시대의 초기 철기 유적, 왕국 시대와 로마, 비잔틴, 아랍, 십자군, 맘루크 시대 등 다양한 시대의 유적이 발견된다.

헤브론은 아브라함의 생애에서 중요한 순간마다 머문 곳이며, 처음이자 마지막으로 땅을 사서 사라의 무덤을 만든 곳이기도 하다. 이후 아브라함, 이삭, 야곱 부부가 묻히며 헤브론의 막벨라는 이스라엘의 선산이 되었다(창 23:2).

아브라함은 헤브론보다는 북쪽으로 3km 떨어진 마므레로 추정되는 곳에 자주 머물렀는데 이곳에서 바사(페르시아) 시대의 유적이 발견되었다. 모세가 열두 정탐꾼을 헤브론에 보냈을 때 다른 사람들은 성벽과 아낙 자손을 보고 겁을 먹었지만, 갈렙은 이 땅을 차지할 수 있다는 믿음의 고백을 했다. 그 덕택에 갈렙은 45년이 지난 뒤에 헤브론을 차지할 수 있었다. 그는 에돔의 후손인 그나스 족속이었지만 믿음의 양자가 되어 선산까지 차지함으로써 장자의 축복을 얻고자 했다. 그의 꿈은 다윗과 예수님을 통해 이루어졌다. 헤브론은 사울왕이 죽은 후 다윗이 남유다의 왕이 되어 7년 반을 다스렸을 때 남쪽의 수도였다. 사무엘하 1-5장의 배경이 헤브론이다.

헤브론 막벨라 굴
아브라함-이삭-야곱의 무덤이자, 사라-리브가-레아의 무덤이기도 하다.

아브라함의 무덤

이곳에 최초로 매장된 사라 무덤

믿음의 조상들이 묻힌 막벨라 굴

막벨라 굴은 현재까지도 모든 아브라함 후손에게 중요한 성지다. 아브라함의 후손을 자처하는 기독교, 유대교, 이슬람 사람들은 서로 선산을 차지하여 장자권을 얻으려고 했다. 그 갈등은 지금도 현재 진행형이다. 막벨라 굴은 성지로 관리되고 있으며 조금의 위험과 불편함을 감수하면 방문할 수 있다. 예루살렘에서 베들레헴 검문소를 통과한 후 우회도로를 따라 헤브론의 기럇아르바라는 정착촌을 통과하는 길이 막벨라 굴을 가는 가장 편리한 길이다. 정착촌에서 막벨라 가는 길을 이스라엘 군인들이 안전을 위해 완전무장하고 지키고 있다. 그러나 이스라엘과 팔레스타인 간에 대치 상황이 벌어지면 돌이 날아올 수 있으므로 조심해야 한다.

막벨라에 이르면 먼저 길이 30m, 넓이 22m, 높이 18m의 요새와 같은 무덤을 감싼 건물을 만나게 된다. 유다가 멸망한 후 에돔 족속이 헤브론 지역으로 들어와 정착하였는데 이들을 이두매인이라고 불렀다. 그 후손 중 가장 유명한 인물이 헤롯이다. 이 거대한 무덤은 헤롯이 만든 것으로, 얼마나 잘 지었는지 2천 년이 지난 지금까지도 훼손되지 않고 잘 보존되고 있다. 이 무덤 건물의 동굴에는 아브라함과 사라, 이삭과 리브가, 야곱과 레아의 무덤이 있으며, 그 무덤 위에 가(假)무덤을 만들어 이를 기념하고 있다.

헤브론의 막벨라 굴로 들어가는 입구는 두 개다. 아랍과 유대인의 갈등으로 두 번이나 대량 학살이 이루어진 뒤로 아브라함 무덤을 가운데 두고 유대인 구역과 아랍인 구역으로 나눈 까닭이다. 둘 모두의 조상인 아브라함이 그 중개자가 된 셈이다.

먼저 유대인 구역으로 들어가면 회당과 함께 야곱과 레아의 무덤이 있고, 아브라함 무덤을 북쪽에서 쳐다볼 수 있다. 아랍 지역으로 가면 회교 사원이므로 신을 벗고 카펫에 오르게 된다. 여기서 이삭의 무덤과 리브가의 무덤이 보이며, 아브라함의 무덤도 볼 수 있다.
한 사람의 후손끼리 서로 총부리를 겨누며 살아가는 것이 안타깝다. 하지만 한편으로는 아브라함 한 사람에게서 이렇게 많은 민족이 나왔고, 그가 세계 유일신교인 기독교, 유대교, 이슬람교 모두의 조상이 되었음을 볼 때 그가 정말 복의 근원이 되었음을 확인하게 된다. 원래 무덤은 바닥 아래에 있으나 큰 자물쇠로 잠가 놓아 누구도 들어갈 수 없게 했다. 영국의 한 장군이 전쟁의 틈을 이용해 들어가려 했으나 너무 좁아 여자아이를 들여보낸 적이 있다. 하지만 흩어진 몇 개의 뼈 외에는 아무 것도 발견하지 못했다고 한다.
그러나 각 동굴 위에는 커다란 무덤과 함께 각 인물의 이름을 적어 놓아 믿음의 조상 아브라함, 이삭, 야곱을 동시에 만날 수 있다. 세 사람은 모두 하나님의 약속을 받은 인물로 족장이라고 불렸다. 이 약속 때문에 패악한 이스라엘이 광야에서, 가나안에서 진멸되지 않고 버틸 수 있었다. 그들과 언약한 하나님은 신실히 약속을 이행하시는 분이기 때문이다.

아브넬 무덤과 텔 헤브론

무덤을 나오면 서쪽 계단 아래 허름한 건물에 또 하나의 무덤이 있다. 표지판에는 '넬의 아들 아브넬의 무덤'이라고 적혀 있다. 다윗이 온유함으로 통일왕국을 이루려 7년 반을 기다렸고, 아브넬이 화친을 청하면서 드디어 그 꿈을 이루는 듯했다. 그러나 요압은 아브넬이 평화사절로 왔음에도 전쟁에서 자신의 동생을 죽인 일로 그를 살해하였고, 이로써 평화가 깨질 위기에 처한다. 자기가 한 일로 오해받을까 염려한 다윗은 진심으로 그를 위해 애곡하고 존중의 표로 아브넬의 무덤을 막벨라 굴 앞에 두었다(삼하 3:32). 아브넬은 처참하게 죽었지만 다윗 덕택에 영광의 장소에 묻혀 지금까지 죽은 자로서 최고의 영예를 누리고 있다. 다윗은 아브넬을 이렇게 대접함으로써 통일왕국을 이룰 수 있었다(삼하 3:36-37). 막벨라 굴에서 나와 주차장으로 가는 계단에서 남쪽을 보면 언덕인 텔 루메이다가 보인다. 지금은 평범한 산이지만 예전에 다윗과 압살롬 등이 이곳에 와서 나라를 세우려 했던 곳이다.
아브라함과 이삭, 야곱, 그리고 그의 열두 아들, 그중 요셉의 꿈이 있던 곳이 바로 헤브론이다. "이 산지를 내게 주소서" 한 갈렙이 점령한 뒤로 다윗이 이곳에서 통일 이스라엘을 탄생시켰다.
"주여! 이곳에 묻힌 아브라함의 믿음으로 두 민족과 온 세계가 하나되게 하소서!"

막벨라 굴 앞에 있는 아브넬의 무덤은
다윗이 통일왕국을 이루기가
얼마나 힘들었는지를 알려 준다.

사무엘하

chapter 1

사무엘하의 주요 무대

사무엘하는 다윗이 유다의 왕이 된 후 북쪽 이스라엘과 하나되는 과정과 수도를 예루살렘으로 옮기는 사건을 자세히 다루고 있다. 다윗이 왕이 된 후 영토를 확장하는 과정에서 동서로 전쟁을 하고, 압살롬의 반란과 세바의 반란, 인구조사까지 전국적인 사건이 다양하게 일어나지만, 사무엘하에서 초점을 맞추는 지역은 예루살렘이 포함된 베냐민 땅이다. 베냐민 땅 중에서도 베냐민 산지에서 일어난 사건이 많아서 사무엘하에서는 베냐민 산지를 개관해 본다.

베냐민 산지

유다 지파는 갈렙이 모세에게 약속을 받은 후 그가 원하는 대로 남쪽 산지를 얻을 수 있었다. 에브라임은 동일한 약속을 받은 지도자 여호수아 덕택에 가장 안전한 땅 중에 하나인 중앙 산지를 얻었다. 나머지 지파는

에브라임과 유다 산지 사이의 완충지대인
베냐민 산지

실로에서 제비를 뽑아 땅을 분배받았다. 베냐민 지파는 에브라임과 유다 지파 사이의 땅을 받았다. 이 땅은 유다 지파도 탐내던 곳이었다. 그래서 사사기 1장에서 유다는 예루살렘을 정복한 후 이 땅을 차지했다. 그러나 유다 지파는 북쪽 에브라임 지파의 견제로 예루살렘에서 철수해야 했다.

예루살렘에서 벧엘까지는 유다와 에브라임의 완충지대처럼 사용되었다. 이곳을 분배받은 베냐민은 혈통상으론 에브라임이 속한 요셉 가문과 어머니가 같은 라헬 자손이었다. 그러나 베냐민이 애굽 총리였던 요셉에게 팔려 갈 뻔했을 때 유다가 베냐민 대신 종이 되겠다고 한 사건을 계기로 유다와도 깊은 관계를 맺게 되었다. 그러므로 베냐민은 두 지파 사이에서 역사적, 지리적 완충지대 역할을 했다고 할 수 있다.

베냐민 지파가 차지한 땅은 남북에서 오던 산맥이 말의 안장 모양처럼 완만하게 들어간 산지로 남북으로 놓여 있던 족장의 도로가 동서로 진출할 수 있는 곳이기도 하다. 특히 사무엘의 고향 라마는 남북으로는 족장의 도로, 동쪽으로는 여리고를 거쳐 요단 동편 왕의 대로로, 서쪽으로는 벧호론을 거쳐 해변길로 내려갈 수 있다.

사사기부터 남쪽 유다와 북쪽 에브라임 간에 힘겨루기 양상이 간간이 보인다. 남쪽은 유다 지파가 실권을 잡았고, 북쪽은 에브라임 지파가 주도권을 잡았다. 이 두 거대 지파 사이에서 베냐민은 남북과 동서로 나가는 길을 내주는 역할, 특히 두 지파가 공동으로 사용하는 지역처럼 되었다. 사사기 마지막 부분에 묘사된 베냐민 전쟁은 연합군이 베냐민 기브아에서 범죄한 비류를 내보내라 했을 때 베냐민이 거절하면서 촉발되었다. 연합군은 베냐민을 거의 몰살하였고, 이 전쟁으로 남자만 600명이 남게 되었다. 이때 베냐민은 가장 약한 지파로 전락했고, 다시 두 지파의 완충지대, 샌드위치 지파로 남게 된다.

이런 경향 때문에 두 거대 지파는 사울이 왕이 되었을 때 안도의 한숨을 쉬었다. 권력이 어느 한쪽에 쏠리지 않게 되었기 때문이다. 다윗이 등장했을 때 사울이 긴장한 것도, 그가 정신병에 노출된 것도, 죽을 줄 알면서 북쪽 에브라임 산지와 갈릴리를 이어 주는 북쪽 이스르엘을 위해 전쟁한 것도 모두 두 거대 지파 사이에 있는 베냐민의 연약함에서 기인한 일이라 할 수 있다.

솔로몬 이후 왕국이 분열되었을 때 베냐민 산지는 국경 전쟁에 휩싸이고 결국 남과 북으로 갈라지게 된다. 미스바와 게바 등 베냐민 산지 남서쪽의 대부분이 남유다로 넘어간 반면, 벧엘, 오브라, 믹마스, 여리고 등 북동쪽 지역은 북이스라엘이 가져갔다.

베냐민 산지는 여호수아의 기브온 전투로부터(수 10장), 베냐민 지파와 연합군의 전쟁(삿 19-21장), 사무엘의 미스바 회개 성회와 블레셋 전투(삼상 7장), 다윗이 블레셋을 몰아내는 전투(삼하 5장), 애굽와 시삭의 침략(왕상 14장, 대하 12장), 여로보암과 아비야 전쟁(대하 13장), 바아사와 아사의 국경 전쟁(왕상 15장, 대하 16장), 앗수르 랍사게의 침략(왕하 18장), 바벨론의 침략(왕하 24장) 등 성경의 기록과 함께했다. 또한 헬라와 로마의 침략에 대항한 수많은 전투가 역사 기록에 남아 있다. 단일 장소로 성경에서 가장 많은 전투가 벌어진 곳이 베냐민 산지다.

가장 대표적인 도로는 남북도로로 능선을 따라 이어지는 족장의 도로이지만, 이외에도 라마에서 능선의 서쪽으로 내려가 게바와 믹마스를 거쳐 오브라, 실로로 이어지는 남북 우회도로도 성경에서 자주 사용되었다. 동쪽으로 가는 길은 우회도로를 이용한 다양한 도로로 발전되었다. 라마에서 바로 여리고로 내려가는 길도 있지만, 예루살렘에서 놉을 지나 와디 킬트라는 골짜기 옆 능선을 따라 내려가는 길도 있고, 라마에서 믹마스로 가서 그곳에서 능선을 따라 여리고로 내려가는 길도 있었다.

서쪽으로는 벧호론길이 산지의 정문과 같은 역할을 했지만, 기브온에서 기럇여아림으로 가는 벧호론의 남쪽 능선길도 많이 사용되었다. 이 서쪽의 두 길을 장악하고 있던 사람들이 기브온 족속이다. 사울은 왕이 되었을 때 이 길을 찾고자 기브온 족속을 죽이고 몰아냄으로써 여호수아와 맺은 언약을 어겼다. 이 때문에 다윗 시대에 3년 기근이 일어나기도 했다 (삼하 21장).

산지 능선에 있는 도시는 북쪽으로 벧엘, 미스바, 라마, 기브아, 놉, 예루살렘이며, 동쪽으로는 믹마스, 게바이고, 서쪽으로는 기브온과 기럇여아림과 벧호론 경계 지역이다. 서쪽 해안은 단 지파 지역이었지만 그들이 북쪽으로 이동한 후에는 베냐민 지역처럼 여겨지기도 했다.

엠마오로 가는 길은 바로 베냐민 산지의 서쪽을 향한 것이고, 여리고로 내려가는 길과 예루살렘 사역도 모두 베냐민 산지에서 일어난 사건이다. 베냐민 산지 중에서도 특히 예루살렘에서 많은 사건이 일어났기에 여기서는 구약시대의 핵심이던 다윗성만 다루고, 나머지는 신약의 복음서에서 다루고자 한다.

chapter 2

사무엘하 그리기

A지도

B지도

1 사무엘하를 펴고 '성경에 표시할 부분' 표에 색칠한 부분을 성경에 표시하라. 그리고 지도에는 장절과 키워드를 쓴다.

장절과 키워드 **지도에 표시할 부분**	**성경에 표시할 부분**	**통독 구절**
①1 **시글락 위(우하좌중)**	사울이 죽은 후… 다윗이 아말렉 사람을 쳐죽이고 돌아와… 시글락에서 이틀을 머물더니	1:1-4
①6 사울 죽음 **길보아산 위(좌중우상)**	6 청년이… 내가 우연히 길보아산에 올라가 보니 사울이 자기 창에 기대고… 12 **사울**과 그의 아들… **죽음**…	1:5-10
②1 유다 왕 **헤브론 오른쪽(우중좌하)**	**다윗**이 여호와께 여쭈어… **유다** 한 성읍으로 올라가리이까… 어디로 가리이까… 헤브론으로 갈지니라	2:1-7
②8 이스보셋 **마하나임 오른쪽 (중상중하)**	사울의 군사령관 넬의 아들 아브넬이 이미 사울의 아들 **이스보셋**을 데리고 마하나임으로 건너가	2:8-11
②16 헬갓 핫수림 **기브온 아래(중중우중)**	상대방의 머리를 잡고 칼로 상대방의 옆구리를 찌르매 일제히 쓰러진지라… 그곳을 헬갓 핫수림이라… 기브온에 있더라	2:12-17
③20 아브넬 **헤브론 오른쪽(우중좌하)**	**아브넬**이 부하 이십 명과… 헤브론… 다윗에게 나아가니 다윗이 아브넬과 그와 함께한 사람을 위하여 잔치를 배설하였더라	3:17-39

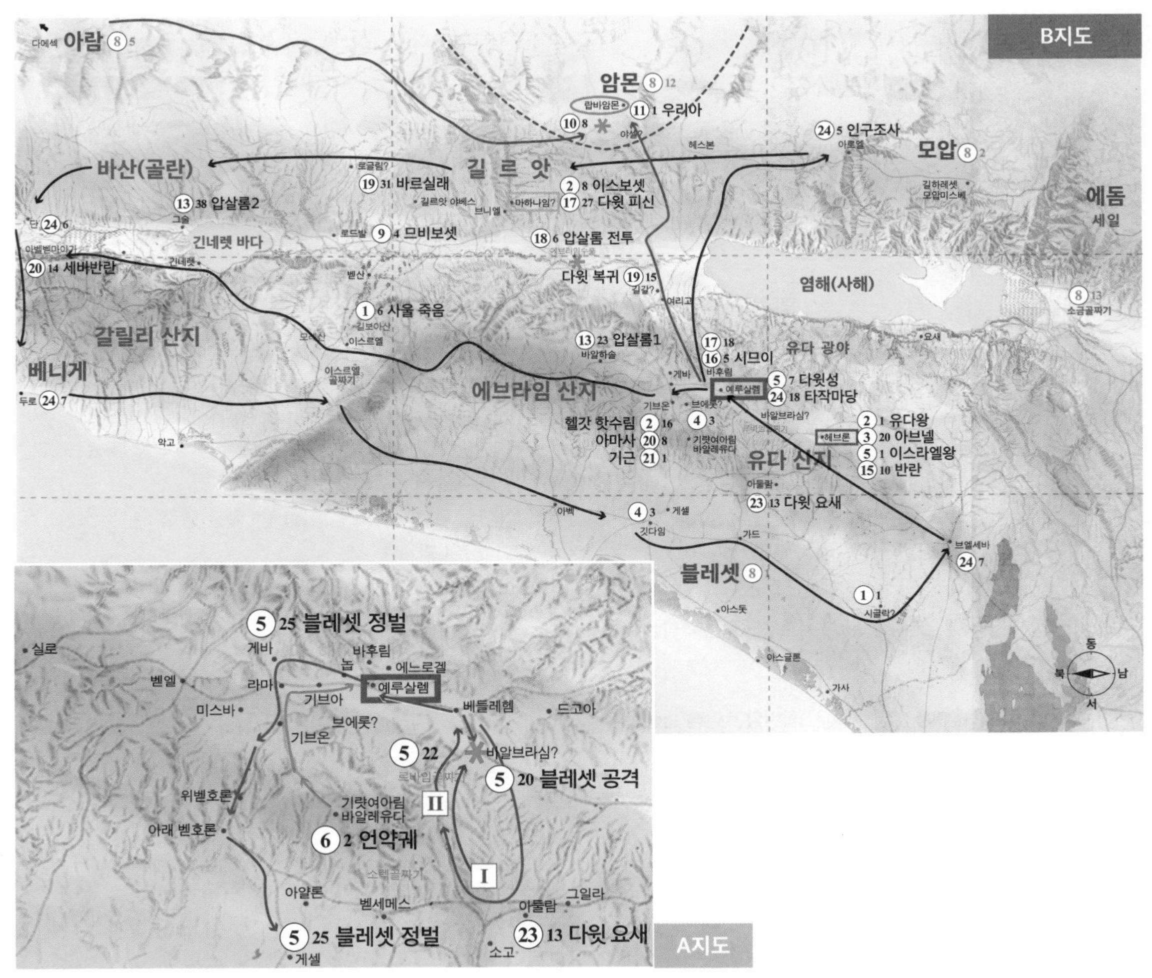

④3 **브에롯 아래(중중우중)** **깃다임 위(중하우상)**	브에롯 사람들이 깃다임으로 도망하여 오늘까지 거기에 우거…	4:1-3
⑤1 이스라엘 왕 **헤브론 오른쪽(우중좌하)**	이스라엘 모든 지파가 헤브론… 다윗에게 나아와… 우리는 **왕**의 한 골육…	5:1-3
⑤7 다윗성 **예루살렘 오른쪽** **(중중우중)**	다윗이 시온 산성을 빼앗았으니… 다윗성이더라	5:6-10
⑤20 블레셋 공격 **바알브라심 아래**	다윗이 바알브라심에 이르러 거기서 그들(블레셋)을 **치고**… 여호와께서 물을 흩음같이… 내 대적을 흩으셨다… 바알브라심이라 부르니라	5:17-21
⑤22 **르바임 골짜기 위**	블레셋 사람들이 다시 올라와서 르바임 골짜기에 가득한지라	5:22

⑤25 블레셋 정벌 **게바 위** **게셀 위**	다윗이 여호와의 명령대로… **블레셋…을 쳐서** 게바에서 게셀까지 이르니라	5:23-25
⑥2 언약궤 **바알레유다 아래**	다윗이… 자기와 함께 있는 모든 사람과… 바알레유다로 가서… **하나님의 궤**를 메어 오려…	6:1-15
⑧1 **블레셋 오른쪽(중하우상)**	다윗이 블레셋…을 쳐서 항복을 받고 블레셋…의 손에서 메덱암마를 빼앗으니라	8:1
⑧2 **모압 오른쪽(우상중중)**	다윗이 또 모압을 쳐서… 모압 사람들이 다윗의 종들이 되어 조공을 드리니라	8:2
⑧5 **아람 오른쪽(좌상좌상)**	아람 사람들이 소바 왕 하닷에셀을 도우러 온지라 다윗이 아람 사람 이만 이천 명을 죽이고	8:3-10
⑧12 **암몬 오른쪽(중상중상)**	아람과 모압과 암몬… 블레셋… 아말렉에게서 얻은 것들… 소바 왕 르홉의 아들 하닷에셀에게서 노략한 것과 같이 드리니라	8:11-12
⑧13 **소금 골짜기 위(우중우상)**	다윗이 소금 골짜기에서 에돔 사람 만 팔천 명을 쳐 죽이고 돌아와서 명성을…	8:13
⑨4 므비보셋 **로드발 오른쪽(좌상우하)**	4 왕이… 그가 어디 있느냐… 시바가… 로드발 암미엘의 아들 마길의 집에… 6 요나단의 아들 **므비보셋**이 다윗에게 나아와	9:1-13
⑩8 **랍바암몬 아래(중상중중)**	7 다윗이 듣고 요압과 용사…를 보내매 8 암몬 자손은… 성문 어귀에 진을 쳤고 소바와 르홉 아람 사람과 돕과 마아가 사람들은 따로 들에 있더라	10:6-19
⑪1 우리아 **랍바암몬 오른쪽(중상중중**	1 왕들이 출전할 때… 다윗이… 군대를 보내니… 랍바를 에워쌌고 다윗은 예루살렘에… 3 헷 사람 **우리아**의 아내 밧세바…	11:1-21
⑬23 압살롬1 **바알하솔 위(중중중중)**	만 이 년 후에 에브라임 곁 바알하솔에서 **압살롬**이 양 털을 깎는 일이… 압살롬이 왕의 모든 아들을 청하고	13:23-36
⑬38 압살롬2 **그술 위(좌상중하)**	**압살롬**이 도망하여 그술로 가서 거기에 산 지 삼 년…	13:37-39
⑮10 반란 **헤브론 오른쪽(우중좌하)**	압살롬이 정탐을… 모든 지파 가운데에 두루 보내… 나팔 소리를 듣거든… 압살롬이 헤브론에서 **왕이 되었다 하라**	15:7-23
⑯5 시므이 **바후림 위(중중우중)**	다윗왕이 바후림에 이르매… 사울의 친족… **시므이**…가 나오면서 계속하여 저주하고	16:5-8
⑰18 **바후림 위(중중우중)**	한 청년이… 압살롬에게 알린지라 그 두 사람이 빨리 달려서 바후림 어떤 사람의 집으로 들어가서 그의 뜰에 있는 우물 속으로 내려가니	17:15-20
⑰27 다윗 피신 **마하나임 오른쪽(중상중하)**	다윗이 마하나임에 **이르렀을** 때에 암몬 족속에게 속한 랍바 사람… 소비와 로데발 사람… 마길과 로글림 길르앗 사람 바르실래가	17:27-29
⑱6 압살롬 전투 **에브라임 수풀 위(중상중하)**	6 백성이 이스라엘을 **치러**… 에브라임 수풀에서 싸우더니… 9 압살롬의 머리가 그 상수리나무에 걸리매… 15 쳐죽이니라	18:6-15

⑲15 다윗 복귀 **길갈 위(중중우상)**	왕이… 요단에 이르매 유다 족속이… 요단을 건너가게 하려고 길갈로 **오니라**	19:11-15
⑲31 바르실래 **로글림 아래(좌상우중)**	길르앗 사람 **바르실래**가 왕이 요단을 건너가게 하려고 로글림에서 내려와 함께 요단에…	19:31-39
⑳8 아마사 **기브온 아래(중중우중)**	8 기브온 큰 바위 곁에 이르매 **아마사**가 맞으러 오니… 요압이 군복을 입고… 칼을 허리에… 10 요압이 칼로 그의 배를 찌르매…	20:4-13
⑳14 세바 반란 **아벨벧마아가 아래(좌상좌하)**	**세바**가 이스라엘 모든 지파 가운데 두루… 아벨과 벧마아가와 베림 온 땅에 이르니… 다… 그를 따르더라	20:14-22
㉑1 기근 **기브온 아래(중중우중)**	다윗의 시대에… 삼 년 **기근**이 있으므로… 간구하매… 이는 사울과… 그의 집으로 말미암음이니… 기브온 사람을 죽였음이니라…	21:1-14
㉓13 다윗 요새 **아둘람 아래** **B지도, 아둘람 아래(우중좌하)**	13 세 사람이… 아둘람 … **다윗**에게 나아갔는데… 블레셋… 한 무리가 르바임 골짜기에 진… 14 블레셋 사람의 요새는 베들레헴에…	23:13-17
㉔5 인구조사 **아로엘 위(우상좌중)**	4 왕… 재촉… **인구를 조사**하려고 5 요단을 건너 갓 골짜기 가운데 성읍 아로엘 오른쪽 곧 야셀 맞은쪽에… 장막을 치고	24:1-5
㉔6 **단 오른쪽(좌상좌하)**	길르앗에 이르고 닷딤홋시 땅에 이르고 또 다냐안에 이르러서는 시돈으로 돌아	24:6
㉔7 **두로 오른쪽(좌중좌중)** **브엘세바 아래(우하우상)**	두로 견고한 성… 히위 사람과 가나안 사람의 모든 성읍… 유다 남쪽… 브엘세바에 이르니라	24:7
㉔18 타작마당 **예루살렘 오른쪽(중중우중)**	이날에 갓이 다윗에게… 올라가서 여부스 사람 아라우나의 **타작 마당**에서 여호와를 위하여 제단을 쌓으소서…	24:10-18

2 다윗의 생애를 역동성 있게 표시해 보자.

<B지도 그리기>

01 다윗의 왕국 통일

1) 다윗의 첫 수도인 헤브론을 초록 사각으로 둘러라.

2) 사울 집안의 수도였던 마하나임을 주황 사각으로 둘러라.

3) 통일왕국의 수도가 된 예루살렘을 굵은 초록 사각으로 둘러라.

<A지도 그리기>

02 통일왕국 방해를 위한 블레셋 침공

1) 블레셋의 1차 침공을 표시하기 위해 소렉 골짜기와 아둘람 사이에 파랑으로 Ⅰ이라고 쓰고 **파랑 사각**을 둘러라. 거기서 바알브라심 왼쪽 점까지 약간 곡선의 **파랑 화살표**를 그려라.

2) 다윗의 반격 표시로 베들레헴에서 바알브라심 점까지 **초록 화살표**를 그려라.

3) 다윗과 블레셋의 전쟁 표시로 바알브라심 점에 **빨강 별표**를 하라.

4) 블레셋 2차 침공을 표시하기 위해 기랏여아림 오른쪽에 파랑으로 Ⅱ라고 쓰고 **파랑 사각**을 둘러라. 거기서 베들레헴까지 길을 따라 **파랑 화살표**를 하고, 베들레헴에서 예루살렘까지 **파랑 화살표**를 하라.

5) 다윗의 반격으로 베들레헴의 '베' 자 아래에서 아둘람을 스치고 Ⅰ을 돌아 Ⅱ까지 **초록 화살표**를 그려라.

6) 다윗의 추격을 표시하기 위해 예루살렘 점에서 게바를 거쳐 라마 길을 따라 기브온 점까지 하나, 기브온 점에서 아래 벧호론까지 추격 표시로 두 개의 **초록 화살표**를 그려라.

7) 아래 벧호론에서 게셀까지 길을 따라 **파랑 화살표**를 하라.

03 다윗의 언약궤 이동

1) 기랏여아림 왼쪽 점에서 길을 따라 기브온 전까지 **빨강 화살표**를 하라. 베레스 웃사가 죽은 사건이 있던 곳이나 장소가 밝혀지지 않아 지정하지 않았다.

2) 다시 길을 따라 올라가 라마를 지나 기브아로 돌아 예루살렘 왼쪽 점까지 **빨강 화살표**를 그려라.

<B지도 그리기>

04 암몬 전쟁

1) 암몬의 경계를 그리기 위해 **파랑 점선**으로 암몬과 랍바 암몬, 아셀을 포함하는 U자형 반원을 그려라.

2) 암몬 왕의 다윗 사신 모독으로 군대를 보내는데, 예루살렘 왼쪽에서 여리고와 길갈을 지나 길을 따라 랍바 암몬까지 **초록 화살표**를 그려라.

3) 전쟁을 표시하기 위해 랍바 암몬 아래 **빨강 별표**를 하라.

4) 아람이 암몬을 돕기 위해 진격하는 표시로 다메섹에서 왕의 대로를 따라 랍바 암몬 아래 별표까지 **파랑 화살표**를 하라.

5) 랍바 암몬을 **빨강 타원**으로 둘러라.

05 압살롬 전투 : '에브라임 수풀' 밑에 **빨강 별표**를 그려라.

06 세바 반역

1) 세바의 반란 진압군의 행로로 예루살렘에서 기브온 점까지 **검정 화살표**를 하라.

2) 기브온 점에서 족장의 도로를 따라 북진하다 이스르엘-모레산-긴네렛을 지나 아벨벧마아가까지 **검정 화살표**를 하라.

07 다윗의 인구조사 : 검정 화살표

1) 예루살렘 왼쪽 위에서 위로 직진해서 요단강을 건너 왕의 대로까지 간 후에 오른쪽 아로엘까지 화살표를 하라.

2) 아로엘 왼쪽에서 헤스본을 지나 길르앗 오른쪽까지, 길르앗 왼쪽에서 로글림 위를 지나 바산(골란)까지, 바산에서 단까지, 단에서 베니게의 '베' 자까지 화살표를 하라.

3) 두로 오른쪽에서 이스르엘 골짜기 아래까지, 이스르엘 골짜기에서 깃다임까지, 깃다임에서 시글락 아래를 지나 브엘세바까지, 브엘세바에서 예루살렘까지 화살표를 하라.

3 지도의 의미와 교훈

01 사울왕이 죽었다는 소식을 접한 후 다윗은 유다의 헤브론으로 올라간다. 이스라엘 왕이 공석이 된 상태에서 유다 지파는 다윗을 왕으로 삼는다. 7년 반 동안 헤브론은 다윗 왕국의 수도였다. 아벡에

서 이스라엘을 이긴 블레셋은 가드 왕 아기스의 배려가 있어서인지 다윗이 남쪽의 유다 지파를 다스리는 것을 크게 문제 삼지 않았다. 아브라함, 이삭, 야곱이 묻힌 선산이 다윗 왕국의 수도가 되었다. 그러나 수도가 유다 지파 내에서 너무 남쪽에 있어 이스라엘 전체의 수도가 되기에는 무리가 있었다. 특히 라이벌인 북쪽의 에브라임 지파에서 왕이 유다에서 나오고, 수도조차 유다 지파 내에 있다는 것을 받아들이기 힘들어했다.

그래서 다윗이 유다 왕이 된 지 5년 반 만에 북쪽은 사울의 아들 이스보셋을 앞세워 요단 동편 마하나임에 북왕국 수도를 세웠다. 세겜이나 기브아가 아닌 동쪽, 그것도 얍복강으로 둘러싸인 은밀한 곳에 수도를 둔 이유는 분명히 블레셋의 위협 때문이었을 것이다. 블레셋은 남과 북으로 분열되어 싸우는 이스라엘을 용납하거나 조장하였다. 블레셋의 의도대로 기브온 물가에서 북의 아브넬과 남의 요압은 전쟁을 했다. 그러나 워낙 열세였던 북쪽은 다윗에 밀렸을 뿐 아니라 결국 내분까지 일어나 아브넬이 앞장서 다윗에게 왕권을 바치고자 한다. 아브넬의 계획은 요압이 아브넬을 죽이면서 실패하는 듯했으나, 다윗의 진심과 정치력으로 평화통일의 길이 차단되지는 않았다.

마침내 북의 이스보셋이 부하의 배신으로 죽자 북쪽은 다윗을 인정할 수밖에 없었다. 다윗은 사무엘에게 기름 부음을 받은 자인 데다 군사력에 있어서 그 탁월함을 인정받은 상태였기 때문이다. 북이 다윗을 이스라엘의 전체 왕으로 인정하자, 다윗은 수도를 남과 북의 완충지대인 예루살렘으로 옮긴다. 다윗은 예루살렘의 지형을 이용해 여부스 족속이 살던 예루살렘을 정복했다. 이후 예루살렘이 베냐민 지파의 땅이라는 지파색을 없애기 위해 예루살렘을 '다윗성'이라 이름하고 통일왕국의 수도로 삼았다.

02 다윗의 정치력은 수도를 예루살렘에 두면서 더욱 빛을 발하기 시작했다. 남북이 하나되는 지점에 수도를 삼자, 사무엘상 7장에서 이스라엘이 미스바 회개 성회를 열었을 때 블레셋이 쳐들어온 것과 같은 일이 일어났다. 블레셋은 이스라엘이 하나되어 자신을 대항할 만한 세력으로 커지는 것을 가장 싫어했으므로 초장에 기선을 제압하려고 이스라엘을 치러 온 것이다.

이로 인해 예루살렘 방어를 위한 전쟁이 두 차례 벌어진다. 확대한 지도(A지도)에서 보듯이, 블레셋은 예루살렘의 다윗을 치러 소렉 골짜기 능선을 따라 올라와서 소렉의 상류인 르바임 골짜기까지 이르렀다. 다윗은 1차 전쟁에서 유리한 위치를 정하여 블레셋을 잘 방어했다. 그런데 2차 전쟁에서는 다윗은 아래로 내려가 위로 치는 전법을 사용했다. 이는 하나님이 짜준 전략을 따른 것이었다. 아래에서 위의 적을 치려면 적보다 몇 배나 강한 힘이 있어야 했다. 하나님은 이 전쟁을 통해 다윗에게 '너는 네가 생각하는 너보다 강하단다'라고 말씀하시는 듯하다. 다윗은 자신이 블레셋을 능히 이길 만큼 강력해졌음을 알게 되었다.

03 블레셋과의 전쟁을 마친 후 다윗은 언약궤를 예루살렘으로 옮겼다. 1차 이동 때는 이방인의 방식대로 소를 이용해 언약궤를 싣고 오다 웃사가 죽는 불상사가 일어났다. 하지만 무엇이든 잘 배우는 다윗은 자신이 무엇을 잘못했는지 깨닫고, 2차 이동에서는 제사장이 조심스레 언약궤를 메고 다윗성으로 옮겨 오도록 했다. 1차 때는 정치적 의도가 강했다면, 2차 때는 여호와를 이스라엘의 왕으로 인정하는 모습이 다분히 보인다. 시편 24편의 '영광의 왕이 들어오신다'는 표현이 그의 마음을 나타내는 것 같다. 수도와 성전을 하나되게 하는 것은 '신의 한 수'라고 할 수 있다. 정치적인 수도는 옮겨도 성전은 옮기기 어려운데 예루살렘을 정치적인 수도이자 종교적

인 수도로 만듦으로써 다윗의 예루살렘은 역사에 길이 남는 도성이 되었다.

04 다윗의 영토는 유다 지파에 한정되다가 북쪽 지파가 다윗을 왕으로 인정하면서 이스라엘 전체로 확대되었다. 가장 강력한 적이던 블레셋을 다윗이 2차에 걸친 방어 전쟁에서 승리한 후 가드로 추정되는 메덱암마까지 정복하였고 마침내 블레셋을 복속시켰다. 블레셋 정복은 자연스럽게 북쪽 아벡과 이스르엘 골짜기까지 가는 모든 길을 이스라엘 영토로 회복하게 했고, 더불어 두로와 시돈인 베니게도 블레셋에서 해방되는 혜택을 누렸다. 다윗은 다음으로 동쪽을 정벌했다. 모압은 두 줄 길이의 사람은 죽이고 한 줄 길이는 살릴 정도로 잔인하게 징계했다. 랍비 전승에 의하면, 다윗이 부모님을 모압 왕에게 맡겼는데 그들이 부모를 모살함으로써 잔인하게 보복했다고 전해진다.
암몬과는 문제없이 잘 지냈으나 암몬 왕이 죽자 조문 특사를 보냈다가 그들로부터 모욕을 당한 것이 계기가 되어 전쟁이 일어났다. 이 전쟁에 아람 사람들이 용병으로 참전했으나 최고의 팀워크를 자랑하는 요압 형제에게 패퇴당하고 도망했다. 얼마 후 암몬의 수도 랍바 암몬이 무너졌다. 이때 다윗이 암몬과 전쟁하던 우리아의 아내를 범함으로써 평생 씻지 못할 죄를 지었다. 다음은 그를 도왔던 아람 사람 하닷에셀을 공격했다. 다윗이 군대를 이끌고 아람을 치러 가자 이 틈을 타서 남쪽의 에돔이 대적하여 일어났다. 다윗은 요압을 보내 에돔을 잠재우라고 했지만 요압은 그들을 잔인하게 살해했다. 돌아온 요압은 다윗과 합세하여 아람을 물리쳤다. 이렇게 하여 서쪽과 동쪽의 적이 모두 정리되면서 다윗은 명실상부하게 레반트에서 가장 강한 왕이 되었다. 이집트나 메소포타미아의 국가들이 이 시기에 혼란을 겪고 있어 레반트에 힘을 쓰지 못했기에 가능한 일이었다. 이는 여호와를 바르게 섬기면 주변 나라를 잠잠하게 하고 그렇지 않으면 그들을 일으킨다는 이스라엘을 다스리는 하나님의 법이었다.

05 압살롬의 반란은 의외로 다윗의 정치적 고향이자 유다 지파의 중심지인 헤브론에서 일어났다. 압살롬도 유다 지파였지만 엄밀히 말하면 그의 어머니는 그술 왕 달매의 딸로 이방 여인이다. 다윗이 유다 지파에 더 가까운 사람인데 왜 유다 지파는 압살롬의 말을 따랐을까? 다윗이 왕의 음식을 지파별로 한 달씩 공급하게 한 것이 화근이었다. 헤브론은 선산으로 자존감이 강한 성인데 다윗이 이스라엘 왕이 되면서 수도를 옮겼을 뿐 아니라 세금도 내게 하자 유다 지파의 불만이 이만저만이 아니었는데 이것을 압살롬이 이용했다. 압살롬 반란을 진압한 후 다윗은 유다 지파를 달래기 위해 압살롬을 살리고 싶었으나 실패하자 압살롬의 군대장관이던 아마사를 자신의 군대장관으로 세웠다. 유다를 달래지 않고는 이스라엘이 하나되지 못했기에 그가 피난에서 돌아올 때도 유다 지파가 모셔 가도록 유도했다. 이를 보고 북쪽이 반발하여 세바의 반란을 일으켰다. 세바의 반란은 이스라엘 가장 북단인 아벨벧마아가에 가서나 끝이 났다. 다윗은 남과 북을 하나되게 하는 일로 평생 골머리를 앓았다.

06 인구조사는 요단 동편부터 유다 남쪽까지 이스라엘 전역에서 행해졌다. 그런데 인구조사를 위한 방문길이 하나님의 징계로 퍼진 전염병의 경로가 되었다. 3일 만에 7만 명이 죽었다. 이것은 다윗의 잘못이라기보다 이스라엘에 진노하신 하나님이 다윗을 어리석게 하여 의도적으로 이스라엘을 징벌하신 것이었다(삼하 24:1). 그래서인지 다윗이 밧세바의 일 외에는 여호와 앞에 정직하여 죄를 범하

지 않았다고 성경은 증언하고 있다(왕상 15:5). 남쪽에서는 다윗을 반역한 압살롬이 반란을 일으켰고, 북쪽에서는 세바가 반란을 일으켜 하나님이 세운 왕을 대적했다. 이로 인해 하나님이 이스라엘에 진노하셨다. 한편, 다윗의 고난은 그가 지은 죄 때문이었다. 다윗의 최고 강점 중 하나는 철저한 회개다. 그는 밧세바를 범해 얻은 아들이 죽었을 때 철저히 회개함으로 솔로몬을 얻었다. 그리고 전염병 재앙으로는 아라우나 타작마당이라는 성전 터를 얻었다.

솔로몬의 제사로 유명한 기브온 산당

기브온 산당이라 여겨지는 '나비 사무엘'은 전통적으로는 사무엘의 무덤으로 알려져 있다. 나비 사무엘 북동쪽 언덕 아래 고대 기브온이 자리 잡고 있다. 고대에는 도시 근처 가장 높은 곳에 산당을 두었는데, 이를 보건대 나비 사무엘은 기브온 산당이었으리라 추정된다.

나비 사무엘이라 불리는 기브온 산당은 최근 국립공원이 되었다. 남아 있는 대부분의 유적은 십자군 시대의 것이다. 바닥의 기반암을 깎아 만든 드넓은 물저장고와 요새화하기 위해 바위를 자른 흔적이 건물 서쪽에서 발견되기도 한다. 북서쪽 기슭에는 사무엘 어머니의 이름을 딴 한나 샘물이 지금도 물을 흘려보낸다. 정상에 세워진 사원의 1층은 이슬람 사원이나, 유대인이 점령한 후로 지하를 개발해 사무엘 무덤으로 만들어 놓았다. 하나 남은 지붕은 누구나 예배할 수 있기에 그리스도인들이 올라가 기도하기 좋다.

사원 지붕에서 바라보면 베냐민 지파가 살았던 산지 능선이 모두 보인다. 동쪽 산지 능선을 보면 북쪽부터 야곱이 꿈꾸던 벧엘, 회개 성회가 열린 미스바, 사무엘의 고향 라마, 사울의 고향 기브아, 성전이 있던 예루살렘, 다윗의 고향 베들레헴이 한눈에 펼쳐진다. 언덕 아래 기브온에서는 여호수아 시대 기브온 전투를 연상할 수 있다(수 10:11). 이외에도 미스바로 쳐들어왔던 블레셋 군대가 쫓겨간 에벤에셀도 이 방향에 있고(삼상 7:12), 사울왕의 아들 요나단이 블레셋을 몰아낸 사건도 이 지역에서 일어났다(삼상 14:31). 다윗이 예루살렘으로 수도를 옮긴 후 올라온 블레셋을 이 지역을 통해 쫓아내기도 했다(삼하 5:25).

기브온 산당

기브온 산당 샘물

기브온 산당에서 동쪽을 바라본 베냐민 산지의 능선 도시들

나비 사무엘에서 본 기브온성

기브온 산당은 아무래도 솔로몬 때문에 가장 유명해졌다. 솔로몬은 다윗의 유언에 따라 주변 정리를 마쳤다. 이제 청산에서 벗어나 건설로 나가야 할 시기가 되었다. 새로운 시작을 위해 솔로몬은 큰 제단이 있는 이곳으로 왔다(왕상 3:4). 다윗의 통일 왕국 시대에 기브온 산당은 사독 제사장이 담당했고(대상 16:39), 예루살렘은 아비아달이 담당했다. 이후 아비아달은 축출되고 사독이 유일한 대제사장이 되었다. 예루살렘에서 사독이 관리하던 기브온 산당까지는 직선거리 8.6km로 노새를 타고 3~4시간 걸린다. 가는 길에 골짜기와 산지가 있어 정확한 시간을 예측하기는 힘들지만 1000일(약 2년 반) 동안 이런 장거리를 매일 오가는 일은 불가능하다. 국정이 마비되기 때문이다. '산당이 크다'는 말을 참고한다면 한 번에 많은 제사를 드렸음을 알 수 있다.

최고의 제사를 드린 솔로몬에게 여호와께서 나타나서 "무엇을 줄꼬"라고 물으셨다(왕상 3:5). 솔로몬은 먼저 하나님께 감사드리고 자신의 사명인 재판에 대한 어려움을 말한 뒤 이를 위해 '선악을 분별할 수 있는 듣는 마음'을 구하였다. 역대하 1:10에서 지혜와 지식을 구하였다는 말씀을 참고하면 하나님께 듣는 마음은 지혜와 지식이다. 하나님은 이 마음이 너무 좋아 전무후무한 지혜를 주실 뿐 아니라 구하지 않은 부와 영광도 주셨다(왕상 3:13). 진짜 지혜는 하나님의 말씀에 귀를 기울이는 것이다. 에덴동산에서 사탄은 하나님같이 된다는 유혹으로 아담과 하와가 하나님의 말씀보다 세상이나 자기 자신의 욕구에 귀를 기울이도록 해 참 지혜에서 떠나게 하였다. 그러나 솔로몬은 다시 하나님을 왕으로 인정하고 그분의 말씀에 귀를 기울여 그분의 말씀으로 선악을 분별하려고 하였다.

> 누가 주의 이 많은 백성을 재판할 수 있사오리이까
> 듣는 마음을 종에게 주사 주의 백성을 재판하여 선악을 분별하게 하옵소서 _왕상 3:9

다윗성 개론

감람산에서 경배의 언덕이라 불리는 전망대에 올라 예루살렘성을 바라보면, 터키의 술레이만 대제(1520-1566)가 쌓은 성벽이 보인다. 성벽의 남쪽, 성벽으로 둘러 있지 않은 곳이 하필이면 고대 예루살렘 성이다. 새롭게 성벽을 쌓을 때 잘못 측량하여 빼놓은 언덕이 살렘 왕 멜기세덱이 살던 언덕, 최초의 예루살렘이다. 이후 여부스 족속이 살던 시온성을 다윗이 정복해서 이스라엘의 왕도로 삼고, 다윗성이라 불렀다. 이후 열왕기의 모든 왕이 이 왕궁에서 살았다. '평화의 성'이라는 뜻을 가진 예루살렘은 다윗이 정복할 때 시온성으로 불렸지만 성전이 세워진 후로는 시온이 성전을 가리키는 이름으로 바뀐다.

다윗성은 둘레가 1km도 채 안 되는 배꼽처럼 생긴 작은 성이다. 동쪽에는 기드론 골짜기가 있다. 기드론 골짜기 바닥에는 예루살렘의 유일한 샘인 기혼샘이 있다. 기드론 골짜기 너머 북쪽에는 감람산, 남쪽에는 멸망산이 있다. 서쪽에는 성경에서 막데스라 불리던 중앙 골짜기가 있고, 그 너머로 마가의 다락방이 있는 고지대가 있다.

다윗성 아래 성벽

예루살렘-다윗성

기혼샘 입구

기혼샘물이 히스기야 터널로 흘러간다.

북쪽에는 성전에 오르는 오벨이라는 지역을 지나 성전산이라는 모리아산이 있으며, 남쪽에는 힌놈의 골짜기 너머 아겔다마가 있는 언덕이 가로막고 있다. "산들이 예루살렘을 두름과 같이 여호와께서 그의 백성을 지금부터 영원까지 두르시리로다"(시 125:2)라는 말씀은 예루살렘의 지형을 잘 말해 주고 있다.

의외로 예루살렘은 고도 742m 정도로 주변 언덕과 산은 모두 800m가 넘는다. 더 높은 산지 아래 배꼽 같은 자리에 성이 위치한 셈이다. 그 이유는 이곳에 물이 모이고 샘이 흘러나오기 때문이다. 예루살렘에는 에덴동산의 기혼강 근원인 기혼샘이 있다. 다윗은 예루살렘을 정복할 때 기혼샘의 물 긷는 곳으로 올라가 성을 빼앗았다(삼하 5:8). 워런은 다윗성에서 기혼샘으로 내려가는 지하 통로를 발견한 후 그곳을 워런 수구(Warren's Shaft)라 불렀다.

지금은 사라졌지만 기혼샘에서 250m 남쪽 기드론 골짜기에 에느로겔이 있었다. 솔로몬과 왕위를 두고 다투던 아도니야가 에느로겔에서 왕이 되려다 실패했다(왕상 1:9). 솔로몬은 다윗성의 동쪽 가장자리에 있는 기혼샘에서 기름 부음을 받고 나귀를 타고 다윗성으로 올라 왕에 취임하였다. 예수님이 종려주일에 나귀를 타고 입성하는 방향과 장면, 의미가 비슷하다. 예루살렘 다윗성의 샘들은 왕위 다툼이 일어나는 자리가 되었다.

고대부터 기혼샘은 기드론 골짜기를 따라 파 내려간 실로암 터널을 상수도로 이용했는데, 솔로몬은 기혼의 샘물을 이용해 정원을 만들었을

다윗성에서 본 성전산인 모리아산

것이다. 그러나 다윗성은 큰 전쟁을 감당하기에는 작은 성이었다. 그래서 앗수르 산헤립이 예루살렘을 침략하려 할 때, 히스기야는 성을 마가의 다락방이 있는 곳까지 크게 두르고 그 안쪽으로 물을 끌어들이는 터널을 파 실로암 연못을 만들었다. 이 터널이 570m나 되는 히스기야 터널이다. 터널이 끝나는 지점에 세워진 실로암 연못은 신약시대에는 정결예식을 하는 장소로도 사용되었다. 예수님은 맹인에게 이곳에 가서 눈을 씻으라 하여 눈을 뜨게 하셨다. 성전에서 실로암으로 접근하는 고대 길이 중앙 골짜기인데, 최근 막데스를 따라 발굴되었다.
초막절 끝날 곧 큰날에 예수님은 성전에 서서 기혼샘을 바라보며 이런 말씀을 하셨을 것이다.

> 누구든지 목마르거든 내게로 와서 마시라 나를 믿는 자는 성경에 이름과 같이 그 배에서 생수의 강이 흘러나오리라 _요 7:37-38

이 말씀은 에스겔의 환상과 겹친다. 에스겔 47장에서 생수의 강이 흘러나오는 환상은 기혼샘이 흘러나오는 방향과 일치한다. 만왕의 왕이신 예수님이 이 말씀을 외치신 후 얼마 지나지 않아 제자들에게 실로암에서 물을 긷는 한 남자를 따라가라고 명했다. 그는 마가의 다락방에 기혼샘 물을 길어올렸고, 그곳에서 성찬식을 가지신 예수님은 제자들에게 그곳을 떠나지 말고 성령을 기다리라고 했다. 그리고 마가의 다락방에서 새 언약을 따라 각 사람의 머리 위에 성령이 부어졌다.

실로암 터널 비문

실로암 연못 일부로 히스기야 터널과 연결된다.

MAPPING
BIBLE

PART 3

역사서 2

열왕기상 ~ 역대하

열왕기상은 솔로몬의 번영 후 왕국이 분열되는 과정의 기록이다. 열두 지파 중 북쪽의 열 지파는 에브라임 산지를 중심으로 나라를 이루었기에 에브라임 산지를 연구한다. **열왕기하**는 9장까지 엘리야와 엘리사의 이야기가 주를 이룬다. 이들은 갈멜산을 중심으로 사역했기에 갈멜 산지에 초점을 맞춘다. 남북이 분열된 후 양국은 급속도로 약해져 남쪽에서는 애굽, 북쪽에서는 아람의 침략을 받는다. 이 어려움을 이기기 위해 아합과 여호사밧이 남북 연합하여 국경을 지켜내지만 예후가 아합의 집안을 죽이며 정권을 잡고 남쪽 아하시야왕을 죽임으로 양국이 분열되면서 그동안 버티고 있던 북쪽 국경이 무너진다. **역대상**은 포로기 이후에 열왕기를 보충하기 위해 기록한 성경으로 예루살렘에 중심을 두고 유다의 역사를 충실히 다루었다. 그러므로 다윗이 정복한 예루살렘, 즉 다윗성과 주변을 소개하고 지속되는 발굴을 요약해 본다. **역대하**는 솔로몬이 세운 성전을 중심으로 한 역사를 기록하였기에 예루살렘의 성전과 그 주변 지역을 연구한다. 바벨론에서 귀환한 유다인에게 가장 중요한 곳은 예루살렘이었다. 그러나 이미 다루었기에 포로기 이후에 다수가 정착한 쉐펠라를 연구한다.

chapter 1

열왕기상의 주요 무대

열왕기상은 이스라엘 전역을 다루지만, 솔로몬 사후 남과 북이 분열되면서 북쪽의 사건을 많이 다루었다. 특히 북왕국의 수도는 세겜에서 디르사, 사마리아로 옮겨진다. 이 세 개의 수도는 모두 에브라임 산지에 있다. 그러므로 열왕기상에서는 에브라임 산지를 집중 연구하고자 한다.

에브라임 산지

구약에서 '에브라임 산지'로 불린 중앙 산악 지대는 신약에서는 '사마리아 산지'라 불리기도 하지만, 에브라임 산지가 사마리아 산지보다는 남쪽으로 더 넓다. 구약의 에브라임 산지는 남쪽 벧엘에서 북쪽 이스르엘 골짜기 그리고 서쪽 사론평야에서 동쪽 요단 계곡까지를 말한다.

에브라임 산지는 에브라임 지파만 살았던 것이 아니라 므낫세 지파와 베냐민 지파가 살았던 땅을 통칭한다. 즉 라헬의 자손인 요셉 지파와 베냐민 지파가 살던 땅이다. 사무엘상 1:1에서 베냐민 산지의 중앙 지점인 라마를 에브라임 산지라고 지칭한다. 다만, 사무엘하에서는 다윗이 왕이 되어 베냐민 산지의 예루살렘을 수도로 삼았을 때와, 훗날 왕국이 분열했을 때 베냐민의 대부분이 유다 지파에 속함으로써 에브라임 산지의 남쪽 경계를 벧엘로 잡았다.

에브라임 산지의 넓이는 65×43km² 정도이며, 남쪽부터 이어 오는 유다 산지와 베냐민 산지의 연속선상에 있다. 에브라임 산지는 갈릴리 산지와 이어지려는 지점에서 지중해 쪽으로 휘었는데 그 지점을 '갈멜 산지'라 부른다. 에브라임과 므낫세를 나누는 지점은 세겜의 남쪽 믹므다다.

도로는 족장의 도로가 남북으로 벧엘부터 디르사까지 이어지는데, 사사기 21:19에서는 벧엘에서 세겜으로 올라가는 큰 길이 있고 그 길 동쪽에 실로가 있다고 한다. 에브라임 산지를 관통하는 동서 도로는 서쪽 해변길의 소고에서 사마리아, 세겜, 디르사를 거쳐 요단강 아담 나루터까지 가는 도로로, 동쪽 얍복강을 거슬러 마하나임을 지나 거라사 부근에서 왕의 도로와 만난다. 이 도로는 이스라엘의 모든 수도를 지난다고 할 수 있다.

그 외에도 동서로 이어지는 몇 개의 길이 있는데 벧엘-아벡, 믹므다와 아벡, 벧엘-타이비 능선, 파사엘(에브라임 길) 능선길 등이 있다. 대표적인 도시로는 벧엘, 실로, 세겜, 사마리아, 디르사가 있으나 지금 방문할 수 있는 장소는 실로, 세겜, 사마리아 등이다.

더 깊은 묵상

누구든지 축복의 통로가 될 수 있다

가장 강한 지파가 있던 땅,
장자권을 받은 요셉의 지파가 주도권을 잡고 이스라엘을 통치하던 땅,
유다와 경쟁하던 땅, 에브라임 산지는 하나님의 언약궤를 품고 있었으나
잘못 간수하여 유다에게 돌아가게 하였다.
그것도 모자라 여로보암의 금송아지 죄로 물들더니
결국 혼혈의 땅, 더러운 땅으로 변질되었다.
그러나 그곳에 예수님이 찾아오셔서
수가성 여인에게 복음의 씨를 뿌리셨다.
빌립은 세례의 물을 주었고, 베드로와 요한은 성령의 꽃을 피웠다.
이후 사마리아 산지는 이방으로 나가는 복음의 통로가 되었다.
버림받은 곳은 없다.
회복하지 못할 곳도 없다.
누구든지 어느 곳이든지
성령님이 오실 수 있는 축복의 통로가 될 수 있다.

chapter 2

열왕기상 그리기

1 열왕기상을 펴고 '성경에 표시할 부분' 표에 색칠한 부분을 성경에 표시하라. 그리고 지도에는 장절과 키워드를 쓴다.

장절과 키워드 지도에 표시할 부분	성경에 표시할 부분	통독 구절
①38 왕위 즉위 **엔로겔 오른쪽(우중좌중)**	제사장 사독과 선지자 나단과 여호야다의 아들 브나야와 그렛 사람과 블렛 사람이… **솔로몬**을 다윗왕의 노새에 태우고… 기혼으로 가서	1:32-39
②39 시므이 **가드 오른쪽(우하좌상)**	삼 년 후에 **시므이**의 두 종이 가드 왕… 아기스에게로 도망… 시므이에게… 당신의 종이 가드에…	2:39-46
③4 일천번제 **기브온 오른쪽(우중좌중)**	왕이 제사하러 기브온으로 가니… 산당이 큼이라 솔로몬이 그 제단에 **일천번제**를 드렸더니	3:4-15
④8 **에브라임 산지 아래(중중우중)**	에브라임 산지에는 벤훌…	4:8
④9 **벧세메스 위(우중좌하)**	7 솔로몬이… 열두 지방 관장을 두매… 8 에브라임 산지에는… 9 마가스와 사알빔과 벧세메스와 엘론벧하난에는 벤데겔…	4:9
④10 **소고 아래(중중중하)**	아룹봇에는 벤헤셋이니 소고와 헤벨 온 땅을… 주관…	4:10

④11 **돌 위(좌하우상)**	나밧 돌 높은 땅 온 지방에는 벤아비나답이니…	4:11
④12 **므깃도 위(좌중우중)**	다아낙과 므깃도와 이스르엘 아래 사르단 가에 있는 벧스안 온 땅은 아힐룻의 아들 바아나가 맡았으니…	4:12
④13 **길르앗라못 왼쪽(중상좌상)**	길르앗 라못에는 벤게벨이니… 길르앗에 있는 므낫세의 아들 야일의 모든 마을을 주관… 바산 아르곱 땅… 주관…	4:13
④14 **마하나임 오른쪽(중상중하)**	마하나임에는 잇도의 아들 아히나답…	4:14
④15 **납달리 위(좌중중상)**	납달리에는 아히마아스이니… 솔로몬의 딸 바스맛을 아내로…	4:15
④16 **아셀 위(좌중중하)**	아셀과 아롯에는 후새의 아들 바아나…	4:16
④17 **잇사갈 아래(좌중우상 선)**	잇사갈에는 바루아의 아들 여호사밧…	4:17
④18 **베냐민 오른쪽(우중좌하)**	베냐민에는 엘라의 아들 시므이…	4:18
④19 **길르앗 오른쪽(중상중중)**	아모리… 왕 시혼과 바산 왕 옥의 나라 길르앗 땅에는 우리의 아들 게벨…	4:19
⑤1 히람 **두로 아래(좌중좌중)**	솔로몬이… 아버지를 이어 왕이 되었다 함을 두로 왕 **히람**이 듣고… 신하들을 솔로몬에게 보냈으니…	5:1-12
⑥1 성전 건축 **예루살렘 오른쪽(우중좌중)**	애굽 땅에서 나온 지 사백팔십 년… 솔로몬이… 왕이 된 지 사 년 시브월 곧 둘째 달에… 성전 **건축**하기를 시작하였더라	6:1-13
⑨13 **가불 오른쪽(좌중중중)**	내 형제여 내게 준 이 성읍들이 이러한가… 이름하여 가불 땅이라…	9:10-14
⑨15 솔로몬 **하솔 위(좌상중하)** **므깃도 아래(좌중우중)** **게셀 오른쪽(우하좌상)**	솔로몬 왕이 역군을 일으킨 까닭은… 여호와의 성전과 자기 왕궁과 밀로와 예루살렘성과 하솔과 므깃도와 게셀을 건축하려…	9:15-16
⑨17 **아래 벧호론 아래(중중우하)**	솔로몬이 게셀과 아래 벧호론을 건축…	9:17
⑨26 솔로몬 배 **에시온게벨 위(우중우중)**	솔로몬왕이 에돔 땅 홍해 물가의 엘롯 근처 에시온게벨에서 배들을 지은지라	9:26-28
⑩1 스바 여왕 **에시온게벨과 헤브론 중간(우중우중)**	스바의 **여왕**이 여호와의 이름으로 말미암은 솔로몬의 명성을 듣고… 어려운 문제로… 시험하고자…	10:1-10
⑪14 대적 **에돔 아래(우상우하)**	여호와께서 에돔 사람 **하닷**을 일으켜 솔로몬의 대적이 되게 하시니 그는 왕의 자손…	11:14-22

- 파란색 번호: 왕실 양식 공급 달
- 초록점: 솔로몬 병거성

⑪24 대적 **다메섹 아래(좌상좌상)**	다윗이 소바 사람을 죽일 때에 **르손**이 사람들을… 모으고… 괴수가 되어 다메섹… 왕이 되었더라	11:23-25
⑪26 대적 **스레다 아래(중중우하)**	솔로몬의 신하… **여로보암**이… 왕을 대적하였으니… 에브라임 족속인 스레다 사람…	11:26-40
⑫1 수도 **세겜 위(중중중중)**	르호보암이 세겜으로 갔으니… 온 이스라엘이… 왕으로 삼고자 하여 세겜에 이르렀음이더라	12:1-5
⑫25 수도 **브누엘 아래(중상중하)**	여로보암이 에브라임 산지에 세겜을 건축하고… 또… 부느엘을 건축…	12:25-27
⑫29 금송아지 **단 오른쪽(좌상좌하)** **벧엘 왼쪽(중중우중)**	28 두 **금송아지**를 만들고… 이는 너희를 애굽 땅에서 인도하여 올린 너희의 신들이라… 29 벧엘에… 단에…	12:28-33

⑬1 저주 **벧엘 왼쪽(중중우중)**	1 하나님의 사람이… 유다에서부터 벧엘에 이르니… 여로보암이 제단 곁에 서서 분향… 3 제단이 갈라지며… 재가 **쏟아지리라**…	13:1-6
⑭17 수도2 **디르사 위(중중중상)**	여로보암의 아내가… 디르사로 돌아가서 집 문지방에 이를 때에 그 아이가 죽은지라	14:17-18
⑭25 시삭 **예루살렘 오른쪽(우중좌중)**	르호보암왕 제오년에 애굽의 왕 **시삭**이 올라와서 예루살렘을 치고	14:25-28
⑮17 **라마 위(우중좌중)**	이스라엘의 왕 바아사가 유다를 치러 올라와서 라마를 건축하여 사람을 유다 왕 아사와 왕래하지 못하게…	15:16-17
⑮20 **아벨벧마아가 위(좌상좌하)**	벤하닷이 아사왕의 말을 듣고… 이스라엘 성읍들을 치되 이욘과 단과 아벨벧마아가와 긴네렛 온 땅과 납달리 온 땅을…	15:18-21
⑮22 **게바 위(우중좌중)**	아사왕이… 명령을 내려… 바아사가 라마를 건축하던 돌과 재목을 가져오게 하고 그것으로 베냐민의 게바와 미스바 건축…	15:22
⑮27 바아사 **깁브돈 아래(중하우상)**	**바아사**가… 모반하여… 깁브돈에서 그를 죽였으니… 나답과 온 이스라엘이 깁브돈을 에워싸고 있었음이더라	15:27-32
⑯8 엘라 **디르사 위(중중중상)**	유다의 아사왕 제이십육 년에 바아사의 아들 **엘라**가 디르사에서… 이 년 동안 그 왕위에…	16:8-13
⑯15 오므리 **깁브돈 아래(중하우상)**	15 시므리가 디르사에서 칠 일 동안 왕… 백성들이… 깁브돈을 향하여 진을 치고… 16 지휘관 **오므리**를… 왕으로…	16:15-19
⑯24 수도3 **사마리아 아래(중중중중)**	은 두 달란트로… 사마리아 산을 사고… 건축한 성읍 이름을 그 산 주인이었던 세멜의 이름을 따라 사마리아라…	16:23-28
⑯31 이세벨 **두로 아래(좌중좌중)**	여로보암의 죄를 따라 행하는 것을 오히려 가볍게… 시돈 사람의 왕 엣바알의 딸 이세벨을 아내로… 바알을 섬겨 예배…	16:31-33
⑯34 히엘 **여리고 오른쪽(우중좌상)**	**히엘**이 여리고를 건축… 터를 쌓을 때에 맏아들 아비람을 잃었고 그 성문을 세울 때에 막내 아들 스굽을 잃었으니… 말씀과 같이 되었더라	16:34
⑰1 엘리야 **디셉 위(중상좌하)**	디셉 사람 **엘리야**가 아합에게… 이스라엘의 하나님께서… 내 말이 없으면 수년 동안 비도 이슬도 있지 아니하리라…	17:1
⑰3 **그릿 시냇가 위(중상좌하)**	3 너는 여기서 떠나 동쪽으로… 요단 앞 그릿 시냇가에 숨고 4 그 시냇물을 마시라 내가 **까마귀**들에게 명령하여… 먹이게…	17:2-7
⑰9 **사르밧 오른쪽(좌중좌중)**	일어나 시돈에 속한 사르밧으로 가서… 머물라… 그곳 **과부**에게 명령하여… 음식을 주게…	17:8-16
⑱19 **갈멜산 아래(좌중우하)**	이세벨의… 바알의 선지자 사백오십 명과 아세라의 선지자 사백 명을 갈멜산… 내게로 나아오게…	18:16-19
⑱46 **이스르엘 아래(중중좌중)**	여호와의 능력이 엘리야에게 임하매… 허리를 동이고 이스르엘로 들어가는 곳까지 아합 앞에서 달려…	18:41-46

⑲3 **브엘세바 위(우하우상)**	3 자기의 생명을 위해 도망… **브엘세바**에 이르러… 사환을… 머물게… 4 자신은 광야… **로뎀나무** 아래… 죽기를 원하여	19:1-4
⑲8 **브엘세바 하단 검정 화살표 아래(우하우중)**	일어나 먹고 마시고 그 음식물의 힘을 의지하여 사십 주 사십 야를 가서 하나님의 산 **호렙**에…	19:5-8
⑲16 **아벨므홀라 아래(중중좌상)**	너는… 예후에게 기름 부어 이스라엘의 왕이 되게… 또 **아벨므홀라**… **엘리사**에게 기름 부어 너를 대신하여 선지자 되게…	19:16
⑳1 포위 **사마리아 아래(중중중중)**	아람의 벤하닷왕이… 군대를 다 모으니 왕 삼십이 명이 그와 함께… 올라가서 **사마리아**를 **에워싸고**… 치며	20:1-3
⑳26 **아벡 위(좌상중하)**	해가 바뀌니 **벤하닷**이 아람 사람을 소집… **아벡**으로 올라와서 이스라엘(**아합**)과 싸우려…	20:26-30
㉑1 나봇 포도원 **이스르엘 아래(중중좌중)**	**나봇**에게 **이스르엘**에 **포도원**이 있어… 아합의 왕궁에서 가깝더니	21:1-10
㉒3 아합 죽음 **길르앗 라못 오른쪽(중상좌상)**	3 (**아합**이)… **길르앗 라못**은 본래 우리의 것… 29 이스라엘의 왕과 유다의 여호사밧왕이 길르앗 라못으로… 35 전쟁이 맹렬… **죽었는데**…	22:1-4
㉒48 여호사밧 **에시온게벨 위(우중우중)**	**여호사밧**이 다시스의 선박을 제조… 오빌로 금을 구하러 보내려… 그 배가 **에시온게벨**에서 파선… 가지 못하게 되매	22:48-50

2 통일왕국 솔로몬부터 분열 왕국에 이르는 역사와 지리를 역동성 있게 표시해 보자.

01 솔로몬의 열두 지방 : 큰 파랑 숫자

에브라임 산지 아래 ④8 왼쪽에 '1' / 벧세메스 위 ④9 왼쪽에 '2' / 소고 아래 ④10 왼쪽에 '3' / 돌 위 ④11 왼쪽에 '4' / 므깃도 위 ④12 왼쪽에 '5' / 길르앗 라못 왼쪽 ④13 왼쪽에 '6' / 마하나임 오른쪽 ④14 왼쪽에 '7' / 납달리 위 ④15 왼쪽에 '8' / 아셀 위 ④16 왼쪽에 '9' / 잇사갈 아래 ④17 왼쪽에 '10' / 베냐민 오른쪽 ④18 왼쪽에 '11'/ 길르앗 오른쪽 ④19 왼쪽에 '12'를 쓰라.

02 솔로몬이 두로 왕에게 준 가불 땅 경계

아벨벧마아가와 시돈 중간에서 사선으로 납달리와 가블 사이를 지나 므깃도 왼쪽에서 아셀과 갈멜산 사이를 지나 바다까지 빨강 점선을 그려라.

03 솔로몬의 병거성 : 하솔과 므깃도, 게셀의 도시 점을 초록으로 덧칠하라.

04 스바 여왕 방문 : 에시온게벨의 '벨' 자 아래에서 시작하여 헤브론을 지나 '예루살렘'을 향해 **검정 화살표**를 그려라.

05 솔로몬의 대적자들

1) 에돔 아래 '⑪14 대적' 밑 흰색 바탕을 **파랑 사각**으로 두르고 빨강으로 '하닷'이라 쓰라.

2) 다메섹 아래 '⑪24 대적' 밑 흰색 바탕을 **파랑 사각**으로 두르고 빨강으로 '르손'이라고 쓰라.

3) 스레다 아래 흰색 바탕을 **파랑 사각**으로 두르고 빨강으로 '여로보암'이라고 쓰라.

07 애굽 시삭의 침략

1) 가사 아래의 내륙(위) 해변길을 따라 게셀까지 **파랑 화살표**를 그려라.

2) 게셀에서 벧호론 오른쪽과 기브온 점을 지나 예루살렘까지 **파랑 화살표**를 그려라.

08 남과 북 왕국의 국경 전쟁

1) 디르사 점에서 세겜을 지나 족장의 도로를 따라 라마까지 주황 화살표를 그려라. 벧엘 위 선 위에 주황으로 작게 '바아사'라고 쓰라.

2) 아사왕은 아람의 벤하닷에게 북쪽을 공격해 줄 것을 요청하여, 벤하닷은 단을 향해 진격한다. 다메섹에서 길을 따라 단까지 **파랑 화살표**를 그려라. 화살표 중간 오른쪽에 **검정**으로 '아람 침략'이라 쓰라.

3) 아벨벧마아가에서 하솔까지, 하솔에서 긴네렛까지 **파랑 화살표**를 하라.

4) 아람이 점령한 도시인 단, 이욘, 아벨벧마아가, 긴네렛 도시 점에

빨강 덧칠을 하고 납달리 아래에 빨강 밑줄을 그려라.

5) 바아사가 아람 벤하닷의 공격으로 후퇴하자 아사왕은 게바와 미스바에 국경 성을 세운다. 게바와 미스바 도시 점에 초록 사각을 그려라.

6) 확정된 남북 국경 표시로 여리고 위 염해의 해안선 왼쪽 요단강에서 시작해서 여리고 점의 오른쪽을 지나고, 게바와 미스바 점 왼쪽을 지나고, 벧호론 점 왼쪽을 지나 깁브돈까지 빨강 점선을 그려라.

09 북이스라엘의 우회 공격

1) 블레셋 국경을 욥바에서 깁브돈 점 위를 지나 게셀 아래를 지나고 가드 위를 지나 해변길을 따라 내려가다가 가사 오른쪽 아래로 파란 점선을 그려라.

2) 산지에서 유다 공격을 실패한 이스라엘은 해변길을 따라 우회로 공격하려 하나 블레셋의 깁브돈을 통과해야 했다. 사마리아에서 시작한 주황 화살표를 소고와 아벡을 지나 깁브돈까지 그려라. 바아사와 오므리 두 장군이 이 전쟁에 참여했으나 모두 실패했다.

10 엘리야 사역 : 검정 글씨

1) 그릿 시냇가 위 ⑰3 오른쪽에 '①까마귀'라고 쓰라.

2) 사르밧 오른쪽 ⑰9 오른쪽에 '② 과부'라고 쓰라.

3) 갈멜산 아래 ⑱19 오른쪽에 검정색으로 '③ 대결'이라고 쓰라.

4) 갈멜산 위에서 욕느암 위와 므깃도와 다아낙을 지나 이스르엘까지 초록 점선 화살표를 그려라.

5) 브엘세바 위 ⑲3 왼쪽에 '④ 로뎀나무'라고 쓰라.

6) 브엘세바 아래 ⑲8 왼쪽에 '⑤ 호렙산'이라고 쓰라.

7) 아벨므홀라 아래 ⑲16 오른쪽에 '⑥엘리사 부름'이라고 쓰라.

11 아람과 이스라엘 전쟁

1) 다아낙 오른쪽에서 사마리아까지 파랑 화살표를 그려라.

2) 사마리아 왼쪽에서 나봇 포도원을 향해 추격 표시 주황 화살표를

두 개 그려라. 이어서 이스르엘을 향하는 **파랑 화살표**를 그려라.

3) 아람이 다시 침략한다. 아람에서 긴네렛 바다 위 아벡까지 **파랑 직선 화살표**를 그려라. 화살표 중간에 **검정**으로 '벤하닷'이라 쓰라.

4) 벧스안에서 아벡을 향하는 **주황 화살표**를 그려라. 화살표 중간에 **검정**으로 '아합'이라고 쓰라.

5) 아벡 오른쪽 위에 **빨강 별표**를 그려라.

12 길르앗 라못 전투

1) 이스르엘에서 벧스안을 지나 길르앗 라못으로 가는 화살표를 길을 따라 그려라. **초록**(좌)과 **주황**(우) 화살표를 평행으로 그려라(펜 두 자루를 함께 잡고 그리면 된다).

2) 초록 화살표 중간에는 **초록**으로 '여호사밧'이라고 쓰고, 주황 화살표 중간 오른쪽에는 **주황**으로 '아합'이라고 쓰라.

3) 길르앗 라못 점 아래에 **빨강 별표**로 전쟁 표시를 하라.

3 지도의 의미와 교훈

01 솔로몬의 일생을 보면 기쁨과 슬픔이 교차한다. 그는 왕위에 즉위한 후 일천번제를 위해 기브온까지 갔다. 하루에 오가기 힘든 곳까지 제사하러 간 이유는 브살렐의 큰 제단이 있었기 때문이기도 하지만 기브온 산당을 지키던 사독이 대제사장이 된 영향도 있었을 것이다(대상 16:39).

솔로몬의 통치 초기에는 북쪽 베니게의 히람이 성전과 궁전 건축을 도왔고, 남쪽 스바 여왕이 홍해 무역을 도왔다. 4장에서 왕을 위해 1년에 한 달씩 양식을 공급하는 제도가 나오는데, 다윗은 이를 지파별로 했으나 솔로몬은 경제가 활발히 돌아가는 지역별로 나누었다. 돈이 있는 곳에 그에 해당하는 세금을 거두는 공정한 제도 같으나, 유다 지파 산지는 여기서 제외됨으로써 조세의 형평성을 잃어버렸다. 거기다 솔로몬이 타락한 후에 내부에서는 여로보암이, 북쪽에서는 다메섹의 르손이, 남쪽에서는 에돔의 하닷이 솔로몬을 괴롭혔다.

솔로몬은 해변길의 하솔, 므깃도, 게셀에 병거성을 지어 국방을 튼튼히 하기도 했지만, 이를 통해 아람 지역에서 무기 거래가 일어났고 이로 인해 후손이 위험에 빠지기도 했다. 실제로 그다음 화살표를 보면 아람의 침략이 이어진다. 거기다 베니게에 가불 땅을 팔았는데 이는 약속의 땅을 마음대로 거래하는 우를 범한 것이다. 이런 솔로몬의 후반기 실책은 결국 나라를 분열로 몰아갔다.

02 세겜에서 일어난 왕국 분열의 표면적인 이유는 세금 문제였다. 솔로몬의 정적인 여로보암은 애굽의 보호를 받다 솔로몬이 죽자 돌아왔다. 솔로몬은 애굽의 도움을 얻고자 공주와 결혼했지만 얼마 후 애굽에 정변이 일어나 왕조가 바뀌자 애굽과의 정략결혼이 오히려 부메랑이 되어 침략을 당했다. 암몬 공주의 아들인 르호보암은 솔로몬과 달리 분별력이 없어 세금 문제에 있어 나라가 분열되는 결정을 택했다.

북쪽 여로보암은 왕이 되자마자 세겜과 브누엘을 수도로 삼는다. 두 개의 수도를 둔다는 것은 그만큼 왕권을 완벽하게 장악하지 못했음을 보여 준다. 그런데 그의 가장 큰 걱정은 종교 문제였다. 명절이면 모든 사람이 찾는 성전이 예루살렘에 있으므로 이 때문에 민심을 뺏길까 걱정한 것이다. 그래서 여로보암은 북쪽의 단과 남쪽의 벧엘에 각각 금송아지를 두고 거기서 명절을 지내도록 했다. 당시 금송아지는 신이 임하는 장소로 인식되었고 단과 벧엘은 모두 종교적인 장소였으므로 이런 선택을 한 것이다.

더구나 여로보암은 명절을 한 달 뒤로 미뤘다. 이에 성경을 아는 레위인이 반발하자, 레위인이 아닌 우호적인 사람을 제사장으로 임명했다. 이때 레위인과 제사장이 모두 남쪽으로 이주했다.

여로보암은 권력을 지키기 위해 금송아지 제단을 짓는 죄를 범한데다 말씀을 맡은 레위인을 쫓아냄으로써 말씀으로 돌아갈 고향을 제거하는 결과를 낳았다. 이스라엘에 그토록 뛰어난 선지자 엘리야와 엘리사가 있었지만 건강한 제사장이 없었으므로 이스라엘은 일시적이나마 회개하고 돌이키지 못했다. 결국 때에 따라 타협하는 신앙에 익숙해진 그들은 앗수르로 잡혀간 후 그곳에 흡수됨으로써 영영 돌아오지 못했다. 말씀이라는 기준이 없어졌기 때문이다.

03 분열 왕국 시대 유다 아사왕 때까지 국경 전쟁이 계속되었다. 북의 여로보암과 남의 아비야 간의 전쟁은 역대하에만 기록되어 있지만, 여로보암의 아들 나답이 서쪽 우회로인 깁브돈을 점령하려 했다는 기록을 볼 때 여로보암의 전투가 실패했음을 알 수 있다. 바아사가 엘라의 이런 우회 전쟁을 반대해서 정권을 잡고 다시 산지로 공격했지만, 아사의 외교술로 실패하자 바아사의 아들 엘라도 나답같이 깁브돈을 통해 공격하려 했다. 그러나 역사는 반복되어 다시 반란이 일어나고 깁브돈 전쟁을 하던 오므리가 정권을 잡았다. 아사는 그 사이에 게바와 미스바에 국경 도시를 만들었다. 이것은 동쪽 여리고는 북이스라엘에게 내주고, 남쪽 벧호론 길을 통해 해변길로 접근하는 도로는 남유다가 가지겠다는 윈윈 정책이었다. 그 결과 남북의 국경이 결정되고 남과 북의 협력관계가 왕국이 분열한 지 4세대 만에 이루어졌다.

04 이스라엘 바아사 때 아사의 외교술로 아람이 침략하여 북쪽 갈릴리뿐 아니라 바산과 길르앗 일부도 아람에게 넘어갔다. 그러다 아합 시대에 와서 영토 일부분을 회복했다. 이는 아합이 베니게의 공주 이세벨과 결혼함으로써 페니키아(베니게)의 경제력을 갖게 된

데다 남쪽 유다에 그들 사이에서 태어난 딸을 줌으로써 군사적으로 협력하게 되어 아람을 제어할 수 있었기 때문이다.
아합은 사마리아 포위 전쟁과 긴네렛 바다의 아벡 전투에서 승리함으로써 갈릴리를 회복했으나 바산과 길르앗의 경계인 길르앗 라못을 얻으려 전투를 벌이다 사망했다. 정치, 군사, 외교에서 아합은 뛰어난 역량을 발휘했으나 종교, 문화적으로 최고의 타락을 가져온 인물이다.

05 아합과 정략결혼한 이세벨은 바알과 아세라 신앙을 끌고 들어와 이스라엘을 타락시켰다. 이때 여호와는 길르앗 산골 디셉에서 한 사람을 택하여 기근을 선포하셨다. 그는 요단 동편 그릿 시냇가에서 머물다 베니게의 사르밧을 거쳐 갈멜산 대결을 벌였다.
갈멜은 베니게의 바알 선지자가 들어오는 길목이었고, 바다에서 가까워 서쪽 비구름을 잘 볼 수 있는 곳이다. 엘리야는 갈멜산에서 불도 내리고 물도 내리게 하는 기적을 보였다. 이를 계기로 당시 왕자의 이름에 여호와의 약자인 '여호-, 요-, -야'라는 단어를 넣게 되어 아하시야, 여호람 같은 이름이 등장하게 되었다. 예수님이 변화산에서 모세와 엘리야를 만났는데 둘 다 이스라엘을 변화시킨 인물이었다.
큰 기적을 일으킨 뒤 엘리야는 이세벨의 협박에 겁이 나 도망을 했고 바로 침체기를 맞았다. 엘리야가 도망간 브엘세바는 유다의 최남단이다. 그러나 이스라엘과 협력 관계였던 유다에서도 안전을 보장받지 못할 것을 안 엘리야는 그보다 더 남쪽으로 향한다. 로뎀나무 아래서 힘을 얻은 엘리야는 호렙산까지 가서 사명을 회복한 후에 다시 요단강으로 돌아와 엘리사를 세운다.
엘리야의 사역은 그야말로 동(그릿 시냇가), 서(갈멜산), 남(브엘세바), 북(사르밧)에 걸쳐 펼쳐졌다. 그가 갈멜산 대결에서 이긴 후 바알 선지자를 죽였는데 아세라 선지자를 죽였다는 기록이 없다는 것은 아쉬움으로 남는다. 브엘세바 남쪽의 쿤틸렛 아주르드라는 곳에서 발견된 토기에 '사마리아의 여호와와 아세라 이름으로 축복하노라'라는 글이 적혀 있는 것을 볼 때 엘리야의 개혁은 미완성에 그쳤음을 알 수 있다.

첫 예배의 중심지 세겜

세겜은 이름 뜻대로 '어깨' 같은 지역이다. 세겜성의 남쪽에는 그리심산이, 북쪽에는 에발산이 어깨처럼 버티고 있다. 고고학자들이 대대적인 발굴로 세겜과 그 주변의 고고학 결과물을 정리했다.

세겜성 서쪽에서 아브라함에서 요셉에 이르는 중기청동기 시대에 쌓은 육중한 성벽과 함께 거대한 성문이 발견되었다. 이 성벽은 요셉이 애굽의 총리였을 때 가나안 출신이 다스리던 애굽의 힉소스 왕조의 지원으로 세워졌을 가능성이 크다. 야곱이 죽을 때 요셉에게 세겜을 주었고, 요셉의 무덤도 세겜에 있다. 서쪽 성벽과 접한 높은 언덕에는 망대형 신전의 사각 기초가 아직도 선명하다. 망대형 신전은 중기청동기 시대에 세워졌지만 힉소스 왕조를 이은 신(新) 왕조에 의해 철저히 파괴되었다. 여호수아가 들어와 이곳에 언약을 세운 후 하나님의 언약이라는 의미의 엘브릿 신전을 세웠다. 사사 기드온 이후 아비멜렉 시절에 '바알브릿' 혹은 '엘브릿'이라는 신전으로 사용되었던 것 같다.

세겜 사람들은 바알브릿 신전에서 은 칠십 개를 내어 아비멜렉을 왕으로 삼았는데 결국 이곳에서 아비멜렉에 의해 불타 죽는다. 망대 신전 동쪽으로 같은 높이로 세운 큰 돌 '마쩨바'가 있는데, 여호수아가 세겜에 사람을 모으고 여호와만을 섬기겠다고 결단한 후 세운 돌로 여겨진다(수 24:25-27). 이곳에서 기드온의 아들 아비멜렉은 왕위 즉위식을 했고(삿 9:6), 요담은 그리심산에서 그와 그를 지지하는 세겜 사람들을 저주했다(삿 9:7).

신전과 마쩨바 아래로 조금 낮은 지역에는 또 하나의 서민 신전과 주

열왕기상 핫 플레이스

세겜
그리심산과 에발산
실로
사마리아

세겜의 동쪽 성벽과 그리심산

세겜에 세운 돌 마쩨바

세겜성에서 본 그리심산

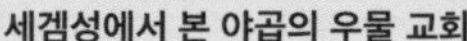
세겜성에서 본 야곱의 우물 교회

세겜성의 동문

거지가 있다. 동쪽으로 조금 나가면 동문이 남아 있는데 이곳에서 기드온의 아들 아비멜렉이 세겜 사람을 학살했다(삿 9:44). 동쪽 문 앞의 300m도 안 되는 지점에 요셉의 무덤이 있다. 또한 동쪽 400m 지점에는 예수님이 수가성 여인을 만났던 야곱의 우물이 있다. 이 지점이 아브라함이 첫 제단을 쌓은 모레 상수리나무가 있던 곳이라 추정되며, 이후 야곱이 제단을 쌓고 "하나님, 이스라엘의 하나님"(엘 엘로헤 이스라엘)이라고 외쳤다. 세겜의 중요성은 그리심산에 오르면 한눈에 알 수 있다.

그리심산과 에발산

축복과 저주의 그리심산과 에발산

이스라엘 땅을 '단에서 브엘세바까지'라고도 하는데 단과 브엘세바의 중간이 세겜이다. 세겜 남쪽에는 그리심산이, 북쪽에는 에발산이 있다. 모세는 가나안에 들어가면 반드시 가야 할 곳으로 그리심산(해발 881m)과 에발산(해발 940m)을 지명했다(신 11:29, 27:4-13). 특히 신명기 27장은 열두 가지 언약 내용을 자세히 언급한다(신 27:15-26). 오늘날 두 산에는 모세의 명령을 행한 흔적이 남아 있다. 모세는 요단을 건넌 후 에발산에 다듬지 않은 돌로 제단을 쌓으라고 지시했는데(신 27:6), 여호수아 때 세운 제단이 에발산 중턱에서 발견되었고, 다듬지 않은 돌 제단과 더불어 희생제사에 바친 동물의 것으로 보이는 3천여 점의

그리심산 팔각교회 아래 사마리아인 신전

뼈가 나왔다. 고고학자 아담 제르탈은 1980년부터 2004년까지 무려 24년여간 불굴의 의지로 발굴해, 에발산 제단이 여호수아 시대부터 기드온의 아들 아비멜렉 시대에 이르기까지 사용되었음을 밝혔다.

그리심산 야곱의 열두 아들 돌

이삭을 드렸다고 주장하는 그리심산의 장소

그리심산에서는 축복이 선포되어서인지 신전이 두 개나 발견되었다. 정상 제벨 엣 투르에 있는 사마리아인 성전과 정상에서 북쪽으로 내려가는 길에 솟아오른 텔 엘라스에 있는 헬라 시대의 신전이 그것이다. 텔 엘라스 신전은 동전에도 새겨질 정도로 수려하다. 사마리아인 성전은 느헤미야 시대에 사마리아인의 수장 산발랏 가문이 세운 신전이다. 혼합 신앙을 가진 사마리아인이 성전 재건을 같이하자고 제안하자 스룹바벨과 예수아는 단호히 거절했다(스 4:2-3). 이에 사마리아인은 그리심산에 자체적으로 성전을 건축했다. 산발랏 가문이 세운 성전은 이즈학 마겐이 20년 넘게 발굴한 끝에 발견했다.

그리심산 유적지에 오르다 보면 사마리아인이 수천 년간 그들의 혈통을 이어 오며 유월절 제사를 지내는 장소가 나온다. 유월절에 동물 제사를 드리는 곳은 지구상에서 그리심산의 사마리아인 마을이 유일하다. 사마리아인 성전 자리에는 비잔틴 시대의 팔각교회가 세워져 있었기에 사람들이 바닥까지 파헤쳐 유적을 찾았다. 거기서 에스겔서의 성전 설계(겔 40장)와 같은 사마리아인 성전 구조가 발견되었고, 고대 히브리어와 헬라어로 된 성전 표시 비문과 수많은 짐승 뼈가 발견되었다.

여호수아는 그리심산과 에발산에 이스라엘인, 본토인, 이방인을 모아 놓고 축복과 저주를 선포하며 새 언약을 세웠다. 두 산은 시내산 언약에 함께하지 못한 출애굽 2세대와 화친한 가나안 사람들이 말씀으로 하나되는 새 언약의 장소였다.

실로의 모스크 바닥에서 발견된 제단 돌

실로 모스크 바닥의 헬라어 글씨

실로 비잔틴 교회의 다윗의 별 문양

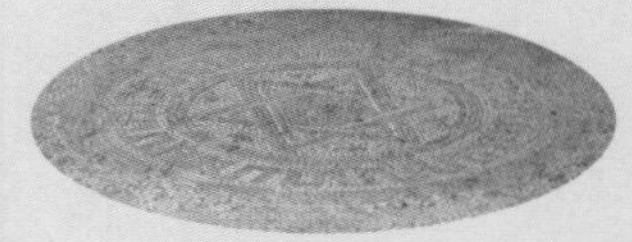

실로 비잔틴 교회

수백 년 성막이 머문 실로

'휴식처'라는 뜻을 가진 실로는 에브라임 산지에서 가장 험한 지역 중 하나다. 성경은 실로가 세겜으로 올라가는 길의 동쪽, 르보나에서 남쪽, 벧엘에서 북쪽에 있으며, 포도원이 있는 지역이라고 한다(삿 21:19). 예루살렘 북쪽으로 약 32km, 세겜에서는 남쪽으로 약 20km 지점에 있다. 실로는 BC 18~16세기에 성벽으로 둘러싸인 큰 성읍이었으나 이스라엘이 들어와 정착하던 BC 12세기까지는 작은 마을이었다. 사사 시대에는 다시 큰 성읍을 이루었다가 블레셋에 파괴되었다.

지금은 정착촌 실로가 생기면서 집중적으로 관리하여 잘 개발된 공원으로 자리 잡았다. 들어서면 입구부터 12지파가 새겨진 에봇의 돌 같은 모양이 실로를 자세히 소개한다. 실로는 여호와의 성막 같은 성전이 있던 곳이다. 그리고 12지파가 모여 땅을 분배받은 곳이므로 지파별 깃발이 유적지로 가는 길 좌우에 꽂혀 있다. 텔을 향하는 300m 길의 왼쪽에서 포도주 틀이 발견되었고, 오른쪽에는 성막을 홀로그램으로 볼 수 있는 전시관이 있다. 조금 더 가면 비잔틴 시대의 교회가 있는데 그곳 바닥 모자이크에 다윗의 별 문양이 발견되었다. 텔 바로 아래에 고대 회교 사원이 있는데, 그 사원 바닥에서 헬라어와 함께 뿔을 가진 제단 돌이 발견되었다.

텔을 오르는 길은 수많은 주거지 유적으로 시작되며, 곳곳에 기름 짜는 틀과 물을 저장해 두는 지하 저수조가 발견되었다. 지파 분배 과정을 알려 주는 여러 학습 도구가 자주 눈에 들어온다. 정상인 탑에 오르면 실로 역사 상영관이 있다. 그곳에서 보면 실로 전경과 성막

실로 성막 터에 있는 한나의 기도처

실로 포도주틀

실로 포도주틀 그림

이 있던 장소를 한눈에 볼 수 있다. 아직도 정비 중인 곳이 많지만, 북쪽 성막이 있던 곳에는 '한나의 기도 처소'가 있어 많은 사람들이 그곳에서 기도를 드린다.

내려오는 길이 텔의 서쪽으로 놓였는데 이곳에서 보면 남북으로 이어지는 족장의 도로와 함께 많은 포도원을 볼 수 있다. 베냐민 지파가 600명만 남았을 때 이곳에서 열린 포도원 축제에서 여인 200명을 데려가 아내로 삼게 했다(삿 21:16-24). 서쪽 성벽에는 항아리 유적이 있는데 블레셋의 공격이 있던 시대의 것으로 보인다. 항아리에는 불에 탄 곡식들이 가득 들어 있다. 이는 사무엘상 4장에서 이스라엘이 아벡 전투에서 패한 뒤 언약궤를 빼기고 엘리 제사장이 죽은 후(삼상 4:12-22) 블레셋이 이곳까지 올라와 실로 성전을 파괴한 흔적으로 보인다.

여호수아 때부터 사사 시대에 이르기까지 실로는 언약궤가 있던 곳으로 이스라엘의 중심지였다. 이 때문에 에브라임 지파는 이스라엘의 장자 역할을 했는데, 언약궤를 뺏겨 유다 지파로 넘어간 뒤 그 지위가 흔들리게 되었다. 한편, 여로보암이 이스라엘의 왕이 될 것이라 예언함으로써 왕국이 분열되는 데 기여한 선지자 아히야도 실로 출신이라는 점은 기억할 만하다(왕상 14:1-16).

멸시에서 회복으로, 사마리아

북이스라엘은 세겜을 수도로 삼았으나 얼마 후 수도를 디르사로 옮겼다. 세겜은 동쪽의 넓은 들판과 함께 북왕국의 수도가 되기에 충분한 조건을 갖추었으나 방어가 취약하여 애굽 왕 시삭이 세겜을 정복한 후, 여로보암은 수도를 디르사로 옮겼다. 디르사는 산지 깊숙한 곳에 있어 전쟁이 나면 동쪽 요단강 너머로 도망할 수 있다. 북왕국이 소극적인 정책을 폈음을 알 수 있다.

그러나 오므리가 정권을 잡으면서 수도를 사마리아로 옮겼다. 사마리아는 '지키다'라는 뜻을 가진 '샤마르'에서 유래한 것으로 '세멜'이라는 사람의 이름에서 따왔다(왕상 16:24). 이름대로 이곳은 안전할 뿐 아니라 무역이 활발한 해변길과도 가까웠다. 적의 침략을 받기도 쉬웠지만, 밖으로 뻗어 나가기 쉬운 곳에 수도를 둠으로써 오므리와 그의 아들 아합은 적극적으로 나라를 재건했다.

사마리아 성문은 서쪽에 있다. 성문 형태가 후대의 것이긴 하지만 성문 어귀에 들어서자, 사마리아의 나병 환자들 이야기가 떠오른다(왕하 7:3). 성에 들어서면 길게 늘어선 로마 시대 기둥들이 눈에 들어온다. 동쪽으로 750m 정도를 오르다 북으로 돌면 로마 시대 아고라 광장이 넓게 펼쳐진다. 버스 주차장이 자리 잡을 정도로 큰 공터의 일부가 발굴되어 있다. 아고라에서 서쪽으로 길을 따라가면 북쪽을 향해 선 로마 시대 원형극장 유적이 제법 온전히 남아 있다. 원형극장 왼쪽으로 올라 정상에 이르면 궁전과 신전 터가 남아 있다. 윗부분에선 로마 시대의 신전이 발견되었지만, 남쪽 모서리 아래에서는 이스라엘 시대 유적도 발견되었다.

여로보암 2세 때의 상아 더미가 발견되었는데 이는 사마리아의 풍요로움이 어떠했는지를 알려 준다. 궁전 유적을 파느라 쌓아놓은 흙은 높은 고지가 되었는데, 그곳에 올라 사마리아성 주변을 돌아볼 수 있다. 서쪽에서 올라오는 길과 동쪽 세겜으로 올라가는 길이 보인다.

동쪽 능선에서는 에발산 정상이 보인다. 사마리아 주변의

넓은 들판이 식량을 확보하게 해주었음을 알 수 있다. 궁전터에서 동쪽으로 내려오는 길에는 세례 요한 교회가 있다. 세례 요한이 참수된 후 그의 목을 이곳에 가져와 묻었다는 이야기가 전해져 내려온다.

오므리의 아들 아합은 베니게의 이세벨과 결혼한 후 바알 신전을 세워 이 성을 부패하게 만들었다. 엘리야와 엘리사의 메시지를 통해 그나마 명맥을 이어 오던 사마리아는 BC 722년 앗수르에 의해 완전히 멸망당하고 만다. 3년을 버텼으나 허사였다. 이후 혼혈인 사마리아인들이 다시 이곳에 자리 잡고 산발랏의 지도하에 부흥을 일으켰으나, 유대 하스모니아의 힐카누스왕이 멸망시켰다. 그러다 예수님 시대에 세바스테라는 도시로 번창했다. 빌립 집사는 이곳에 복음을 전했고, 베드로와 요한이 사마리아인들에게 안수기도하자 성령님이 임하셨다. 하나님께 쓰임받는 도시가 된 것이다.

사마리아는 이름대로 적에게서 자신을 지키기 좋은 안전한 성이었다. 그러나 이렇게 안전한 성도 자신을 지키지 못했다. 다윗의 고백처럼 여호와가 나의 요새이며 산성이시다. 여호와만이 우리를 지키시는 분이다(시 121:5).

사마리아 이스라엘 궁전터

로마시대 원형극장

세례 요한 기념교회

사마리아 아고라 전경

chapter 1

열왕기하의 주요 무대

열왕기하 사건은 분열된 이스라엘 전역을 오가면서 다뤄진다. 그런데 열왕기하 1장에서 9장까지는 왕들의 역사임에도 엘리야와 엘리사의 이야기로 가득 차 있다. 엘리야와 엘리사는 갈멜산에 센터를 두고 많은 사역을 했기에 열왕기하는 갈멜 산지에 초점을 맞추고 있다.

갈멜 산지

갈멜산은 지각 변동으로 남쪽 에브라임 산지가 북쪽 갈릴리 산지와 이어지지 못하고, 북서편으로 휘어 지중해로 향하면서 형성된 산지다. 이스르엘 골짜기의 서쪽, 지중해 연안을 따라 남동쪽으로 형성된 산지의 길이는 32km, 최고 폭은 14km, 최고봉은 546m다. 바닷가 근처에 있다 보니 건기인 여름에 습기를 공급받아 숲이 우거졌다. 이곳을 지나는 바닷사람들은 숲으로 인해 갈멜산이 다른 곳보다 진한 빛을 띠는 것을 보고 '영양

이스르엘 골짜기와 주변 지역

의 코'라고 불렀고, BC 15세기의 이집트 문서에는 '거룩한 머리 땅'(Holy Headland)이라고 쓰여 있다. BC 4세기에는 한 저자에 의해 '제우스의 거룩한 산'으로 불리기도 했다. 갈멜 산지는 BC 1세기 유대 정벌을 하러 온 로마 베스파시안이 제우스신에게 희생 제사를 드린 곳이며, 북이스라엘 예후 때 갈릴리를 정복한 앗수르의 살만에셀 3세가 승전비를 세우기도 했다.

건기인 여름 동안 푸르름을 유지하는 갈멜은 성경에서 가장 아름다운 곳으로 손꼽히는 지역 중 하나다. 대헤롯이 가이사랴 항구를 건축할 때 물이 부족하여 상수원을 끌어오기 위해 갈멜산에서부터 가이사랴까지 8km 수로교를 만들었던 점은 갈멜산에 샘을 비롯한 수자원이 얼마나 풍부했는지를 말해 주고 있다.

갈멜산 남서쪽에는 사론평야가 있고 북동쪽에는 이스르엘 골짜기가 있다. 갈멜산은 북왕국 이스라엘과 베니게 사이에 있어서 자연적으로 국경 역할을 하게 되었다. 산 아래에는 베니게와 사마리아를 잇는 도로로

갈멜산 무흐라카에서 본 욕느암

사용되던 나할 욕느암, 나할 이론이 지난다. 또한 해안가에서 바로 솟은 산지 덕에 연간 800mm, 많을 때는 1600mm의 강수량을 얻을 수 있을 뿐 아니라 이슬이 많아 가뭄 때에도 어느 정도 물을 얻을 수 있다. 갈멜산에서 대결한 엘리야가 물을 가져오라 할 때 이런 물들이 사용되었을 것이다. 엘리야가 사환을 산 위로 보내 바다 쪽에서 손바닥만 한 구름이 나타났다는 보고만 듣고도 큰비가 올 것을 감지한 이유가 서쪽에서 구름이 일면 제일 먼저 갈멜산에 부딪쳐 비를 내리기 때문이다.

도로는 갈멜산에서 제일 중요한 요소였다. 높은 산지는 남북으로 지나는 해변길의 큰 장애물이었다. 그런데 강한 석회암이 주를 이루는 산지의 일부 지역에 연한 석회암이 있어 갈멜산을 관통하는 3개의 통로를 만들 수 있었다. 첫째, 해변길이 직선으로 통과하는 길은 므깃도길로 약간 험하지만, 가장 짧은 거리로 관통할 수 있는 이점이 있어 투트모스 3세가 이 길을 따라 기습 작전을 감행하여 가나안 연합군을 물리쳤다. 둘째, 갈멜산 서쪽에 난 욕느암길은 연한 석회암으로 엘리야가 대결한 무흐라카 바로 동쪽을 지난다. 현재 고속국도가 이곳을 지나는데 그만큼 통과하기 가장 적당한 경사를 가진 도로다. 셋째, 갈멜산 북쪽에 있는 도단길은 동쪽에서 오는 상인들이 지나는 길로 미디안 상인들이 요셉을 사서 애굽으로 향하기도 했다.

chapter 2

열왕기하 그리기

A지도

B지도

1 열왕기하를 펴고 '성경에 표시할 부분' 표에 색칠한 부분을 성경에 표시하라. 그리고 지도에는 장절과 키워드를 쓴다.

장절과 키워드 **지도에 표시할 부분**	**성경에 표시할 부분**	**통독 구절**
①1 배반 **모압 오른쪽(우상좌중)**	아합이 죽은 후… 모압이 이스라엘을 **배반하였더라**	1:1
①2 아하시야 병 **사마리아 오른쪽(중중중하)**	**아하시야**가 사마리아에 있는 그의 다락 난간에서 떨어져 **병**들매…	1:2
①2 바알세붑 **에그론 오른쪽(중하우상)**	사자를 보내며… 에그론의 신 **바알세붑**에게 이 병이 낫겠나 물어 보라 하니라	1:2
①9 불사름 **갈멜산 오른쪽(좌중우하)**	그가 엘리야에게로 올라가 본즉 (그)산꼭대기에 앉아 있는지라…	1:9-10
②2 엘리야 **벧엘 위(중중중중)**	**엘리야**가 엘리사에게… 너는 여기 머물라… 내가 당신을 떠나지 아니하겠나이다… 이에 두 사람이 벧엘로 내려가니	2:1-3
②4 **여리고 오른쪽(중중중상)**	엘리야가… 너는 여기 머물라… 엘리사가… 내가 당신을 떠나지 아니하겠나이다… 그들이 여리고에 이르매	2:4-6

②7 엘리야 승천 **길갈 위 요단강(중상중하)**	7 선지자의 제자 오십 명이… 멀리 서서 바라보매 그 두 사람이 요단가에 서 있더니… 11 **엘리야**가… **하늘로 올라가더라**	2:7-11
②18 엘리사 샘 **여리고 오른쪽(중중중상)**	엘리사가 여리고에 머무는 중에…	2:18-22
②23 암곰 **벧엘 오른쪽 위(중중중중)**	23 엘리사가… 벧엘로 올라가더니… 대머리여 올라가라… 24 엘리사가… 여호와의 이름으로 저주하매 곧 수풀에서 **암곰** 둘이 나와서…	2:23-24
②25 엘리사 **갈멜산 오른쪽(좌중우하)**	**엘리사**가 거기서부터 갈멜산으로 가고 거기서 사마리아로 돌아왔더라	2:25
③8 물 **세렛강 아래(우상중하선 위)**	8 **여호람**이… 우리가 어느 길로 올라가리이까 하니 그(여호사밧)가 대답하되 에돔 광야 길로니이다… 20 소제 드릴 때에 **물**이 에돔 쪽에서부터 흘러와 그 땅에 가득하였더라	3:8-20
③25 맏아들 번제 **길하레셋 아래(우상좌하)**	25 그 성읍들을 쳐서 헐고… 길하레셋의 돌들은 남기고… 두루 다니며 치니라 26 모압 왕이… 27 **맏아들**을 데려와 성 위에서 **번제**를 드린지라…	3:25-27
④8 부활 **수넴 왼쪽(좌중우중)**	하루는 엘리사가 수넴에 이르렀더니	4:32-37
④38 해독, 보리떡 **길갈 왼쪽(중중중상)**	38 길갈에… 흉년이 들었는데… 국을 끓이라… 41 가루를… 솥에 던지고… **독이 없어지니라**… 42 **보리떡** 이십 개… 44 먹고 남았더라	4:38-44
⑤9 나아만 **르홉(엘리사 집) 아래(좌중우상)**	**나아만**이… 말들과 병거들을 거느리고 이르러 엘리사의 집 문에 서니	5:8-14
⑥13 아람 군 **도단 오른쪽 위(좌중우중)**	그가 도단에 있도다 하나이다	7:11-20
⑦1 굶주림 **사마리아 오른쪽(중중중하)**	1 내일… 사마리아 성문에서 고운 밀가루 한 스아를 한 세겔로 매매하고 보리 두 스아를 한 세겔로 매매하리라… 4 성읍에는 **굶주림**이 있으니…	7:1-10
⑧7 하사엘 세움 **다메섹 아래(좌상좌상)**	7 엘리사가 다메섹에 갔을 때에 아람 왕 벤하닷이 병들었더니… 13 **하사엘**(에게)… 여호와께서 네가 아람 왕이 될 것을…	8:7-15
⑨1 예후 세움 **길르앗 라못 아래(좌상우상)**	1 엘리사가… 제자 중 하나를 불러… 허리를 동이고 이 기름병을 손에 가지고 길르앗 라못으로 가라 2… **예후**를 찾아… 6 기름을 부어…	9:1-10
⑨17 예후 혁명 **이스르엘 위(좌중우중)**	17 이스르엘 망대에 파수꾼 하나가… **예후의 무리**가 오는 것을 보고 … 요람이 … 평안하냐 묻게 하라… 24 요람의 두 팔 사이를 쏘니…	9:17-37
⑩1 예후 숙청 **사마리아 오른쪽(중중중하)**	1 아합의 아들 칠십 명이 사마리아에 있는지라 **예후**가 편지들을… 아합의 여러 아들을 교육하는 자들에게 전하니… 11 **생존자를 남기지 아니하였더라**	10:1-11
⑩33 하사엘 정복 **길르앗 아래(중상좌중)**	32 **하사엘**이 … **공격**… 33 길르앗 온 땅 곧 갓 사람과 르우벤 사람과 므낫세 사람의 땅 아르논 골짜기에 있는 아로엘에서부터 길르앗과 바산까지…	10:32-33
⑪3 아달랴 **예루살렘 오른쪽(중중우중)**	요아스가… 여호와의 성전에 육 년을 숨어 있는 동안에 **아달랴**가 나라를 다스렸더라	11:1-3

⑫17 하사엘 **가드 오른쪽(중하우상)**	아람 왕 **하사엘**이 올라와서 가드를 쳐서 점령하고 예루살렘을 향하여 올라오고자…	12:17-18
⑬17 **아벡 위(좌상중하)**	동쪽 창을 여소서… 쏘소서… 곧 쏘매… 이는… 아람에 대한 구원의 화살이니 **왕**이 아람 사람을 멸절하도록 아벡에서 치리이다…	13:14-19
⑭7 아마샤 / 욕드엘 **소금 골짜기 오른쪽(우중중상)** **셀라 아래(우상우하)**	**아마샤**가 소금 골짜기에서 에돔 사람 만 명을 죽이고 또 전쟁을 하여 셀라를 취하고 이름을 **욕드엘**이라 하였더니…	14:7
⑭11 아마샤 **벧세메스 아래(중중우하)**	**아마샤**가 듣지 아니하므로 이스라엘의 왕 요아스가 올라와서 그와 유다의 왕 아마샤가 유다의 벧세메스에서 대면하였더니	14:8-14
⑭19 아마샤 죽음 **라기스 오른쪽(중하우상)**	예루살렘에서… 반역한 고로 그(아마샤)가 라기스로 도망… 반역한 무리가… 따라 보내 그를 거기서 **죽이게** 하고	14:19-20
⑭22 아사랴 **엘랏 오른쪽** **B지도, 엘랏 아래(우중우중)**	**아사랴**가 엘랏을 건축하여 유다에 복귀시켰더라	14:22

⑭25 요나 **가드헤벨 위(좌중중중)**	이스라엘의 하나님 여호와께서 그의 종 가드헤벨 아밋대의 아들 선지자 **요나**를 통하여 하신 말씀과 같이…	14:25
⑭25 회복 **하맛 오른쪽**	여로보암이 이스라엘 영토를 **회복**하되 하맛 어귀에서부터 아라바 바다까지 …	14:25
⑭28 여로보암(780) **다메섹 아래(좌상좌상)**	**여로보암**의… 모든 행한 일과 싸운 업적과 다메섹을 회복한 일과 이전에 유다에 속하였던 하맛을 이스라엘에 돌린 일… 기록…	14:28
⑮29 디글랏 빌레셀 정복 **이욘 오른쪽 위(좌상좌하)**	이스라엘 왕 베가 때에 앗수르 왕 **디글랏 빌레셀**이 와서 이욘과 아벨벳마아가와 야노아와…	15:29
⑮29 디글랏 빌레셀 정복/ 갈릴리 **길르앗 위(중상좌중)** **납달리 왼쪽(좌중중상)**	게데스와 하솔과 길르앗과 갈릴리와 납달리 온 땅을 점령하고 그 백성을 사로잡아 **앗수르**로…	15:29
⑯5 **예루살렘 왼쪽 위(중중우중)**	아람의 왕 **르신**과 이스라엘의 왕 르말랴의 아들 **베가**가 예루살렘에 올라와서 싸우려 하여 아하스를 에워쌌으나 능히 이기지 못하니라	16:5-9
⑯10 아하스 방문 **다메섹 아래(좌상좌상)**	**아하스**왕이… 디글랏 빌레셀을 만나러 다메섹에… 제단을 보고… 모든 구조와 제도의 양식을 그려 제사장 우리야에게 보냈더니	16:10-16
⑰6 이스라엘 포로 **하볼 오른쪽**	호세아 제구년에… 사마리아를 점령… **사로잡아** 앗수르로 끌어다가… 할라와 하볼과 메대 사람의 여러 고을에…	17:6
⑰24 사마리아로 **하맛 오른쪽** **바벨론 도시 오른쪽**	앗수르 왕이 바벨론과 구다와 아와와 하맛과 스발와임에서 사람을 옮겨다가… 사마리아 여러 성읍에 두매… 사마리아를 차지하고…	17:24
⑰28 제사장 **벧엘 위(중중중중)**	사마리아에서 사로잡혀 간 **제사장** 중 한 사람이 와서 벧엘에 살며 백성에게… 여호와 경외할지를 가르쳤더라	17:27-28
⑱9 멸망 **사마리아 오른쪽** **(중중중하)**	히스기야왕 제사년 곧 이스라엘의 왕… 호세아 제칠년에 앗수르의 왕 살만에셀이 사마리아로 올라와서 **에워쌌더라**	18:9-12
⑱17 랍사게 **예루살렘 오른쪽** **(중중우중)**	앗수르왕이 다르단과 랍사리스와 **랍사게**로 하여금 대군을 거느리고 라기스에서부터 예루살렘으로 가서 히스기야왕을 치게…	18:17-37
⑲8 앗수르 왕 **라기스 오른쪽** **(중하우상)**	랍사게가 돌아가다가 앗수르 왕이 이미 라기스에서 떠났다 … 듣고 립나로 가서 **앗수르 왕**을 만났으니 … 립나와 싸우는 중…	19:8
⑲9 **블레셋 아래** **(중하우중)**	앗수르 왕은 구스 왕 **디르하가**가 당신과 싸우고자 나왔다 함을 듣고 다시 히스기야에게 사자를 보내며…	19:9
⑲36 산헤립 **니느웨 오른쪽**	앗수르 왕 **산헤립**이 떠나 돌아가서 니느웨에 거주하더니	19:35-37
⑳14 히스기야 사신 **바벨론 아래**	이사야가 **히스기야**왕에게 나아와… 이 사람들이… 어디서부터 왕에게 왔나이까 히스기야가… 먼 지방 바벨론에서…	20:12-15

㉑16 므낫세 **예루살렘 오른쪽(중중우중)**	**므낫세**가 유다에게… 악을 행한 것 외에도… 무죄한 자의 피를 심히 많이 흘려 예루살렘 이 끝에서 저 끝까지 가득하게…	21:16-18
㉓29 **므깃도 왼쪽(좌중우중)**	애굽의 왕 바로 **느고**가 앗수르 왕을 치고자… 올라가므로 **요시야**왕이 맞서 나갔더니… 므깃도에서 만났을 때에 죽인지라	23:29-30
㉓33 느고 **리블라 오른쪽**	바로 **느고**가 그(여호아하스)를 하맛 땅 리블라에 가두어… 왕이 되지 못하게… 또… 은 백 달란트와 금 한 달란트를 벌금으로…	23:33-35
㉔1 느부갓네살 **예루살렘 오른쪽(중중우중)** ㉔1 느부갓네살(605) **사마리아와 욥바 중간(중하중상)**	여호야김 시대에 바벨론의 왕 **느부갓네살**이 올라오매 여호야김이 삼 년간 섬기다가… 그를 배반하였더니	24:1-4
㉔15 여호야긴 포로 **바벨론 도시 오른쪽**	그가 여호야긴을 바벨론으로 사로잡아 가고 왕의 어머니와 왕의 아내들과 내시들과 나라에 권세 있는 자도 예루살렘에서 바벨론으로 사로잡아 가고	24:6-17
㉕5 시드기야 **여리고 오른쪽 위(중중중상)**	1 **시드기야** 제구년 열째 달 십일에… 느부갓네살이… 그 성에… 진을 치고… 토성을… 2 제십일년까지 포위… 5 왕을 뒤쫓아가서 여리고 평지에서… 잡으매	24:1-7
㉕21 시드기야 **리블라 오른쪽**	바벨론 왕이 하맛 땅 리블라에서 다 쳐죽였더라… 유다가 사로잡혀 본토에서 **떠났더라**	25:21
㉕23 그달리야 **미스바 왼쪽(중중중중)**	모든 군대 지휘관… 그를 따르는 자가 바벨론 왕이 그달리야를 지도자로 삼았다 함을 듣고… 미스바로 가서 **그달리야**에게 나아가매	25:22-25

2 솔로몬 통치부터 남왕국 멸망까지 역동성 있게 표시해 보자.

01엘리야 승천 : 큰 파랑 글씨

1) 에브라임 산지의 길갈 왼쪽에 '1'이라고 쓰라.

2) 벧엘 위에 '2'라고 쓰라.

3) 여리고 오른쪽에 '3'이라고 쓰라.

4) 여리고에서 '②7' 방향을 향해 초록 화살표를 하라.

5) '②7 엘리야 승천' 왼쪽에 '4'라고 쓰라.

02 남북 연합의 모압 공격

1) 주황(좌)과 초록(우) 화살표를 평행으로 그린다. 유다 산지의 '지' 자에서 염해 쪽으로 사선으로 올라가다가 염해 다다라서 소금 골

짜기 왼쪽을 지나 위로 올라간다. 세렛강 위를 지나 길하레셋까지 두 화살표를 그려라.

2) 염해 오른쪽 주황선에 주황으로 '여호람'이라고 쓰라. 세렛강 오른쪽 초록 선 위에 초록으로 '여호사밧'이라고 쓰라.

3) 에돔에서 길하레셋으로 **검정 직선 화살표**를 그려라.

4) 길하레셋에 빨강 타원을 둘러라.

03 아람의 사마리아 포위

1) 이스르엘에서 도단 아래를 지나 사마리아까지 **파랑 화살표**를 하고 사마리아에 빨강 타원을 둘러라.

2) 사마리아에서 세겜까지, 세겜에서 디르사까지 주황 화살표를 그려라. 디르사에서 나아만이라는 글자까지 **파랑 화살표**를 하라. 그 뒤에 추격 표시인 주황 화살표 두 개를 그리고 이어서 **파랑 화살표**를 요단강 건너 길까지 그려라.

04 예후의 혁명

길르앗 라못 아래에서 길 따라 이스르엘로 **검정 화살표**를 하라.

05 하사엘의 길르앗 침략

1) 아람 오른쪽 위에서 왕의 대로를 따라 길르앗 글자까지, 길르앗에서 아로엘까지 **파랑 화살표**를 하라.

2) 길르앗 위 파랑 선 위에 **파랑**으로 '하사엘(815-810)'이라 쓰라.

3) 길르앗에 빨강 사각형을 둘러라.

06 하사엘의 유다 침략

1) 사마리아 아래 해변길부터 가드까지 **파랑 화살표**를 그려라.

2) 선 아래에 **파랑**으로 '하사엘(815-810)'이라고 쓰라.

3) 가드 위에 빨강 점을 그려라.

07 이스라엘의 요아스가 아람 공격

1) 르홉 왼쪽 삼거리에서 시작해서 긴네렛 바다 위 아벡까지 주황 점선 화살표를 그려라.

2) 화살표 위에 주황으로 '요아스(790)'라고 쓰라.

08 유다의 아마샤 전쟁

1) 유다 산지 오른쪽 위 주황 화살표 왼쪽에서 나란히 위로 향하다 염해 아래 오른쪽으로 소금 골짜기를 향해 **초록 화살표**를 그려라.
2) 예루살렘에서 벧세메스를 향해 곡선으로 **초록 화살표**를 그려라.
3) 사마리아 오른쪽 '⑩1 예후 숙청'의 '1' 자에서 벧세메스 왼쪽까지 약간 아래 곡선으로 주황 화살표를 그려라. 선 밑에 주황으로 '요아스'라고 쓰라.
4) 아마샤의 초록 화살표와 만나는 곳에 빨강 별표를 그려라.

09 앗수르 디글랏 빌레셀 침략

1) 다메섹 왼쪽에서 단, 아벨벧마아가를 지난 후 오른쪽으로 90도 꺾어 하솔까지, 하솔에서 납달리 위까지 빨강 화살표를 그려라.
2) 이욘, 아벨벧마아가, 게데스, 하솔 도시 점에 점령 표시인 빨강 큰 점을 그려라.
3) 납달리와 갈릴리를 빨강 사각으로 둘러라.
4) 게데스 아래에 빨강으로 '디글랏 빌레셀(732)'라고 쓰라.

10 아람의 르신과 이스라엘의 베가 유다 공격

1) 미스바 왼쪽 '그달리야 ㉕23' 아래서 족장의 도로를 따라 예루살렘까지 주황(위)과 **파랑**(아래) 화살표를 평행으로 그려라.
2) 주황 화살표 시작점에는 주황으로 '베가'라고 쓰고 그 밑에 **파랑**으로 '르신'이라고 쓰라.

11 사마리아 멸망

1) 앗수르 살만에셀의 공격 표시인 **파랑 화살표**를 다메섹 왼쪽에서 이욘까지 내려와 해변길을 따라 오다 사마리아 아래에서 사마리아를 향하라.
2) 갈멜산 위 파랑 선 위에 **파랑**으로 '살만에셀 5세(724-722)'라고 쓰라.

12 앗수르 산헤립 침략

1) 라기스에서 길 따라 위로 '⑭11 아마샤'의 '11' 자를 통과하고 예루살렘을 향하는 랍사게의 **파랑 화살표**를 그려라.

2) 가사 아래쪽 해변길에서 시작해서 아스글론 위를 지나 엘데게로 오는 주황 화살표를 그려라. 히스기야를 돕기 위해 온 애굽 디르하가의 참전 표시이다.

3) 선 위에 주황으로 '디르하가'라고 쓰고, 화살표 끝에 빨강 별표를 그려라.

13 요시야가 전사한 므깃도 전투

1) 애굽의 바로 느고가 가사 아래쪽 해변길에서 시작하여 욥바를 지나고 계속 해변길을 따라 므깃도까지 향하는 **검정 화살표**를 그려라.

2) 엘데게 아래에 **검정**으로 '바로 느고'라고 쓰라.

3) 므깃도 왼쪽 '㉓29' 왼쪽에 **검정**으로 '요시야-느고'라고 쓰라.

4) 므깃도 오른쪽에 빨강 별표를 그려라.

14 바벨론 느부갓네살 침략

1) 아람과 단 중간에서 파랑 화살표 위를 따라 단을 지나 해변길을 따라가다 에그론 앞에서 예루살렘으로 향하는 **검정 화살표**를 그려라.

2) '㉔1 느부갓네살(605)' 아래를 지난다.

3 지도의 의미와 교훈

01 1장과 2장에서 엘리야는 불을 내려 하나님의 권위를 무시한 오십부장들을 심판한 후, 갈멜산에서 벧엘과 여리고를 거쳐 요단강을 넘어 요단 동편으로 이동한 다음 승천했다. 왜 이곳까지 가서 승천했을까?

엘리야가 승천한 곳은 여호수아와 이스라엘이 요단강을 넘어 가나안으로 입성한 곳이다. 이후 신약의 엘리야라 할 수 있는 세례 요한

이 말라기 4:5의 말씀대로 엘리야 승천 장소에서 세례를 베풀었다. 엘리야가 승천한 후 '예수'라는 이름을 갖게 되었으며, 그 이름의 뜻도 '구원'인 엘리사가 요단강을 가르고 가나안 땅에 이른다. 이어 여리고에서 샘을 변화시키고, 다시 아이성 방향인 벧엘로 오른다. 엘리사는 여호수아가 가나안에 입성하여 하나씩 정복해 간 것처럼 한 장소씩 정복해 나간다. 예수님도 세례 요한에게 세례를 받을 때 하늘이 열렸다. 또한 요한복음 3장에서 요단강 세례 사역을 하시다가 사마리아 산지인 여리고에서 벧엘 쪽으로 오르신다(요 4:4). 엘리야 행적은 세례 요한의 사역지와 겹치고, 엘리사의 기적은 예수님의 사역지와 겹친다.

02 엘리야와 엘리사가 다른 점은 엘리야는 야인처럼 외곽에서 활동하지만, 엘리사는 갈멜산으로 돌아간 후 바로 사마리아로 들어간다(왕하 2:25)는 사실이다. 이후 엘리사는 이스라엘 백성 한가운데서 일한다. 때로는 왕과 함께 모압 전쟁에 참전하기도 한다. 수넴에서 아이를 살리는 기적과 적은 양의 보리떡 20개로 100명을 먹이고도 남는 기적을 행하고, 나병환자 나아만을 치료하는 사역 등은 예수님의 사역과 유사할 뿐 아니라 그 장소가 겹치기도 한다. 엘리사의 사역은 예수님의 그림자와 같다.

03 엘리사가 하사엘을 세워 아람의 왕권을 바꾸고, 엘리사의 제자가 BC 841년 길르앗 라못에 가서 예후에게 기름을 부은 후 혁명이 일어나 아합의 집안이 숙청되었다. 엘리야는 엘리사를 세우고, 아람의 하사엘과 이스라엘의 예후를 왕으로 삼으라는 사명을 받았는데, 이 사명이 3대에 걸쳐 완성된다.

북왕국에서 혁명이 일어났을 때, 남유다에서는 아합의 딸 아달랴가 정권을 잡았다. 같은 시기에 아람과 북이스라엘, 남유다 3국의 왕조가 바뀐 것이다. 이런 상황에서 가장 유리한 쪽은 아람이었다. 왜냐하면 이스라엘의 예후가 군사 협력을 하던 남쪽 유다의 왕을 죽인데다 경제적 협력을 얻던 베니게의 공주이자 왕비였던 이세벨을 죽임으로써 베니게-이스라엘-유다 3국 동맹을 깼기 때문이다. 상대적으로 강해진 아람의 하사엘은 길르앗을 정복했을 뿐 아니라 남유다 요아스왕 때 가드를 함락하고 예루살렘까지 위협했다. BC 841년 이후 이스라엘의 남과 북은 다시 대적 관계를 지속하다가 4대가 지나 여로보암 2세와 웃시야 때가 되어서야 화친할 수 있었다.

04 아람이 주변 나라에서 주도권을 잡고 있을 때 거대한 세력인 앗수르가 등장했다. 열왕기하 15:29에서 앗수르 디글랏 빌레셀의 이름이 등장하지만, 사실 열왕기상 아합 시대부터 등장한 살만에셀 3세가 갈릴리를 침공한 후 예후에게 조공을 받았다. 그러나 앗수르가 강력한 다메섹을 친 뒤 내부 문제로 본국으로 돌아가면서 북이스라엘은 어부지리의 이익을 얻었다.
요아스와 여로보암 2세는 이 시기에 북진하여 넓은 영토를 얻었다. 남쪽도 북왕국 요아스가 남왕국 아마샤를 쳐 갑자기 힘이 약화되는 듯하였지만 '아사랴'라는 웃시야가 등장하여 남왕국을 안정시키고 여호사밧 때처럼 홍해까지 이르는 영토를 회복했다. 앗수르 덕분에 남과 북은 가장 넓은 영토를 차지할 수 있었지만, 이는 앗수르가 국내 문제로 침략을 잠시 보류한 폭풍 전야의 고요 같은 영화였다.

05 BC 732년 '불'이라 불리는 디글랏 빌레셀이 이스라엘을 세 번이나 짓밟더니 10년 후에 북이스라엘이 멸망했다. 예후 왕조의 마지막 왕이라 할 수 있는 여로보암 2세 때까지 독립을 유지하던 이스라엘은 이후 북의 앗수르와 남의 애굽을 지지하는 세력으로 갈려 내전을 겪다가 결국 BC 722년에 앗수르 살만에셀 5세와 사르곤에 의해

멸망하고 만다. 반면 남유다의 아하스는 떠오르는 거대 세력 앗수르를 의지하여 살아남았다가 종교개혁을 일으킨 히스기야 덕분에 다시 부흥할 수 있었다.

06 히스기야는 앗수르 왕이 바뀔 때를 이용해 독립하려 애굽과 동맹을 맺고 전쟁을 위해 예루살렘성을 확대하였고 성 밖 기혼 샘을 성 안으로 끌어들였다. 많은 물자와 강한 성벽으로 준비를 철저히 했으나, 막상 앗수르 산헤립왕이 쳐들어오자 무기고 같은 라기스가 무참히 무너지고, 히스기야는 최종적인 투항을 요구받는다. 히스기야는 투항을 촉구하는 랍사게의 편지를 받고 이사야와 함께 기도한다. 그 결과, 산헤립의 군대는 히스기야를 도우러 온 애굽의 디르하가까지 이기긴 했으나 흑사병으로 추정되는 전염병으로 하룻밤에 18만 5천 명이 죽으므로 예루살렘을 치지는 못한다. 이 때문에 유다에서 여호와의 성전이 있는 성은 무너지지 않는다는 성전 불멸 사상이 생겨났다.

07 실질적인 유다의 마지막 왕이라 할 수 있는 요시야는 최고의 개혁을 했지만, 국제정세에서 히스기야처럼 바벨론 편을 들다가 앗수르를 도우러 가던 애굽의 바로 느고에 의해 전사하고 만다. 그가 전사한 곳이 므깃도로 신약에서는 아마겟돈이라 불린다.
요시야 사후 유다는 한동안 애굽의 속국이 되었으나 애굽의 느고가 갈그미스 전투에서 바벨론에 패한 후 다시 바벨론의 속국이 되었다. 그나마 분봉왕같이 나라를 이어 오던 유다는 시드기야 때 다시 애굽의 힘을 믿고 반역을 일으켰다가 바벨론에 의해 멸망하게 된다.
BC 609년 요시야가 죽고, BC 605년 바벨론이 쳐들어와 다니엘과 그의 세 친구 등 왕족을 볼모로 잡아갔다. BC 597년 여호야김이 반역을 일으키자 바벨론은 그의 아들 여호야긴(여고냐)과 에스겔 등을 잡아갔고, BC 586년 시드기야 때 유다가 멸망했다. 남은 자들은 그달리야를 중심으로 총독부를 이루어 살려 했으나 이것도 실패하여 남은 세력이 예레미야를 데리고 애굽으로 향하였다.

바벨론 포로기에 여전히 빛나던 사람은 요시야가 종교개혁을 할 때 교육받았던 세대였다. 교육이 백년지대계임을 알려 주는 역사적 현장이 아닐 수 없다.

아마겟돈 전쟁터, 므깃도

므깃도는 이스르엘 골짜기의 도시이나 갈멜산 기슭에 위치한다. 신약 시대에서는 아마겟돈(계 16:16)이라 불렸으며, 교통으로 보면 해변길의 중심에 있고, 지리적으로는 이스라엘 전역에서 가장 중요한 장소다. 이를 증명하듯 므깃도 성은 24번 이상 무너졌다 다시 세운 흔적이 있다. 해변길 중심에 위치한 고대 지도를 보면 므깃도가 왜 24차례 이상이나 무너졌다 다시 세워져야 했는지, 그 역사-지리적 중요성을 알 수 있다.

성문만 해도 가나안 시대부터 솔로몬, 아합왕에 이르기까지 차곡차곡 쌓여 있다. 솔로몬의 성문은 다른 성문보다 방이 2개 더 있어 세금을 많이 거둔 화려한 성이었음을 확인할 수 있다. 큰 마구간과 곡식 저장고를 통해 므깃도가 솔로몬 때부터 해변길을 지키는 병거성이었음을 확인할 수 있다. 가장 흥미로운 곳은 아합왕 때 판 수로(水路)다. 35m를 지하로 내려가서 길이 80m의 동굴을 지나야 샘물을 얻을 수 있다. 물은 생명의 근원이다. 이런 곳에 서 냉수 한 그릇을 길어서 대접하는 일은 정성이 담긴 섬김이었으리라.

요한계시록 16:16에 나오는 아마겟돈 전투는 인류의 마지막 전투로 묘사되는데, 이와 비슷한 전투가 이집트의 바로 느고와 유다의 요시야왕 간의 전투였다(왕하 23장). 요시야는 남쪽 유다 왕임에도 불구하고 북쪽 해변길까지 가서 전투했는데, 이것을 통해 그가 당시 이스라엘 전체를 다스리고 있었음을

열왕기하
핫 플레이스

므깃도
갈멜산 엘리야 수도원

므깃도 인장

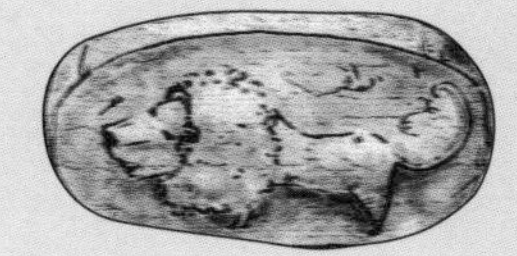

므깃도에서 본 이스르엘평야 파노라마
지평선의 왼쪽부터 다볼산, 모레산, 길보아산이 있다.

므깃도 병거 모형
므깃도 샘으로 가는 지하수로
므깃도 성문 재건

알 수 있다. 그는 다윗 이후 가장 의로운 왕이었고 성전에서 말씀을 발견한 뒤 말씀에 따라 종교개혁을 철저히 단행한 개혁가였다. 그럼에도 불구하고 아마겟돈이라 불리는 므깃도 전투에서 허무하게 죽는다. 그리고 유다는 이집트에 이어 바벨론의 식민지로 들어가 멸망한다. 의인의 멸망이 너무 갑작스럽고 허무하다.

그러나 그가 남긴 요시야 키드 세대가 새로운 시대를 이끌어 가는 것을 본다. 요시야가 종교개혁을 통해 말씀을 읽어 주며 언약을 한 세대, 즉 여고냐, 다니엘, 사드락, 메삭, 아벳느고, 에스겔 등이 포로로 잡혀갔다. 이들은 어둠의 시대에서 한 줄기 희망이 되었으며, 역경 가운데 단련되어 정금같이 나오는 세대가 되었다. 요시야는 므깃도 전쟁에서 패한 것처럼 보였지만 다음 세대에 말씀을 남김으로써 최후의 승자가 되었다.

므깃도 가나안 성문

므깃도 물가

이스르엘의 대표 도시 므깃도-아마겟돈

더 깊은 묵상

말씀을 남기는 자가 최후 승자다

아마겟돈 전투로 요시야는 죽었고 이집트 왕은 유다 왕을 볼모로 잡아 자기 나라로 데려갔다. 몇 년 안 되어 다시 바벨론 느부갓네살왕이 와서 유다 왕족들을 잡아갔다. 이스라엘은 영영 망하였는가? 예레미야는 이렇게 예언한다.

> **여호와의 인자와 긍휼이 무궁하시므로 우리가 진멸되지 아니함이니이다**
> _애 3:22

요시야가 종교개혁을 하면서 말씀을 읽어 주고 언약을 한 세대가 포로로 잡혀갔다. 그리고 그다음 세대인 여고냐, 다니엘, 사드락, 메삭, 아벳느고, 에스겔 등이 어두운 시대에 희망이 되었다. 그들은 역경 가운데 단련되어 정금같이 나오는 세대였다. 요시야는 아마겟돈 전쟁에서 패한 것처럼 보였지만 다음 세대에 말씀을 남김으로 최후의 승자가 되었다. 나는 아마겟돈 전쟁의 승자인가?

갈멜산 엘리야 대결 장소

불이 내린 곳, 갈멜산 엘리야 수도원

갈멜산 북쪽 기슭에 있는 욕느암은 해변에서 북쪽으로 나갈 때 넘어야 하는 갈멜산 3대 통로 중 하나다. 욕느암에서 갈멜산 능선을 따라 산을 오르다 보면 상수리나무들이 숲을 가득 메우고 있다. 갈멜산 482m에 있는 '무흐라카'라는 엘리야 수도원은 엘리야 선지자가 바알의 선지자들과 대결했던 곳이다.

무흐라카 수도원에 들어서면 좌측에 엘리야가 바알 선지자의 목을 밟고 있는 동상이 있다. 수도원 지붕의 전망대에 올라서면 동북쪽 이스르엘 골짜기 전체와 서쪽 지중해 바다가 보인다. 이스르엘 골짜기 방향으로 욕느암성이 갈멜산 기슭에 보이고, 넓은 이스르엘 골짜기가 펼쳐진다. 수도원 바로 아래 북서쪽 이스르엘 골짜기가 보이는 방향으로 150m만 내려가면 넓은 평지가 나오는데 이곳이 엘리야와 바알 선지자가 불을 내리는 대결을 한 장소라고 한다. 이 대결에서 불의 신 바알은 불을 내리지 못하고, 여호와의 종 엘리야가 불을 내렸다.

그런데 3년 6개월 동안 계속된 가뭄에 도랑을 다 채운 물은 어디서 났을까? 어떤 이는 바닷가에서 가져왔다고 하지만 그곳은 직선거리로도 15km가 넘으니 온종일 걸렸을 것이다. 또 다른 이는 갈멜산에 숲이 많아 그곳의 한 샘에서 물을 얻었다고 하나, 그도 턱없이 부족할 터였다. 그렇다면 십중팔구 백성이 가뭄 중에 소중히 보관한 물주머니를 드렸을 가능성이 크다.

갈멜산에서 본 지중해의 가이사랴(중앙)

동쪽에서 바라본 갈멜산과 그 수도원(중앙)

이스라엘 백성은 엘리야의 지시에 따라 당시 무엇보다 귀한 물을 예물로 삼아 정성껏 하나님께 드리고, 하나님의 뜻에 맞는 기도를 드린 것이다. 불은 그 응답으로 내려졌다. 그냥 불이 아니라 제단 위의 제물, 나무, 제단 돌, 그 아래 흙과 주변 도랑에 부어 놓은 물까지도 모두 태워 버린 불이었다. 엘리야와 이스라엘이 원하는 불 이상의 응답이었다. 갈멜산의 돌은 세노마눔이라는 강한 석회암이다. 수천 ℃의 불에나 탈 수 있는 돌을 태운 것이다. 그런데도 주변 사람들은 타거나 해를 당하지 않았다. 그 불은 필요한 것은 모두 태우되 사람은 해치지 않는 응답의 불이었다.

갈멜산 엘리야상

대결이 끝난 뒤 엘리야는 바알 선지자들을 갈멜산 동쪽, 500여 m 아래 기손 시내로 끌고 내려갔다. 갈멜산 위에서 죽이면 간단할 것을 이렇게 멀리까지 내려온 이유는 무엇일까? 이곳은 베니게의 바알 선지자가 들어온 길에 있다. 이곳에서 그들을 죽여 베니게에서 들어오는 사람들에게 이 지역부터가 여호와의 땅임을 경고하는 의미가 담긴 것이다.

아합의 아들 아하시야왕 때 또 한 번 불과 관계된 사건이 갈멜산에서 일어났다. 이번에 내린 응답의 불은 아합 때와는 반대로 사람만 태웠다. 열왕기하 1장에서 아하시야왕은 블레셋 에그론의 바알세붑에게

북서쪽으로 뻗은 갈멜 산지

자신의 병에 관하여 묻기 위해 신하를 보냈다. 이때 엘리야는 이스라엘 왕이 여호와가 아닌 이방신에 의지하였으니 죽을 것이라고 예언한다. 아하시야왕은 자기 죽음을 예언한 엘리야를 잡으러 오십부장을 세 번이나 보낸다. 하나님의 사람, 엘리야를 함부로 취급한 두 명의 오십부장과 군사들은 하늘에서 내린 불로 죽었다. 다만 마지막 오십부장만은 목숨을 부지하고 엘리야에게 왕의 명령을 전할 수 있었다. 마지막 오십부장은 엘리야를 본 것이 아니라 엘리야 뒤에 계시는 하나님을 보고 그의 권위를 인정했기에 목숨을 건질 수 있었다.

갈멜산 대결이 끝나고 기손강까지 내려가 바알 선지자들을 죽인 엘리야는 다시 갈멜산에 올라 무릎 사이에 자신의 얼굴을 파묻고 간절히 기도한다. 무릎 사이에 자신의 얼굴을 넣는 자세는 일반인이 할 수 있는 게 아니다. 굶어 몸이 유연하며 간절하게 자신을 움츠릴 때 나오는 자세다. 이렇게 간절히 기도한 후 엘리야는 시종에게 서쪽에 있는 바다를 쳐다보고 오라고 한다. 왜 서쪽 바다를 보고 오라고 했을까? 이스라엘 지형은 동쪽은 광야이고 서쪽은 바다다. 때문에 동풍은 풀과 꽃을 말리고, 서풍은 소나기를 가져온다(눅 12:54). 그래서 바다 쪽에서 구름이 일어나야 비가 온다는 것을 그 지역 사람들은 다 알고 있었다.

불을 단번에 내렸던 엘리야는 비를 단번에 내리게 할 수는 없었다. 야고보 사도는 엘리야가 우리와 성정이 같은 사람이었지만 그가 간절히 기도한 대로 하늘이 비를 주기도 하고 오랫동안 멈추기도 했다고 했다(약 5:17-18). 엘리야는 갈멜산에서 한 번, 두 번… 일곱 번 간절히 기도한 끝에야 비로소 바다에서 손바닥만 한 구름이 나타났다는 소식을 들었다. 엘리야는 이를 비 소식으로 들었고, 큰비가 올 것을 예측했다. 구름은 갈멜산에 부딪히며 소낙비를 내려 삼 년 반 동안의 가뭄을 해소했다. 비가 올 때 엘리야는 여호와의 권능으로 아합의 병거를 앞서 달릴 수 있었다. 비가 왔다면 병거는 더디게 달렸을 것이고, 엘리야는 축복과 응답의 비를 맞으며 기쁨에 넘쳐 마라토너처럼 달려갔으리라.

더 깊은 묵상

갈멜산에 서서

갈멜산에 서서 엘리야의 기도와 그 기도에 응답하시는 하나님을 바라본다. 엘리야가 우리와 똑같은 성정을 가진 사람이라고 한 야고보서의 말씀이 힘이 된다. 우리도 간절한 기도로 갈멜산의 기적을 만들 수 있음을 알려 준다. 기도하는 자에게 물불을 안 가리고 응답하시는 하나님! 모든 사람이 바알에 넘어가 오로지 나만 여호와 신앙을 지키고 있는 것 같아도 하늘 하나님을 향한 기도는 불가능을 가능케 한다. 기도는 하늘에서 불과 물을 내리게 한다. 동서남북 탁 트인 사방을 보자니, 해변 쪽 화력발전소 굴뚝이 있는 가이사랴 항구가 보인다. 그곳에서 간절한 마음으로 베드로의 말씀을 듣던 백부장 고넬료에게 하나님은 성령의 불로 응답하셨다. 진정한 불, 성령을 받은 이방인 고넬료야말로 엘리야의 불을 이어받은 후예라 할 수 있다. 그가 받은 뜨거운 불씨는 가이사랴 항구를 통해 로마로 전해지더니, 얼마 후 빌립 집사의 중재 사역을 통해 이어졌다. 결국, 이 불씨의 결정적인 항해는 갈멜산 아래 가이사랴 항구에서 복음을 듣고 이방을 향해 나간 사도 바울의 전도 여행과 로마 호송을 통해 절정을 이루었다.

chapter 1

역대상의 주요 무대

예루살렘 다윗성

예루살렘은 베냐민 지역 남쪽 유다 산지의 경계가 되는 도시로, 모세오경, 역사서, 선지서, 시가서 등의 주요 배경이다. 특히 역대상의 사건이 이곳에서 많이 일어났다. 확장을 계속하던 예루살렘이 가장 큰 성이 되었을 때는 성벽 둘레가 4.6km가량 되었다. 창세기에서 사무엘하까지는 여부스성 혹은 다윗성으로 불리던 작은 성에 불과했으나 열왕기상에서 솔로몬이 성전을 건축하면서 모리아산을 포함하여 북쪽으로 확장되었다. 히스기야 시대에 북이스라엘이 멸망하면서 예루살렘으로 유민이 대거 이주하게 되었고, 이때 다윗성 서쪽으로 신도시인 둘째 구역이 세워진다. 성전산 서쪽인 골고다 지역은 예수님 때까지도 성 밖이었다가 충 먹어 죽은 헤롯 아그립바 1세가 성을 확장하면서 성안으로 들어온 후 줄곧 성안에 자리 잡게 된다. 그 결과 다윗성, 성전산, 둘째 구역 혹은 제2구역, 골고다는 한 예루살렘이 되었다.

현재 성벽은 터키 시대 술레이만 대제가 건축한 것으로 원래 성보다 북쪽으로 치우쳐 있다. 동쪽에는 기드론 골짜기가, 서쪽과 남쪽은 힌놈의 골짜기가, 중앙에는 막데스라 불리는 중앙골짜기가 예루살렘 구획을 구분하고 있다.

예루살렘의 이름 변천

이집트는 전쟁을 앞두고 대상 지역을 저주하는 저주문서를 기록했는데, 거기서 예루살렘은 루수리밈(Rushulimin)이라 기록되어 있다. 또한 이집트 왕 아크나톤 때 쓰인 아마르나 문서에서는 우루살림(Urusalim)으로 불리고 있다. 창세기 14장에서는 아브라함이 (예루)살렘 왕 멜기세덱과 만난다. 여호수아 10장에서는 예루살렘이 아모리 족속의 성이었지만, 사사기 1장에서는 여부스족의 성으로 바뀐다. 그러다 다윗이 이곳을 차지해 왕국의 수도로 삼고 시온성, 다윗성 혹은 예루살렘으로 불렀다. 헬라가 정복한 후 한때 안티오키아로, 로마가 AD 70년 예루살렘을 멸망시키고 재건할 때는 하드리안 황제의 가족명인 엘리우스(Aelius)와 로마 수호신 카피톨리누스(Capitolinus)의 이름을 따서 '엘리야 카피톨리나'(Aelia Capitolina)라 불리기도 했다.

성경에 언급된 예루살렘

예루살렘은 성경에서 가장 많이 언급된 지명이다. 예루살렘은 750번이 넘게 나오는데 다윗성까지 포함시킨다면 이보다 더 많이 언급되었다. 시편 등 여러 곳에서 예루살렘을 노래하는 구절을 찾아볼 수 있다.

시 48편: 터가 높고 아름다운 성

시 122편: 잘 짜여진 성읍

시 125편: 산들에 둘린 성

시 132편: 여호와 하나님이 택한 성(76:2, 87편)

시 134편: 여호와의 복이 시온으로부터

시 137편: 절대로 잊을 수 없는 예루살렘

예루살렘 주변 지역

구약 시대 예루살렘은 베냐민 지파에게 분배되어 거대 지파인 에브라임 지파(베냐민 지파를 포함)와 유다 지파의 완충지대 역할을 했던 성이다. 다윗 시대까지 고대 예루살렘성은 산으로 둘러싸이고 기드론 골짜기와 힌놈의 골짜기, 중앙골짜기가 만나는 중간에 있는 배꼽 모양의 산이었다. 그러다 솔로몬이 모리아산 위 아라우나 타작마당에 성전을 세우면서 성의 넓이가 두 배 이상 확장되었다. 이후 성은 계속 확장되어 히스기야 왕 때에는 다윗성 서쪽 높은 언덕이 포함되었고, 로마 시대 유다가 멸망하기 직전에는 북쪽으로도 크게 확장되었다.

다윗과 솔로몬의 예루살렘
중앙의 흰색 궁전이 다윗성이며, 오른쪽 산 위에 솔로몬 성전이 있다.

500년 왕들의 처소

고대 예루살렘성인 다윗성은 둘레가 1km도 채 안 되는 배꼽처럼 생긴 작은 성이었다. 다윗은 예루살렘을 정복한 후 '다윗성'으로 이름을 바꿨다. 살렘 왕 멜기세덱이 살던 성으로, 동쪽에는 감람산 줄기인 멸망산이 있고, 북쪽에는 모리아산이 있다. 이곳이 오래전부터 도시가 될 수 있었던 이유는 성의 동쪽 기드론 골짜기 부근에 기혼 샘이 있었기 때문이다. '기혼'이라는 이름을 통해 예루살렘이 기혼강의 근원인 에덴동산이었음을 알 수 있다. 다윗은 예루살렘을 정복할 때 기혼 샘의 물 긷는 곳(=워런 수구)으로 올라가 성을 함락시켰다고 주장하는 학자도 있지만 최근 발굴이 되면서 수로가 기혼 샘 남쪽에 있었음을 알게 되었다(삼하 5:8). 솔로몬과 왕위를 놓고 경쟁하던 아도니야는 에느로겔에서 왕이 되려다 실패했다(왕상 1:9). 솔로몬은 다윗성의 동쪽 가장자리에 있는 기혼 샘에서 기름 부음을 받아 왕위에 올랐다. 기혼의 샘물을 이용해 정원을 만든 솔로몬은 아마도 기혼 샘 남쪽으로 뻗어 있던 실로암 터널을 이용해 농사도 짓고 정원도 만들었을 것이다. 7년간 성전을 지은 솔로몬은 왕궁을 건축하는 데 13년의 공을 들였다. 그는 열두 사자가 있는 여섯 층계 위 상아로 만든 보좌에 앉았다(왕상 10:18-20).

다윗성은 큰 전쟁을 감당하기에는 작은 성이었기에, 히스기야는 북이스라엘 멸망 후 많은 유민이 넘어와 주민이 많아지자 성을 둘째 구역이라는 곳까지 크게 두르고 기혼 샘 물을 성 안쪽으로 끌어들였다. 다윗성의 사방에는 가나안 시대부터 쌓아 온 다양한 성벽들이 존재한다. 다윗왕 이후 그의 왕조는 모두 이곳에 궁전을 짓고 통치했으니 500년 가까이 왕들이 거하던 곳이다.

chapter 2

역대상 그리기

A지도

B지도

1 역대상을 펴고 '성경에 표시할 부분' 표에 색칠한 부분을 성경에 표시하라. 그리고 지도에는 장절과 키워드를 쓴다.

장절과 키워드 지도에 표시할 부분	성경에 표시할 부분	통독 구절
①5 자손 **야벳 위**	**야벳의 자손**은 고멜과 마곡과 마대와 야완과 두발과 메섹과 디라스요	1:5-7
①8 자손 **함 위**	**함의 자손**은 구스와 미스라임과 붓과 가나안이요	1:8-16
①17 자손 **셈 오른쪽**	**셈의 자손**은 엘람과 앗수르와 아르박삿과 룻과 아람과 우스와 훌과 게델과 메섹이라	1:17-23
①43 에돔 왕 **에돔 위(우상우중)**	이스라엘 자손을 다스리는 왕이 있기 전에 에돔 땅을 다스린 왕은… 브올의 아들 벨라니 그의 도성 이름은 딘하바이며	1:43-54
②3 자손 땅 **유다 오른쪽(우중좌중)**	**유다의 아들**은 에르와 오난과 셀라니… 맏아들 에르는 여호와 보시기에 악하였으므로 여호와께서 죽이셨고	2:3-4
③1 다윗 자손 **헤브론 오른쪽(우중좌하)**	**다윗**이 헤브론에서 낳은 **아들들**… 맏아들은 암논이라 이스르엘 여인 아히노암의 소생이요 둘째는 다니엘이라 갈멜 여인 아비가일의 소생이요	3:1-9

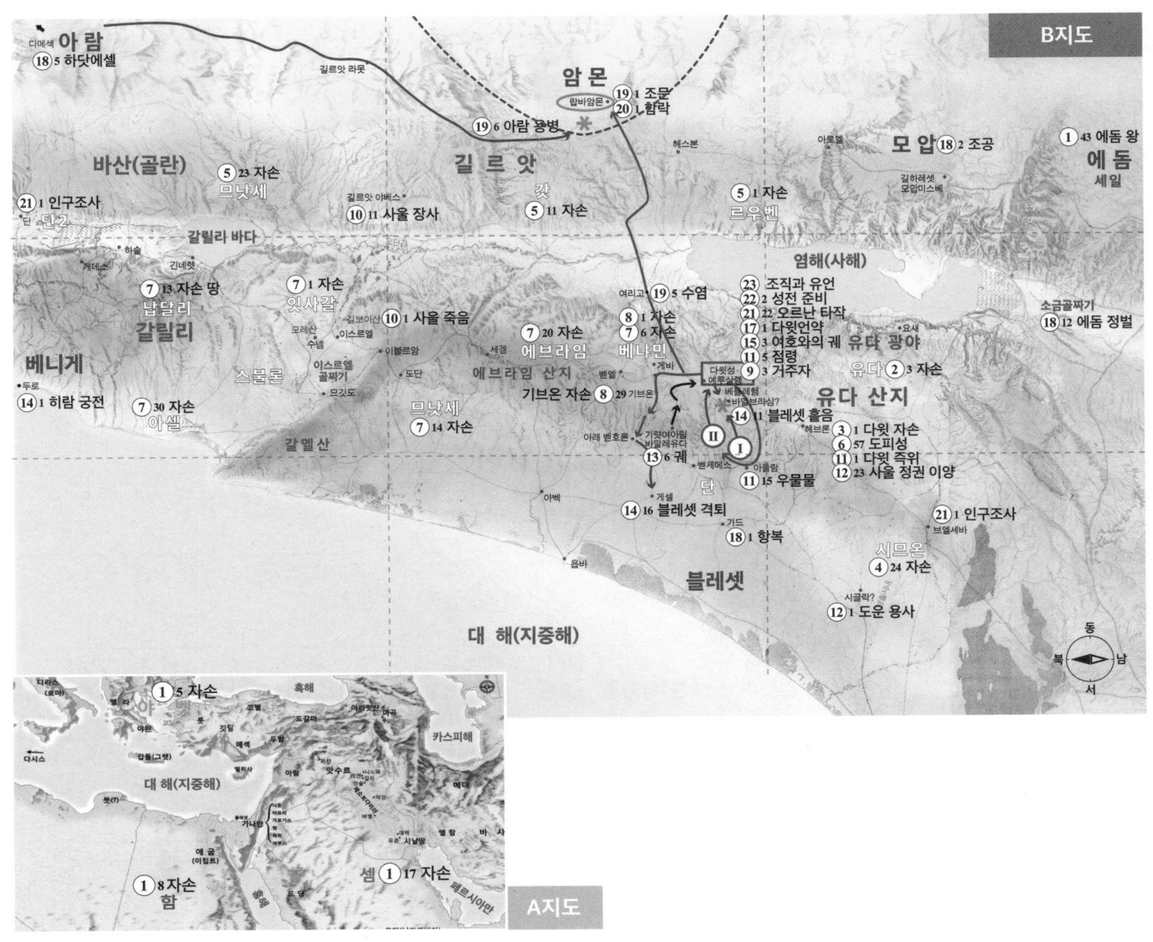

④24 자손 **시므온 아래(우하중중)**	시므온의 아들들은 느무엘과 야민과 야립과 세라와 사울이요	4:24-43
⑤1 자손 **르우벤 위(중상우하)**	이스라엘의 장자 르우벤의 **아들들**은… 르우벤은… 아버지의 침상을 더럽혔으므로… 장자의 명분대로 기록되지 못하였느니라	5:1-10
⑤11 자손 **갓 아래(중상중하)**	갓 **자손**은 르우벤 사람을 마주 대하여 바산 땅에 거주하면서 살르가까지 다다랐으니	5:11-17
⑤23 자손 **므낫세 위(좌상중하)**	므낫세 반 지파 **자손들**이 그 땅에… 번성하여 바산에서부터 바알헤르몬과 스닐과 헤르몬산까지 다다랐으며	5:23-24
⑥57 도피성 **헤브론 오른쪽(우중좌하)**	아론 자손에게 **도피성**을 주었으니 헤브론과…	6:57
⑦1 자손 **잇사갈 위(좌중우상)**	잇사갈**의 아들들**은 돌라와 부아와 야숩과 시므론 네 사람이며	7:1-4

⑦6 자손 **베냐민 위(중중우중)**	베냐민**의 아들들**은 벨라와 베겔과 여디아엘 세 사람이며	7:6-12
⑦13 자손 **납달리 위(좌중중상)**	납달리**의 아들들**은 야시엘과 구니와 예셀과 살룸이니	7:13
⑦14 자손 **므낫세 아래(중중좌하)**	므낫세**의 아들들**은… 길르앗의 아버지 마길이니	7:14-19
⑦20 자손 **에브라임 위(중중중중)**	에브라임**의 아들**은 수델라요 그의 아들은 베렛이요 그의 아들은 다핫이요 그의 아들은 엘르아다요 그의 아들은 다핫이요	7:20-29
⑦30 자손 **아셀 위(좌중중하)**	아셀**의 아들들**은 임나와 이스와와 이스위와 브리아요 그들의 매제는 세라이며	7:30-40
⑧1 자손 **베냐민 위(중중우중)**	베냐민**이 낳은 자**는 맏아들 벨라와 둘째 아스벨과 셋째 아하라와	8:1-5
⑧29 기브온 자손 **기브온 왼쪽(중중우하)**	기브온의 조상 여이엘은 기브온에 거주하였으니 그 아내의 이름은 마아가며	8:29
⑨3 거주자 **예루살렘 오른쪽(중중우중)**	유다 자손과 베냐민 자손과 에브라임과 므낫세 자손 중에서 예루살렘에 **거주한 자**…	9:3-4
⑩1 사울 죽음 **길보아산 오른쪽(좌중우중)**	블레셋 사람들과 이스라엘이 싸우더니 이스라엘 사람들이… 도망… 길보아산에서 **죽임**을 당하여…	10:1
⑩11 사울 장사 **길르앗야베스 아래(중상좌하)**	11 길르앗야베스 모든 사람이 블레셋 사람들이 사울에게 행한 모든 일을 듣고 12 …야베스로 가져다가… **장사**하고 칠 일간 금식하였더라	10:2-14
⑪1 다윗 즉위 **헤브론 오른쪽(우중좌하)**	온 이스라엘이 헤브론에 모여 **다윗**을 보고… 우리는 왕의 가까운 혈족이니이다	11:1-3
⑪5 점령 **예루살렘 오른쪽(중중우중)**	여부스 원주민이 다윗에게 이르기를 네가 이리로 들어오지 못하리라 하나 다윗이 시온산성을 **빼앗았으니** 이는 다윗성…	11:4-9
⑪15 우물물 **아둘람 아래(중하우상)**	15 세 사람이… 아둘람 굴 다윗에게 이를 때에 블레셋 군대가 르바임 골짜기에… 17 베들레헴 성문 곁 **우물물**을… 마시게…	11:15-19
⑫1 도운 용사 **시글락 아래(우하좌중)**	다윗이… 사울로 말미암아 시글락에 숨어 있을 때에 그에게 와서 싸움을 **도운 용사** 중에…	12:1-7
⑫23 사울 정권 이양 **헤브론 오른쪽(우중좌하)**	싸움을 준비한… 지휘관들이 헤브론에 이르러 다윗에게로 나아와서 여호와의 말씀대로 사울의 나라를 그에게 돌리고자…	12:23
⑬6 궤 **기럇여아림 아래(중중우하)**	다윗이 온 이스라엘을 거느리고… 기럇여아림에 올라가서 여호와 **하나님의 궤**를 메어 오려…	13:1-14
⑭1 히람 궁전 **두로 아래(좌중좌하)**	두로 왕 **히람**이 다윗에게 사신들과 백향목과 석수와 목수를 보내 그의 궁전을 건축하게 하였더라	14:1-2

⑭11 블레셋 흩음 **바알브라심 아래(중중우하)**	무리가 바알브라심으로… 다윗이… **그들**을 치고… 하나님이… 내 손으로 내 대적을 흩으셨다… 이름을 바알브라심이라…	14:8-12
⑭16 블레셋 격퇴 **게셀 아래(중하우상)**	다윗이 하나님의 명령대로 행하여 블레셋 **사람들의 군대를 쳐서** 기브온에서부터 게셀까지…	14:13-17
⑮3 여호와의 궤 **예루살렘 오른쪽(중중우중)**	다윗이… 온 무리를 예루살렘으로 모으고 **여호와의 궤**를 그 마련한 곳으로 메어 올리고자…	15:1-15
⑰1 다윗 언약 **예루살렘 오른쪽(중중우중)**	1 다윗이… 궁전에 거주할 때… 선지자 나단에게… 나는 백향목 궁에 거주하거늘… 언약궤는 휘장 아래에… 12 **왕위**를 **영원히 견고**하게…	17:1-15
⑱1 항복 **가드 아래(중하우상)**	다윗이 블레셋 사람들을 쳐서 **항복**을 받고… 가드와 그 동네를 빼앗고	18:1
⑱2 조공 **모압 오른쪽(우상중중)**	모압을 치매… 다윗의 종이 되어 **조공**을 바치니라	18:2
⑱5 하닷에셀 **아람 아래(좌상좌상)**	다메섹 아람… 소바 왕 **하닷에셀**을 도우러 온지라 다윗이 아람 사람 이만 이천 명을 죽이고	18:3-8
⑱12 에돔 정벌 **소금 골짜기 아래(우중우상)**	아비새가 소금 골짜기에서 에돔 사람 만 팔천 명을 **쳐죽인지라**	18:12-13
⑲1 조문 **랍바암몬 오른쪽(중상중중)**	1 암몬 자손의 왕 나하스가 죽고 그의 아들이 대신하여 왕이 되니 2 다윗이… 나하스가 전에… 호의를 베풀었으니… **문상**하게…	19:1-3
⑲5 수염 **여리고 오른쪽(중중우상)**	그 사람들이 당한 일을 말하니라… 왕이… 너희는 **수염**이 자라기까지 여리고에 머물다가 돌아오라…	19:4-5
⑲6 아람 용병 **길르앗 위(중상좌하)**	암몬 자손이 자기가 다윗에게 밉게 한 줄 안지라… 은 천 달란트를 **아람**…에 보내 병거와 마병을 삯 내되	19:6-9
⑳1 함락 **랍바암몬 오른쪽(중상중중)**	왕들이 출전할 때… 다윗은 예루살렘에 그대로 있더니 요압이 랍바를 쳐서 **함락**시키매	20:1-3
㉑1 인구조사 **브엘세바 위(우하중상)** **단 위(좌상좌하)**	1 사탄이… 이스라엘을 대적하고 다윗을 충동하여… **계수**하게… 2 브엘세바에서부터 단까지… 계수하고…	21:1-2
㉑22 오르난 타작 **예루살렘 오른쪽(중중우중)**	다윗이 오르난에게… 타작하는 곳을 내게 넘기라… **제단**을 쌓으리니… 전염병이 백성 중에서 그치리라…	21:22-30
㉒2 성전 준비 **예루살렘 오른쪽(중중우중)**	다윗이… 이스라엘 땅에 거류하는 이방 사람을 모으고 석수를 시켜 하나님의 성전을 **건축**할 돌을 다듬게…	22:2-5
㉓ 조직과 유언 **예루살렘 오른쪽(중중우중)**	1 다윗이… 늙으매 아들 솔로몬을 이스라엘 왕으로… 2 **모든 방백과 제사장과 레위 사람**을 **모았더라**	23:1-2

2 다윗의 역사를 역동성 있게 표시해 보자. 사무엘하 지도와 비슷하니 참고하라.

01 다윗의 언약궤 이동

1) 기럇여아림 도시 점에서 예루살렘으로 향하는 **검정 화살표**를 두 개로 끊어 그려라.

2) 앞은 베레스 웃사가 죽는 곳까지고 다음은 언약궤 이동을 성공한 화살표다.

02 통일왕국 방해를 위한 블레셋 침공

1) 블레셋의 1차 침공을 표시하기 위해 아둘람 점 위에 **파랑 원**을 두른 Ⓘ을 쓰고 거기서 바알브라심 왼쪽 점까지 **파랑 화살표**를 그려라.

2) 다윗의 반격 표시로 예루살렘에서 바알브라심 점까지 **초록 화살표**를 그려라.

3) 다윗과 블레셋의 전쟁 표시로 바알브라심 점에 **빨강 별표**를 하라.

4) 블레셋 2차 침공을 표시하기 위해 기럇여아림 오른쪽에 **파랑 원**을 두른 Ⅱ를 쓰고, 예루살렘까지 **파랑 화살표**를 하라.

5) 다윗의 반격으로 예루살렘에서 나온 **초록 화살표**가 아둘람을 스치고 Ⓘ을 돌아 Ⅱ까지 간다.

6) 다윗의 추격을 표시하기 위해 예루살렘 점에서 게바를 거쳐 기브온 점까지 하나, 기브온 점에서 아래 벧호론까지 또 하나의 **초록 화살표**를 그려라.

7) 아래 벧호론에서 게셀까지 길을 따라 **파랑 화살표**를 하라.

03 암몬 전쟁

1) 암몬의 경계를 그리기 위해 **파랑 점선**으로 암몬과 랍바 암몬을 포함하는 U자형 반원을 그려라.

2) 암몬 왕의 다윗 사신 모독으로 군대를 보내는데, 예루살렘 왼쪽에서 여리고를 지나 길을 따라 랍바 암몬까지 **초록 화살표**를 그려라.

3) 전쟁을 표시하기 위해 랍바 암몬 아래 **빨강 별표**를 하라.

4) 아람이 암몬을 돕기 위해 진격하는 표시로 다메섹에서 왕의 대로를 따라 랍바 암몬 아래 별표까지 **파랑 화살표**를 하라.

5) 랍바 암몬을 **빨강 타원**으로 둘러라.

3 지도의 의미와 교훈

01 지도에 표기된 이름들을 따라가다 보면 사람의 이름이 대부분 지명으로 굳어진 것을 알 수 있다. 계보를 다루는 전반부는 창세기 10장의 셈, 함, 야벳 자손부터 시작하여 여호수아 때 지파를 분배한 순서를 존중해 가면서 각 자손의 땅을 소개하고 있다. 다만 동쪽 지파의 소개를 마친 뒤 바로 이어서 유다 자손과 레위 자손의 땅 분배 과정을 소개한다. 역대상 9장에서 포로에서 돌아온 사람들을 언급하고 있는데, 이는 이 책이 포로기 이후에 기록되었음을 알려 준다. 따라서 주요 족보는 포로에서 돌아온 유다와 레위 사람들 위주로 기록되어 있다.

5장 1절에서 르우벤 지파의 장자권이 요셉 지파로 넘어가 장자가 받는 두 배의 축복을 요셉 지파의 에브라임과 므낫세가 분배받았음을 언급하고 있다. 그러나 분배 순서에서는 장자권이 존중되지 않고 있다. 잇사갈, 베냐민, 납달리 지파를 소개한 후에 므낫세와 에브라임을 소개하고 있는 것이다. 이는 바벨론 포로기 이후 북이스라엘 자손은 돌아오지 못한 데다 에브라임 산지였던 북쪽은 어쩌면 사마리아인들같이 혼혈이 되어 변질된 땅이 되어 버렸으므로 북쪽 지파에 대한 부정적인 시각을 반영한다고 볼 수 있다.

02 지도에서 보듯 역대상은 다윗의 사적을 자세히 기록하고 있는데, 사울왕을 언급한 9장과 10장도 다윗이 왕이 되는 과정의 한 부분으로 묘사한다. 역대상 11장부터 본격적으로 다윗의 활약을 기록하고 있다. 헤브론에서 그의 왕위가 시작되었지만 바로 예루살렘

으로 옮겨진다. 12장에서 다윗을 도운 용사들을 언급한 뒤에 13장부터는 언약궤를 옮기고 14장에서는 블레셋의 공격을 두 번이나 막아 낸다. 언약궤를 옮기는 과정을 한 번에 기록한 사무엘상과 달리 역대상은 궤를 옮기려다 실패한 뒤 블레셋과 전쟁을 치르고 나서 다시 언약궤를 옮긴 것으로 기록하고 있다. 이는 예루살렘이 정치적인 수도라기보다 종교적인 수도임을 강조하는 기술인 듯하다. 역대상은 포로기 이후 레위인의 기록이다 보니 아무래도 신앙적인 면을 우선시하는 역사관을 가지게 되었다.

03 다윗의 왕정은 전쟁의 승리와 같은 긍정적인 이야기에 초점을 맞추고 있다. 19장과 20장은 암몬의 랍바 암몬을 배경으로 하는데 이때 일어난 다윗의 범죄 사건 기록이 없다. 21장부터는 다윗의 치적 중 가장 중요한 성전 건축에 초점을 둔다. 다윗은 언약을 받고, 오르난 타작마당에서 불로 응답을 받으면서 그곳을 성전 터로 삼는다. 이어 성전 건축을 준비하기 위해 레위인의 조직을 23장부터 26장까지 세부적으로 나눈다. 그리고 28장부터는 성전 건축에 대해 다시 명한다. 다윗과 백성이 성전 건축을 얼마나 정성스럽게 준비했는지를 보여 주는데, 이는 다윗이 성전을 세우는 일에 초점을 맞춘 삶을 살았음을 보여 준다. 역대상은 대부분 예루살렘에서 일어난 사건을 다루었다.

예루살렘 다윗성

다윗성의 궁전터, 계단식 성벽, 기혼샘, 워런 수구, 히스기야 터널, 실로암, 다윗 성벽, 다윗과 솔로몬의 무덤

성지의 블랙홀, 예루살렘

성경의 배경 중 가장 중요한 장소를 하나 꼽으라면 단연 '예루살렘'이다. 그래서 나는 한때 역사 지리적으로 성취된 성경을 연구하는 박사 논문을 준비하면서 예루살렘에 대해 쓰려 했다. 그러나 고고학자들을 만난 뒤 그 욕심을 내려놓았다. 고고학자들 사이에서 예루살렘은 블랙홀이라고 불린다. 200년 넘게 계속되는 발굴에도 여전히 아무런 결론을 내릴 수 없기 때문인데, 발굴할수록 새로운 자료가 계속 나온 탓이다. 이렇게 변화무쌍한 곳을 논문으로 쓰는 것이 엄두가 나지 않았다. 특히 다윗성의 발굴 결과는 놀랍다. 다윗성은 내가 처음 방문한 1992년과 지금이 너무나 다르다. 발굴뿐 아니라 전시 규모와 깊이가 확연히 달라졌다. 앞으로도 계속 추가되는 자료들로 인해 지금과 또 다른 모습을 하게 될 것이다. 그럼에도 지금까지 나온 자료들이라도 소개하는 것이 나의 사명이라 생각되어 성지순례와 성경 해석에 필요한 자료를 정리해 본다.

현대 예루살렘
황금돔이 있는 곳이 모리아산 즉 성전산이고, 왼쪽(남쪽) 성 밖 긴 언덕이 다윗성이다. 연기가 오르는 지역이 둘째 구역이고, 성전 앞이 기드론 골짜기이며, 둘째 구역을 두르는 골짜기가 힌놈의 골짜기다.

다윗성의 궁전터

다윗성의 정상 부근 관리사무소 지하에는 최근에 발굴되어 정리한 다윗의 궁전터가 있다. 이스라엘의 다음 세대는 성을 새롭게 세울 때 폐허 위에 세우는 방식을 택하지 않았다. 다윗의 궁전은 이전의 유적을 깨끗이 청소하고 기반암 위에 성을 세우기를 반복했다. 그런 까닭에 지층을 통해 그 땅의 역사를 알기란 어렵다. 다만 새로운 건물을 세울 때 남아 있던 이전 건물의 조각 등이 발견되곤 한다.

여후갈의 인장

다윗성 정상의 기반암이며 이 위에서 여후갈의 인장이 찍힌 불라가 발견되었다.

다윗 시대 궁전에 사용되었을 것으로 추정되는 거대한 돌 조각 구조물
두로와 히람이 다윗에게 궁전을 지어 줬다.

> 시드기야왕이 셀레먀의 아들 여후갈과 마아세야의 아들 제사장 스바냐를 선지자 예레미야에게 보내 청하되 너는 우리를 위하여 우리 하나님 여호와께 기도하라 하였으니 _ 렘 37:3

다윗성 기반 위에서 셀레먀의 아들 여후갈의 인장인 불라가 발견되었다. 시드기야의 대신인 여후갈이 인을 쳐서 만든 두루마리 문서가 있었는데 문서는 타거나 썩고 인장만이 남았다. 시드기야왕이 제사장과 함께 여후갈을 예레미야에게 보낸 것을 보면 그가 최고 지위의 대신이었던 것 같다.

다윗 궁전으로 추정케 하는 거대한 돌 조각물

> 두로 왕 히람이 다윗에게 사절들과 백향목과 목수와 석수를 보내매 그들이 다윗을 위하여 집을 지으니 _삼하 5:11

2005년 엘리엇 마잘이 다윗성 정상의 기반석 위에서 큰 건물에 사용되었을 법한 거대한 돌 조각 구조물을 발견했다. 이는 다윗이 두로 왕 히람의 도움을 받아 BC 10세기에 만든 그의 궁전과 관계가 있다고 본다. 그는 새로 건물을 세울 때 청소하지 않은 건물과 건물 사이의 공간에서 BC 10세기의 유물을 발견하고 이 건물이 백향목 궁이라 알려진 다윗의 궁전일 수 있다고 주장했다. 이는 또한 다윗 시대에 성이 존재했음을 증명하는 근거가 되었다. 그동안 다윗성에서 다윗 시대의 유물이 나오지 않았던 것이다. 하지만 일부 학자들은 이것만으로 다윗궁의 비밀이 다 드러났다고 할 수 없다고 주장한다.

계단식 성벽

다윗성의 경사도는 매우 가파르다. 그래서 그 경사지에 건물을 짓기 위해서는 계단식 테라스를 쌓아야 한다. 이것은 다윗이 밧세바를 범하는 상황을 설명할 때 좋은 배경을 제공한다. 계단식으로 된 궁의 정상에는 궁전이 있고 신하들의 집은 테라스에 위치하기에 왕은 사람들의 집 내부를 쉽게 엿볼 수 있었다. 고고학자 케년(Kathleen kenyon)에 따르면 '밀로'라는 단어는 동쪽 경사지에 건물을 세울 때 채운 돌이라고 한다(삼하 5:9, 왕상 9:15, 대하 32:5). 히브리 대학의 이갈 실로(Yigal Shiloh) 교수는 다윗성 발굴에서 가장 중요한 지역으로 다윗성의 동쪽 면 'G구역'을 설정하였고, 테라스와 많은 유적을 발견했다.

고고학계에서 다윗성의 가장 중요한 부분이라 보는 G구역이다. 계단식 성벽과 그 안의 여러 방과 가옥을 볼 수 있다. 왼쪽 각진 성벽이 하스모니아 시대의 성벽이고, 기둥이 있는 곳이 아히엘의 집이며, 오른쪽 계단이 보이는 곳이 불탄 방이다. 중앙에는 화장실 변기도 보인다.

계단식 돌 구조

G구역이라 불리는 이 구조는 넓이가 13m이고 높이는 18m이다. 전체 55계단으로 되어 있고 아래쪽 지하는 아직도 발굴 중이다. 5층보다 높은 이곳은 이스라엘의 철기 시대 유적 중 아주 큰 장소에 속한다. 이 구조의 오직 북쪽 반만이 보존되어 있다. 계단식 구조는 거대한 성벽을 버티게 해주는 구조다. 아마 쉽게 오르지 못하도록 석회로 발라져 있었을 것이다. 고고학자 캐년은 이 구조가 경사지 정상에 있는 망대와 함께 포로기 이후의 것으로 추정했지만, 기초석의 일부는 후기청동기 시대 가나안의 것이다. 반면에 일부분은 BC 9세기 혹은 10세기 말의 구조로 되어 있다.

아히엘의 집

계단식 성벽 중간에 한 가옥이 있는데 이곳에서 '아히엘의 집'이라고 쓰인 두 개의 토기 조각(ostraca)이 발견되어 '아히엘의 집'으로 불린다. 이 집은 지붕을 버티는 기둥들로 4개의 방을 구분한 전형적인 이스라엘 집이다. 남쪽 밖에 있는 계단은 옥상으로 오르는 계단으로 추정된다. 동쪽 면에 비해 서쪽 면이 잘 보존되어 있다. 집 안쪽에서 BC 586년 멸망 당시의 화장품과 가정용품이 발견되었다. 집 오른쪽에서 고급 화장실이 발견되어 지위가 높은 사람의 집이었음을 알 수 있다.

'아히엘의 집'이라고 쓰인 토기가 발견된 곳으로 전형적인 이스라엘 집인 4방 구조를 가진 계단식 가옥이다.

화장실 변기
아히엘은 고급 화장실을 가졌지만 아래 토양은 설사를 반복한 흔적이 있어 예루살렘 포위 시 위생이 열악했던 상황을 반영한다.

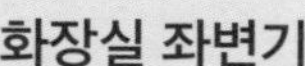

화장실 좌변기

두 개의 화장실이 다윗성 발굴에서 발견되었다. 사용 연대는 BC 7~6세기로 여겨지며, 적어도 하나는 BC 586년 예루살렘 멸망 직전까지 사용되었다. G구역 아히엘의 집 오른쪽에서 발견된 돌로 만든 좌변식 변기는 '솔로몬의 보좌'라는 이름이 붙을 정도로 고급스럽다. 이렇게 큰 돌로 된 화장실 변기는 요르단 쪽에서 일부 발견되었지만, 이스라엘에서 발굴된 적이 없다. 이 화장실은 평평한 돌을 엉덩이 모양으로 동그랗게 깎고 중앙에 구멍을 뚫었다. 비슷한 돌로 만든 변기는 이집트 아마르나 시대부터 알려졌다. G구역에서 발견된 변기는 석회암으로 만들어졌고 화장실 깊이는 2m가 넘는다. 변기에는 두 개의 구멍이 있는데, 큰 구멍은 아래로 뚫렸고 하나는 다른 방향으로 향하고 있다. 발굴자들은 작은 것은 남성의 소변을 위해 만들어졌을 것이라 주장한다. 도기로 된 사발도 좌변기 옆에서 발견되었다. 이는 손을 씻거나 분뇨를 씻는 위생 용도로 사용했을 것이다. 화장실 아래 토양을 조사한 결과 조잡한 콩류를 소화하지 못한 분변이 발견되었다. 이는 성이 포위되었을 때 왕족들조차도 음식이 없고 위생이 안 좋아 설사를 반복했음을 알려 준다.

아히엘의 집과 불탄 방

불탄 방

여호와의 성전과 왕궁을 불사르고 예루살렘의 모든 집을 귀인의 집까지 불살랐으며 _왕하 25:9

아히엘의 집 북쪽 아래에 '불탄 방'(The Burnt Chamber)으로 알려진 건물이 있다. 유대인 거주 지역의 불탄 집(Burnt House)과 구별하기 위해 불탄 방이라고 칭한다. 불탄 방은 주변의 다른 방처럼 BC 7세기에 지어졌고 BC 586년에 무너졌다. 이 건물은 열왕기하 25장 9절의 언급처럼 바벨론에 의해 예루살렘이 멸망당할 때 불사름을 당했다는 증거다. 화재로 수리아산 고급 목재 가구가 숯덩어리가 되어 버렸고 철숟가락과 화살촉 등이 두꺼운 재로 쌓인 채 발견되었다.

불래(Bullae, 인장)의 집

불탄 방 아래쪽에서 51개의 진흙으로 만든 인인 불래(불라의 복수형)가 발견되었다. 이 불래는 예루살렘 고고학 역사에서 가장 중요한 발견 중 하나다. 이 건물은 파피루스나 양피지로 된 많은 두루마리가 보관된 문서고였는데 화재로 문서가 타면서 진흙 인이 구워져 귀중한 유물로 남았다. 인에 새겨진 이름 중 사반의 아들 그마랴(렘 36:10)와 힐기야의 아들 아사랴(스 7:1)는 성경에도 언급된 이름이다. 출처가 밝혀지지 않은 바벨론 멸망 전 250개의 불래가 1975년 골동품 시장에 나왔다. 이 불래에는 선지자 예레미야를 개인적으로 돕던 네리야의 아들 바룩의 인장도 포함되어 있었다.

G구역과 각진 하스모니아 시대 성벽

하스모니아 망대

> 예루살렘이 황폐하고 성문이 불탔으니 자, 예루살렘성을 건축하여 다시 수치를 당하지 말자 _느 2:17

하스모니아 망대는 G구역 왼쪽 모서리의 각진 성벽이다. 이는 다윗성과 신약 시대 서쪽 언덕을 두른 '첫 번째 성벽'의 한 부분이다. '첫 번째 성벽'은 요세푸스가 붙인 이름으로 BC 2세기 하스모니아 왕가에 의해 건설되었다. 이 성벽은 BC 70년 로마에 의해 멸망당하기 전까지 다윗성을 보호했다. 망대는 느헤미야가 바사에서 돌아와 세운 성벽을 따라 건설되었을 것이다.

다윗성의 상수도

> 그때에 여호와께서 이사야에게 이르시되 너와 네 아들 스알야숩은 윗못 수도 끝 세탁자의 밭 큰 길에 나가서 아하스를 만나 _사 7:3

기혼샘에서 히스기야 터널로 흘러가는 물

기혼샘에서 뻗은 세 개의 상수도

예루살렘의 상수원은 기혼샘이다. 기혼샘은 예루살렘의 유일한 샘물로 간헐천이다. 기혼이라는 이름도 간헐적으로 '용솟음친다'라는 뜻이다. 우기인 겨울에는 4~6시간마다, 건기인 여름에는 8~10시간마다 30~40분씩 하루 1200만 리터 정도의 물이 나온다. 이는 하루 2500명 정도 마실 수 있는 양이다. 기혼샘을 중심으로 예루살렘에는 세 개의 수로 시스템이 있다.

첫째, 고대 다윗성과 기혼 샘을 지하로 연결하는 '워런 수구'다. 둘째, 솔로몬이 완성한 것으로 보이는 기드론 골짜기를 따라 판 '실로암 터널'이다. 셋째, 히스기야왕 때 완성된 '히스기야 터널'로 실로암 연못으로 물을 보내 준다.

워런 수구

워런 수구

찰스 워런은 1860년대에 물 긷는 수구를 발견한 탐험가다. 이 수구는 기혼 샘 물을 성안에서 안전하게 길어 올릴 수 있도록 고안된 것으로 생각되었으나 최근 발굴에 의하면 자연동굴로 추정된다. 워런 수구(Warren's Shaft) 시스템은 네 부분으로 구성되어 있다. 다윗성에서 계단식으로 만든 바윗길을 내려간다. 이후 수평으로 돌아서는 터널을 지난다. 이때 13m 정도의 수직 갱도가 나온다. 갱도 아래에서 기혼 샘물을 얻으러 갈 수 있는 수평 터널이 있다. 최근 발굴에 의하면 기혼 샘 옆에는 대형 물저장고(Pool Tower)가 있어 그곳에서 물을 길어 올렸을 것이라 추정한다.

가나안 시대 샘을 지키는 망대
망대 왼쪽 아래에는 기혼 샘물을 받아 두는 물저장고가 있었다.

큰 기반암 위의 석조 망대는 3800년 전 중기청동기 시대 예루살렘 가나안 주민에 의해 세워졌다. 이 망대는 성 아래쪽에 위치한 기혼 샘물을 보호하기 위해 거대한 돌로 세워졌다. 샘의 물은 기초석을 파서 뚫은 수로를 따라 또 하나의 망대로 요새화된 큰 물저장고로 흘러갔다. 전쟁 시에 두 개의 큰 병행 성벽이 있어 보호를 받으며 물저장고에서 물을 얻었다. 다윗이 부하들에게 예루살렘의 물 긷는 곳을 따라 정복하라 했을 때 공격로로 이런 수구를 사용했을 가능성도 있다. 이사야가 아하스를 만나기 위해 윗못 수돗가 세탁자의 밭 큰 길에 섰다는 표현은 워런 수구 앞에 섰음을 의미하리라 본다. 왕은 성에서 가장 중요한 상수시설을 수시로 점검했을 것이기 때문이다.

히스기야 터널

실로암 비문
히스기야 터널을 뚫고 남긴 기념 비문이다.

히스기야 터널과 주전 6세기 그리스의 에우팔리노스 터널(0.6x1000m)은 고대 최고의 수로 시설이다. 히스기야는 앗수르 산헤립이 쳐들어오기 전 성을 넓게 확장하고 물의 안전을 확보하기 위해 기혼 샘을 막고 수로의 물을 성안으로 끌어들였다(왕하 20:20, 대하 32:30). 성벽을 힌놈의 골짜기를 따라 넓게 건축하면서 다윗성 서쪽 벽의 막데스라는 중앙골짜기도 성안으로 포함되었다. 이곳에 실로암 연못을 만들고, 570m나 되는 히스기야 터널을 만들어 기혼 샘의 물을 실로암 연못으로 보냈다. 1880년 터키가 예루살렘을 통치할 때 한 아이가 실로암 터널 벽에 있는 비문을 발견하였다. 20세기까지 발견된 히브리어 비문 중 가장 오래된 것으로 히스기야 터널 건설 기술자가 터널을 만드는 공정을 기록한 것이었다.

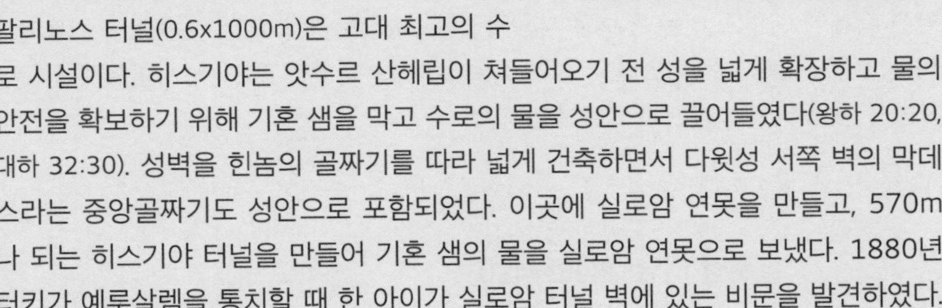

"여전히 각 사람은 그의 동료를 향하여 망치질했다. 그리고 여전히 3규빗을 남겨 놓았을 때 그 동료들을 부르는 동료의 소리를 들을 수 있었다. 왜냐하면, 오른쪽과 왼쪽이 겹치고 있기 때문이었다. 터널이 뚫렸을 때 동료를 얼싸안고 망치를 서로 부딪쳤으며 물은 샘으로부터 1200규빗(548m)을 흘러왔다. 바위의 높이는 100규빗(46m)이었다."(ANET 321)

실로암

'실로암'은 '보내다'라는 어근을 가진 히브리어의 '실로아흐'에서 유래했다. 실로암 연못은 해발 620m이며 성전산보다 120m가 낮아 다윗성에서 가장 낮은 지역이다. 발굴 전 실로암 연못 크기는 길이 16m에 넓이가 5.5m, 깊이가 5.8m밖에 되지 않았지만, 발굴을 통해 그 규모가 어마어마했음을 알 수 있었다.
요세푸스는 중앙골짜기 남쪽에 위치한 물 근원지로 실로암을 자주 언급하면서 그 물이 달콤하고 풍부했다고 기록했다. 제롬은 실로암이 시온산 아래의 샘이며 그 물은 규칙적으로 흐르지 않지만 어떤 날 어느 시간에 매우 강한 바위 구멍과 동굴에서 큰 소음과 함께 나온다고 했다. 현재 실로암 연못에 있는 노란빛 성벽은 에우도

발굴 전 실로암
기혼 샘물이 히스기야 터널을 통해 이곳으로 흘러온다.

발굴된 실로암의 북쪽 부분
발굴된 규모로 보면 정결 예식을 하는 거대한 연못이었음을 알 수 있다.

치아 왕비(Eudocia, 444~460)가 세운 교회 벽이다. 이 교회는 614년 페르시아인들에 의해 무너졌고 1900년경에 모스크로 대치되었다. 실로암은 하나님을 버리는 이스라엘을 책망할 때 비유로 사용되었고, 예수님은 자신을 거부하고 죽이려는 유대인의 시도가 있은 후에 실로암의 역사적 의미를 부각시켰다(사 8:5-8).
신약 시대 실로암 물은 초막절 축제에 매일 드리는 헌수로 사용되었다. 시체를 염할 때 씻는 물로도 사용되었고, 성전에 올라온 사람들의 정결탕으로도 사용되었다고 한다. 예수님이 날 때부터 맹인 된 사람에게 이곳에 가서 눈을 씻으라고 하신 말씀은 정결 의식과 관련이 있었을 것이다.

실로암 터널
가나안 시대에 건설되어 솔로몬도 사용한 수로다.

실로암 터널(가나안 터널)

실로암 터널은 중기청동기 시대에 만들어졌다. 기혼 샘에서 시작된 물길은 다윗성의 동쪽 가장자리를 따라 남쪽 기드론 골짜기 아래쪽으로 흐른다. 약간 외곽 쪽으로 흐르던 기혼 샘물은 히스기야가 터널을 파면서 물길이 성안 실로암으로 향하게 되었다. 400m에 달하는 이 터널은 기드론 계곡에서 경작에 필요한 물을 공급할 목적으로 만들어졌다. 우기 때에는 기드론 골짜기로부터 물을 끌어들여 집수할 수 있게 했다. 현재까지 발굴된 터널의 길이는 약 120m다. 실로암 터널 위에 세워 놓은 실로암 망대가 무너져 18명이 죽은 일을 예수님이 언급하신 적이 있다(눅 13:4).

기혼 샘 위의 성벽으로 아래 거대한 돌은 중기청동기 시대의 성벽이다.

다윗 성벽

청동기 시대 성벽

캐년에 의해 길이 12m와 폭 2.5m의 중기청동기 시대의 성벽이 발견되었다. 성벽 도랑에서 중기청동기 시대 항아리들이 발견되었다. 성벽은 중기청동기의 전형적인 성벽인 큰 기반석 위에 거대한 돌로 세워졌다. 실로도 30m 연속된 성벽을 발견했는데 이는 BC 1800년부터 750년까지의 것으로 예루살렘 최초의 성벽이다. 캐년의 주장에 따르면, 그 성벽에 연결된 망대는 성문이 있던 곳으로 생각되었으나 도로가 있어 발굴을 끝내지 못했다. 성문은 이론적으로 경사 더 아래에 위치한 기혼 샘 부근에 있었을 것이다.

철기 시대 성벽

A구역 아랫부분에서 철기 시대 성벽도 발견되었다. 20m가량의 성벽은 BC 7세기의 것으로 보이는데 추가로 100m가 더 발굴되었다. 성벽은 5m 높이로 올렸으며 몇 단계로 쌓은 3m 높이가 보존되어 있다. 일부는 므낫세왕 때 지어진 것으로 보인다(대하 33:14). 일부 성벽은 이전 성벽의 돌들을 재사용하여 건축했다. 다윗성의 동쪽 마지막 축대의 기초는 중기청동기 시대 성벽이다.

> 그 후에 다윗성 밖 기혼 서쪽 골짜기 안에 외성을 쌓되 어문 어귀까지 이르러 오벨을 둘러 매우 높이 쌓고 또 유다 모든 견고한 성읍에 군대 지휘관을 두며 _대하 33:14

다윗성 남동쪽의 성벽으로 철기 시대와 중기청동기 시대의 성벽이 혼재해 있다.

다윗의 무덤으로 추정되는 장소로 수세기에 걸친 도굴로 형태를 알아보기 힘들 정도가 되었다.

다윗과 솔로몬의 무덤

현대 다윗 기념 무덤은 '시온산'이라 불리는 서쪽 언덕 마가의 다락방 아래에 위치해 있지만, 성경은 다윗이 다윗성에 매장되었고 솔로몬도 그의 조상들과 함께 자매 그의 아버지 다윗의 성읍에 장사되었다고 전한다(왕상 11:43). 기혼 샘에서 남쪽으로 난 실로암 터널을 따라 나가면 솔로몬과 그 이전 시대에 쌓은 성벽이 보인다. 넓은 성벽 위로는 큰 바위들이 기반암을 드러내며 요철처럼 파여 있다. 초기 동굴이던 무덤들은 모두 파괴되어 속을 드러내고 있다. 요세푸스는 하스모니아 왕국 시대에 요한 힐카누스왕이 다윗의 무덤을 파헤쳐 막대한 보물을 도굴했다고 보았다. 이후 이곳은 약탈되고 버려지고 깨져 바닥 일부만 남은 상태이지만, 대부분의 학자들은 이곳이 다윗과 솔로몬의 무덤이라고 본다.

chapter 1

역대하의 주요 무대

예루살렘 성전산

구약의 역사

아브라함이 롯을 구출하고 돌아오면서 살렘 왕 멜기세덱을 만났는데(창 14:18), 이때 함께 예배했던 곳이 모리아산으로 추정된다. 훗날 아브라함은 이삭을 바치기 위해 모리아산으로 돌아왔다(창 22장). 이 모리아산이 바로 다윗의 아라우나 타작마당이자 솔로몬이 성전을 세운 성전산이다.

솔로몬은 다윗성 북쪽에 있는 모리아산 아라우나 타작마당에 성전을 세웠다(대하 3:1). 히스기야는 앗수르 산헤립의 침공에 대비해 다윗성과 성전산에 더해 제2구역이라는 곳까지 성벽을 넓혔다(대하 33:14). 여러 왕의 다사다난한 사건이 예루살렘에서 있었고, BC 586년 바벨론 왕 느부갓네살에 의해 멸망했다. 그리고 70년 후인 BC 516년 바벨론에서 돌아온 스룹바벨과 예수아에 의해 성전이 재건되었다. 그러나 성벽 완성은 요원하여 성전 예배 안전이 보장되지 않던 차에 에스라가 와서 율법을 세우고, BC 445년 느헤미야가 총독으로 와서 52일 만에 예루살렘 성벽을 재건하여 제2성전 시대가 시작되었다.

예루살렘 파노라마

예루살렘의 서쪽에서 바라보면 감람산 능선 위에 3개의 탑이 보인다. 북쪽은 히브리 대학, 가운데는 빅토리아 병원, 남쪽은 예수님 승천탑이다. 승천탑이 세워진 감람산 아래 맞은편에 예루살렘성이 있지만 배꼽 모양으로 들어가 있어 능선만 보일 뿐이다. 예루살렘 북쪽에는 라마, 미스바, 벧엘 같은 에브라임 산지의 중요 도시가 있고, 남쪽으로는 베들레헴 같은 유다 도시가 있다. 예루살렘을 동쪽에서 보기 위해서는 아무래도 감람산 전망대가 최적지다. 감람산 동쪽 기슭에는 나사로의 고향 베다니가 있고, 감람산 정상 부근에는 예수님이 나귀 타고 입성했던 벳바게가 있다. 그리고 감람산 서쪽 기슭에는 겟세마네가 있다. 감람산과 예루살렘성 사이에 남북으로 길게 지나는 기드론 골짜기가 자리 잡고 있다. 기드론 골짜기를

따라 남쪽으로 내려가다 보면 예루살렘 남쪽과 서쪽을 두르고 있는 힌놈의 골짜기를 만난다. 힌놈의 골짜기는 깊고 음침하여 제사 제물을 버리는 쓰레기장 역할을 했다. 헬라어 '게헨나' 즉 '지옥'이라는 말이 '힌놈의 골짜기'에서 나왔다.

기드론 골짜기와 힌놈의 골짜기가 만나는 남쪽에 아겔다마가 보인다. 가룟 유다가 목매어 죽은 이곳에 오누프리우스 수도원이 있다. 가룟 유다가 목을 맨 줄이 끊어져 힌놈의 골짜기 즉 게헨나, 지옥으로 떨어졌다. 육신과 영혼이 모두 지옥에 떨어진 셈이다.

예루살렘은 남쪽 부분이 다윗성이고 북쪽이 성전이 있던 산이다. 이 성을 히스기야왕이 확장하여 큰 성이 되었다. 다윗성은 최초의 예루살렘으로 현재는 성벽이 둘러 있지 않지만 중요한 장소가 많다. 원래 예루살렘은 작은 성이었다. 아무리 많이 들어가도 2천 명 넘게 살 수 없는 성이다. 예전에 성은 왕과 귀족들만 살았다. 그밖의 사람들은 성 밖에서 살았다. 왕만 살아 있으면 그 나라는 전쟁에서 이긴 것이나 다름없었다. 그래서 히스기야 때도 나라는 앗수르에게 초토화되었지만 왕도가 살아 승리한 셈이 되었다. 이런 문화에서 만왕의 왕 되신 예수님이 길거리의 한 동굴, 양우리에 그것도 출생이 의심스럽게 태어나셨으니, 사람들이 그를 왕으로 인정할 수 있었겠는가? 다윗성에서 북쪽으로 눈을 돌리면 거대한 기초석 위에 잘 쌓아올린 성전산이 보인다. 성전산 동쪽 성벽에 우뚝 서 있는 동문이 눈에 띈다. 에스겔서에서 언급되었듯이, 동문은 메시아가 오기만을 기다리며 굳게 닫혀 있다(겔 44:2).

동문 뒤로 성전 터가 보인다. 솔로몬 성전이 있던 터에 지금은 황금으로 장식된 황금돔이 있어 이슬람 성지가 되었다. 황금돔 남쪽의 한 장소는 알 아크사(황금사원)라는 회교 사원이 위치한다. 무함마드가 꿈에 이곳에 와서 하늘로 승천했다 내려온 장소라 한다. 성전산 황금돔 너머로 서쪽에 거무스름한 큰 돔이 하나 있는데 그곳이 골고다이자 예수님의 무덤이 있던 성묘교회다. 성묘교회에서 왼쪽으로 눈을 돌리면 예루살렘에서 가장 남서쪽에 위치한 큰 탑이 나온다. 그곳 아래가 마가의 다락방이다.

예루살렘을 항공 사진으로 보면 놀라운 사실을 발견하게 된다. 성부 하나님께서 내리신 돌판이 있던 성전과 성자 예수님의 죽음과 부활이 있던 골고다, 성령 하나님께서 임하신 마가의 다락방이 삼각형 모양을 이루고 있는 것이다. 삼위일체 하나님께서 예루살렘에서 중요한 일을 행하고 그 흔적을 남기셨다. 요한계시록에서 장차 올 천국을 왜 새 예루살렘이라고 했는지 알 것 같다(계 21:2).

성전산

이스라엘 박물관에 있는 헤롯 성전 모형도

성전산은 아브라함이 이삭을 바쳤던 모리아산이다. 아브라함은 이곳을 여호와 이레라 하였고, 다윗 때는 아라우나 타작마당이라 불렀다. 다윗성 바로 북쪽에 솟은 산으로, 높은 곳에 도시의 산당을 세운 고대의 관습에 따르면, 아브라함이 살렘 왕 멜기세덱을 만나 제단을 쌓은 곳도 모리아산일 가능성이 크다. 원래 다윗성이 '시온'이라 불렸지만, 후에는 성전산이 시온산이라 불렸다. 이곳은 창조, 타락, 구원을 완성하려 성부 하나님의 언약궤와 성자 예수님의 죽음과 부활, 성령 하나님의 임재가 있는 땅 중의 땅이다.

솔로몬은 다윗이 남겨 준 유산으로 이곳에 7년 만에 성전을 완성했다. 베니게의 두로 왕 히람이 보낸 기술자들은 성막을 확장한 모양으로 성전을 건설했지만, 일부는 베니게의 영향을 받았다. 특히 동물 형상을 금지하던 당시의 관습과 다르게 물저수조(=놋바다) 아래에 소들의 형상이 새겨져 있다. 솔로몬의 성전을 제1성전이라 하고, 스룹바벨이 돌아와 다시 세운 성전을 제2성전이라 부른다. 역대 왕들은 다윗성과 성전산을 연결하기 위해 둘 사이를 오벨이라는 지역으로 메웠다(대하 27:3, 33:14).

고대 예루살렘은 다윗성으로 불린다. 다윗의 상징인 하프가 입구에 조각되어 있다.

chapter 2

역대하 그리기

A지도

B지도

1 역대하를 펴고 '성경에 표시할 부분' 표에 색칠한 부분을 성경에 표시하라. 그리고 지도에는 장절과 키워드를 쓴다.

장 절과 키워드 지도에 표시할 부분	성경에 표시할 부분	통독 구절
①6 일천 번제 **기브온 아래(중중우하)**	6 놋 제단에… **천 마리 희생**으로 번제… 7 그날 밤… 솔로몬에게 나타나…내가 네게 무엇을 주랴 너는 구하라 하시니	1:1-13
②3 성전 건축 도움 **두로 아래(좌중좌하)**	솔로몬이 사절을 두로 왕 후람에게 보내어… 전에 내 아버지 다윗에게 백향목을 보내어… 궁궐을 건축하게 한 것같이 **내게도 그리하소서**	2:1-3
③1 오르난 타작 **성전 위**	솔로몬이… 모리아산에… 전 건축… 전에 여호와께서… 다윗에게 나타나신 곳… 여부스 사람 **오르난의 타작 마당**에…	3:1-2
⑤2 언약궤 이동 **다윗성 위**	솔로몬이 여호와의 **언약궤**를 다윗성 곧 시온에서… 메어 올리고자… 족장들을 다 예루살렘으로 소집하니	5:2-10
⑥12 솔로몬 기도 **성전 위**	**솔로몬**이 여호와의 제단 앞에서… 모든 회중과 마주서서 그의 손을 펴니라	6:12-17
⑦1 불 응답 **성전 위**	솔로몬이 기도를 마치매 **불**이… 내려와서… 번제물과 제물들을 사르고 여호와의 영광이 그 성전에 가득하니	7:1-2

⑧5 솔로몬 성읍 **아래 벧호론 아래(중중중하)**	윗 벧호론과 아랫 벧호론을 건축하되… 견고한 성읍으로 만들고	8:3-6
⑨1 스바 여왕 **유다와 소금골짜기 중간(우중중중)**	**스바 여왕**이 솔로몬의 명성을 듣고… 어려운 질문으로 솔로몬을 시험하고자… 예루살렘에 이르니	9:1-9
⑩1 왕-멍에 **세겜 아래(중중좌중)**	1 르호보암이 세겜으로… 온 이스라엘이 그를 **왕**으로 삼고자 하여 세겜에… 4 **멍에**를 가볍게 하소서… 왕을 섬기겠나이다	10:1-5
⑪5 르호보암 성읍 **유다 산지 위(중중좌하)**	**르호보암**이 예루살렘에 살면서 유다 땅에 방비하는 **성읍**들을 건축하였으니	11:5-12

⑫2 애굽 왕 시삭 **아스글론 오른쪽 사선(중하우하)**	그들이 여호와께 범죄하였으므로 르호보암왕 제오년에 애굽 **왕 시삭**이 예루살렘을 치러…	12:1-8
⑬4 아비야 전쟁 **스마라임 아래(중중중중)**	**아비야**가 에브라임산 중 스마라임산 위에 서서… 여로보암과 이스라엘 무리들아 다 들으라	13:1-22
⑭9 아사 기도 **마레사 위(우하좌상)**	9 구스 사람 세라가… 치려… 군사 백만 명과 병거 삼백 대를 거느리고 마레사에 이르매… 11 아사가… 하나님 여호와께 **부르짖어**…	14:9-15
⑮16 아사 태후 폐위 **기드론 시내 위**	아사왕의 어머니 마아가가 아세라… 목상을 만들었으므로… **태후의 자리를 폐하고**… 우상을 찍고 빻아 기드론 시냇가에서 불살랐으니	15:16-19
⑯1 국경 전쟁 **라마 위(중중우중)**	아사왕 제삼십육년에 이스라엘 왕 바아사가 유다를 치러 올라와서 라마를 건축… 사람을 유다 왕 아사에게 왕래하지 못하게 하려…	16:1-3
⑯4 아사 요청 **이욘 오른쪽(좌상좌하)**	벤하닷이 **아사왕의 말**을 듣고… 지휘관들을 보내어 이스라엘 성읍들을 치되 이욘과 단과 아벨마임과 납달리의 모든 국고성들을 쳤더니	16:4-6
⑰11 여호사밧 조공 **아라비아 아래(우중우하)**	블레셋 사람들 중… **여호사밧에게**… 조공을… 아라비아 사람들도…드렸더라	17:10-11
⑱28 아합 죽음 **길르앗 라못 오른쪽(좌상우상)**	28 이스라엘 왕과 유다 왕 여호사밧이 길르앗 라못으로… 34 저녁때까지 아람 사람을 막다가 해가 질 즈음에 **죽었더라**	18:28-34
⑲4 여호사밧 재판관 **브엘세바 오른쪽(우하중상)**	4 **여호사밧**이… 브엘세바에서부터 에브라임 산지까지… 두루 다니며… 여호와께로 돌아오게 하고 5 … **재판관**을 세우되…	19:4-11
⑳1-2 연합군 **엔게디 왼쪽(우중좌상)**	1 **함께**… 여호사밧을 치고자… 2 어떤 사람이 와서… 큰 무리가 바다 저쪽 아람에서 왕을 치러 오는데… 엔게디에…	20:1-4
⑳20 찬양대 **드고아 오른쪽 위(우중좌중)**	20 백성들이… 일찍이… 드고아 들로… 나갈 때에 여호사밧이… 너희는… 여호와를 신뢰하라… 21 **노래하는 자들**을 택하여…	20:20-25
⑳26 브라가 **유다 광야 아래(우중좌중)**	넷째 날에 무리가 브라가 골짜기에 모여서… 여호와를 송축…	20:26-30
⑳36 파선 **에시온게벨 아래(우중우중)**	36 두 왕이 서로 연합하고 배를 만들어 다시스로 보내고자 하여 에시온게벨에서 배를 만들었더니 37 … 그 **배들이 부서져서**	20:36-37
㉑8 여호람 배반 **에돔 위(우상우중)**	여호람 때에 에돔이 **배반하여** 유다의 지배하에서 벗어나… 왕을 세우므로	21:8-10
㉑16 여호람 침략 **아라비아 아래(우중우하)**	여호와께서 블레셋 사람들과 구스에서 가까운 아라비아 사람들의 마음을 격동시키사 **여호람을 치게** 하셨으므로	21:16-17
㉒6 아하시야-예후 **이스르엘 오른쪽(좌중우중)**	6 요람이 아람 왕 하사엘과 싸울 때… 상한 것을 치료하려… 이스르엘로 돌아왔더라… 유다 왕… 아사랴(**아하시야**)가 이스르엘에… 방문하였더라 7**예후**… 아합의 집을 멸하게…	22:6-7

㉒10 아달랴 **예루살렘 위(중중우중)**	아하시야의 어머니 **아달랴**가… 아들이 죽은 것을 보고… 유다 집의 왕국의 씨를 모두 진멸하였으나	22:10-12
㉓14 요아스 즉위 **성전 위**	14 제사장 여호야다가… 그(아달랴)를 따르는 자는 칼로 죽이라… 20 왕궁에 이르러 왕(요아스)을 나라 **보좌에** 앉히매	23:12-15
㉔21 스가랴 죽음 **성전 위**	20 **스가랴**를… 21 무리가 함께 꾀하고 왕(요아스)의 명령을 따라… 여호와의 전 뜰 안에서 돌로 **쳐죽였더라**	24:20-22
㉕11 아마샤 우상 **소금 골짜기 위(우중우상)**	11 **아마샤**가… 백성을 거느리고 소금 골짜기에 이르러 세일 자손 만 명을 죽이고 14 …돌아올 때에 세일 자손의 **신들**을 가져와… 분향한지라	25:11-13
㉕23 아마샤 잡힘 **벧세메스 위(중하우상)**	이스라엘 왕 요아스가 벧세메스에서… 유다 왕 **아마샤를 사로잡고**… 성벽을 에브라임 문에서부터 성 모퉁이 문까지 사백 규빗을 헐고	25:23-24
㉖6 웃시야 **야브네 오른쪽 위 사선 (중하우중)**	**웃시야**가… 블레셋 사람들과 싸우고 가드 성벽과 야브네 성벽과 아스돗 성벽을 헐고 아스돗 땅과 블레셋… 가운데에 성읍들을 건축하매	26:6-15
㉖19 웃시야 나병 **성전 오른쪽 위**	**웃시야**가… 향로를 잡고 분향하려 하다가… 화를 낼 때에 여호와의 전 안 향단 곁 제사장들 앞에서… 이마에 **나병**이 생긴지라	26:16-21
㉗3 요담 윗문 건축 **성전 오른쪽 위**	그(요담)가 여호와의 전 **윗문을 건축**하고 또 오벨 성벽을 많이 증축하고	27:3-4
㉗5 요담 정복 **암몬 오른쪽(중상중상)**	1 **요담**이… 5 암몬 자손의 왕과… 싸워… **이겼더니** 그 해에 암몬 자손이 은 백 달란트와… 제이년과 제삼년에도…그와 같이 바쳤더라	27:5-6
㉘3 아하스 분향 **힌놈의 골짜기 위**	1 **아하스**가… 3 힌놈의 아들 골짜기에서 분향… 이방 사람들의 가증한 일을 본받아 그의 자녀들을 불사르고	28:1-7
㉘18 확장 **블레셋 위(중하우중)**	블레셋 사람들도 유다의 평지와 남방 성읍들을 침노하여 벧세메스와 아얄론과 그데롯과 소고… 딤나… 김소… 점령하고… 살았으니	28:18
㉘15 포로 귀환 **여리고 위(중중우상)**	11 (유다) 포로를 놓아 돌아가게 하라… 진노가 너희에게 임박… 15 먹이고 마시게… 여리고에… **돌려준 후**에 사마리아로 돌아갔더라	28:15
㉘23 아하스-디글랏 빌레셀 **다메섹 아래(좌상좌상)**	20 **디글랏빌레셀**이… 공격… 23 자기를 친 다메섹 신들에게 제사… 나를 돕게 하리라 하였으나… **아하스**와 온 이스라엘을 망하게…	28:16-27
㉙18 히스기야 성결 **성전 오른쪽 위**	**히스기야**왕을 보고… 여호와의 온 전과 번제단과 그 모든 그릇들과 떡을 진설하는 상과 그 모든 그릇들을 **깨끗하게**…	29:17-19
㉚11 유월절 참여 **스불론 아래(좌중중중)**	1 히스기야가… **유월절**을 지키라… 11 아셀과 므낫세와 스불론 중에서 몇 사람이 스스로 겸손한 마음으로 예루살렘에…	30:1-12
㉛1 히스기야 개혁 **유다 오른쪽(우중중하)**	이스라엘 무리가 나가서 유다 여러 성읍… 주상들을 깨뜨리며 아세라 목상들을 찍으며… 산당들과 제단들을 **제거**…	31:1-4

㉜9 산헤립 **라기스 오른쪽(우하좌상)**	**산헤립**이… 라기스를 치며… 신하들을 예루살렘에 보내… 히스기야와 예루살렘에 있는 유다 무리에게… 이르기를	32:9-15
㉜30 **실로암 오른쪽**	히스기야가… 기혼의 윗샘물을 막아 그 아래로부터 다윗성 서쪽으로 곧게 끌어들였으니… 그의 모든 일에 형통하였더라	32:30
㉝4 므낫세 제단 **성전 오른쪽 위**	1 **므낫세**가… 2 여호와 보시기에 악을 행하여… 4 내 이름을 예루살렘에 영원히 두리라 하신 여호와의 전에 **제단**들을 쌓고	33:1-9
㉝24 아몬 살해 **다윗성 위**	23 아몬이… 여호와 앞에서 스스로 겸손하지 아니하고 더욱 범죄… 24 신하가 반역하여 **왕**을 궁중에서 **죽이매**	33:22-25
㉞14 요시야 책 **성전 오른쪽 위**	무리가 여호와의 전에 헌금한 돈을 꺼낼 때에 제사장 힐기야가… 여호와의 **율법책**을 발견하고	34:14-21
㉞22 훌다 **미쉬네 아래**	힐기야와 왕이 보낸 사람들이 여선지자 **훌다**에게로 나아가니… 예루살렘 둘째 구역에 살았더라…	34:22-28
㉟22 요시야 죽음 **므깃도 아래(좌중우하)**	22 **요시야**가… 느고의 말을 듣지 아니하고 므깃도 골짜기에 이르러 싸울 때에 23 활 쏘는 자가 요시야왕을 쏜지라… 24 **죽으니**	35:22-25
㊱19 시드기야 멸망 **성전 오른쪽 위**	19 하나님의 전을 **불사르며** 예루살렘 성벽을 헐며… 모든 궁실을 불사르며… 모든 귀한 그릇들을 부수고 20 …바벨론으로 **사로잡아 가매**	36:19-21

2 남왕국 유다의 솔로몬부터 멸망까지를 역동성 있게 표시해 보자. 열왕기상하와 겹치는 부분이 많다.

01 스바 여왕 방문

엘롯 위에서 시작한 **검정 화살표**는 염해 방향으로 오다가 유다로 향하는 길로 내려와 헤브론, 벧술을 지나 예루살렘 앞 에담으로 향한다.

02 르호보암 성읍 건축

베들레헴, 드고아, 에담, 십, 벧술, 헤브론, 아도라임, 아둘람, 소고, 아세가, 마레사, 소라, 아얄론, 라기스 밑에 초록 밑줄을 그어라.

03 아비야와 여로보암의 국경 전쟁

1) 예루살렘 왼쪽에서 스마라임을 향해 길 따라 초록 화살표를 그려라.

2) 아비야를 대항해 세겜에서 스마라임으로 오는 주황 화살표를 길 아래를 따라 그려라.

3) 스마라임 오른쪽에 전쟁 표시인 **빨강 별표**를 한다.

4) 별표에서 여사나와 에브론을 향하여 **초록 화살표**를 하나씩 그려라.

04 애굽 시삭의 침략

애굽 검정색 화살표에서 해변길을 따라오다 아브네를 지나면서 위쪽 길로 올라가서 소라 왼쪽, 아래 벧호론을 지나 기브온을 향해 **파랑 화살표**를 그려라.

05 아사와 구스 세라의 전투

1) 블레셋과 그랄 중간에서 시작하여 라기스 왼쪽까지 **파랑 화살표**를 그려라.

2) 소라에서 오른쪽 아래 마레사까지 **초록 화살표**를 그려라.

3) 마레사 왼쪽에 **빨강 별표**를 하라.

4) 마레사에서 라기스를 지나 그랄 조금 못 미치는 곳까지 추격 표시인 **초록 화살표**를 두 개 그려라. 초록 화살표 끝에서 그랄 조금 지나서까지 **파랑 화살표**를 그려라.

06 바아사와 아사의 국경 전쟁

1) 세겜 오른쪽에서 길 따라 라마와 미스바를 향해 **주황 화살표**를 그려라.

2) 라마 왼쪽 점에 **빨강 사각형**을 둘러라.

3) 아사의 요청에 의해 아람이 다메섹 왼쪽에서 단을 향해 공격한다. 다메섹에서 단을 향해, 아벨마임에서 납달리를 향해 **주황 화살표**를 그려라.

4) 단, 이욘, 아벨마임 도시 점에 **빨강 덧칠**을 하라.

5) 납달리를 **빨강 타원**으로 둘러라.

6) 게바 오른쪽 점과 미스바 위의 점에 **초록 사각형**을 둘러라.

07 길르앗 라못 전투

1) 사마리아에서 왼쪽으로 **초록**(우)과 **주황**(좌) 화살표를 평행으로 그려라. 도단과 이스르엘을 지나 요단강을 넘어 길을 따라 길르앗 라

못을 향하는 화살표를 그려라.

2) 길르앗 라못 오른쪽에 **빨강 별표**를 하라.

08 여호사밧과 모압 연합군 전투

1) 모압의 '압' 자 아래 왕의 대로에서 아래로 내려와 염해 옆의 닛산 반도(혓바닥 모양) 오른쪽을 지나 엔게디를 향해 **파랑 화살표**를 그려라.

2) 랍바 암몬에서 오른쪽 왕의 대로를 따라 내려가다 모압 아래를 지나면서 모압 화살표와 평행으로 엔게디를 향하는 **파랑 화살표**를 그려라.

3) 세일에서 왼쪽으로 왕의 대로를 따라가다 모압 화살표와 평행으로 엔게디를 향하는 **파랑 화살표**를 그려라.

4) 여호수아 반격으로 예루살렘 아래에서 드고아를 지나 엔게디까지 부드럽게 사선으로 올라가는 **초록 화살표**를 그려라.

09 아라비아의 여호람 공격

아라비아 왼쪽에서 브엘세바 왼쪽 위의 사거리를 지나고 헤브론으로 올라가는 길을 따라 예루살렘 왼쪽 점을 향해 **파랑 화살표**를 그려라.

10 이스라엘 요아스와 유다 아마샤 전투

1) '①6 일천 번제'의 '①6' 오른쪽에서 벧세메스의 '메' 자를 향해 **초록 화살표**를 그려라.

2) 사마리아 오른쪽에서 아래로 내려가 욥바를 향하는 사거리에서 오른쪽으로 꺾어 김소 아래 길을 지난 다음 위로 올라가 벧세메스까지 **주황 화살표**를 그려라.

3) 화살표 끝에 **빨강 별표**를 그려라.

11 웃시야의 세력 확장

1) '①6 일천 번제'의 '①6' 아래에서 가드 왼쪽 점을 향해 약간 굽은 **초록 화살표**를 그려라.

2) 가드 왼쪽에서 야브네까지, 가드 도시 원에서 아스돗을 향해 **초록**

화살표를 각각 그려라.

3) 가드 글자 아래에 초록 밑줄을 그어라.

12 블레셋 확장

블레셋 왼쪽에서 김소까지, 딤나를 향해, 아얄론을 향해, 벧세메스를 향해, 소고를 향해 4개의 **파랑 화살표**를 그려라.

13 히스기야 개혁

1) 유월절에 참여한 북이스라엘 지파인 잇사갈, 스불론, 아셀, 므낫세 아래에 **파랑 밑줄**을 그어라.

2) 히스기야 때 우상을 제거한 지역인 유다, 베냐민, 에브라임, 므낫세 아래에 주황 밑줄을 그어라(대하 31:1).

14 앗수르 산헤립 침략

1) 다메섹에서 아래로 단, 이욘, 아벨마임을 지나 해변길을 따라 오다 라기스로 향하는 **파랑 화살표**를 그려라.

2) 라기스 주위를 빨강 타원으로 둘러라.

3 지도의 의미와 교훈

01 역대상은 모든 민족에서 시작하여 이스라엘 지파들을 소개하더니 유다 지파에 초점을 맞추는 듯하다. 역대하는 유다 지파의 사건 중에서도 예루살렘에 대부분 집중한다. 다른 지역에서 일어나는 사건도 모두 예루살렘에 수도를 두고 있는 열왕들에 의해 일어난 사건이기 때문이다.

02 아마샤가 에돔과의 전쟁에서 승리한 후 우상을 취함으로써 벧세메스 전투에서 포로가 된 일과 그로 인해 예루살렘 성벽이 헐리고 여호와의 성전이 약탈당한 일을 자세히 기록한 것(25장) 외에 역대하는 대다수 왕들을 긍정적으로 평가하고 있다. 심지어 열왕기에서 가장 악한 왕으로 꼽는 므낫세조차도 다시 회개하고 돌아왔다

고 기록한다. 역대하는 북이스라엘 역사를 유다 역사에 딸린 하나의 역사로 간주하고 있으며, 유대 역사를 기록하면서도 가능하면 긍정적인 부분만을 발굴했다고 볼 수 있다.

03 포로기 이후에 기록된 역사서이다 보니 역대상과 비슷하게 예루살렘에 많은 사건이 집중되었는데, 그중에서도 성전산에서 일어난 사건이 10장 넘게 기록되어 있다. 포로기 이후 종교적인 자유는 있으나 정치적인 자유는 없게 되자 제사장이 득세하면서 역사적인 기록도 제사장 중심의 성전에 중점을 두지 않았을까 생각한다.

성전산 터

솔로몬이 성전을 세운 터와 스룹바벨이 두 번째 세운 성전 터는 현재 남아 있을까? 성전 터가 어디인지는 논쟁이 있으나 현재 황금돔이 세워진 곳이 가장 유력한 후보지다. 다윗성의 궁전 터도 그렇고 성전산의 성전 터도 그전에 살던 사람들의 흔적을 다 쓸어내고 깨끗한 기반석 위에 건물을 세웠다. 황금돔 바닥은 이곳저곳 파인 흔적이 있는 천연 바위이며, 주변 지역 이곳저곳에도 기반암이 보인다. 정말 거대한 바위 위에 성전을 세운 흔적을 볼 수 있다. 넓은 바위 위에 성전을 온전히 세울 수 없어 주변 지역을 평탄하게 하는 작업을 했다. 헤롯이 확장한 성전 터에는 신약 시대에 와서 가장 넓은 로마의 신전이 세워졌다.
아브라함이 제단을 쌓은 여호와 이레와 다윗이 제단을 쌓은 아라우나 타작마당은 바위만 있는 땅이었지만, 솔로몬 때부터 인공적으로 넓어지기 시작하여 헤롯이 마지막으로 확장했다. 성전산은 크게 두 단계 높이로 되어 있다. 아래는 알 아크사라는 지역과 정원이고 그 위는 성전산 터다. 위에서 북쪽으로 내려가는 계단을 자세히 보면 건축 양식이 조금 다른 바닥이 있는데 이로써 성전 터를 확장했음을 알 수 있다. 동쪽 계단은 미문이 있던 자리에 아치형 문이 있고, 그 아래쪽으로 동문이라는 황금문이 있는데, 지금은 무슬림 여학교로 사용하고 있다. 미문에서 바라보면 감람산이 정면에 보이고 예수님이 눈물을 흘리셨다는 눈물 교회에서 겟세마네 교회까지 손에 잡히듯 보인다.

성전산 남쪽 기초돌
종이 한 장 들어가지 않는 간격으로 쌓은 거대한 기초돌은 수세기 동안의 지진 등에서 예루살렘을 지켰다.

황금문의 안쪽
무슬림 여자학교로 사용되고 있다.

성전의 벽과 문

고대 성전문은 9개였다. 서쪽 벽은 상부 도시를 바라보고 있다. 이 벽에는 19세기 학자들의 이름을 인용해 로빈슨 아치 등으로 불리는 4개 문이 있었다. 이들은 아마 제사 의식을 위해 주로 사용되었을 것이다. 남쪽 벽에는 훌다 문이라고 하여 2개의 문이 있었다. 순례자들은 대개 남쪽 문을 통해 들어갔다. 북쪽 벽은 사용하지 않았을 것으로 추정되는 1개의 문이 있다. 동쪽 벽은 황금문을 포함해 2개의 문이 있었을 것으로 추정된다. 성전산 넓이는 약 14만 m^2다. 오늘날 고대 도시 전 지역의 1/6에 해당한다. 크기와 디자인에서 보면, 성전산은 고대에서 가장 뛰어난 건축물 중 하나로 로마 세계 전역으로부터 관심을 받았다. 덕분에 예루살렘은 '동방의 유명 도시'가 되었다.

예루살렘 성전산의 동쪽 성벽
앞에는 무슬림의 무덤들이 즐비하다.

동쪽 벽과 황금문

동쪽 성벽

감람산에 오르면 성전산의 성벽이자 예루살렘의 성벽이기도 한 동쪽 성벽과 함께 굳게 닫혀 있는 황금문이 보인다. 전해지기로는 에스겔이 환상을 볼 때 이곳을 여호와께서 지나셨기에 사람은 지나지 못하도록 막아 놓았다고 한다. 그래서인지 부활을 믿는 무슬림은 그 성벽 앞에 자신의 무덤을 만들었고, 유대인은 감람산에 무덤을 만들었다. 메시아가 오셔서 다시 동문을 열면 먼저 부활하기 위해 가장 가까운 곳에 무덤을 둔 것이다. 동쪽 성벽의 남쪽 모서리 부분에는 두 번의 성벽 확장 흔적이 보인다. 스룹바벨에 이어 하스모니아, 마지막으로 헤롯이 성전 터를 남쪽으로 더 확장한 흔적이라 여겨진다.

동쪽 문

동문인 황금문은 페르시아에서 예루살렘으로 거룩한 십자가를 가져온 629년 승리의 행진 때 헤라클리우스 황제에 의해 세워졌거나, 640년경 비잔틴 시대가 끝날 무렵 혹은 이슬람 시대가 시작되는 시기에 세워졌을 것이다. 구조의 웅장함 때문에 유스티니안에 의해 세워졌다고 주장하기도 하는데, 당시에 건축된 이중문과 유사해서 우마야드 시기의 것으로 추정할 수 있다.
비잔틴 예술의 최고 전통으로 치장한 이 성문은 비슷한 방식으로 이중 성문을 꾸민 무슬림들에게도 인기가 있었다. 이 문은 초기 이슬람 시대에는 개방되었으나 십자군 기간 동안에는 1년에 두 번, 종려 주일과 환희

성전산의 동문인 황금문

축제 명절에만 개방했다. 그러다 아이유브 왕조(1171~1341년) 때 공식적으로 폐쇄되었다. 성스런 지역으로 직접 들어가는 문을 이용하지 못하도록 막은 것이다. 그 결과 에스겔서 44:2의 “이 문(동문)은 닫고 다시 열지 못할지니 아무도 그리로 들어오지 못할 것은 이스라엘 하나님 나 여호와가 그리로 들어왔음이라 그러므로 닫아 둘지니라”는 말씀이 이뤄졌다고 보기도 한다.

황금문 아래에 옛 문이 있었을 것이다. 제임스 프레밍 등은 구멍을 뚫고 옛 문을 보았다고 주장한다. 헤롯이 동쪽을 확장하지 않았기 때문에 헤롯 이전에는 동쪽 문이 있었을 것이라 본다. 성문으로 인도하는 계단과 아치 등은 스룹바벨 이후 시대의 것으로 보인다. 현재는 동문 앞에 무슬림 묘지가 있다.

서쪽 벽이 통곡의 벽이다. 성전 멸망 후 유대인에게 1년에 한 번 입장이 허락되어 통곡하며 울던 성벽이다.

서쪽 벽과 문

서쪽 성벽의 북쪽 면

서쪽 성벽의 북쪽은 지하로 묻혀 버린 성전의 서쪽 벽 일부인데 최근 발굴하여 순례객들이 방문할 수 있도록 했다. 십자가의 길 3처소가 있던 곳에서 남쪽 중앙골짜기로 가다 보면 통곡의 벽 입구가 나온다. 통곡의 벽을 향하는 길 왼쪽에 성전산 서쪽 벽을 볼 수 있는 입구가 있다. 서쪽 성벽에 들어서면 정말 대단한 기초가 보인다. 가장 큰 돌은 길이 30m에 무게가 543톤이나 된다. 인간이 도저히 옮길 수 없는 거대석을 성전 기초석으로 삼았다. 물론 헤롯이 만든 것이지만 이 또한 솔로몬의 성전 기초를 증·개축한 것이다.

서쪽 벽의 북쪽 면 지하에서 성전산에서 가장 큰 기초석인 무게 543톤의 돌이 발견되었다.

서쪽 성벽을 따라 얼마쯤 더 가면 북쪽으로 향하는 곳에 여인들이 몰려 기도하던 장소가 나온다. 표지판을 보니 성전의 지성소와 가장 가까운 성벽이다. 성전 회복을 위해 통곡하며 기도했을 것이다. 북쪽 끝 ‘채찍질 교회’로 나가는 철문 쪽은 물저장소였다. 성전 주변의 돌들을 파내 요새화하는 동시에 그곳에 물을 저장해 두는 시설을 곳곳에 만들어 놓았다.

통곡의 벽

성전 벽 중 무너지지 않고 남은 서쪽 벽에 유대인이 1년에 한 번, 성전 파괴일에 와서 울었기에 통곡의 벽이라 불린다. 그렇다고 이곳에서 통곡 소리만 들리는 건 아니다. 나팔과 북소리로 성인식을 환호하는 기쁨의 소리도 들린다. 성전의 남쪽 기초를 보러 서남쪽 모서리를 돌아서려는데 서쪽 성벽 남쪽 부분에서 로빈슨 아치라는 예수님 시대 때의 다리 흔적이 보인다. 모서리에서 '나팔 부는 곳'이라 새겨진 성전 위에서 떨어진 것으로 보이는 돌이 발견되었다. 마귀는 예수님을 성전 꼭대기로 데려갔다고 했는데 사람이 가장 많이 보는 꼭대기라면 이곳이 될 것이다.

서쪽 문

현재 사용되는 문이 두 개나 있는 곳이다. 신약 시대에 이용한 흔적만 남아 있는 남쪽 가장자리의 '로빈슨 아치'와 그보다 약간 북쪽에 있는 문이 그것으로, 현재 순례객은 북쪽 문을 이용한다. 한편, 무슬림은 서쪽 성벽 중앙에 자리 잡은 문으로 들어가 예배를 드린다.

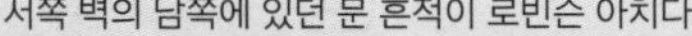

서쪽 벽의 남쪽에 있던 문 흔적이 로빈슨 아치다.

현재 성지 순례객들이 들어가는 문이 지붕에 덮여 있다.

남쪽의 성벽이 수직으로 만난 곳에 훌다 문의 아치 모양이 보인다.

세 개의 아치로 된 훌다 문이 선명하게 보인다. 성전으로 올라가는 문인데 예수님도 이 문을 사용했을 것이다.

성전산의 남쪽 오벨 지역 남쪽의 다윗성과 성전산 사이를 메우려 많은 구조물을 세웠다.

남쪽 성벽과 문

남쪽은 발굴을 통해 예전의 모습을 많이 회복했다. 성경에서 오벨이라 불리는 이곳은 따로 입장료를 내고 들어간다. 특별한 것은 성벽에 2개의 지하통로가 있는데 이것을 모두 두더지라는 뜻의 '훌다' 문이라고 한다. 훌다 선지자를 기념하는 것도 되지만 이곳은 지하를 통해 두더지처럼 성전으로 들어가기에 붙은 이름일 것이다. 남쪽에서 바라보는 성전산이 가장 웅장하다. 왕들은 남쪽에 있는 다윗성에서 성전에 오르는 까닭에 움푹 팬 골짜기를 메워 평탄하게 했는데, 이 작업을 '오벨을 높이 쌓았다'고 표현했다(대하 27:3, 33:14). 이런 이유로 남쪽 훌다 문이 성전으로 오르는 정문이 되었다. 한쪽에 마련된 '미크베'라는 정결탕은 성전을 오르기 전에 수천 명이 몸을 씻을 수 있는 구조이며, 성전에 오르는 계단과 중간 쉼터는 시편의 '성전에 오르는 노래'를 부르기에 적절하다.

북쪽 문은 베데스다 연못으로 향한다.

북쪽 성벽과 문

북쪽 성벽

성전산에서 북쪽으로 빠져나가 왼쪽에 보면 무슬림 남학생 학교가 있다. 이곳이 예수님이 재판받고 채찍질당한 안토니아 요새다. 이후 바울도 이곳에 머물다 주님의 환상을 보았다. 북쪽으로 나서는 양문이 있던 곳으로 나가면 바로 베데스다 연못 입구가 나온다. 38년 된 병자를 고친 베데스다 연못과 예수님의 어머니 마리아의 모친인 안나 교회가 있다. 베데스다 연못에서 서쪽으로 10~20m 오르면 오른쪽에 예수님의 채찍 교회와 가시면류관 교회가 있다. 이곳부터 십자가 길이 시작된다. 채찍 교회 맞은편에 예사롭지 않은 철문이 보인다. 이스라엘 안전요원이 엄하게 지키고 있는 지역이다.

북쪽 문

스데반 문 남쪽에 자리 잡은 북쪽 문은 베데스다 연못이 있던 지역으로 가는 문이었다. 현재 순례객들이 서쪽으로 들어와 북쪽으로 나가도록 안내되고 있다.

헤롯 시대 성전 건축

성전과 안마당은 9년 동안 작업한 후 BC 10년에 헌정되었다. 요한복음 2:20에 의하면, 성전 건축은 46년 동안 진행되어 알비누스에 의해 완성되었다. 이때 1만 8000명의 작업자들이 대량 해고되어 폭동이 일어났다. 헤롯은 성전산 기초 크기를 약 두 배 늘리는 공사를 했다. 동쪽 벽은 그대로 두고 북쪽, 서쪽, 남쪽을 확장했다.
이 프로젝트는 헤롯이 예루살렘 전역을 재개발하려는 계획 중 하나였다. 그는 예루살렘의 도로, 육교, 상하수도, 접근로와 성문, 군중을 위한 광장, 시장, 아치, 다리들을 새롭게 만들었다.

성벽의 경계석

한 경계석 건물이 1860년대에 워런에 의해 처음 주목받았다. 그곳은 성전산 남동쪽 코너 동쪽 면에 있다. 두 건물이 경계석에서 명확히 식별되는데, 특히 남쪽 부분이 북쪽 부분에 비해 기울어져 있기 때문에, 북쪽 부분이 이전에 세워진 것이 분명하다. 어느 시대 것인가

검정 돔이 알 아크사로 이슬람의 3대 성지다. 그 아래 동쪽 성벽 남쪽 면의 줄이 간 지역은 시대별로 성벽 경계가 확장되었음을 보여 준다.

는 학자들 간에 이견이 있다. 어떤 학자는 솔로몬 시대의 것으로 추정하는데, 성전산 동쪽 주랑 현관에서 발견된 '솔로몬의 주랑'이라는 이름 때문이다. 캐년은 북쪽 부분은 스룹바벨에 의해 세워진 성전 때의 것으로 추정하고, 사프릴은 하스모니아 아크라 때의 것으로 추정한다. 마잘은 도시벽이 성전산 벽과 만난 곳에서 경계석이 발견되었기에, 양쪽 면을 헤롯 때의 것으로 추정한다. 어떤 고고학자는 이음매(솔기)의 양쪽 끝에 있는 돌들이 헤롯 시대의 것이며, 건축이 두 단계에 걸쳐 이루어졌음을 나타낸다고 본다.

알 아크사

알 아크사 모스크는 709~715년 황금돔 건축자의 아들인 알-와리드에 의해 세워졌다. '알 아크사'는 '가장 먼'이란 뜻이며, 코란은 그곳을 무함마드가 여행했던 곳으로 언급한다. 무슬림 전통은 예루살렘과 '알 아크사'를 같은 곳으로 여긴다. 알 아크사가 있는 성전산 남쪽 부분은 아치형 천장으로 세워졌다. 이 지역은 지반이 불안해서 강한 지진이 모스크에 큰 피해를 입히곤 한다. 1927년 지진이 나서 심하게 파괴되었는데 영국인이 이를 복원하는 동안, 원 건물에서 나무판자와 들보들을 발견했다. 나무판자는 초기 아랍 방식으로 아름답게 조각되었다. 일부가 현재 록펠러 박물관에 있다. 이 모스크는 1938~1942년 무솔리니가 기부한 대리석 기둥과 이집트 파루크 왕의 기부로 천정을 화려하게 색칠해 정비되었다.

더 깊은 지식

평화의 성, 예루살렘이 피로 물들다

1951년 7월 20일, 요르단 왕 압둘라는 예루살렘의 무프티(이슬람 율법가) 대리인에 의해 알 아크사 계단에서 암살되었다. 당시 압둘라왕 곁에는 손자도 함께 있었다. 압둘라왕이 암살된 이유는 그가 이스라엘과 은밀하게 평화 조약을 맺으려 했기 때문이다.

왕이 그 모스크에 도착했을 때 왕 주변에는 경비가 삼엄했다. "왜 너는 나를 그렇게 촘촘한 군사들 사이에 감금하느냐?" 그가 호위 지휘관에게 물었다. "그들을 뒤로 물려라." 지휘관은 그러한 보호가 필요하다고 주장했다. "이곳은 신의 집이다." 왕은 대답했다. "이곳에서는 모두 안전하다." 압둘라가 이 말을 하자마자 한 번의 총성이 울렸고, 그는 쓰러져 죽었다. 팔레스타인 암살자의 총에 맞은 것이다. 그가 쓰러졌을 때, 그의 손자 후세인은 옆에서 두려움에 떨었다. 압둘라의 암살자, 무스타파 수크리아슈는 그 자리에서 총에 맞아 죽었다.

예루살렘과 웨스트뱅크에 있는 팔레스타인 사람들이 폭동을 일으킬 것을 두려워한 그루 파사는 아랍 지역을 완전히 긴장 상태로 만들어 놓았다. 동쪽 예루살렘에서 한 부대가 도착해 왕을 시해한 사람들에게 빠르게 보복했다. 암살 당일, 30명 이상의 팔레스타인 아랍인들이 총에 맞아 죽었고, 수백 명이 체포되었다. 4명의 음모 가담자가 체포되어 교수형을 당했다.

1969년 8월 29일, 근본주의 기독교인이자 미친 호주 여행자, 28세의 데니스 미카엘 로한이 알 아크사 모스크에서 총을 쐈다. 로한이 '사탄의 신전들' 중 한 곳을 파괴한 이유는 그것이 그가 예루살렘 왕이 되어 재건된 성전에서 기도하며 돌아오는 '부드러운 예수'가 되는 과정의 첫 단계라고 믿었기 때문이다. 로한은 1187년 살라딘의 명령에 의해 예루살렘에 가져온 훌륭한 삼목 연단에 불을 질렀다. 그리고 그 연단은 모스크의 돔과 천장처럼 파괴되었다. 유대인 소방관들이 불을 끄려 할 때, 아랍 여인들은 호스를 치우려 했는데, 이는 그들이 물이 아닌 고의로 석유를 부을까 봐 두려워했기 때문이다.

이집트 대통령 안와르 사다트는 1977년 평화협정을 위해 예루살렘을 방문했을 때, 이곳에서 기도했다.

더 깊은 지식

솔로몬 마구간

신약 시대 '로열 스토어'라는 대형 건물이 있던 곳은 회교 사원 알 아크사가 되었고, 그 기초이자 지하는 헤롯이 성전을 확장할 때 만든 곳으로 '솔로몬 마구간'이라 불린다. 79×60m의 솔로몬 마구간에는 헤롯이 만든 9m 높이의 아치형 복도가 14개나 있고 88개 기둥이 구역을 나누고 있다. 십자군은 이 지역을 솔로몬 때의 것이라 착각해 그들의 말을 이곳에 두고 솔로몬 마구간이라 칭했지만, 사실 이곳은 확장된 성전산 마당을 지탱하기 위해 만든 건축물이었다. 아치는 남쪽 벽 코너에 있는 벽들 위에 가해진 엄청난 무게를 완화하기 위해 만들어졌을 것이다. 또한 그 지역에 있던 무덤들로 인한 문제를 해결하기 위한 궁여지책이었을 것이다. 실제로 미쉬나에는 "성전산 밑의 땅과 마당은 깊게 놓인 무덤들 때문에 우묵해졌다"라고 언급되어 있다. 건물의 아랫부분은 헤롯 시대의 것이고 윗부분은 십자군 시기의 양식을 보여 준다.

황금돔

638년에 예루살렘이 무슬림에게 정복된 후 688년에 아브드 알 말리크(Abd al-Malik)에 의해 황금돔 건축이 시작되어 691년에 완성되었다. 황금돔은 이슬람의 창시자 무함마드의 발자국이 있는 큰 돌 위에 세워졌다. 무함마드의 '밤 여행' 이야기에 따르면, 무함마드는 밤에 가장 먼 장소인 알 아크사로 이동했다. 그는 그곳에 발자국을 남기고, 알라와 선지자들과 이야기하기 위해 계단을 통해 하늘로 올라갔다. 무슬림은 그들이 그들의 전신에 속하는 두 개의 종교를 대체한다고 믿기에, 불완전한 전임자들을 제거하고자 했다. 유대인들의 성스러운 장소에 모스크를 세움으로써 유대인 종교를 대체했고, 기독교인들이 만든 성묘 교회에 실내를 장식함으로써 기독교를 대체한 것이다.

발견된 황금돔의 비문에는 이렇게 기록되어 있다.

"오 너 책의 백성아, 너는 종교의 한계에 묶이지 말고 뛰어넘으라. 하나님에 대해서 오직 진리만을 말하라. 메시아, 예수, 마리아의 아들은 하나님의 유일한 사도이고, 그가 마리아에게 말씀을 전했고, 한 성령이 그에게서 나왔다. 그러므로 하나님과 그의 사도들을 믿고, 세 분이라 말하지 마라. 그것이 너에게 좋을 것이다. 하나님은 오직 한 하나님이다. 그가 아들을 가져야 한다는 것은 그의 영광으로부터 불가능하다."

황금돔의 돔

황금돔의 내부 돔은 원래 나무로 만들어졌다. 덮개는 691년에서 1965년까지 납으로 덮었다. 금처럼 보이는 산화된 구리 돔은 1965년 이븐 사우드왕이 만들었다. 이는 1964년 교황 방문을 환영하기 위한 것이었다. 구리 돔은 기존 돔이 녹슬어 교체할 필요가 있어서 요르단 국왕인 후세인에 의해 1990년대에 순금으로 대체되었다. 1994년에 새롭게 덮은 금의 무게가 80kg이며, 당시 1500만 달러가 들었다. 그러나 도금 두께는 0.0023mm밖에 안 된다. 돔을 보는 사람의 시력을 해치지 않도록 광택을 낮췄다.

황금돔의 건설 배경

예루살렘에 건설된 첫 번째 모스크는 나무로 만들어진 오마르 모스크였다. 제5대 우마이야 칼리프인 압드 알 말릭 이븐 마르완은 예루살렘에 웅장한 신전을 세우고, 이를 '바위의 돔'이라고 불렀다. 이것은 모스크가 아닌 신전이었다.

황금돔은 유대인이 지구의 중심이라 여기는 큰 바위 위에 세워졌다. 유대 전통에 따르면 세계는 이곳에서 창조되었고, 이곳은 아브라함이 이삭을 제물로 드린 장소다. 메카의 검은 바위는 카바라는 운석이라 알려졌으며, 이 돌이 있는 카바 신전은 예배 중심지가 되었다. 황금돔은 메카의 검은 바위 모스크와 경쟁하기 위해 흰색 바위 위에 세워졌다. 691년 아브드 알 말리크는 기독교 예술과 경쟁하며 황금돔을 세웠고 그의 이름까지 기록되었지만, 9세기에 당시 지도자가 그의 이름을 제거하고 그 위에 자신의 이름을 기록했다. 다만 날짜를 바꾸지 않아서 아브드 알 말리크가 그 건물을 세운 사람이라는 것을 알 수 있다.

성전과 모스크를 세우는 건축에서 아랍인들은 어떤 전통도 갖고 있지 않았다. 따라서 황금돔 건축자들은 헬라, 로마, 비잔틴 그리고 페르시아 예술에 영향을 받아 건축했다. 황금돔은 중앙 팔각 교회 형식을 따랐으며, 비잔틴 시기의 순교자기념교회도 황금돔과 동일하다. 기둥과 건물 재료 일부는 완성되지 않은 교회에서 가져왔다. 모자이크는 비잔틴 교회에서 발견된 벽 모자이크의 영향을 받았다. 이슬람 예술에서 장식은 두 번째 계명을 위반하지 않기 위해 인간이나 동물의 그림을 그려 넣지 않는 대신 꽃들로 장식한다. 황금돔은 세계에서 가장 아름답고 완벽한 구조물 중 하나다. 형식과 디자인에서 본다면, 그것은 아브드 알 말리크에 의해 채택된 기독교 건축자들의 작품이라 할 수 있다.

감람산에서 본 성전산의 황금돔
돔 뒤에 있는 골고다와 성묘 교회보다 더 멋진 양식으로 건설했다.

더 깊은 지식

황금돔 북쪽의 '텔-테일 계단'

린 리트마이어(Leen Ritmeyer)는 성전산 북서쪽 가장 낮은 계단을 구약 시대의 성벽 흔적이라고 주장한다. 그는 성전산 연단으로 인도하는 모든 계단 가운데 오직 이 계단만이 수직이 아니라는 점을 발견했다. 다른 계단들은 작은 돌로 만들어졌으나, 이 계단은 계단 폭과 일치하는 큰 마름돌로 이뤄졌다. 그래서 이 '계단'이 실제로 이전 성벽의 정상 부분으로 헤롯 이전 성전산의 서쪽 성벽이었을 것이라고 주장한다. 그는 또 이 지점에서 시작하여 히스기야 때 500규빗 성전산의 네 모서리 모두를 발견했다고 주장한다.

chapter 1

포로기 이후의 주요 무대

에스라, 느헤미야

쉐펠라

바벨론 포로들이 귀환하여 많이 거주하기도 하고 갈등 요인이 된 지역이 쉐펠라다. 백두대간처럼 남북으로 길게 뻗어 있는 유다와 에브라임 산지의 서쪽, 특히 유다 산지의 서쪽 면을 쉐펠라(Shfela, foothills)라고 부른다. 넓이는 60×15km^{2}이고 고도는 해발 100~500m로 연한 석회암의 일종인 이오센, 백악층의 나리 석회암과 충적토로 이루어졌다. 연석회암은 이 지역에 많은 석회암 동굴을 만들어 냈다. 강우량은 200~500mm로 북쪽에서 남쪽으로 갈수록 적어진다.

유다 산지에서 보면 '저지대'이며 평평한 면이 많아 '평지'로 번역하였는데, 곳곳에 완만한 언덕이 있어 '구릉지'라고도 할 수 있다. 구릉지 사이로 여러 골짜기가 자리 잡고 있으며 이곳에서 성경의 주요 사건들이 자주 일어났다. 그 이유는 예루살렘, 베들레헴, 헤브론 등 중요한 도시가 유다 산지 능선에 있어서 이 도시들로 가기 위해선 쉐펠라 지역, 특히 각 골짜기를 통과해야 오를 수 있기 때문이다. 유다 산지에 위치한 이스라엘은 안전을 보장받기 위한 사전 예방책으로 쉐펠라에 많은 요새를 세우고 침략 세력을 막으려 했다. 쉐펠라의 남북을 가로지르는 내륙도로는 동서로 난 골짜기들을 연결한다. 동쪽 유다 산지로 오르는 대표적인 골짜기는 다음과 같다.

아얄론 골짜기

'사슴'이라는 뜻을 가진 아얄론 골짜기는 베냐민 산지의 기브온에 이어 예루살렘까지 접근할 수 있는 곳으로 게셀, 벧호론, 엠마오, 아얄론 등의 도시가 있다. 주요 사건으로는, 베냐민 산지 기브온에서 예루살렘 왕과 함께한 다섯 연합군을 향해 반격할 때 해는 기브온에 머물고 달은 아얄론에 머물게 하는 기적이 일어났다(수 10장). 여호수아의 이스라엘군은 기브온을 포위한 적을 치고 아얄론 골짜기로 도망가는 적을 추격했다. 이때 서쪽 바다에서 불어온 먹구름에서 큰 우박이 내려 적을 혼란에 빠뜨렸고, 이스라엘은 벧호론길에서 대승을 거둘 수 있었다. 요나단은 베냐민 산지 동쪽의 믹마스에서 승리를 거둔 후 베냐민 산지 서쪽으로 적을 몰아 엘라 골짜기 쪽으로 블레셋을 몰아냈다. 다윗도 르비딤 골짜기에서 블레셋을 아래서 위로 몰아 벧호론길까지 내려가면서 쳤다. 아얄론 골짜기에서 베냐민 산지로 올라오는 골짜기 능선은 예루살렘으로 오르기 가장 편

아얄론에서 본 벧호론 올라가는 길
산지로 올라가는 정문 역할을 하는 능선 길이다.

벧세메스에서 본 엘라 골짜기 건너편에 보이는 산의 오른쪽 마지막 봉우리가 삼손의 고향 소라다.

리한 정문 같은 길이다.

소렉 골짜기

'극상품 포도'라는 뜻의 소렉 골짜기 상류는 북쪽부터 그살론 골짜기(수 15:10)와 르바임 골짜기(수 15:8, 삼하 5:18)로 나뉜다. 그살론 골짜기로는 베냐민 산지에 이르며, 르바임 골짜기로는 베들레헴과 예루살렘에 이른다. 이 골짜기에는 벧세메스, 소라, 딤나 등의 도시가 있다. 사사기의 삼손이 태어나고 사역했던 장소다. 삼손과 들릴라 이야기도 이곳에서 탄생했다. 사무엘상에서 벧세메스의 소가 언약궤를 가지고 돌아오는 사건이 일어났으며, 열왕기하에서는 유다 아마샤왕과 북이스라엘 요아스왕이 전쟁을 해서 아마샤왕이 포로로 잡히는 참패를 당한 사건이 일어났다. 소렉 골짜기는 서쪽으로 예루살렘에 접근하면서 그살론 골짜기와 르바임 골짜기로 갈라진다.

엘라 골짜기

'상수리나무'라는 뜻을 가진 엘라 골짜기는 베들레헴으로 접근할 수 있다. 아세가, 아둘람, 소고, 그일라, 사아라임 등의 도시가 이 골짜기에 있다. 주요 사건으로는 사울왕이 이끄는 이스라엘이 블레셋의 산지 침략

서쪽 아세가에서 본 엘라 골짜기
유다 산지의 베들레헴 방향으로 능선이 나 있다.

엘라 골짜기의 인공위성 안테나
이스라엘의 안보에 중요한 역할을 한다.

을 막고 있을 때 목동 다윗이 나타나 물맷돌로 골리앗을 죽이고 가드까지 적을 몰아냈다. 후에 가드는 유다의 도시가 되었는데 아람의 하사엘왕이 예루살렘으로 올라오는 것을 막기 위해 치열한 전투를 치렀으나 방어에 실패하여 막대한 조공을 바쳤다(왕하 12:17).

스바다 골짜기

'망대'라는 뜻을 가진 스바다 골짜기는 헤브론으로 접근할 수 있다. 망대 같은 도시 마레사, 모레셋갓, 벧구브린 등의 도시가 이 골짜기에 있

스바다 골짜기의 양 떼들

오른쪽 마레사와 왼쪽 스바다 골짜기
이런 배경에서 아사왕이 구스 군대 백만을 무찔렀다.

라기스 골짜기의 완만한 구릉지
라기스의 완만한 구릉지는 남쪽에서 침략하는 적을 방어하는 유다의 병거성 라기스를 만들게 했다.

다. 아사왕이 마레사에서 구스 군대 100만을 보고 하나님을 의지해 기도한 후 승리를 거둔 장소로, 현대에는 벤구브린 지역으로 잘 알려져 있다.

라기스 골짜기

'난공불락'이라는 뜻을 가진 라기스 골짜기는 유다 산지 헤브론으로 접근할 수 있다. 골짜기 이름대로 유다의 병거성이자 예루살렘 다음으로 큰 성인 라기스가 있다. 유다의 무기고이자 병거성이 있다 보니 아마샤왕이 예루살렘에서 반역이 났을 때 이곳으로 피신했으나 군인들에게까지 배신을 당해 죽임을 당했다. 앗수르의 산헤립이 정복한 성으로 유명하며, 바벨론이 유다를 칠 때 마지막까지 살아남은 세 도시 중 하나다.

chapter 2

포로기 이후 그리기

에스라, 느헤미야

A지도

B지도

C지도

1 에스더, 에스라, 느헤미야를 펴고 '성경에 표시할 부분' 표에 색칠한 부분을 성경에 표시하라. 그리고 지도에는 장절과 키워드를 쓴다.

장절과 키워드 지도에 표시할 부분	성경에 표시할 부분	통독 구절
에②5 에스더 **수산 아래**	5 도성 수산에 한 유다인이… 모르드개… 베냐민 자손… 7 삼촌의 딸… **에스더**… 부모가 죽은 후에… 자기 딸같이 양육하더라	에 2:5-7
스①1 고레스 칙령 **바사 아래**	바사 왕 고레스 원년… 말씀을 이루게… **고레스**의 마음을 감동시키시매… **조서**도 내려…	스 1:1-4
스②1 바벨론 귀환 **유다 오른쪽(우중좌중)**	바벨론 왕 느부갓네살에게 사로잡혀 바벨론으로 갔던 자들… 놓임을 받고 예루살렘과 유다 도로 **돌아와**…	스 2:1-2
스③8 성전 기초 **성전 위**	1 이스라엘 자손이… 일곱째 달에… 일제히 예루살렘에 모인지라 8 하나님의 성전에 이른 지 이 년 둘째 달에… **공사를 시작하고**…	스 3:1-13
스⑤2 다시 건축 **성전 위**	1 학개와… 스가랴가 이스라엘의 하나님의 이름으로… 유다 사람들에게 예언… 2 성전을 **다시 건축**하기 시작…	스 5:1-5

스⑥2 두루마리 발견 **악메다 위**	메대도 악메다 궁성에서… **두루마리**를 찾았으니 거기에 기록…	스 6:1-12
스⑦6 에스라 귀환 **바벨론 도시 아래**	**에스라**가 바벨론에서 **올라왔으니**… 율법에 익숙한 학자… 여호와의 도우심을 입음으로 왕에게 구하는 것은 다 받는 자…	스 7:6-10
스⑧15 레위인 찾음 **아하와강 아래**	무리를 아하와로 흐르는 강가에 모으고… 삼 일 동안… 살핀즉… **레위 자손**이 한 사람도 없는지라	스 8:15-20
스⑧32 에스라 도착 **유다 오른쪽(우중좌중)**	31 아하와강을 떠나 예루살렘으로 갈새… 하나님의 손이… 도우사 대적과… 매복한 자의 손에서 건지신지라 32 … 예루살렘에 **이르러**…	스 8:31-34
스⑩1 에스라 회개 **성전 위**	**에스라**가… 성전 앞에 엎드려 울며 기도… **죄를 자복**할 때… 많은 백성이 크게 통곡하매… 큰 무리가 그 앞에 모인지라	스 10:1-4
느①1 느헤미야 **수산 아래**	**느헤미야**… 아닥사스다왕 제이십년 기슬르월에 내가 수산 궁에…	느 1:1-5
느②10 산발랏 **벧호론 아래(중중우중)**	(벧)호론 사람 **산발랏**과…	느 2:7-10
느②10 도비야 **암몬 아래(중상우상)**	암몬 사람 **도비야**가 이스라엘 자손을 흥왕하게 하려는 사람이 왔다… 듣고 심히 근심…	느 2:10
느②13 정찰 **골짜기문 위**	그 밤에 골짜기 문으로 나가서 용정으로 분문에 이르는 동안에 **보니** 예루살렘 성벽이 다 무너졌고 성문은 불탔더라	느 2:11-13
느②14 **왕의 못 위**	앞으로 나아가 샘문과 왕의 못에 이르러… 탄 짐승이 지나갈 곳이 없는지라	느 2:14
느②15 **기드론 시내 오른쪽**	그 밤에 시내를 따라… 성벽을 살펴본 후에… 골짜기 문으로 돌아왔으나	느 2:15
느②19 게셈 **아라비아 아래(우중우상)**	산발랏… 도비야… 아라비아 사람 **게셈**이 이 말을 듣고… 업신여기고… 비웃어… 너희가 왕을 배반하고자 하느냐…	느 2:18-20
느③1 성벽 중수 **하나넬 망대 아래**	대제사장 엘리아십이… 양문을 건축… **성벽**을 **건축**하여 함메아 망대에서부터 하나넬 망대까지 성별…	느 3:1-2
느③3 **어문 왼쪽**	어문은 하스나아의 자손들이 건축…	느 3:3
느③6 **옛 문 왼쪽**	옛 문은… 므술람이 중수…	느 3:6
느③8 **넓은 성벽 위**	그다음은… 웃시엘 등이 중수… 그다음은 향품 장사 하나냐 등이 중수… 예루살렘의 넓은 성벽까지 하였고	느 3:8
느③11 **화덕망대 아래**	말기야와… 핫숩이 한 부분과 화덕 망대를 중수…	느 3:11
느③13 **골짜기 문 위**	골짜기 문은 하눈과 사노아 주민이 중수… 분문까지 성벽 천 규빗을 중수…	느 3:13

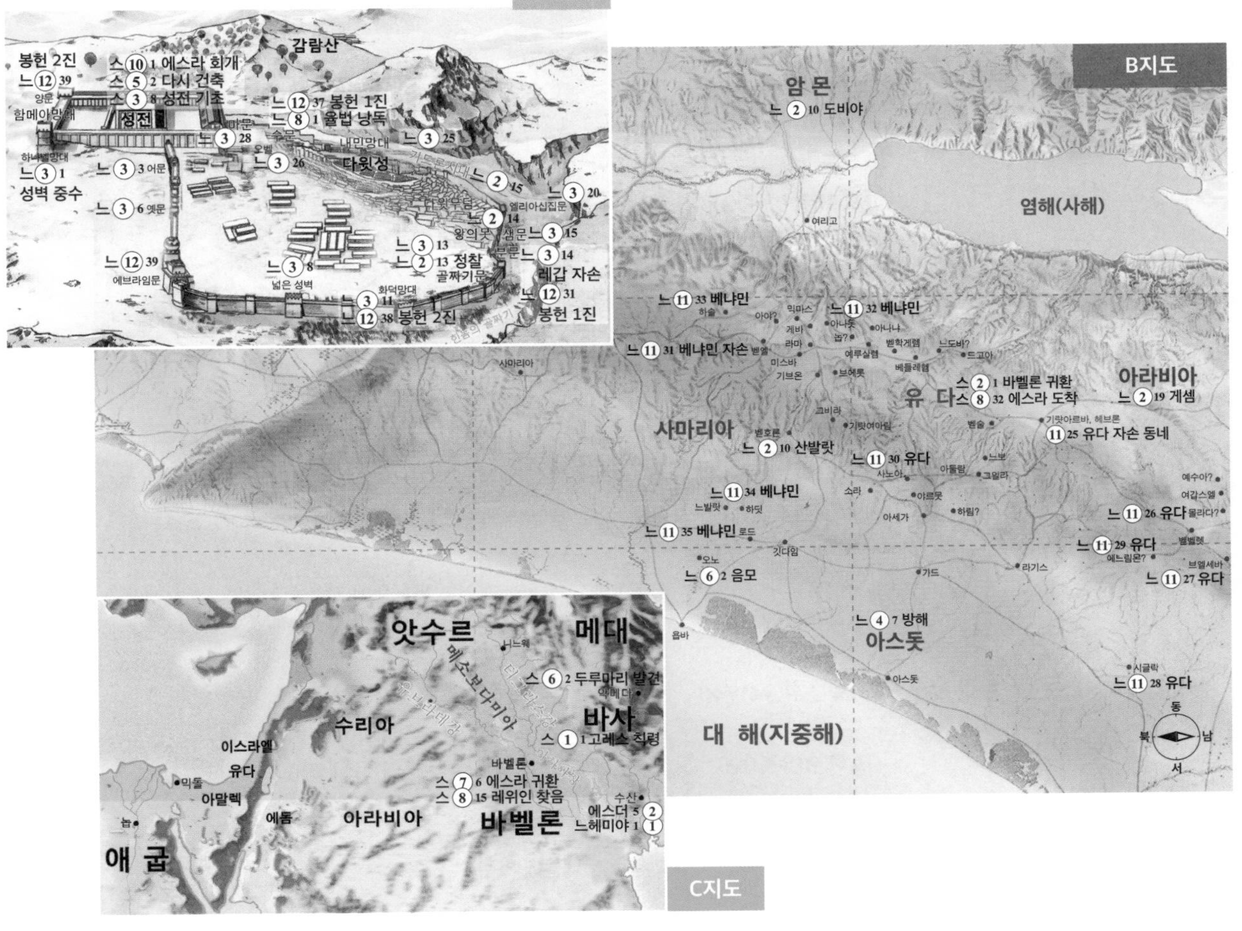

느③14 레갑 자손 **분문 오른쪽**	분문은… **레갑의 아들(=자손)** 말기야가 중수…	느 3:14
느③15 **샘문 오른쪽**	샘문은… 살룬이 중수하여 문을 세우고… 왕의 동산 근처 셀라 못 가의 성벽을 중수…	느 3:15
느③20 **엘리아십 집 문 위**	그다음은… 바룩이 한 부분을 힘써 중수… 성 굽이에서부터 대제사장 엘리아십의 집 문에 이르렀고	느 3:20
느③25 **내민 망대 오른쪽**	발랄은 성 굽이 맞은편과 왕의 윗궁에서 내민 망대 맞은편 곧 시위청에서 가까운 부분을 중수… 그다음은… 브다야가 중수…	느 3:25
느③26 **오벨 아래**	(그때에 느디님 사람은 오벨에 거주… 동쪽 수문과 마주 대한 곳에서부터 내민 망대까지…)	느 3:26
느③28 **마문 아래**	마문 위로부터는 제사장들이 각각 자기 집과 마주 대한 부분을 중수…	느 3:28

느④7 방해 **아스돗 위(우하좌중)**	7 산발랏, 도비야, 아라비아 사람들, 암몬 사람들, 아스돗 사람들이… 성이 중수되어… 듣고 심히 분노하여 8 다 함께 **꾀하기를**…	느 4:7-8
느⑥2 음모 **오노 아래(중하중상)**	산발랏과 게셈이… 오라 우리가 오노 평지 한 촌에서 서로 만나자… 실상은 나를 **해하고자**…	느 6:2-6
느⑧1 율법 낭독 **수문 위**	일곱째 달에… 모든 백성이… 수문 앞 광장에 모여 학사 에스라에게… **율법책**을 가져오기를 청하매	느 8:1-12
느⑪25 유다 자손 동네 **기랏아르바 아래(우중중중)**	**유다 자손**의 일부는 기랏 아르바, 그 주변 **동네**들, 디본, 그 주변 동네들, 여갑스엘과 그 마을들에 거주…	느 11:25
느⑪26 유다 **벧벨렛 위(우중우하)**	예수아와 몰라다와 벧벨렛과	느 11:26
느⑪27 유다 **브엘세바 아래(우하우상)**	하살수알과 브엘세바와 그 주변 동네들에 거주…	느 11:27
느⑪28 유다 **시글락 아래(우하우중)**	시글락과 므고나와 그 주변 동네들에 거주…	느 11:28
느⑪29 유다 **애느림몬 위(우하우상)**	에느림몬과 소라와 야르뭇에 거주…	느 11:29
느⑪30 유다 **사노아 위(우중좌중)**	사노아와 아둘람… 라기스… 아세가와 그 주변 동네들에 살았으니… 브엘세바에서부터 힌놈의 골짜기까지 장막을…	느 11:30
느⑪31 베냐민 자손 **벧엘 왼쪽(중중우상)**	베냐민 자손은 게바에서부터 믹마스, 아야, 벧엘과 그 주변 동네들에 거주…	느 11:31
느⑪32 베냐민 **아나돗 위(중중우상)**	아나돗과 놉과 아나냐…	느 11:32
느⑪33 베냐민 **하솔 위(중중중상)**	하솔과 라마와 깃다임…	느 11:33
느⑪34 베냐민 **하딧 위(중중우하)**	하딧과 스보임과 느발랏…	느 11:34
느⑪35 베냐민 **로드 왼쪽(중중우하)**	로드와 오노와 장인들의 골짜기에 거주…	느 11:35
느⑫31 봉헌 1진 **분문 오른쪽**	유다의 방백들을 성벽 위에 오르게… 감사 찬송하는 자… 둘로 나누어 성벽 위로… 한 무리는 **오른쪽**으로 분문을 향하여 가게…	느 12:31
느⑫37 봉헌 1진 **수문 위**	샘문으로 전진… 성벽으로 올라가는 곳… 다윗성의 층계로 올라가서 다윗의 궁 윗길에서 동쪽… 수문에 이르렀고	느 12:37
느⑫38 봉헌 2진 **화덕망대 아래**	감사 찬송하는 다른 무리는 **왼쪽으로** 행진… 화덕망대 윗길로 성벽 넓은 곳에 이르고	느 12:38

느⑫39 에브라임 문 위	에브라임 문 위로 옛문, 어문, 하나넬 망대와 함메아 망대를 지나	느 12:39
느⑫39 봉헌 2진 양문 위	양문에 이르러 감옥 문에 멈추매	느 12:39

2 지도의 의미와 교훈

01 바벨론 포로들이 이스라엘로 귀환했다. 그러나 북이스라엘 사람들은 귀환하지 않고 유다 사람들만 돌아왔음을 알 수 있다. 귀환자들은 주로 성전이 있던 예루살렘에서 살며 사역을 했다. 고레스가 성전 복원의 칙령을 내렸기 때문이다. 종교의 자유는 주어졌지만 정치적인 독립은 허락되지 않아 성전 건축과 함께 레위 자손과 제사장 계열은 회복되었지만 다윗 왕조 부활은 무산되었다. 1차 귀환에서 다윗의 후손인 스룹바벨이 등장하지만 이후 제사장인 여호수아와 2차 귀환을 이끈 레위인 에스라 중심의 기록이 주를 이룸으로써 제사장이 득세하는 배경을 제공한다. 그 결과로 예수님 시대에는 레위인 제사장 사독 계열인 사두개인이 대세를 쥐게 되었다.

02 지도의 왼쪽 위 예루살렘 지도를 보라. 에스라와 느헤미야는 동시대 인물이다. 그들은 느헤미야 12장의 예루살렘 성벽 봉헌식 때 각기 한 무리를 이끌고 남북으로 행진을 하다 성전에서 만난다. 율법을 바로 세운 에스라와 성벽을 세운 총독 느헤미야가 합력하는 사역은 정치와 종교가 힘을 합치는 이상적인 모습처럼 보인다.

03 에스라와 느헤미야를 하나의 책으로 본다면 출애굽 시대의 민수기와 비슷한 면이 많다. 민수기는 시내산에서 출발하기 전 출애굽한 세대를 계수한다. 출애굽 40년 후 1세대가 모두 죽고 모압 평지에서 새로운 세대를 계수한 것이다. 에스라-느헤미야도 BC 538년

바벨론에서 1차로 돌아온 귀환자를 기록하고, BC 444년 3차 귀환자들을 계수한 후 정착 상황을 뒤에 기록한다.

04 귀환자들은 유다 산지와 네게브 지역, 그리고 쉐펠라 일부, 욥바까지 이르는 해안평야 지역에 많이 정착했다. 이때도 유대인은 블레셋 지역이던 해안평야에는 많이 거주하지 못했고, 쉐펠라도 남쪽 스바다 골짜기와 라기스 골짜기 쪽의 도시는 언급되지 않은 것으로 보아, 에돔 족속인 이두매 사람들이 유다의 포로 생활 동안 이 지역에 들어와 살았다는 기록을 증명하는 듯하다.

포로기 이후
핫 플레이스

벧세메스
소고
마레사
라기스

태양의 도시, 벧세메스

예루살렘에서 서남쪽으로 27km 지점에 '태양의 집'이라는 뜻의 벧세메스가 있다. 들에 핀 백합화인 빨간 꽃양귀비가 유난히 많이 피는 이곳은 태양의 아들 삼손이 살던 소렉 골짜기에서 가장 중요한 도시 중 하나다. 벧세메스의 북쪽은 삼손의 고향인 소라가 있는 산지가 동서로 길게 놓여 있다. 동쪽 유다 산지 18km에는 세례 요한의 고향 엔케렘이 있다. 그곳으로 오르는 길 어딘가에서 삼손은 나귀 턱뼈를 가지고 블레셋 사람 1천 명을 죽이고 '나귀 턱 뼈 언덕'이라는 뜻으로 '라맛레히'라고 불렀다. 그리고 서쪽으로 길게 늘어진 골짜기를 따라 7km 내려가면 삼손이 아내를 구하고 사자를 죽이는 사건이 일어난 딤나가 보인다. 그곳부터 바다까지 블레셋 사람의 땅이었다.

여호수아서에서는 '태양의 도시'란 뜻으로 '이르세메스'(수 19:41)라 불렀고 사사기에서는 '태양의 산'이라는 뜻으로 '헤레스산'(삿 1:35)이라 불렀다. 이것을 보면 태양이 지는 서쪽에 위치해 고대 태양 신전이 있던 곳으로 추정된다. 그러나 BC 1200년경 이스라엘이 정착하면서 파괴되었다가 솔로몬과 르호보암에 의해 요새화되며 확장되었다. 발굴 결과 이방인이 먹는 돼지의 뼈가 거의 발견되지 않은 것으로 보아 이스라엘 정착 마을이었음을 알 수 있다.

솔로몬은 왕을 섬기는 열두 관장을 지역별로 두었는데 두 번째가 벧세메스와 엘론 벧 하난이었다. 벧세메스 발굴에서 '하난'이라는 이름이 발견된 것을 보면 그가 이 지역의 영향력 있는 인물이었음을 알 수 있다. 벧엘을 정복할 때 사용했던 비밀 입구 같은 곳이 벧세메스에서도 발견되었고, BC 8세기의 건물에서 올리브 짜는 틀이 발견되어 기름 생산의 중심지였음을 알려 준다. 북쪽에는 3년은 버틸 수 있는 물저장고가 발견되었고 아마샤 혹은 웃시야 때 세워진 것으로 보이는 성문도 발견되었다. 이 문을 아마샤 때 세웠다면 북이스라엘 왕 요아스와 전투하기 위해 세우고 방비했으나 이곳에서 대패하여 포로까지 잡히는 비극을 맛본 곳이 된다. BC 701년 앗수르 산헤립에 의해 파괴된 후 사용되지 못하다가 비잔틴 시대 삼손 기념 수도원이 세워지면서 남쪽 면이 발굴되었다.

블레셋이 철기 문명으로 이스라엘을 압박할 때 하나님은 극상품 포도와 같은 영웅을 단 지파 소라에 보내셨다. 그가 태어날 때 그의 어머니는 일하던 중에 천사를 만났고 그의 남편 마노아는 '기묘자'라 불리는 천사에게 제물을 드렸다. 천사는 그 제물을 따라 하늘로 올라갔고 그 장소는 성스러운 곳이 되었다. 시간이 지나 그곳을 찾은 암소 두 마리가 있었다. 둘은 언약궤를 가지고 와서 이스라엘에 양도한 후 산 제사로 드려졌다. 그들은 새끼를 두고 오면서 울었고, 자신의 죽음을 알고 울었으나 사명을 다하였다(삼상 6:12-15).

벧세메스의 북쪽 성문이 있는 장소를 수십 년간 발굴 중이다.

성문 옆에 있는 커다란 물저장소로 성안 사람들이 3년은 버틸 수 있다.

더 깊은 묵상

소렉 골짜기의 삼손과 세례 요한

벧세메스는 유난히 들에 핀 백합화가 많은 언덕이다.

삼손 기념 수도원
비잔틴 시대에 텔 정상의 남쪽 부근에 건축되었다.

벧세메스성의 정상으로 태양 모양의 전망대가 있고 남쪽으로 삼손이 아내를 만나러 간 딤나 가는 길이 보인다.

무엇보다 이 골짜기와 관련해 삼손과 세례 요한의 이야기가 비교되는 것이 의미심장하다. 삼손은 태어날 때부터 하나님께 선택된 나실인이었다. 그는 강력한 블레셋으로부터 이스라엘을 구원하는 자로 부름받았다. 삼손은 사자를 죽이고, 여우 300마리를 잡아 딤나 주변의 마른 곡식밭에 불을 질렀다. 이 일 때문에 자신을 잡으러 온 1천 명을 나귀 턱뼈 하나로 쳐부쉈다. 그러나 영웅호색이라 했던가. 가사의 기생 집에서 위기를 자초하더니 결국 들릴라의 꾐에 빠져 머리카락이 잘린 뒤 힘과 함께 눈도 잃고 노예가 되었다. 그러나 마지막에 두 기둥을 안고 신전에 있던 3천 명과 함께 죽었다. 이로 인해 블레셋의 중흥이 잠시 주춤하게 되었다. 그 후 블레셋을 이긴 사람은 다윗이었다. 즉 삼손은 다윗을 준비한 인물이다. 삼손은 이스라엘의 지도자였지만 혼자 일했고, 자신의 육신이 원하는 대로 행하다 어렵게 사명을 감당했다.

세례 요한은 소라에서 소렉 골짜기 동쪽으로 16km 떨어진 엔케렘에서 태어났다. 세례 요한도 삼손같이 이스라엘의 구원자를 준비하는 사명을 받은 나실인으로 태어났다.

삼손과 세례 요한은 같은 골짜기 사람으로 동일한 사명을 받았다. 그들은 모두 베들레헴에서 태어난 인물인 다윗과 예수님의 길을 준비했다. 그러나 삼손은 자기 마음대로 그 길을 예비하다 비참하게 사명을 이루었다. 세례 요한은 광야로 가 영성을 키우면서 예수님의 길을 잘 준비하여 예수님으로부터 '여자가 낳은 자 중 가장 큰 자'라는 칭찬을 받았다.

소라에 있는 삼손의 무덤에 올랐다. 유대인이 삼손을 기념하면서 책을 읽고 있었다. 삼손의 삶을 돌아보며 자신의 삶을 살피는 유대인을 바라보며 사명을 생각해 본다. 누구에게나 사명은 있다. 다만 사명을 어떻게 이루느냐는 각자의 몫이다. 삼손처럼 힘 있고 능력 있다고 몸이 원하는 대로 행하다 비참하게 눈 뽑히고 맷돌 돌리다가 사명을 이룰 수 있다. 세례 요한처럼 광야로 가서 제자를 준비하고 예수님께 인계하면서 순교의 길을 갈 수도 있다. 부끄러운 사명 성취의 길을 갈 것인가, 아니면 자랑스러운 사명 성취의 길을 갈 것인가는 각 사람의 선택에 달렸다.

서쪽에서 본 소고성은 다윗과 대결한 블레셋이 진 쳤던 엘라 골짜기의 남쪽이다.

소고의 북쪽 면에 주거 흔적이 보인다.

엘라 골짜기 동쪽에서 본 왼쪽 소고와 중앙 아세가 산지

도로 우측 개천에서 물맷돌을 주운 다윗은 소고에서 나온 골리앗과 싸웠다.

마지막 방어선, 소고

'어린 가지'라는 뜻의 소고는 엘라 골짜기의 남쪽 언저리에 있는 마을로 사론평야에서 사마리아로 올라가는 길의 교차로인 소고와 구분된다. 유다 지파의 땅으로 르호보암이 요새화한 성이지만(대하 11:7) 본격적인 발굴은 이루어지지 않았고 텔 주변에 사람들이 살던 흔적이 보일 뿐이다. 소고는 엘라 골짜기를 통하여 유다 산지 베들레헴에 이르는 마지막 방어선이라고 할 수 있다. 유다의 아하스왕 때는 이곳까지 블레셋에 점령당했다(대하 28:18). 과거 블레셋 진영이던 소고의 북쪽 면에서 엘라 골짜기를 바라보면 다윗과 골리앗의 전쟁을 선명하게 그려 볼 수 있다.

아사왕의 기도, 마레사

예루살렘에서 서남쪽으로 45km 가면 스바다 골짜기의 '마레사'에 도착한다. 마레사는 유다 지파가 분배받은 성읍으로, 왕국 분열 후 남유다의 안전을 강화하기 위해 세운 도시다(대하 11:8). 아사왕 때 구스 사람 세라가 군대를 거느리고 마레사 남쪽 스바다 골짜기에 진을 쳤다. 스바다 골짜기의 넓은 평지는 다수의 병거 부대가 진을 치기에 충분한 장소다. 이곳에서 아사왕은 유명한 기도로 군사들을 독려한 후 구스의 백만 군사를 물리치고 기적적인 승리를 거뒀다.

아사왕이 구스와 싸우기 위해 진을 쳤던 마레사성

> 여호와여 힘이 강한 자와 약한 자 사이에는 주밖에 도와줄 이가 없사오니 우리 하나님 여호와여 우리를 도우소서 우리가 주를 의지

마레사 앞 지하 도시의 계단
백악층의 석회로 된 땅은 쉽게 파낼 수 있어 8층 정도 되는 거대한 지하 도시가 만들어졌다.

비둘기를 키워 고기와 비료를 얻을 수 있는 거대한 사육장인 콜룸바리움을 지하에 건설했다.

마레사 오른쪽 길에 핀 합환채 꽃
라헬이 이 열매를 얻어 야곱에게 주어 요셉이 태어난 것 같다.

하오며 주의 이름을 의탁하옵고 이 많은 무리를 치러 왔나이다 여호와여 주는 우리 하나님이시오니 원하건대 사람이 주를 이기지 못하게 하옵소서 _대하 14:11

이 멋진 기도는 사람의 전쟁을 하나님의 전쟁으로 돌리기에 충분했다. 마레사에서의 승리는 구스 군대를 37km 남쪽에 있는 그랄까지 몰아내면서 쉐펠라 지역을 안전하게 보호하는 데 성공했다.

마레사 근처 가드모레셋 출신인 미가는 마레사의 중요성을 잘 알고 있었다. 그는 앗수르가 침략하면 예루살렘으로 올라가기 전에 쉐펠라를 칠 것이라 확신하며 이를 경고했다. 미가의 예언은 히스기야 시대 산헤립이 쉐펠라 지역을 집중 공격함으로써 성취됐다. 바벨론 포로기 때 에돔인이 마레사 주변에 정착해 이두매인이라 불렸다. BC 125년에 유다 마카비 왕조의 요한 힐카누스는 이두매인을 강제로 유대교로 개종시켰다. 아기 예수를 죽이려 했던 헤롯도 이곳에서 태어났으리라 추정된다. 예수님의 탄생을 방해하려 했던 인물이 예수님의 탄생을 예언한 미가와 같은 고향 지역 출신이라니 아이러니하다. 로마 황제 세베루스(193~211)는 마레사 지역의 벧구브린을 행정 중심지로 삼았다. 비잔틴 시대에 만 5천 명이 사는 도시였던 벧구브린은 현재 국립공원으로 지정돼 있다.

마레사 지역의 남쪽 언덕에는 다양한 석회암 동굴이 있는데, 비둘기를 키운 거대한 콜룸바리움 동굴을 비롯해 지하 8층이나 되는 동굴이 있어 농작물과 물을 저장하는 주거지로 사용됐다. 건기의 뜨거운 열기도 이곳에 들어가면 바로 식어 버린다. 이 지역은 시돈 사람들의 큰 동굴 무덤이 따로 만들어질 정도로 외국인이 많이 사는 동네였다. 이중 가장 특별한 장소는 벨 동굴이라는 종 모양의 석회암 동굴이다. 숟가락으로 긁어도 파지는 나리(Nari) 석회암 지역의 돌은 매우 부드러워 건물을 짓는 데 유용했다. 특히 고대인은 표면에 1m의 구멍을 뚫고 채굴을 시작하다가, 아래로 갈수록 채석 공간이 점점 넓어지는 거대한 종 모양의 굴을 이곳저곳에 만들었다. 초대 그리스도인은 박해를 피해 동굴에서 예배를 드리곤 했는데, 벨 동굴에도 십자가 문양이 있다. 하트 모양을 한 동굴의 입구는, 여호와를 의지해 백만 군사를 이긴 아사왕의 마음과 주님의 사랑을 마음에 품고 동굴에서 박해를 이겨 낸 성도들의 마음을 엿보게 한다.

마레사에서는 석회 채굴로 다양한 동굴이 만들어졌고, 하트 모양의 입구도 만들어졌다.

유다의 군사기지, 라기스

예루살렘 서남쪽 52km 지점에 '난공불락'의 라기스성이 우뚝 솟아 있다. 라기스는 역사의 흐름 속에서 지속적으로 높아진 거대한 성이다. 라기스 언덕에 올라서면 사방이 넓게 트인 들판에 포도원이 즐비하다. 앗수르 왕이 이곳에서의 전투 배경에 포도원을 그려 넣을 정도로 포도 생산지로 유명하다. 동쪽에는 헤브론으로 올라가는 길, 남쪽에는 애굽으로 내려가는 길, 북쪽에는 예루살렘으로 가는 길이 있다. 라기스는 서쪽 해변길과 남쪽에서 오는 적을 막는 요새일 뿐 아니라 유대에서 가장 큰 군사기지가 될 만한 교통의 요지다.

라기스 유적은 그 역사를 분명히 보여 준다. 여호수아가 라기스를 점령하고 파괴한 부분이 검은 지층으로 남아 있다(수 10:32). 르호보암왕이 적을 막으려고 세운 병거성 성벽도 발견되었다(대하 11:9). 라기스 역사에서 중요한 것은 앗수르와 바벨론의 침공이다. BC 701년 히스기야왕 때 앗수르 왕 산헤립은 치열한 전투 끝에 라기스를 함락시키고 예루살렘으로 향했다(왕하 19:8, 대하 32:9, 사 36:2). 앗수르의 침공은 성경에 세 번 기록될 만큼 중요한 전투였다. 라기스 전투가 얼마나 치열했던지 산헤립은 그의 궁전 벽에 전투 장면을 조각해 놓았다. 현재 대영박물관에 그 유물이 있다.

BC 586년 바벨론 왕 느부갓네살도 예루살렘을 치기 전 라기스를 공략했다. 예레미야서에는 "그때에 바벨론의 왕의 군대가 예루살렘과 유다의 남은 모든 성읍들을 쳤으니 곧 라기스와 아세가라 유다의 견고한 성읍 중에 이것들만 남았음이더라"(렘 34:7)라고 기록한다. 라기스 성

마레사에서 가장 큰 종 모양의 벨 동굴

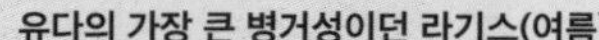
유다의 가장 큰 병거성이던 라기스(여름)

유다의 무기고가 있던 라기스(겨울)

라기스의 동쪽 둔덕에는 앗수르 산헤립 군대가 공성망치를 올리기 위해 만든 완만한 둔덕이 있다. 당시 전투를 재현해 놓았다.

문에서 깨진 토기 조각 편지가 발견되었는데, 라기스 군장이 예루살렘 군주에게 전하는 내용으로 '아세가에서 오는 봉화가 보이지 않는다'라고 기록되어 있다. 이 편지가 전해지지 못하고 묻힌 것을 보면, 예레미야 34장이 기록된 이후 곧 아세가와 라기스가 함락되었음을 알 수 있다.

현재 라기스 국립공원에는 앗수르가 성을 점령하기 위해 만들었던 인공 경사로에 앗수르 전쟁 조각품이 전시되어 있으며, 예레미야 34:7과 관련된 편지 모형이 성문 한쪽에 전시되어 있다.

미가 선지자는 이스라엘 왕들의 죄, 즉 시온의 죄의 근본이 라기스라고 전한다(미 1:13). 이는 왕들이 하나님을 의지하지 않고 라기스의 군사력을 의지했기 때문이다. 하나님만이 진정한 요새시요 구원이시다.

남쪽 성문에서 본 포도밭(여름)
산헤립은 라기스를 그릴 때 그 배경으로 포도밭을 그려 놓았다.

라기스 성문에서 발견된 깨진 토기에는 아세가가 무너져 봉화가 보이지 않는다는 기록이 있다.

라기스 정상에 궁전이 있던 장소
최근 서쪽에서 한국 발굴단이 세계 최초로 르호보암 시대의 성벽을 발견했다.

MAPPING
BIBLE

PART 4

시가서, 선지서

욥기 ~ 아가서

시가서의 시는 역사 중에 일어난 한 부분을 묘사하곤 했다. 광야는 다윗에게는 도피생활의 배경이었고 기타 시인에게는 시가 흘러나오게 하는 환경이므로 유다 광야와 염해를 연구한다. **선지서**에는 배경이 열국으로 확대된다. 이스라엘에게 가시 역할을 했던 주변국 중에서 강력했던 북동쪽의 아람과 북서쪽의 베니게를 연구해 보자. 이스라엘과 유다가 많은 경고에도 회개하지 않자 이사야 시대에 앗수르를 징계의 막대기로 사용해 이스라엘을 벌하고, 예레미야 시대에 바벨론을 철퇴로 사용해 유다를 벌했다. 이스라엘의 징벌 기간에 주변 국가도 함께 멸망하고, 유다만이 정금같이 되어 돌아온다.

시가서

chapter 1

시가서의 주요 무대

욥기~아가서

욥기와 시편의 배경으로 광야가 많이 등장한다. 욥기는 광야에서 목자 생활을 하는 유목민 사회를 다루고 있고, 시편 특히 23편의 경우는 유다 광야를 모르면 시의 참맛을 느끼지 못한다.

유다 광야

성경에 언급된 광야는 시내 광야, 신 광야, 미디안 광야, 바란 광야, 찐(신) 광야 등 다양하다. 이 광야는 남쪽에 있다. 유다 산지의 동쪽에 있는 광야는 '유다 광야'라 부른다. 경계는 동쪽은 염해로 불리는 사해이며, 서쪽은 예루살렘과 베들레헴 같은 도시가 있는 유다 산지 능선까지다. 북쪽은 베냐민 지역인 와디 켈트에서 남쪽은 네게브 전까지다. 동서 24km에 1200m의 고도차가 3~5단계의 경사를 이루며 내려가다가 마지막 염해 앞에서 40m까지 이르는 절벽을 내려가야 한다. 여호사밧왕이 찬양대를 앞

유다 광야는 산지에서 내려가는 경사지를 이루고 있다.

세우고 모압의 연합군을 치러 갈 때 모압 연합군은 마지막 경사지에서 시스 고개를 넘고자 기다리다가 자중지란에 빠져 자멸하였다(대하 20:1-26).

유다 광야는 산지이며 광야라서 강우량이 적으나 산지에서 내린 비가 염해로 흘러내리면서 연석회암인 백악층을 깎아내려 기드론 골짜기 같은 깊은 계곡을 만든다. 우기에만 흐르는 이 골짜기, 와디 바닥에는 더 이상 깎이지 않는 강석회암이 암반의 주를 이루고 있다. 동쪽의 시로-아라비아 사막의 더운 바람이 광야를 지속적으로 건조하게 만들어 수천 년 전의 성경 시대 생태계와 70% 이상 일치하는 환경을 유지하고 있다. 산지의 물은 광야로 스며들어 염해 앞에서 샘으로 터져 나오기도 하는데 하사손다말이라 불리는 엔게디가 대표적인 유다 광야의 오아시스라 할 수 있다. 엔게디 근처에는 많은 자연 동굴이 있어서 도망자들의 도피처나 쿰란처럼 수도자들의 처소로 이용되기도 했다.

염해(사해)

사해는 성경에서 '염해'(창 14:3, 민 34:3, 12, 신 3:17, 수 3:16, 12:3, 15:2, 5, 18:19), '아라바해'(수 3:16, 12:3), '동해'(겔 47:18, 욜 2:20, 슥 14:8) 등으로 불

염해의 북부 지역
에스겔은 이곳부터 고기가 사는 바다가 될 것이라고 예언했다.

린다. 남북 길이는 70km가 넘고, 동서 넓이는 15km 정도 된다. 바다 밑에 있던 사방 지면이 융기되었지만 염해는 바다보다 더 낮은 골짜기라 바닷물이 염해 쪽으로 몰리면서 소금산과 함께 소금 바다인 염해를 이루게 되었다. 바다보다 낮아 더운 지역인 까닭에 수분 증발이 많아 바다보다 낮은 수면과 염도를 유지한다. 더 이상 흘러갈 데가 없어 썩을 수 있는 물이 소금으로 정화되고 바다 대신에 하늘로 물을 보내는 특별한 바다다.

구약 시대 이후 헬라인이 이 바다에 생물이 살지 않는 모습을 보고 죽은 바다, 사해라고 불렀지만, 주변 사람들에게는 소금을 제공하고 물을 하늘로 보내 주는 귀중한 바다였다. 평균 해저 400m인데 현대에 와서 염해로 흘러들어 오는 물을 모두 막아 상수원으로 상용하면서 해수면이 급격히 낮아져 해저 430m 이하로 떨어지고 있다.

부족한 물을 채우려 이스라엘과 요르단이 협력해 남쪽 홍해의 물을 끌어들여 생태계에 이상이 없는지 실험하고 있다. 염도는 30%로 바닷물 염도 4~6%보다 10배가량 높은 포화용액이나 마찬가지여서 사람이 들어가면 몸이 뜬다. 풍부한 광물질인 염화마그네슘, 나트륨, 칼슘, 마그네슘, 브로마이드, 깁슘, 포타슘이 녹아 있어 피부 질환자들의 치료 장소로 사용되기도 한다. 많은 광물질 때문에 이곳의 소금을 그냥 섭취하면 배탈이 나므로 녹여 사용해야 한다.

염해 남부의 소금
염도가 너무 높아 소금 결정체가 많이 생긴다.

암염으로 된 염해 소금은 다 녹으면 소금 모양을 가지고 있지만 짠맛을 잃게 된다. 그래서 예수님도 '소금이 맛을 잃으면'이라는 표현을 사용하셨다.

주변의 소금산은 고대 소돔과 고모라의 전쟁과 부의 근원이었다. 남쪽 2/3지점을 가르는 혀 모양의 닛산반도는 하절기에는 동서의 교통로로 사용되기도 하였다. 소돔과 고모라는 염해 남쪽에 있는데 세렛강으로 인해 풍부한 수원을 얻어 농사를 짓기도 좋았고 소금 무역으로 풍요를 누릴 수 있었다. 이곳을 찾아간 롯은 소금 전쟁이라 할 수 있는 그돌라오멜의 원정대에 곤욕을 겪다 아브라함에게 구출되었다. 소알은 소돔과 고모라가 멸망할 때 롯 때문에 구원받은 도시로 소알 동쪽 산지에 롯의 동굴이 있다.

더 깊은 묵상

광야의 목자와 양

겨울에 잠깐 오는 비는 일시적이나마 푸른 초장을 만들지만 봄이 되면서 불어오는 남풍과 동풍은 풀들을 누런 건초로 말려 버린다. 이런 과정에서 광야에 사는 양들은 목자를 절대적으로 의지할 수밖에 없다. 일단 양은 색맹이다. 그래서 여름엔 건초 색과 흙의 색이 같아져서 양들은 멀리서는 건초와 흙을 구별하지 못한다. 이때 목자가 미리 봐 둔 초지로 양을 인도한다. 푸른 풀이 있을 때도 양들은 기억력이 좋지 못해 자기 집도 찾아가지 못한다. 쉴 만한 물가도 마찬가지다. 샘물이 어디에 있는지 기억하지 못하는 양은 목자의 인도를 받아야 한다. 거기다 양은 몸에 공격 무기가 없다. 뿔도 돌돌 말려 공격할 수 없고 다른 동물에 비해 잘 달리지도 못한다. 들짐승을 만나면 찍소리 못하고 죽는 수밖에 없다. 양의 강점인 예민한 청력이 없었다면 양은 이 세상에 존재하지 못했을 것이다. 성경은 우리를 양으로 비유한다. 자신의 힘을 의지하지 말고 귀를 열어 목자의 음성을 들으라고 한다.

양이 약하기에 목자는 물을 얻으러 들어간 깊은 골짜기에서 특히 긴장한다. 긴 지팡이와 근접전을 할 수 있는 막대기로 무장하고 혹시 물가에서 나타날지도 모르는 하이에나, 늑대, 표범 심지어 사자나 곰과 대결할 준비를 해야 한다. 목자의 결연한 의지를 보면 들짐승들이 감히 양 떼에 근접할 수 없다. 유다 광야에서 양이 살아남으려면 목자를 의지하는 수밖에 없다. "여호와는 나의 목자시니"라고 외친 다윗의 말은 '여호와는 나의 생명이시니 내가 여호와를 떠나서 하루도 살 수 없는 존재'라는 고백이다. 예수님의 '길 잃은 한 마리 양의 비유'도 유대 광야를 배경으로 하고 있다. 광야에서 양이 길을 잃으면 죽은 목숨이나 마찬가지이므로 목자는 어떻게든 양을 구하려 한다. 우리를 향한 예수님의 심정도 그렇다.

그렇게 광야에서 살아남아 돌아온 양은 우리에서 안전한 쉼을 갖는다. 양들은 안전이 확보되지 않으면 절대로 눕지 않기에 양우리는 양들의 피난처다. 그러나 이때도 조건이 있다. 선한 목자가 양을 지켜 주어야 한다. 밤이 되면 들짐승들에게서 양을 보호하기 위해 목자는 양우리의 문에서 잠을 잔다. 예수님은 양우리에서 문이 되어 우리를 지켜 주시는 선한 목자이시다.

광야에는 어떤 소리도 들리지 않는다. 그렇기에 하나님의 음성을 더 선명하게 들을 수 있다. 예수님도 유대 광야에서 하실 일을 준비하셨다. 광야에서 목자와 양의 관계를 보셨던 주님은 선언하신다.

"나는 선한 목자라 선한 목자는 양들을 위하여 목숨을 버리거니와"_요 10:11

힘들고 지쳐 무엇을 해야 할지 모를 때 광야로 나온다. 세상의 모든 소리를 차단하고 그분의 음성을 들어 본다.
"나는 너를 위하여 목숨을 버린 목자란다."

유다 광야의 양 떼와 목자
목자와 양은 생명의 관계다.

chapter 2

시가서 그리기

욥기~아가서

1 욥기, 시편, 잠언, 전도서, 아가서를 펴고 '성경에 표시할 부분' 표에 색칠한 부분을 성경에 표시하라. 그리고 지도에는 장절과 키워드를 쓴다.

장절과 키워드 **지도에 표시할 부분**	**성경에 표시할 부분**	**통독 구절**
욥②11 엘리바스 **데만 아래(우상우하)**	그때에 욥의 친구 세 사람이… 각각 자기 지역에서부터 이르렀으니 곧 데만 사람 엘리바스와… 그들이 욥을… 위로하려 하여 서로 약속하고 오더니	욥 2:11-13
시⑱2 다윗 요새 **요새 오른쪽(중중중상)**	여호와는 나의 반석이시요 나의 요새시요… 피할 나의 바위시요… 나의 산성이시로다	시 18:1-2
시㉙8 여호와의 소리 **가데스바네아 위(우하중하)**	**여호와의 소리**가 광야를 진동하심이여… 가데스 광야를 진동시키시도다	시 29:3-9
시54 1 다윗 고발 **십 오른쪽(중중좌중)**	[다윗의 마스길, 십 사람이 사울에게 이르러…] 1 … 나를 구원하시고… 나를 **변호하소서** 5 내 원수에게 악으로 갚으시리니… 그들을 멸하소서	시 54:1-7
시56 1 다윗 피신 **가드 오른쪽(좌하우상)**	[다윗의 믹담 시, …다윗이 가드에서 블레셋인에게 잡힌 때에] 1 하나님이여 내게 은혜를 베푸소서 사람이 나를 …종일 …압제하나이다 3 …내가 주를 **의지**하리이다	시 56:1-13

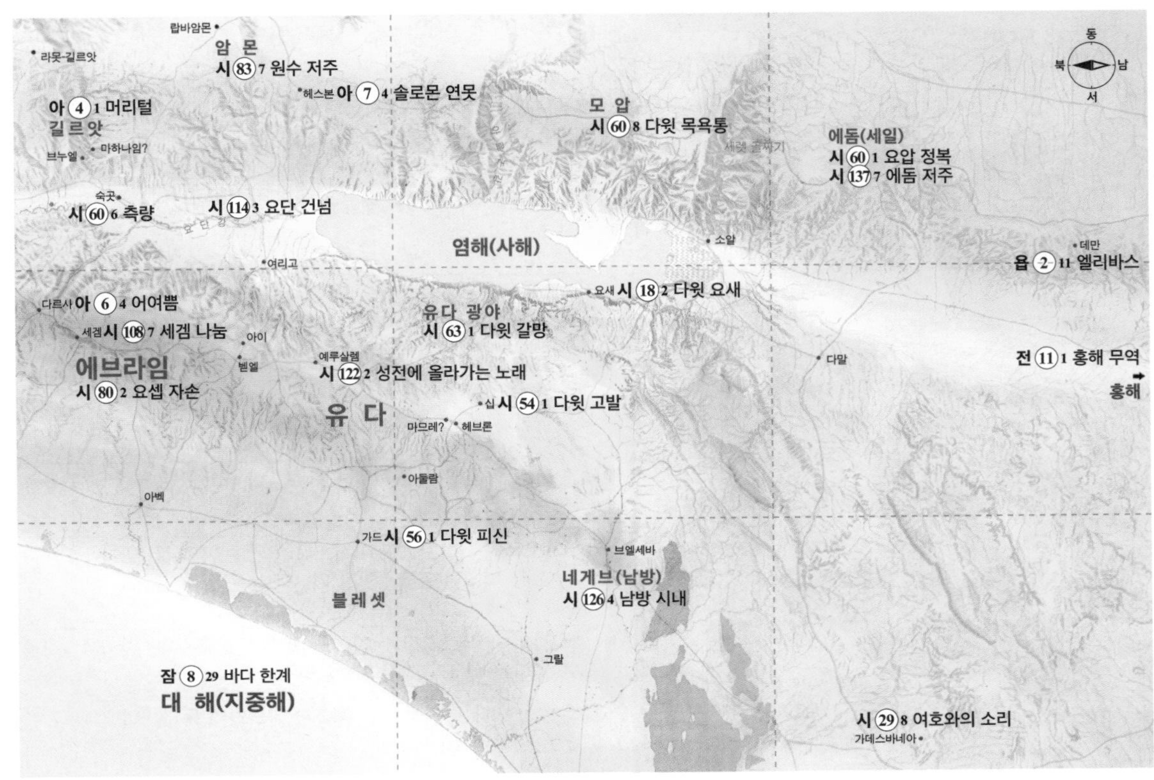

시(60)1 요압 정복 **에돔 아래(우상좌중)**	주께서 우리를… 흩으셨고 분노하셨사오나 지금은 우리를 회복시키소서(**요압**이 에돔을 소금 골짜기에서 쳐서 이천 명을 죽인 때)	시 60:1-4
시(60)6 측량 **숙곳 아래(좌상좌하)**	하나님이 그의 거룩하심으로 말씀하시되 내가 뛰놀리라 내가 세겜을 나누며 숙곳 골짜기를 **측량**하리라	시 60:5-7
시(60)8 다윗 목욕통 **모압 아래(중상중중)**	모압은 나의 **목욕통**이라…	시 60:8-12
시(63)1 다윗 갈망 **유다 광야 아래(중중좌상)**	[다윗의 시, 유다 광야에 있을 때에] 주는 나의 하나님이시라 내가 간절히 주를 찾되 물이 없어 마르고 황폐한 땅에서… 주를 **갈망**하며… 앙모하나이다	시 63:1-8
시(80)2 요셉 자손 **에브라임 아래(좌중좌중)**	에브라임과… **므낫세** 앞에서 주의 능력을 나타내사… 구원하러 오소서	시 80:1-3
시(83)7 원수 저주 **암몬 아래(좌상중상)**	2 무릇 주의 **원수**들이 떠들며 주를 미워하는 자들… 7 그발과 암몬과 아말렉이며 블레셋과 두로 사람이요 17 …**멸망을 당하게** 하사	시 83:1-18
시(108)7 세겜 나눔 **세겜 오른쪽(좌중좌상)**	하나님이… 말씀하시되 내가 기뻐하리라 내가 세겜을 **나누며**…	시 108:1-7

시⑭3 요단 건넘 **요단강 위(좌상중하)**	바다가 보고 도망하며 요단은 물러갔으니	시 114:1-8
시⑫2 성전에 올라가는 노래 **예루살렘 아래(좌중우중)**	예루살렘아 우리 발이 네 성문 안에 섰도다(**성전**에 올라가는 노래)	시 122:1-9
시⑯4 남방 시내 **네게브(남방) 아래(중하중상)**	여호와여 우리의 포로를 남방 **시내**들같이 돌려보내소서	시 126:1-6
시⑰7 에돔 저주 **에돔 아래(우상좌중)**	여호와여 예루살렘이 멸망하던 날을 기억하시고 에돔 **자손을 치소서** 그들의 말이 헐어 버리라 헐어 버리라 그 기초까지 헐어 버리라 하였나이다	시 137:1-9
잠⑧29 바다 한계 **대해(지중해) 위(좌하중하)**	바다**의 한계**를 정하여 물이 명령을 거스르지 못하게 하시며…	잠 8:22-31
전⑪1 홍해 무역 **홍해 위(우중우중)**	네 떡을 물(바다) 위에 던져라 …도로 찾으리라	전 11:1-8
아④1 머리털 **길르앗 위(좌상좌상)**	내 사랑 너는 어여쁘고도 어여쁘다… 네 눈이 비둘기 같고 네 **머리털**은 길르앗산 기슭에 누운 염소 떼 같구나	아 4:1
아⑥4 어여쁨 **디르사 오른쪽(좌중좌상)**	내 사랑아… 디르사같이 **어여쁘고**, 예루살렘같이 곱고, 깃발을 세운 군대같이 당당하구나	아 6:4
아⑦4 솔로몬 연못 **헤스본 오른쪽(좌상우상)**	목은 상아 망대 같구나 눈은 헤스본 바드랍빔 문 곁에 있는 **연못** 같고…	아 7:4

2 지도의 의미와 교훈

01 욥기의 배경은 우스 땅이라고 했지만 구체적으로 그곳이 어디인지 알지 못한다. 그러나 데만 사람 엘리바스가 등장한 것과 그 외 친구들이 요단강 동편 지역 출신이라는 것과 욥의 직업이 유목민이라는 것, 그리고 갈대아인에게 짐승이 약탈당하는 것을 보면 요단 동편이 확실하다. 가나안 땅도 아니고 아브라함의 후손이라 보기도 힘든 욥이 하나님께 순전한 신앙을 가졌음은 특별한 예라고 할 수 있다. 그러나 같은 유목민이던 미디안 사람 이드로가 제사장이면서 여호와의 신앙에 익숙한 것을 보면 그리 이상한 일도 아니다. 다만 이스라엘처럼 분명한 부름과 나타나심 없이 희미한 신앙의 빛이 욥에게 비추었지만, 그 신앙을 붙잡고 순전히 살아간 욥의 신

앙이 부럽다. 데만 사람은 지혜롭기로 유명했다(렘 49:7). 데만 지역은 현재 페트라로 불린다. 바위를 떡 주무르듯 조각하여 최고의 작품을 남긴 페트라 사람들은 예수님 시대까지 최고의 부를 누렸다. 그러나 진정한 지혜는 욥과 같이 하나님을 경외하는 것이기에 데만의 지혜는 유적으로만 남았다.

02 **시편**에는 다윗의 시가 다수 나온다. 다윗의 시 중에는 어떤 상황에서 지었는지 알려 주는 시가 몇 편 있다. 시편 34, 54, 56, 60편 등은 주로 유다 광야와 블레셋으로 도피한 생활과 관계가 있다. 어려움 중에 간절한 시가 많이 나온다. 그러나 시편 18편 등은 승리한 후에 노래했다. 어려울 때만 하나님을 찾은 것이 아니라 감사할 때도 다수의 시를 지었음을 알 수 있다. 시편 중에는 '다윗의' 혹은 '다윗을 위한'이라는 뜻의 '레 다윗'이 붙은 시가 많다. 따라서 다윗이 지은 시인지 다윗을 위해 헌정된 시인지 구별하기가 어렵다. 그러나 한편으로 이것은 시편에서 다윗이 차지하는 비중을 알 수 있게 해 준다. 특히 성전이 예루살렘에 없었던 다윗 시대에 '성전에 올라가는 노래 122편' 등도 '레 다윗'의 시로 되어 있다. 다윗은 성전 제도에도 많은 영향을 미쳐서 조선의 정도전이나 세종대왕같이 건국된 나라를 확장시키고 노래와 시 같은 문화와 성전의 각종 법과 제도를 세우는 등 다양한 업적을 남겼다.

03 시는 주로 성전 예배를 중심으로 발전했다. 다윗에 의해 찬송을 담당한 아삽과 그의 자손은 12편이 넘는 시를 남겼다(대상 15:16-17). 민수기에서 모세를 대항한 고라는 죽었으나 그의 자손은 남아 성전 문지기로 봉사했고 찬양을 불렀다(대하 20:19). 시편에는 모세의 시와 솔로몬의 시 등 다양한 시가 포함되어 있다.

04 잠언과 아가서, 전도서는 솔로몬이 예루살렘에 거주하면서 지었지만, 바다에 대한 언급과 요단 동편의 헤스본과 길르앗의 아름다움을 논하고 있는 것을 보면, 왕이 전역을 수시로 순회하였음을 시사한다. 지도자가 가진 분별력 중에 하나가 백성과 그들이 사는 땅에 관한 상황을 잘 파악하는 것인데 솔로몬은 이를 잘해 냈음을 알 수 있다.

마사다 북쪽의 3층 궁전은 당대 최고의 건축물 중 하나다.

시가서 핫 플레이스

마사다
엔게디
쿰란
엔파랏
아사셀산

요새 중의 요새, 마사다

"여호와는 나의 사랑이시요 나의 요새이시요"(시 144:2)의 '요새'(히, 메쭈다)라는 뜻을 가진 '마사다'는 유대인이 로마에게 마지막까지 항전한 장소로 유명하다. 마사다는 유대 광야의 동쪽 가파른 경사지와 바다보다 400m 낮은 염해(사해) 사이에 원추처럼 생긴 높고 거대한 바위산으로, 사방이 400m 되는 가파른 골짜기로 둘러싸여 있다. 그나마 접근 가능한 동쪽 길은 지그재그로 뱀처럼 올라야 한다고 해서 뱀길이라 불렀다. 현재는 서쪽에서 오르는 길이 있지만, 이는 로마인이 성을 정복하기 위해 3년 동안 쌓아 올린 인공 경사로다. 성 전체는 물을 모으는 집수장치로 둘러 있는데, 우기인 겨울에 내리는 얼마의 빗방울도 아껴 보관함으로써 광야의 요새가 물 걱정 없이 살 수 있도록 하고 있다. 정상에 오르면 둘레가 1300m인 들판이 펼쳐져 방문자를 놀라게 한다.

동쪽에서 오르는 뱀길

동쪽에서 본 마사다 요새

마카비 왕조의 대제사장 요나단이 BC 2세기에 요새화한 후 BC 40년 헤롯 대왕이 도피하여 그 진가를 안 뒤 이곳을 요새화했다. AD 5세기에는 수도승들이 이곳에 거주하기도 했다.

헤롯이 이곳을 요새화한 이유는 그가 한때 도망자 신세였을 때 그의 가족을 이곳에 피신시켰는데, 수년 후 그가 로마 군대와 함께 유대 땅에 돌아왔을 때 가족 모두가 마사다에서 안전하게 살고 있는 것을 확인하고 이곳을 자신의 피난처로 삼은 것이다. 요세푸스는 헤롯이 유대인이 아닌 이두매(에돔)인이기에 언제든 왕에서 밀려날 수 있음을 알고, 유사시 피신하기 위한 피난처로 이곳을 만들었다고 했다. 이외에도 이곳은 동쪽 모압의 수도 길하레셋으로 가는 길목으로 동쪽에서 오는 적을 방어하고 통제하기 위한 요새이기도 했다. 헤롯이 이 요새를 건설한 후 2천 년이 지났음에도 그가 건설한 저장고와 북쪽의 목욕탕과 3층으로 된 북쪽 궁전, 서쪽 왕비들을 위한 궁전 등과 그 안을 장식한 모자이크와 덧칠한 색깔이 지금까지도 선명하게 남아 있다. 이 요새는 헤롯이 평안하게 죽었기에 그가 살

마사다에서 본 동쪽 모압 지역 닛산반도를 통해 나오미와 룻 그리고 다윗이 오갔다.

아생전에 사용할 일이 없었다. 그러나 AD 66년 로마에 항쟁하던 열심 당원들이 예루살렘이 함락된 뒤 이곳에 와서 마지막 항전을 했다. 실바(Flavius Silva) 장군의 지휘 아래 로마 제10군단(1개 군단 5~6천명)이 72년 1월 15일(유대 음력)에 이곳을 함락했다. 함락되기 전날 밤 지도자 엘르아살은 로마의 포로가 되느니 자결하여 하나님의 심판을 받아들이자는 긴 연설을 했다. 결국, 각 남자가 가족을 죽인 후 제비 뽑아 남은 10명이 다른 남자들을 죽이고 한 사람이 나머지를 죽이고 자결함으로써 960명이 죽었다. 한 방에서 이때 제비 뽑힌 10명의 명단이 발견되었다. 이는 요세푸스가 이 전쟁에 대해 과장해서 기록한 것이 아님을 증명해 주었다. 현대 이스라엘은 신병 훈련을 마치고 이곳에 와서 "다시는 마사다가 함락되게 하지 않는다!"라고 외치며 애국심을 드높인다.

성경은 이곳을 다윗의 요새와 연결한다. 사무엘상 22장에서 다윗은 마사다 앞에 있는 닛산반도를 통해 모압으로 넘어가 가족을 피신시킨다. 모압 왕에게 부모를 부탁한 것이다. 모압 미스베는 길하레셋으로 모압의 수도다(삼상 22:3). 이곳에서 서쪽 유대 땅으로 내려가다 보면 염해 너머 정면으로 유대 광야 동쪽 가장자리에 있는 마사다가 보인다. 우기인 겨울에는 염해의 남북이 연결되어 한 바다를 이루지만, 여름에는 건기가 되면서 중간이 갈라져 모압과 유다 산지를 육로로 건널 수 있다. 그러니 다윗이 여름에 이곳을 갔을 가능성이 크다. 다윗의 증조할머니가 모압 여인 룻이다. 그와 인척 관계인 모압 왕에게 자신의 부모를 맡긴 것이다. 모압에 연로한 부모를 맡기고 유다의 마사다로 돌아온 다윗이 걸었던 길은 바로 룻이 나오미와 함께 돌아온 길이었다. 유다 지역으로 돌아온 다윗은 요새에 와서 머물렀다고 하는데, 그 요새의 유력한 후보지가 마사다다(삼상 22:4).

북쪽 궁전에서 본 엔게디 지역

고고학 발굴 결과 북쪽 궁전 두 번째 단계에서 다윗 시대 흔적이 발견

로마가 정복할 때 만들었던 투석기 모형

마사다로 오르는 서쪽길
로마가 정복해 온 길이다

마사다 저장고에는 수년을 버틸 수 있는 식량을 보관했다.

되었다. 다윗은 이곳에서 요새의 안전함을 느꼈으리라. 얼마나 안전하고 외진 곳인지 사울왕은 다윗을 찾으러 이곳에 오지 않았다. 그런데 갓 선지자는 다윗에게 요새에 있지 말고 사람들이 사는 헤렛 수풀 쪽으로 가라고 했다(삼상 22:5). 하나님은 왕이 될 다윗이 안전한 곳에 안주하는 것보다 사람들과 부대끼면서 왕의 훈련을 받기 원하셨던 것 같다.

마사다에 오르면 "나의 힘이 되신 여호와여… 여호와는 나의 요새라"라는 찬양이 저절로 나온다. 다윗의 심정으로 이 찬양을 부르노라면 그가 어려울 때만 하나님을 찾은 것이 아니라, 이렇게 안전하고 평안할 때도 주님을 찾은 사람이었음을 알게 된다. 시편 18:1은 원어로 "사랑합니다. 여호와여…"라고 시작한다. 안전하고 평안한 장소와 상황에서도 주님이 진정 나를 보호하시는 요새요, 산성이요, 구원의 뿔이라고 한 것이다. 그런 다윗이기에 왕이 되어서도 하나님을 만왕의 왕으로 인정하고 예루살렘 성안에 언약궤를 가져와 안치했으리라. 다윗에 이어 우리 모두가 "여호와는 나의 요새입니다"라고 고백해야 하지 않을까.

다윗의 동굴, 엔게디

엔게디는 하사손다말로 불리기도 하는 '들염소의 샘'이다. 엔게디는 염해변에 위치한 아름다운 오아시스로서, 석동기부터 사람들이 정착하여 살았다. 드고아 쪽으로 올라가는 시스 고갯길 왼쪽으로는 거대한 아르곳 협곡이 있다. 이 아르곳 협곡 바로 북쪽에는 금속병용기 시대의 신전(BC 3300년경)이 있다. 엔게디 일대는 사슴뿔과 비슷한 뿔을 가진 들염소(시 104:18, 욥 39:1)의 서식처이기도 하다. 또한 근처에 유황 온천이 있어서 환자들의 발걸음이 끊이지 않는다.

엔게디 폭포가 있는 곳까지 트레킹 코스가 있으나 광야로 인해 겨울에 올라가는 것이 좋고, 여력이 있으

북쪽에서 본 엔게디 지역
오른쪽 산이 시스 고개이고 왼쪽 숲 앞이 텔 엔게디다.

엔게디의 들염소
절벽에 살면서 험한 산지를 안전하게 달리는 능력을 가졌다.

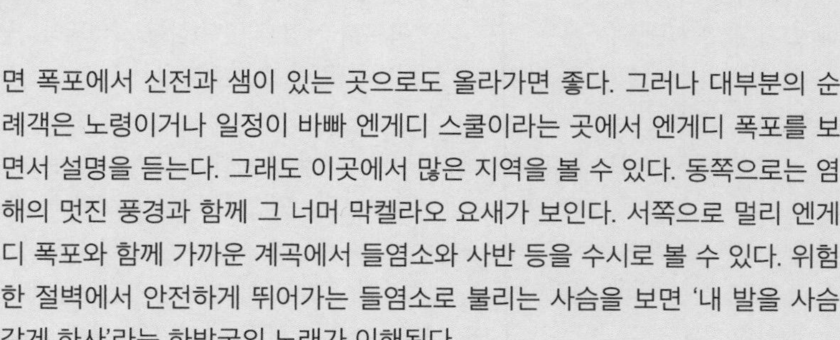

면 폭포에서 신전과 샘이 있는 곳으로도 올라가면 좋다. 그러나 대부분의 순례객은 노령이거나 일정이 바빠 엔게디 스쿨이라는 곳에서 엔게디 폭포를 보면서 설명을 듣는다. 그래도 이곳에서 많은 지역을 볼 수 있다. 동쪽으로는 염해의 멋진 풍경과 함께 그 너머 막켈라오 요새가 보인다. 서쪽으로 멀리 엔게디 폭포와 함께 가까운 계곡에서 들염소와 사반 등을 수시로 볼 수 있다. 위험한 절벽에서 안전하게 뛰어가는 들염소로 불리는 사슴을 보면 '내 발을 사슴 같게 하사'라는 하박국의 노래가 이해된다.

다윗은 사울왕을 피해 엔게디의 많은 동굴 중 하나에 숨었다. 그 뒤를 쫓던 사울이 발을 가리우려고(용변을 보려고) 다윗이 있던 동굴에 들어왔다. 사울을 아무도 모르게 죽일 수 있는 기회였지만 다윗은 자신뿐 아니라 주변 사람들에게 하나님이 기름 부어 임명한 왕에게 손을 대지 말라고 말한다. 단지 사울의 옷자락을 자르면서도 다윗은 마음에 찔림을 받았다. 사울도 이스라엘 법에 따라 옷단 귀에 옷술을 달았다면 그 옷술을 베면서 여호와의 말씀을 기억했을 것이기 때문이다. 사울이 일을 본 뒤 한쪽으로 올라가자 다윗은 깊게 팬 엔게디 골짜기를 사이에 두고 반대편으로 올라가 사울을 불러 자신의 결백을 주장한다. 거리로는 쉽사리 쫓아올 수 없는 지형을 지혜롭게 이용해 대화를 시도한 것이다. 이때 사울이 감동을 받아 다윗에게 축복을 한다. 원수를 사랑한다는 것의 모델을 제공한 장면이라 할 만하다. 시편 57편과 142편은 동굴에서 지은 시로 엔게디나 아둘람 같은 동굴의 삶을 승화시켜 주님을 찬양한 노래라고 할 수 있다.

솔로몬은 엔게디의 노랑꽃 고벨화를 보고 사랑하는 여인의 아름다움을 엔게디 꽃에 비유했다(아 1:14). 여호사밧 때 모압이 주도한 연합군이 마사다 앞 닛산반도를 넘어 엔게디로 들어와 진을 친 후 시스 고개를 넘어 예루살렘으로 향하려 했다. 그러나 여호사밧의 기도를 들은 여호와께서 연합군 사이에 분열

엔게디 폭포가 있는 다윗의 계곡
다윗이 사울의 옷자락을 자르고 반대편으로 올라가서 대화를 나누었다.

엔게디는 들염소의 샘이라는 뜻으로 광야의 오아시스다.

의 영을 넣어 엔게디에서 사분오열되어 자멸하게 했다. 엔게디 텔과 함께 회당이 있던 자리가 그들이 머물던 곳으로 보인다. 여호사밧이 엔게디 앞에 도착해 시스 고개 위에서 무너진 적진을 보았을 때 군대보다 앞서 행진한 찬양대의 "여호와께 감사하세~" 하는 찬양 소리가 더 커졌으리라.

에스겔 47장에는 성전에서 생수가 흘러나와 염해에 물고기가 살게 될 것이며, 엔게디가 그물 치는 어부의 항구가 될 것이라는 예언이 나온다.

쿰란의 서쪽 유다 광야 산지와 사해 사본이 발견된 4동굴이 아래쪽에 보인다.

말씀 수호자, 쿰란

1947년 유다 광야 동쪽 끝, 염해 근처의 쿰란에서 사해사본이라 불리는 2천 년 전의 성경이 발견되었다. 쿰란은 구약의 소금 성읍(수 15:62)으로 추정되며 BC 8세기에 처음으로 사람이 살기 시작했다. 그 후 6세기가 지난 뒤 에세네파 사람들이 정착하여 살다가, 헤롯 때 지진으로 한때 떠났다가 30년이 지난 후 다시 돌아와 말세를 대비하는 수도원적 공동생활을 영위하였다. 야하드 공동체라 불리는 이들은 추정하기로 유대교의 한 분파인 에세네파가 아닐까 생각된다. 이들은 정결 의식을

쿰란 공동체가 있던 전경과 염해, 그 너머로 길르앗 산지가 보인다.

강조하고 빛과 어둠이라는 이원 사상을 가지고 있었다.

쿰란 공동체가 살았던 장소는 샘이 하나도 없는 곳에 있다. 이곳 사람들은 우기에 유다 산지에서 내려오는 골짜기 물을 큰 저수조에 받아 1년 내내 사용했다. 수로와 저수시설 그리고 정결탕은 이 공동체의 생사를 결정하는 것이었다. 정결 예식을 중요시했던 야하드 공동체는 식사 시간을 제사의식처럼 치렀으며 몸을 더럽힌 일원은 들어올 수 없었다. 그들의 생계는 종려나무 열매인 대추야자와 성경을 필사해서 판매해 유지했으리라 여겨진다. 서기관 방과 식당, 대추야자 농장, 그릇 굽는 화덕 등의 시설들이 발견되었다. 특히 정결 예식은 세례 요한과 예수님에 의해 세례 의식으로 기독교 안에서 자리 잡았다.

성경을 소중히 여기며 일점일획도 가감 없이 기록해 보존하려 했던 공동체에 로마가 쳐들어온다는 소식이 들렸다. AD 68년 로마군이 예루살렘으로 진격할 때 야하드 공동체는 그들이 가지고 있던 성경이 불태워질까 염려하여 가지고 있던 성경을 토기 항아리에 담아 동굴에 위장하여 숨겨 놓았다. 특히 쿰란의 서쪽 4동굴 주변에 다량 숨겨 놓았다. 예상대로 로마인들이 그들의 정착지를 불태움으로써 쿰란 공동체는 종말을 고하고 만다. 쿰란 공동체뿐 아니라 로마군이 쳐들어오자 예루살렘에서 탈출한 바리새파와 사두개파 사람들도 자신들의 문서를 근처 동굴에 숨겨 놓았다. 이 역시 다량의 사해사본이 되었다. 어떤 동굴에서는 각각의 파가 숨긴 문서로 인해 명절 날짜가 다른 달력이 발견되기도 했다. 쿰란 주변의 유대 광야는 거대한 비밀 도서관이 된 셈이다.

쿰란에서 첫 번째로 발견된 성경이 이사야서다. 이사야서는 지금 우리가 사용하는 성경과 일점일획도 다르지 않다. 이는 세계 역사에서 찾아볼 수 없는 기적이다. 2천 년간 지속적으로 사용하던 책이 이렇게 한 글자도 틀리지 않고 변질되지 않았다는 것은 인간으로서는 불가능한 일이다. 하나님이 보존해 오셨다고 볼 수밖에 없다. 그런데 왜 유대 광야에 성경이 있었던 것일까?

쿰란 공동체가 기록한 사해사본은 그들의
생계 수단이자 사명이었다.

예수님이 사역 중에 가장 많이 인용하신 말씀 중 하나인 이사야서가 온전한 모습으로 1947년에 발견되었다. 이후 11개의 동굴에서 수백 개의 문서가 발견되었는데 구약성경 각 부분이 모두 발견되었을 뿐 아니라 BC 3세기~AD 1세기 사이의 의식과 성전에 대한 고대 사본들이 대량으로 발견되었다. 이것이 1948년 이스라엘의 독립에 맞추어 발견되었다는 점은 의미가 깊다. 이스라엘 학자가 쿰란 사본이 2천 년 전의 성경임을 알고 감격에 젖어 밖에 나온 그날 유엔은 이스라엘의 독립을 선언했다. 성경은 "유대인이 나음이… 무엇이냐… 그들이 하나님의 말씀을 맡았음이니라"(롬 3:1-2)고 했다. 유대인은 독립과 함께 사해사본을 모아 이스라엘 박물관 입구에 전시하고 연구함으로써 그 역할을 잘 감당하고 있다.

쿰란 공동체의 정결탕 성경을 기록하거나 식사를 하기 전에 반드시 정결 의식을 가졌다. 이는 세례의 원조가 되었다.

유다 광야의 쿰란 공동체는 매일 새벽 해 뜨는 시간에 맞추어 새벽기도를 드렸다. 쿰란 공동체의 의식과 비슷한 예식을 한 사람이 세례 요한이다. 세례 요한은 직간접적으로 쿰란 공동체와 관계가 있음이 확실하다. 그는 이사야서 40장의 예언대로 광야에서 여호와의 길을 예비했다. 그는 사람들의 마음에 있는 골짜기와 언덕을 돋우고 평탄케 하여 예수님의 영광을 보도록 준비했다. 요한의 제자였던 안드레는 예수님의 첫 제자가 된 뒤 베드로와 빌립을 데려왔다(요 1:40-44).

열매 맺는 곳, 엔파랏(유브라데 샘)

성경의 땅에서 복 있는 사람은 시편 1편에서 언급한 시냇가에 심은 나무와 같다. 우리나라에서는 과실수가 시냇가가 아니더라도 들판 어디서나 철을 따라 열매를 맺는다. 그러나 이스라엘은 건기인 여름에 비가 내리지 않는다. 아니 아예 구름 한 점 없다. 그렇다 보니 우기인 겨울이 지나자마자 풀은 마르고 꽃은 시든다. 다만 산지의 서쪽에 자리 잡은 뿌리 깊은 나무는 땅 깊은 곳에서 물을 끌어올리고, 저녁마다 서쪽 해안에서 오는 이슬에 수분을 공급받아 근근이 생명을 유지한다. 그런데 샘이 있는 시냇가에 나무가 심겼다면 상황이 달라진다. 수분을 충분히 공급받은 나무는 구름 한 점 없이 따가운 햇살이 내리쬐는 날

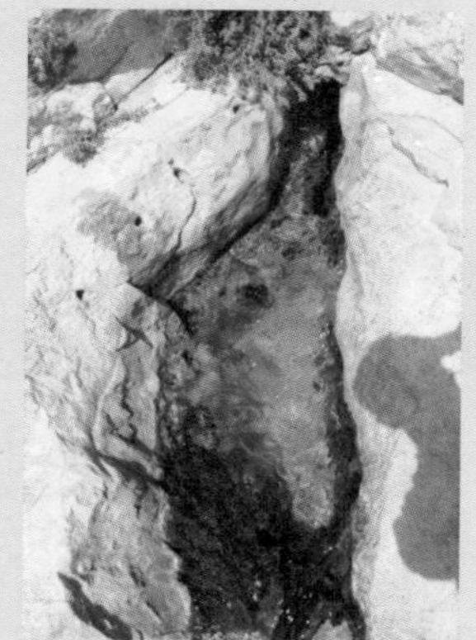

유다 광야의 엔파랏. 유브라데 샘으로 번역되었다.

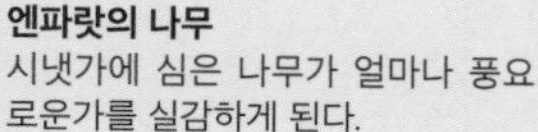

엔파랏의 나무
시냇가에 심은 나무가 얼마나 풍요로운가를 실감하게 된다.

엔파랏의 물고기

에도 최고의 당도를 가진 열매를 맺을 수 있다. 이스라엘에서 1년 내내 물이 흐르는 강은 요단강뿐이다. 그래서 원어로 요단강은 '나하르'라고 하지만, 다른 시내는 여름에 대부분 샘 근처에 물이 흐르는 시내를 만들다 수십 혹은 수백 미터 지나면 물이 바닥으로 스며들어 건천을 만든다. 이를 나할 혹은 아랍어로 '와디'라고 부른다. 이런 샘에는 수로를 만들어 일정한 장소에 물을 모아 둔다. 시편 1편에 언급한 "시냇가"라는 표현은 '물의 수로'라는 표현이다. 이곳에는 당연히 무성한 나무가 자라게 되어 있다.

시냇가에 심은 나무를 가장 리얼하게 볼 수 있는 곳이 예루살렘에서 여리고로 내려가는 길에 있는 와디 킬트의 엔파랏 샘이다. 이곳을 내려가는 길부터 예사롭지가 않다. 사방이 메마른 광야이며, 가파른 경사가 차를 타고 가는 사람들을 긴장시킨다. 그러나 어느덧 파랏 샘 혹은 유브라데 샘이라는 엔파랏에 도착하면 그동안의 불안과 광야의 메마름이 싹 사라진다. 광야의 오아시스가 이룬 아름다운 파라다이스를 볼 수 있기 때문이다. 수천 년 전부터 흘러나오는 물 옆에는 수도원이 있고, 물을 모아 놓은 장소에 고대 건물의 흔적이 있다.

'샘'(spring)을 히브리어로 '아인'이라고 하는데, 이는 '눈'(eye)이라는 히브리어와 동음이의어다. 에덴동산에서 흘러나왔던 유브라데(창 2:14), 아브라함에게 언약하신 땅의 경계 유브라데(창 15:18), 모세에게 정복하라고 하신 유브라데(신 1:7)는 약속의 자녀에게 주신 땅이었다. 한편 교만한 자들에게 유브라데는 연단의 땅이다. 결국 유브라데는 믿음의 눈으로 변화된 사람들만이 누리는 축복의 땅인 셈이다. 엔파랏의 샘을 통해 창세기의 에덴동산을 보고, 시편 1편의 시냇가에 심은 나무의 축복을 본다. 어떤 가뭄에도 잎사귀가 마르지 않는 복 있는 사람, 형통한 사람, 여호와의 율법을 즐거워하여 그 율법을 주야로 묵상한 사람의 모습을 본다.

어린 시절부터 갈릴리에서 예루살렘으로 오는 여정에서 여리고와 예루살렘을 수시로 다니셨던 예수님도 이 샘을 지나셨을 것이다(눅 2:41-45). 이 길의 사정을 잘 아셨기에 선한 사마리아인 비유에 이 샘을 지나 여리고로 내려가는 길의 사건을 언급하셨다(눅 10:30-36). 엔파랏은 예루살렘에서 10km, 예레미야의 고향 아나돗에서 4.2km로, 걸어서 한 시간이면 도달하는 거리에 있다. 하나님이 예레미야에게 유브라데로 가라 명하셨을 때의 유브라데는 이 샘을 의미한다고 볼 수 있다(렘 13:4). 하나님이 예레미야에게 엔파랏으로 가라 하신 것은 앞으로 유다가 멸망하고 포로로 잡혀갈 곳이 바벨론 유브라데강 지역임을 예고하신 게 아닐까. 그곳에 허리띠를 감추고 며칠 후 다시 찾았을 때 썩어 있는 모습을 보여 주신 것은 유브라데 지역으로 끌고 가서 유다의 교만을 이렇게 썩게 할 것이라는 말씀인 듯하다.

속죄의 장소, 아사셀산

유대인은 한 해의 시작을 7월부터 한다. 7월 1일에 나팔을 불면서 새해를 맞이하고 그 후 10일간 회개의 기도를 드린다. 유대력 7월 10일이 되면 한 해의 잘못을 모두 회개하면서 속죄일로 지킨다. 이때 두 마리의 흑염소를 택하는데 한 마리는 속죄 제물로 광야로 보낸다. 이를 '아사셀 염소'라 부른다. 다른 한 마리는 하나님과의 화목제물이자 '라도나이' 여호와를 위한 염소로 드려진다. 그리고 1년에 한 번 여호와와 이스라엘의 언약을 갱신하기 위해 지성소에 들어가 염소의 피를 뿌린다(레 23:27-28, 31-32). 이날 제사장은 모든 죄를 상징하는 까만 염소 두 마리를 준비한다(레 16:5-7). 대제사장은 지성소에 들어가기 위한 여호와(라도나이) 염소와 백성의 죄를 짊어지고 광야에서 죽을 아사셀 염소를 구분해 표시한다. 먼저 아사셀 염소를 끌고 광야로 나간다. 예루살렘 성전 동쪽 유다 광야로 나가 염소를 놓아 주면 아사셀 염소는 이스라엘 백성의 죄를 대신 지고 나가 영문 밖에서 죽게 된다(히 13:13).
그런데 아주 가끔 염소가 생명력이 있어 다시 집으로 돌아오는 일이 있다. 그래서 제사장은 염소를 정한 장소인 아사셀산에서 놓아 준다. 아사셀산은 예루살렘에서 12km 떨어진 유다 광야 지역 중에서도 가장 넓은 시야와 가파른 절벽을 가진 언덕이다. 그곳에서 염소 앞다리를 잡고 절벽에서 놓아 준다. 말이 놓아 주는 것이지 사실 떨어뜨려 죽이는 것이다. 아사셀 염소가 죽으면 남은 염소 한 마리를 잡아 그 피를 가지고 지성소로 들어가 여호와와 언약을 갱신한다. 피 흘림 없이는 죄 사함이 없다.

아사셀산의 흑염소들
대속죄일의 아사셀 염소는 이런 흑염소였다.

아사셀산 능선으로 향하는 지프차들

예수님의 죽음은 속죄일의 두 염소의 죽음과 의미상 연결된다. 예수님은 성전 남쪽 부속 건물에 있던 공회(산헤드린)에서 사형선고를 받으셨다. 유대인의 언어는 과거-현재-미래라는 시제는 없고 완료-미완료라는 시상이 강조된다. 그러므로 유대인의 관점에서는 예수님의 사형선고가 결정된 그 장소가 예수님이 죽은 곳이라 말할 수 있다. 결국, 예수님이 성전에서 재판받았으니 유대인의 사형선고가 '여호와 이레'라는 모리아산 성전에서 일어난 것이다. 염소로 치자면 예수님은 '라도나이'라는 속죄소로 들어가기 위한 염소처럼 죽으셨다. 그러나 헬라인이나 로마인에게 중요한 것은 시상보다 시제다. 시

아사셀산의 능선 급경사에서 아사셀 염소를 놓아 희생시켰다.

아사셀산에서 본 예루살렘 방향 아사셀 염소는 희미한 능선에서 출발해서 광야에 버려졌다.

간상 예수님의 죽음은 영문 밖 골고다에서 일어났다. 빌라도가 예수님께 사형선고를 내리자, 예수님은 아사셀 염소와 같이 영문 밖에 나가 죽으셨다. 예수님이 영문 밖에서 죽으시므로 아사셀 염소처럼 우리의 죄를 대신하셨다. 이 죽으심 이후 지진이 일어나고 성전의 휘장이 안쪽부터 찢어져 속죄소가 드러났다. 이는 예수님의 보혈이 아사셀 염소처럼 우리 죄를 대신했을 뿐 아니라 우리가 예수님의 보혈로 하나님 은혜의 보좌인 속죄소로 나갈 자격을 얻었음을 선언하는 일이라고 할 수 있다. 히브리서 기자는 예수님이 매년 유보되는 염소의 피가 아닌 영원한 피로 단번에 영원한 제사를 드리셨다고 한다.

> 이제 자기를 단번에 제물로 드려 죄를 없이 하시려고 세상 끝에 나타나셨느니라 _히 9:26

예수님은 속죄일의 두 염소처럼 두 번 죽으셨다. 유대인에게 한 번, 로마인에게 한 번. 유대인에게는 '여호와 이레'라고 불리는 모리아산 성전에서 사형선고를 받아 죽으셨고(여호와는 아브라함을 통해 이날을 준비하셨다), 이방인에게는 영문 밖 골고다에서 죽으셨다. 아사셀 염소처럼 우리의 모든 죄를 짊어지고 속죄제물로 죽으셨다. 성전 앞 기드론 골짜기에 있는 겟세마네 동산에서 예수님은 우리의 모든 죄를 짊어지시느라 땀방울이 핏방울처럼 되었다. 겟세마네는 광야로 나가는 길목에 있다. 여호와를 위한 염소처럼 화목제물이 되신 것이다.

> 사랑은 여기 있으니 우리가 하나님을 사랑한 것이 아니요 하나님이 우리를 사랑하사 우리 죄를 속하기 위하여 화목제물로 그 아들을 보내셨음이라 _요일 4:10

하나님과의 화목이 완성된 표로 성전의 휘장이 위에서 아래로 갈라졌다. 이제 우리는 예수님의 죽으심으로 하나님의 긍휼함과 돕는 은혜를 받는 은혜의 보좌로 나갈 수 있다.

> 그러므로 우리는 긍휼하심을 받고 때를 따라 돕는 은혜를 얻기 위하여 은혜의 보좌 앞에 담대히 나아갈 것이니라 _히 4:16

선지서

chapter 1

선지서의 주요 무대

이사야~말라기

구약시대 패권은 모세오경에서는 애굽(이집트), 여호수아에서 왕국시대까지는 가나안 땅 이스라엘, 그러다 이스라엘이 앗수르와 바벨론의 포로가 된 전후로는 북쪽 메소포타미아로 넘어가는 흐름을 보이고 있다. 이

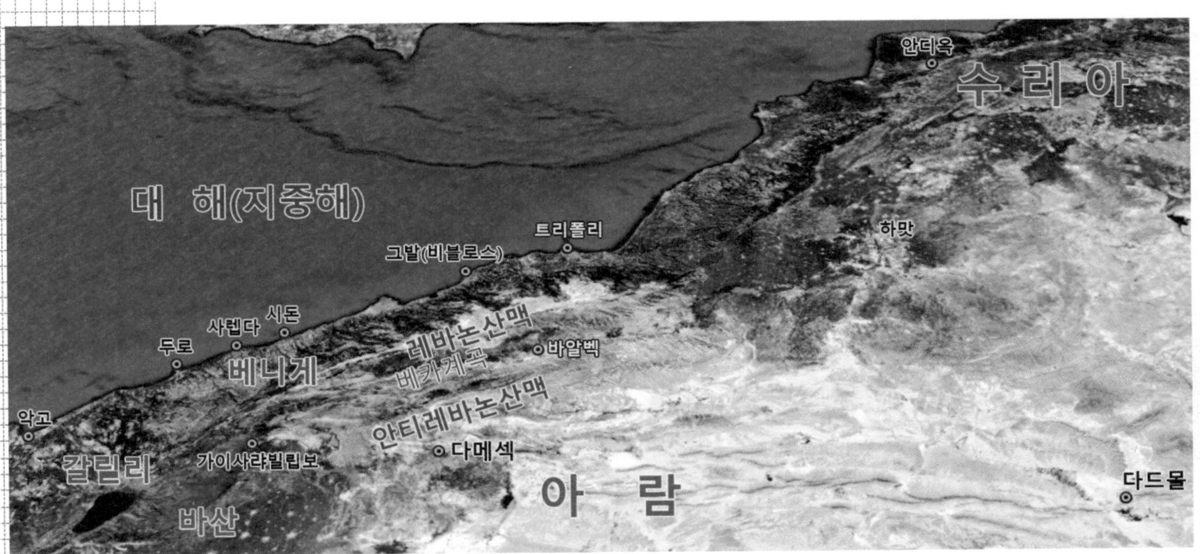

신약의 수리아 지역은 베니게와 아람, 심지어 유대까지 모두 포함한 지역을 의미한다. ©구글

런 흐름 속에서 이스라엘 주변 민족인 에돔, 모압, 암몬, 아람, 블레셋, 가나안 등이 이스라엘에 가시 같은 역할을 했지만 큰 힘 앞에선 운명을 같이했다. 이스라엘이 가나안 땅을 차지하고 왕정이 되면서 가나안족 대부분이 멸절되었지만, 북서쪽의 시돈족은 가나안족의 대표로 남아서 두로를 중심으로 나라를 지속했다.

요단 동편의 모압과 암몬, 에돔은 민수기의 배경에서 다루었지만, 수리아라 부르는 아람은 다윗 왕조 이후에나 통일 국가를 이루어 이스라엘을 위협하더니 열왕기와 선지서에서 자주 언급될 만큼 가장 위협적인 인근 민족이 되었다. 성경에서 베니게는 페니키아를 말하고, 아람은 수리아로 번역되기도 하나, 엄밀히 말하면 수리아는 신약에서 아람과 베니게를 포함한 용어라 할 수 있다.

아람

아람은 민족 이름이 나라 이름으로 불렸고, 중간기에 헬라가 들어오면서 이 지역을 포함한 넓은 지역을 수리아(시리아)라 부르면서 현대 시리아라는 국가 이름을 얻었다. 구약에서 특히 개역개정에서 '수리아'로 번역된 단어의 원어는 모두 '아람'이다(왕상 11:25, 렘 35:11). 아람은 중심 도시인 다메섹으로 불리기도 한다.

아람은 동쪽으로는 유브라데강의 남쪽부터 아라비아 사막까지이고, 서쪽은 레바논산맥이며 북쪽은 타우루스산맥이고 남쪽은 갈릴리와 바산 지역까지라 할 수 있다. 다만 알렉산더 정복 이후 셀류쿠스 왕조가 아람과 레바논 지역을 기반으로 발흥하면서 수리아 지역이 확장되었다. 수리아는 이집트어에서 두로(Tyre)를 부르는 말에서 유래했다고 본다. 로마 시대에는 유대도 수리아 총독의 지배를 받는 행정구역이었다(참고 눅 2:2). 다메섹은 아브라함의 조상인 아람인의 대표 도시다(창 25:20). 다윗이 암몬을 정복할 때 암몬을 도우러 온 하닷에셀(삼하 8:5-6) 때부터 이스라엘

바울이 낙마한 후 회심한 것을 기념하고 있는 교회는 다메섹 서쪽 18km 지점에 있다.

다메섹의 과일들

시리아의 빵

역사와 관계를 가지다가 솔로몬을 통해 구입한 많은 병거로 아사왕 때 이스라엘의 남북 분열을 틈타 남진하여 이스라엘을 괴롭혔다.

북이스라엘의 아합은 두로, 유다와 3국 동맹을 맺고 아람을 쳐서 잃어버린 영토를 어느 정도 회복했으나 길르앗 라못에서 아람과 전투하던 중에 사망했다. 아합의 아들들도 길르앗 라못을 지속적으로 공격했으나 예후가 그곳에서 혁명을 일으키면서 아합 집안은 물론 3국 동맹의 주도 세력을 죽임으로써 동맹이 깨졌고, 이때부터 국력이 급속도로 약화되었다. 엘리사가 임명한 아람 하사엘왕 때는 북이스라엘이 아람에 정복되다시피 했다. 남유다도 요아스왕 때 방어선인 가드가 무너지면서 아람에게 조공을 바쳐야 했다(왕하 12:17-18). 하지만 얼마 후 앗수르의 남하로 다메섹은 치명타를 입었다. 아람은 이후에도 바벨론과 바사에 정복되어 국가로서 제구실을 못하다가 알렉산더 사후 셀류쿠스 1세가 이 지역을 정복한 후 '수리아'에 복속되었다. 이때의 수리아는 터키 지역인 아시아, 바벨론, 인도 경계까지의 넓은 지역을 말하며, 수도는 안디옥이었다. 수리아는 BC 64년 폼페이에 의해 로마에 병합되면서 신약 시대를 맞게 된다.

베니게(페니키아, 레바논)

베니게, 영어로 페니키아는 구약에는 언급이 없고 신약에 나온다(행 11:19, 15:3, 21:2). 이집트어 'Fnkhw'를 호메로스가 헬라어 포이닉스

시리아 다메섹 부근의 들판
평평한 고원지대로 형성되어 있다.

(phoînix)로 옮기면서 유래했다. 한편, 포이닉스(phoînix)는 심홍색 또는 두로의 자주색 뿔고동을 뜻하는 단어다. 자주 옷감을 염색해 입던 두로인에서 유래한 이름이라 할 수 있다. 베니게 사람은 시돈 민족으로, 함의 막내였던 가나안의 장자 자손이다. 가나안을 정복하기 전 그발이라 불리는 비블로스가 번창했지만 수도를 두로로 옮기면서 이스라엘과 자주 교역하게 되었다. 이스라엘은 레바논 지역의 대부분을 분배받았지만 실질적으로 차지하거나 지배하지 못했다. 베니게는 해안평야 지대와 레바논산맥과 안티레바논산맥, 그 사이의 베카 계곡으로 구분된다.

해안 평야는 두로평야, 시돈평야, 베이루트평야가 있다. 베이루트평야는 16×7km, 두로평야는 24×3.2km이며, 시돈평야는 16×4km다. 이 평야 지대에는 레바논의 중요한 도시로 성경에 기록된 두로, 시돈, 사르밧, 그발이 있다.

레바논산맥의 레바논은 '희다'는 '라반'에서 온 말로 지중해 해안을 따라 남북으로 병풍처럼 늘어서 있는데 이름처럼 레바논산맥 곳곳의 봉우리에 만년설이 보인다. 최고봉 쿠르넷 알사우다산은 해발 3069m다. 길이가 약 160km이고, 너비는 9.6~54km에 이른다. 바닷가 가까이에 높이 솟아 급경사를 이루고 있으며 흰색 절벽이 드러나는 거친 골짜기들이 깊게 형성되어 있다. 동서로 가파른 경사를 이루는 레비논산맥의 석회암과 사암이 만나는 고원지대에서는 풍부한 수량을 자랑하는 샘들이 많다.

베카 계곡은 비옥한 곡창 지대로 레바논산맥과 안티레바논산맥 사이에 있으며, 길이가 120km이고 폭이 9~16km인 고원지대다. 베카 계곡은

레바논산맥에서 내려다본 레바논 백향목

시돈 항
두로와 시돈은 베니게의 대표적인 항구로 '어부'라는 뜻인 시돈은 민족 이름에서 유래했다.

바알벡 부근에서 분수령이 되어 북쪽으로 길이 396km의 오론테스강이 흐르고 남쪽으로 길이 149km의 리타니강이 흐른다. 남쪽으로 흐르는 리타니강은 레바논에서 유일한 호수인 카라아운 호수를 만든다. 베카 계곡은 두 강의 충적토로 이루어진 매우 비옥한 지역이어서 농경지로 중요할 뿐만 아니라 두 산맥을 이어 주는 교통로이기도 하다.

안티레바논산맥은 레바논산맥과 달리 나무가 거의 없다. 산맥은 북동쪽으로 가면서 높이가 낮아지기 시작해 홈스 계곡에 의해 단절되었다가 구릉지대로 연결된다. 구릉지대는 유목민들에게 매우 중요한 지역이었다. 가장 높은 정상은 헤르몬산으로 2814m다.

레바논산맥에서 지중해로 흐르는 강은 해안 평야에 협곡을 만들어 주민들을 불편하게 했지만, 외부의 침입을 막아 주는 천연 방어선 역할을 했다. 남북 해안도로를 만들기 어려웠지만, 로마는 통과하기 어려운 지역마다 다리를 놓아 교통로를 열었다. 해안 평야 지대의 동쪽에 있는 높고 험한 레바논산맥은 동서 교통도 힘들어 남쪽 이스라엘 갈멜산 북쪽의 악고에서 기손강을 이용해 이스르엘 골짜기를 통해 내륙으로 들어섰다. 이는 두로가 아합왕과 정략결혼한 이유이기도 하다. 북쪽에서 내륙으로 가는 길은 트리폴리가 있는 카빌강을 이용했다.

레바논은 농업에 적합한 경작지가 많지 않아 레바논산맥에서 생산되

레바논산맥과 백향목 단지
너무 많은 나무를 베어 내어 일부 보호지역에서만 백향목을 볼 수 있다.

레바논 해안 지역의 사르밧
엘리야가 과부의 아들을 살렸고, 예수님이 수로보니게 여인을 만난 지역이다.

는 백향목을 사용한 건축술을 발달시켰다. 두로 왕 히람은 이스라엘과 우호적인 관계를 맺고 솔로몬의 성전과 궁전을 짓는 데 필요한 백향목을 제공했다(왕상 7:2, 10:17, 21, 대하 9:16, 20). 또한 이 나무로 배를 건조하여 해양 문명을 발전시켰다. 지리적 여건도 해양 무역의 발달을 가져왔으며, 그 과정에서 카르타고 같은 식민지를 건설했다. 요나가 탄 배도 베니게 사람들이 운행하는 배였을 것이다. 그러나 베니게(페니키아)의 대표 산업은 염색업이었다. 베니게인은 바다에서 채취한 뿔고동을 이용하여 자주 옷감을 염색하는 기술을 개발하여 '자줏빛 옷을 입는 사람'이라는 '페니키아'(베니게)라는 이름을 얻게 되었다. 헬라 시대 이 기술은 제국으로 퍼졌고, 특히 두아디라의 자주 옷감 장사 루디아도 이와 연관된 사업을 했다.

페니키아가 세계사에 미친 가장 큰 영향은 이들이 최초로 알파벳을 사용한 문명인이라는 점이다. 페니키아는 해양 무역을 통해 자신들의 알파벳을 북아프리카와 유럽에 전파하였고, 이로부터 그리스어의 알파벳이 만들어졌다. 이는 후일 다시 에트루리아 문자와 로마자의 형성에 기여했

레바논산맥에서 본 베카 계곡과 안티레바논산맥

다. 그리스 신화에서 제우스가 흰 소로 변장하여 페니키아 공주 '유로페'를 납치해 크레테로 옮긴다. 여기서 유럽이라는 이름이 나왔듯이 베니게의 무역은 헬라에 큰 영향을 미쳤다.

종교적으로 베니게는 바알과 아세라를 섬기는 전형적인 가나안 신앙을 가지고 있었다. 이세벨이 아합과 결혼하면서 바알 신앙이 이스라엘 깊숙이 침투하게 되었다.

신약 시대에는 분봉왕 빌립이 통치하던 베카 계곡 지역을 이두래(Iturea)라고 불렀다(눅 3:1). 안티레바논산맥의 북동쪽과 다메섹 서쪽의 산이 많은 지역은 아빌레네(Abilene)라 불렀다(눅 3:1). 예수님은 공생애 3년차 상반기 동안 엘리야같이 베니게 지역에 가서 수로보니게(수리아의 베니게) 여인의 귀신 들린 딸을 고쳐 주셨다. 이후 사도행전은 사도 바울이 전도 여행 중에 두로와 시돈 지역을 들렀을 때 믿음의 공동체가 있었음을 언급하고 있다.

백향목은 300년간 곧게 자라다 이후로 늙어 굽어 버린다.

가나안 문명, 곧 페니키아 문명은 양날의 검이다. 아름다운 성전을 짓고 믿음의 자녀를 태어나게도 했지만 풍요의 신인 바알신에 굴복하게도 했다. 우리는 가나안 문명권에 살고 있다. 그들의 알파벳과 염색술을 누리고 있다. 가나안의 풍요로운 바알 신앙에 젖어 가는 세상에서 주님은 사렙다 과부와 가나안 여인, 자주 옷감 장사 루디아 같은 인물을 찾고 계신다.

chapter 2

선지서 그리기

이사야~말라기

A지도

B지도

1 선지서(이사야, 예레미야, 예레미야애가, 에스겔, 다니엘, 호세아, 요엘, 아모스, 오바댜, 요나, 미가, 나훔, 하박국, 스바냐, 학개, 스가랴, 말라기)를 펴고 '성경에 표시할 부분' 표에 색칠한 부분을 성경에 표시하라. 그리고 지도에는 장절과 키워드를 쓴다.

장 절과 키워드 지도에 표시할 부분	성경에 표시할 부분	통독 구절
사①1 이사야 예언 **예루살렘 위(우중좌중)**	유다 왕 웃시야… 요담… 아하스… 히스기야 시대에 아모스의 아들 **이사야**가 유다와 예루살렘에 관하여 본 계시…	사 1:1-9
사⑨1 이방의 갈릴리 **갈릴리 아래(좌중중상)**	옛적에는 여호와께서 스불론 땅… 납달리 땅이 멸시를 당하게… 후에는 해변길과 요단 저쪽 **이방의** 갈릴리를 영화롭게…	사 9:1-7
사⑬1 바벨론 경고 **바벨론 아래**	아모스의 아들 이사야가 바벨론에 대하여 받은 **경고**…	사 13:1-5
사⑮1 모압 경고 **모압 위(우상우중)**	모압에 관한 **경고**라 하룻밤에 모압이… 망하여 황폐할 것이며…	사 15:1-9

사⑰1 다메섹 경고 **다메섹 아래(좌상좌상)**	다메섹에 관한 **경고**라… 다메섹이 장차 성읍… 이루지 못하고 무너진 무더기가 될 것…	사 17:1-11
사⑲1 애굽 경고 **애굽 아래**	애굽에 관한 **경고**라… 여호와께서… 애굽에 임하시리니 애굽의 우상들이… 떨겠고 애굽인의 마음이… 녹으리로다	사 19:1-15
사㉓1 두로 경고 **두로 오른쪽(좌중좌중)**	두로에 관한 **경고**라… 두로가 황무하여 집이 없고 들어갈 곳도 없음이요 이 소식이 깃딤 땅에서부터 그들에게 전파…	사 23:1-12
사㉘1 에브라임 화 **에브라임 아래(중중중중)**	에브라임의… 교만한 면류관은 **화** 있을진저… 기름진 골짜기 꼭대기에 세운 성이여 쇠잔해 가는 꽃 같으니 **화** 있을진저	사 28:1-8
사㊱2 앗수르 산헤립 **라기스 아래(우하중상)**	**앗수르 왕**이 라기스에서… 랍사게를 예루살렘으로 보내되 대군을 거느리고 히스기야왕에게로 가게 하매 …	사 36:1-20
사㊼1 바벨론 심판 **바벨론 아래**	바벨론이여 내려와서 티끌에 앉으라 딸 갈대아여 보좌가 **없어졌으니**… 네가 다시는 곱고 아리땁다 일컬음을 받지 못할 것…	사 47:1-15
사㊷ 1 시온 구원 **예루살렘 위(우중좌중)**	나는 시온의 의가 빛같이, 예루살렘의 **구원**이 횃불 같이 나타나도록 시온… 예루살렘을 위하여 쉬지 아니할 것…	사 62:1-12
렘①1 예레미야 **아나돗 왼쪽(우중좌상)**	베냐민 땅 아나돗… 제사장들 중 힐기야의 아들 **예레미야**의 말…	렘 1:1-10
렘⑰1 유다의 죄 **유다 오른쪽(우중중하)**	유다의 **죄**는 금강석 끝 철필로 기록… 그들의 마음 판… 제단 뿔에 새겨졌거늘	렘 17:1-11
렘㉜7 밭을 삼 **아나돗 왼쪽(우중좌상)**	숙부 살룸의 아들 하나멜이 네게 와서… 아나돗에 있는 내 **밭을 사라** 이 기업을 무를 권리가 네게 있느니라 하리라…	렘 32:6-15
렘㊴1 성 함락 **예루살렘 위(우중좌중)**	시드기야왕… 제구년 열째 달에… 느부갓네살왕과 그의 모든 군대가… 예루살렘을 **에워싸고** 치더니	렘 39:1-10
렘㊵8 총독 그다랴 **미스바 아래(중중우중)**	이스마엘… 요하난과 요나단… 스라야… 에배의 아들들… 여사냐… 그들의 사람들이 미스바로 가서 **그다랴**에게 이르니	렘 40:7-12
렘㊹1 유다 사름 경고 **애굽 아래**	1 애굽 땅에 사는 모든 유다 사람 곧 믹돌… 다바네스… 놉… 바드로스 지방에 사는 자에 대하여 말씀이 예레미야에게 임하니라… 6 예루살렘 거리를 **불살랐더니**…	렘 44:1-10
렘㊼1 블레셋 유린 **블레셋 아래(우하좌상)**	바로가 가사를 치기 전에 블레셋 사람에 대하여… 예레미야에게 임한 여호와의 말씀…	렘 47:1-7
렘㊽1 모압 점령 **모압 위(우상우중)**	모압에 관한 것이라 만군의 여호와…께서… 말씀하시되… 느보여 그가 유린당하였도다 기랴다임이 수치를 당하여 **점령**되었고 미스갑이 수치를 당하여 파괴되었으니	렘 48:1-10

렘㊾1 암몬 점령 **암몬 아래(중상우상)**	암몬 자손에 대한 말씀이라… 이스라엘이 자식이 없느냐 상속자가 없느냐 말감이 갓을 점령하며 그 백성이 그 성읍들에 사는 것은 어찌 됨이냐	렘 49:1-6
렘㊾7 에돔 심판 **에돔 아래(우상우중)**	에돔에 대한 말씀이라… 데만에 다시는 지혜가 없게 되었느냐 명철한 자에게 책략이 끊어졌느냐 그들의 지혜가 없어졌느냐	렘 49:7-22
렘㊿1 바벨론 함락 **바벨론 아래**	1 여호와께서 …예레미야에게 바벨론과 갈대아… 땅에 대하여 하신 말씀이라 2…바벨론이 **함락**되고… 우상들은 부스러진다 하라	렘 50:1-16
애①7 예루살렘 멸망 **예루살렘 위(우중좌중)**	예루살렘이 환난과 유리하는 고통을 당하는 날… 대적의 손에 넘어졌으나 그를 돕는 자가 없었고 대적들은 그의 **멸망**을 비웃는도다	애 1:1-22
겔①3 그발강 에스겔 **바벨론 도시 오른쪽**	갈대아 땅 그발강가에서 여호와의 말씀이… 제사장 나 **에스겔**에게 특별히 임하고 여호와의 권능이 내 위에 있으니라	겔 1:1-14
겔㉕3 암몬 심판 **암몬 아래(중상우상)**	3 너는 암몬 족속에게 이르기를 너희는 주 여호와의 말씀을 들을지어다… 내 성소가 더럽힘을 받을 때… 이스라엘 땅이 황폐할 때… 유다 족속이 사로잡힐 때… 네가 그들에 대하여… 아하 좋다 하였도다 7그런즉… 너를… **패망**하게 하여 멸하리니…	겔 25:1-7
겔㉖2 두로 심판 **두로 오른쪽(좌중좌중)**	2 두로가 예루살렘에 관하여 … 아하 만민의 문이 깨져서 내게로 돌아왔도다 그가 황폐하였으니 내가 충만함을 얻으리라 하였도다 3 그러므로… 여러 민족들이 와서 너를 **치게** 하리니	겔 26:1-6
겔㉙2 애굽 심판 **애굽 아래**	2 너는 애굽의 바로 왕과 온 애굽으로 얼굴을 향하고 예언하라 3…애굽의 바로 왕이여 내가 너를 **대적**하노라 …	겔 29:1-16
겔㉟3 세일 황무 **세일 아래(우상우중)**	주 여호와께서… 말씀하시되 세일산아 내가 너를 대적하여… 손을 네 위에 펴서 네가 **황무지**와 공포의 대상이 되게 할지라	겔 35:1-15
겔㊽35 여호와 삼마 **예루살렘 위(우중좌중)**	그날 후로는 그 성읍(예루살렘)의 이름을 **여호와 삼마라** 하리라	겔 48:30-35
단①2 성전 기물 **바벨론 아래**	주께서… 여호야김과 하나님의 **전 그릇** 얼마를 그의 손에 넘기시매… 시날 땅 자기… 신전에 가져다가 그 신들의 보물 창고에 두었더라	단 1:1-2
단⑨1 다니엘 기도 **바벨론 아래**	1 메대 족속 아하수에로의 아들 다리오가… 왕으로 세움을 받던 첫 해 3 내가 금식하며… 기도하며 간구하기를 결심하고	단 9:1-19
호①5 호세아 아들 **이스르엘 골짜기 아래 (좌중우중)**	5 그날에 내가 이스르엘 골짜기에서 이스라엘의 활을 꺾으리라 하시니라 6 **로루하마**… 9 **로암미**라 하라	호 1:1-9
욜②1 여호와의 날 **예루살렘 위(우중좌중)**	시온에서 나팔을 불며… 경고의 소리를 질러 이 땅 주민들로 다 떨게 할지니… **여호와의 날**이 이르게 됨이니라 이제 임박…	욜 2:1-11

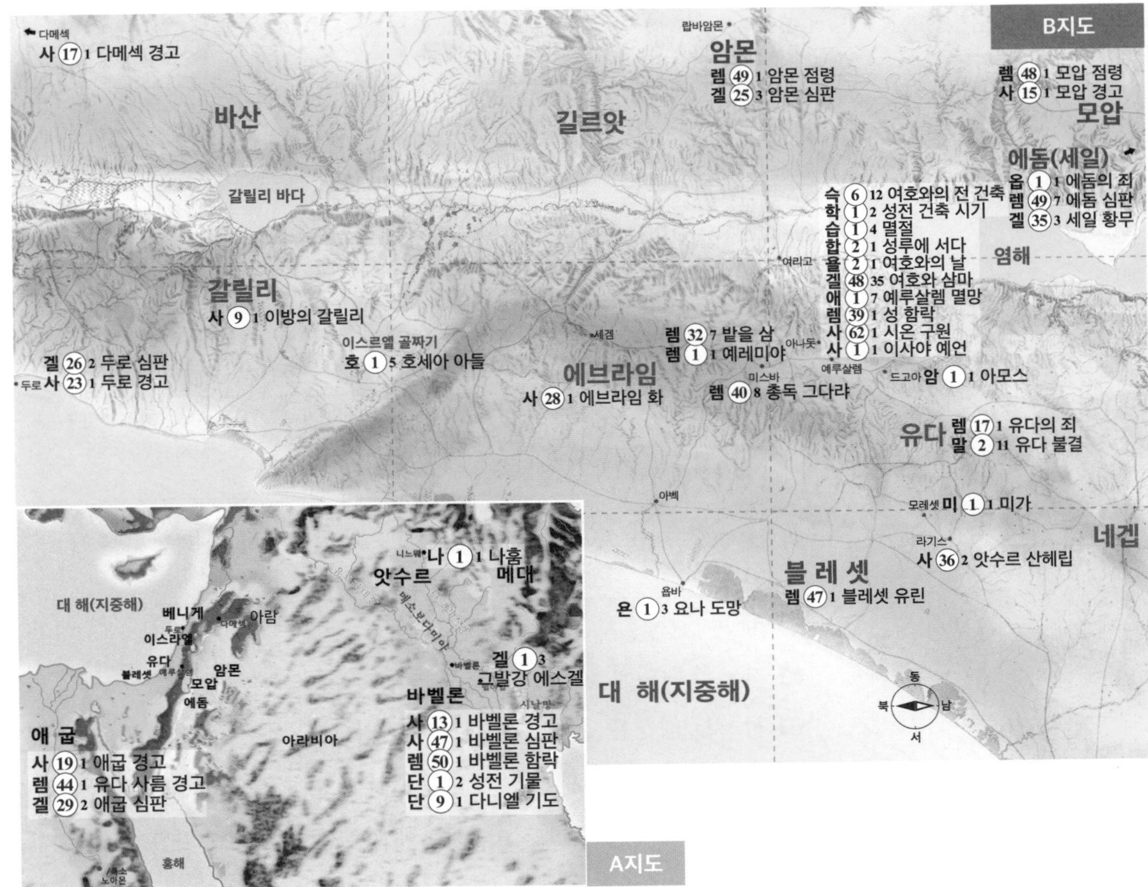

암①1 아모스 **드고아 오른쪽(우중중중)**	유다 왕 웃시야의 시대… 이스라엘… 여로보암의 시대 지진 전 이년에 **드고아** 목자 중 **아모스**가 이스라엘에 대하여… 받은 말씀이라	암 1:1-2
옵①1 에돔의 죄 **에돔 아래(우상우중)**	1 주 여호와께서 **에돔**에 대하여… 말씀하시니라… 10 네가 네 형제 야곱에게 행한 포학으로… 영원히 멸절되리라	옵 1:1-14
욘①3 요나 도망 **욥바 아래(중하우상)**	**요나**가… 다시스로 **도망**하려 하여 **욥바**로 내려갔더니 마침 다시스로 가는 배를 만난지라 여호와의 얼굴을 피하여… 배삯을 주고 배에 올랐더라	욘 1:-17
미①1 미가 **모레셋 오른쪽(우하중상)**	유다의 왕들 요담, 아하스, 히스기야 시대에 **모레셋** 사람 **미가**에게 임한 여호와의 말씀 곧 사마리아와 예루살렘에 관한 묵시…	미 1:1-16

나①1 나훔 **니느웨 오른쪽**	니느웨에 대한 경고 곧 엘고스 사람 **나훔**의 묵시…	나 1:1-8
합②1 성루에 서다 **예루살렘 위(우중좌중)**	내가 내 파수하는 곳에 서며 성루**에 서리라** 그가… 나의 질문에 대하여 어떻게 대답하실는지 보리라…	합 2:1-3
습①4 멸절 **예루살렘 위(우중좌중)**	내가 유다와 예루살렘의 모든 주민들 위에 손을 펴서 남아 있는 바알을… **멸절**하며 그마림… 및 그 제사장들을 아울러 멸절하며	습 1:1-18
학①2 성전 건축 시기 **예루살렘 위(우중좌중)**	만군의 여호와가… 이르노라 이 백성이… 여호와의 **전을 건축할 시기**가 이르지 아니하였다 하느니라	학 1:1-15
슥⑥12 여호와의 전 건축 **예루살렘 위(우중좌중)**	만군의 여호와께서… 말씀하시되 보라 싹이라 이름하는 사람이 자기 곳에서 돋아나서 여호와의 전을 **건축**하리라	슥 6:9-15
말②11 유다 불결 **유다 오른쪽(우중중하)**	유다는 거짓… 가증한 일을 행하였으며… 여호와께서 사랑하시는 그 성결을 **욕되게** 하여 이방 신의 딸과 결혼하였으니	말 2:10-16

2 지도의 의미와 교훈

01 선지서 배경은 열왕기하 배경과 거의 같다. 선지서의 대부분이 열왕기하의 역사와 관련 있기 때문이다. 모세오경의 배경이 애굽이었다면, 선지서는 그 배경이 남쪽 애굽에서 북동쪽 메소포타미아 지역까지 확장된다. 선지자들은 북이스라엘이 멸망할 때인 BC 8세기 이후에 예언한 이사야와 호세아, 아모스, 미가, 요나, 나훔, 요엘 등의 선지자군과 BC 6세기 유다와 예루살렘이 멸망할 때 예언한 예레미야, 에스겔, 다니엘, 오바댜, 하박국, 스바냐 등과 바벨론 포로에서 돌아온 후 예언한 학개, 스가랴, 말라기 등으로 나뉜다.

02 지도상으로 보는 이사야, 예레미야, 에스겔, 다니엘 등 대선지자가 소선지자와 다른 큰 차이는 분량보다는 스케일의 차이다. 이사야와 예레미야, 에스겔은 이스라엘과 유다의 멸망과 함께 주변 민족인 암몬, 모압, 에돔, 애굽의 멸망을 같이 예언하다가 이스라엘 왕국을 무너뜨린 앗수르와 바벨론을 향해서도 심판의 예언을 한다.

특이한 것은 이사야 때는 앗수르가 제국을 이루어 바벨론을 누르고 있던 때인데도 바벨론에 심판이 있을 것을 알려 준다. 다니엘은 심판보다는 제국의 큰 그림을 환상으로 보고 예언한다. 바벨론에서 메대와 바사가 등장함으로써 예루살렘 성전이 회복되고 헬라와 로마 제국이 등장할 뿐 아니라 그때에 뜨인 돌인 메시아가 올 것을 바라봤다는 점에서 대선지자로 꼽을 만하다.

03 소선지자들의 특징은 분명하다. 모두 한 지역에 한해 예언을 한다. 호세아는 북이스라엘 중에서 이스르엘 지역을 많이 다루고, 아모스는 드고아 사람으로 벧엘에서 예언하고, 요나와 나훔은 앗수르의 니느웨를 향하고, 오바댜는 에돔을 예언한다. 그 외 하박국, 학개, 스가랴 등은 예루살렘에 초점을 맞추고 있다.

04 선지서는 이사야나 예레미야에 기록된 역사적 사건 일부를 제외하면 대부분 심판을 경고한다. 소량에 해당하는 사건들과 경고는 역사서의 상황을 자세히 알 수 있는 단초가 된다. 역사서가 사건의 큰 흐름을 알려 준다면, 선지서는 세부적인 상황을 설명해 준다. 지도를 보면 알 수 있듯이 많은 예언이 예루살렘과 바벨론에 집중된다. 마지막 위기의 순간, 여호와께서는 선지자들을 예루살렘의 왕과 주민에게 집중적으로 보내 회개를 촉구했을 뿐 아니라 바벨론으로 보낸 뒤에도 다시 돌아와 회복되는 세상을 예비하셨다.

카시운산에서 바라본 다메섹 전경

최고의 교통 요지, 다메섹

다메섹(Damascus)은 가이사랴 빌립보에서 북동쪽으로 65km 정도 되는 해발 700m의 안티레바논산맥 동쪽 기슭의 고원지대에 있다. 지중해에서 동쪽으로 80km 떨어진 반건조 기후를 가진 사막지대에 있으나 안티레바논산맥에서 흘러 다메섹 시내를 가로지르는 아바나강과 남쪽 지역을 흐르는 바르발강으로 인해 풍요로운 땅이 되었다. 다메섹은 북쪽 카시운산을 중심으로 형성되어 있으며 동쪽에는 와디 바라제가 있고 서쪽에는 바라다강이 흐르는 계곡이 있다.

다메섹은 해변길과 왕의 대로가 교차하는 최고의 교통 요지에 있다. 헬라 시대 수리아의 수도가 안디옥이었을 때 다메섹은 다드몰과 함께 무역의 중심지로서 역할을 담당했다. 다메섹은 고대부터 사람들이 거주한 곳으로 창세기뿐 아니라 BC 2500년의 마리 문서, BC 2000년의 에블라 문서, 이집트의 투트모세 3세의 비문에도 기록되어 있다.

다메섹은 아브라함이 사로잡혀 간 조카 롯을 구출하러 지나간 장소이며, 아브라함의 종 엘리에셀의 출신지다(창 14:15, 15:2). 다윗왕 때는 이곳을 정복하여 수비대를 주둔시켰다. 솔로몬왕 때는 소바의 르손이 다메섹을 점령하여 아람의 수도로 삼았다(왕상 11:23). 벤하닷이 다메섹 왕으로 있을 때 유

우마야드 모스크
아람의 하닷 신전, 로마의 주피터 신전, 세례 요한의 머리를 보관한 교회까지 변신을 거듭하다가 이제는 모스크가 되었다.

다와 이스라엘은 전쟁 중에 어부지리로 갈릴리 지역을 차지했다. 엘리사에 의해 아람 왕으로 지명된 하사엘 때는 길르앗 산지와 유다 왕국까지 진격해 조공을 받았다. 그러나 예후의 손자 요아스 때부터 밀려 여로보암 2세 때는 성을 점령당하기까지 했고(왕하 14:28, 대하 28:2-5), BC 732년에는 앗수르 디글랏 빌레셀 3세(BC 745~727년)에 의해 정복되었다(왕하 16:7-9). BC 572년 바벨론 느부갓네살에 정복당한 후 바사 왕 고레스에 이어 BC 333~332년에는 헬라의 알렉산더에게도 점령당했다.

BC 64년, 다메섹을 점령한 로마는 700년 동안 다메섹을 통치했다. 다만 BC 37년부터 AD 54년까지 로마의 허락 아래 나바테아 왕 아레다 등이 통치했다. 이때 바울이 그리스도인을 핍박하기 위해 다메섹으로 가는 도중에 예수를 만나고 여기서 회심했다(행 9:2-18). 이후 나바테아(=아라비아)에서 3년을 지낸 바울이 나바테아 왕 신하의 추적을 피해 광주리를 타고 다메섹을 탈출했다(고후 11:32-33).

다메섹 최고의 유적은 우마야드 모스크인데, AD 4세기 성 세례 요한 성당을 개조해 세운 곳이다. 1세기에는 주피터와 하닷 신전이 있던 곳이며, BC 9세기에는 하닷 신을 숭배하는 아람 신전이 있던 장소다. 사도 바울과 관계있는 직가는 비아 렉타(Via Recta)라고 부르는 곳으로 다메섹의 동서를 관통하는 도로였다. 로마 시대에 넓었던 도로는 건물들이 들어서면서 좁아졌지만 사도 바울 시대부터 지금까지 상업 중심지로서 역할을 하고 있다. 다메섹에 아나니아 집을 기념한 아나니아 교회가 있고 지금도 남아 있는 직가의 서쪽에는 유다의 집이 있으며, 다메섹 성벽에 사도 바울이 광주리를 타고 도망한 것을 기념한 바울기념교회가 있다.

사도 바울이 머물던 직가 거리

바울의 눈을 뜨도록 도와준 아나니아의 집

바울이 아레다왕을 피해 광주리를 타고 도망간 장소

다메섹을 관통해 흐르는 아바나강
나아만 장군은 이 강이 요단강보다 낫다고 말했다.

두로의 황제 도시
예전엔 섬이었다.

바울이 전도 여행에서 들렀던 두로 항구

강력한 해양 도시, 두로

두로(Tyre)는 갈릴리 바다에서 서쪽으로 지중해까지 나가 북쪽으로 90km 지점에 있는 시돈 민족으로 이루어진 베니게의 수도다. 구약 시대에 두로는 육지에서 700m 정도 떨어진 섬이었다. 히람왕 이전까지는 두 개의 섬으로서 큰 섬은 거주지였고 작은 섬은 바알 선전이 있었다. 그러던 것이 히람왕이 매립해 둘레가 약 4km가 되는 하나의 섬을 만들었다. 두로는 성경에 기록된 것처럼 튼튼한 성벽에 둘러싸인 섬에 있는 성읍과 본토에 있는 성읍으로 이루어져 있다(수 19:29, 삼하 24:7). 바벨론이 침공했을 때 섬에 있는 성읍에서 13년간 버텼다. BC 332년 알렉산더는 7개월간 바다를 메워 섬을 육지로 만든 뒤 두로를 무너뜨렸다. 이로 인해 지금은 해안의 반도처럼 되었다.

BC 3000년 중엽부터 두로에 사람이 거주하였다고 에블라 문서에 기록되어 있으며, BC 18세기 이집트의 저주 문서와 헷 족속(히타이트) 문헌에도 기록되어 있다.

두로는 BC 12세기 해양 민족의 침입으로 파괴되었으나, 해양 민족인 블레셋을 이긴 다윗이 두로가 블레셋의 위협으로부터 자유를 얻도록 도와주자 두로 왕 히람은 레바논산맥의 백향목과 기술자들을 보내 다윗의 궁전을 지어 주었다(삼하 5:11). 솔로몬은 성전 건축을 위하여 두로 왕 히람에게 재료와 기술자를 지원해 줄 것을 요청했다. 그 결과 두로의 문화가 성전 건축에 녹아들어 보아스와 야긴 같은 기둥이 생겼다. 히람과의 거래에서 빚을 진 솔로몬은 그 대가로 갈릴리 가불 땅 등 스무 곳을 주었지만 히람이 이에 만족하지 않으므로 돌려주었다. 두로 왕 히람은 익숙한 사공을 보내 솔로몬과 공동으로 오빌의 금을 가져왔다. 아합의 아내 이세벨의 아버지인 시돈 왕 엣바알 시대에 두로와 시돈은 한 나라가 되었으며 두로는 히람왕 때에 이어 두 번째 전성기를 맞았다. 히람왕과 엣바알 때 크게 융성하였으나, 예후의 반란으로 아합 왕조가 단절되면서 두로와 이스라엘의 우호관계는 끝났다. 아모스는 형제의 계약을 저버린 죄를 지은 두로에게 하나님의 심판이 있을 것이라고 예언했다(암 1:9, 10).

BC 814, 815년에 두로는 카르타고를 건설하였고 해외 교역에 힘써 해상 무역의 중심지가 되었다. BC 7세기에는 앗수르에 끝까지 항전했다. 앗수르의 살만에셀 5세가 페니키아 지역을 침공했을 때 두로 왕국에 속한 시돈, 악고, 본토에 있는 두로까지 두로 왕국에 반항하고 앗수르에 항복했으나 바다에 있는 섬이던 두로만 끝까지 저항하여 해전에서 승리하였고 5년간 버텼다. 해군이 없던 바벨론도 섬에 있는 두로를 함락시키지 못했다(겔 29:17-18). 두로 왕은 이 전쟁 후에 바벨론의 감독을 받아 계속해서 두로를 다스릴 수 있었으나 해외 영토인 카르타고를 빼앗기고 키프로스 한 곳만 두로의 소유로 남게 되었다.

BC 538년 고레스가 바벨론을 정복한 후 두로와 이 지역의 모든 나라는 바사 제국에 속했

황제의 도시 안에 있는 로마 시대 목욕탕

현무암과 대리석으로 만든 관들

마차 경주장

다. 바사 제국 멸망 후에는 BC 332년 알렉산더가 7개월간의 포위 공격으로 두로를 멸망시켰다. 두로는 성경의 예언대로 황폐해졌다(겔 26:4). 이사야는 풍요를 누리던 두로와 시돈의 모습을 묘사했고, 에스겔은 두로 왕과 시돈이 받을 심판을 전했다(겔 26:1-28:24). 신약 시대 두로와 시돈 지역에 있던 사람들은 갈릴리에 와서 복음을 들었으며(막 3:8), 예수님은 가나안 여인의 딸을 이곳에서 고쳐 주셨다(마 15:21-28).

두로는 중요한 지역에 자리 잡은 항구가 있기에 헬라 시대와 로마 시대에 무역과 교통의 중심지였다. 사도 바울 당시에는 이 지역에서 가장 번창하는 중요 도시였다. 두로에서 발굴된 유적은 대부분 로마 시대와 비잔틴 시대의 것이지만 구약 시대의 유적과 유물도 있다. 엣바알 시대에 두로 섬에는 두 개의 항구가 있었는데 긴 방파제를 세운 북쪽 항구는 시돈 항구라 불렀고, 인공 항구인 남쪽 항구는 이집트 항구라 불렀다. 이 시대의 유적은 바다 속에 있는데 아합 시대의 사마리아와 므깃도와 같은 구조다. 두로를 포함한 시돈은 이스라엘 신앙에 심각한 악영향을 끼쳤다.

두로의 시가지는 두 곳으로 나눌 수 있다. 해안 쪽에 있는 것이 '황제의 도시'이며 안쪽에 있는 것이 '죽은 자의 도시'다. 첫째, '황제의 도시'는 대리석으로 잘 포장된 넓은 가로와 열주들이 해안을 향하고 있다. 목욕탕, 사각의 극장, 거주지, 신전의 기단 등이 남아 있다. 도로포장용 석재의 큰 블록들로 만들어진 도로를 따라가면 옛날의 주거지에 다다른다. 이 도로는 유명한 아치길을 지나 약 1.6km의 직선길로 이어진다. 도로 한쪽으로 도관이 이어지고 다른 쪽에는 로마 비잔틴 시기에 만들어진 화려한 대리석 석관들이 있다.

둘째, '죽은 자의 도시'는 황제의 도시에서 1km 정도 떨어져 있다. 거대한 마차 경주장, 개선문, 수로, 석관 등이 있다. 팔각정 지붕 형태의 뚜껑을 덮은 관 외곽의 아랫부분은 글씨와 인물 조각들로 장식되어 있다. 현재의 도시에서 약 1km 뒤쪽에 있는 발굴지 밖으로는 로마의 경기장이 있다. U자 모양의 경기장은 마차 경주를 위해 AD 2세기에 건축되었다. 길이가 457m, 너비가 260m 되는 이 경주장은 약 2만 명의 관중을 수용할 수 있는 로마 시대 가장 큰 경기장 중 하나였다.

죽은 자의 도시인 네크로폴리스 입구
도시 밖에 무덤을 만들다 보니 도시 입구가 공동묘지가 되었다.

개선문

참고문헌

| 단행본 |

이문범, "A Study of a Biblical Event with a Geographical-Historical Approach: Jesus' Visitation of Sychar in John 4 as the Geographical-Historical Fulfillment of Worship Events" Ph.D., Israel -- Jerusalem: University of the Holy Land, 2015.

____. 《역사지리로 보는 성경(신약편)》. 서울: 두란노서원, 2017.

____. 《믿음의 땅, 성경 이스라엘 입체지도》. 수원: 그땅, 2015.

홍순화, 《GPS 성경지명사전》. 서울: 한국성서지리연구원, 2012.

| 단행본 역서 |

Anson F. Rainey, R. Steven Notley, 《포이에마 성서지도》. 이미숙 역. 서울: 포이에마, 2012.

Brisco, Thomas V., 《Holman Bible Atlas. 두란노 성서지도》. 이문범 외 8명 역. 서울: 두란노, 2008.

Eusebius Pamphilus, 《유세비우스의 교회사》. 엄성옥 역. 서울: 은성, 2008.

Josephus, Flavius, and William Whiston, 《요세푸스》. 김지찬 역. 서울: 생명의말씀사, 1987.

| 편집 서적 |

편집부, 《성경전서(관주 해설: 독일 성서공회판)》. 서울: 대한성서공회, 1997.

성서지명강해대전 편찬위원회 편저, 《성서지명강해대전》. 서울: 도서출판 성지서원, 1997.

편집부, 강병도 편저, 《카리스 종합주석 시리즈》. 서울: 기독지혜사, 2003.

| 영문 자료 |

Avi-Yonah, Michael. *Map of Roman Palestine*. Jerusalem, London: Pub. for the government of Palestine by H. Milford, Oxford University, 1940.

Barker, Kenneth L, and Donald W Burdick, eds. *The NIV Study Bible*. Grand Rapids, Mich.: Zondervan, 1995.

Dorsey, David A. "Shechem and the Road Network of Central Samaria." Bull. Am. Sch. Orient. Res., no. 268 (1987): 57-70.

____. *The Roads and Highways of Ancient Israel*. Baltimore: Johns Hopkins University, 1991.

____. "The Roads and Highways of Israel during the Iron Age." Ph.D. Dissertation, Dropsie University, 1981

Monson, James M. *Regions on the Run: Introductory Map Studies in the Land of the Bible*. Rockford, IL: Biblical Backgrounds, Inc., 1998.

____. *The Land Between: A Regional Study Guide to the Land of the Bible*. Highland Park, III.: Institute of Holy Land Studies, 1983.

NIV Archaeological Study Bible: An Illustrated Walk Through Biblical History and Culture : New International Version. Grand Rapids, Mich. Zondervan, 2005.

Yadin, Yigael. *Jerusalem Revealed: Archaeology in the Holy City*, 1968-1974. Jerusalem: Israel Exploration Society, 1975.

Zangenberg, J. *Jesus and Archaeology*. Edited by James H. Charlesworth. Grand Rapids, Mich. Eerdmans, 2006.

MAPPING
BIBLE

부록

구약편

이문범
지음

그리는 성경

성경 탐험자들의
나침반이 되어 주는 책

그리고, 쓰고, 발견하라!

두란노

그리는 성경

구약편-부록: 지도 그리기

그리는 성경

지은이 | 이문범
초판 발행 | 2020. 11. 11.
2쇄 | 2025. 3. 11.
등록번호 | 제1988-000080호
등록된 곳 | 서울특별시 용산구 서빙고로65길 38
발행처 | 사단법인 두란노서원
영업부 | 2078-3352　　FAX | 080-749-3705
출판부 | 2078-3331

책 값은 뒤표지에 있습니다.
ISBN 978-89-531-3891-9 04230
ISBN 978-89-531-3521-5 04230 (세트)

독자의 의견을 기다립니다.
tpress@duranno.com　　www.duranno.com

두란노서원은 바울 사도가 3차 전도여행 때 에베소에서 성령 받은 제자들을 따로 세워 하나님의 말씀으로 양육하던 장소입니다. 사도행전 19장 8~20절의 정신에 따라 첫째 목회자를 돕는 사역과 평신도를 훈련시키는 사역, 둘째 세계선교(TIM)와 문서선교(단행본·잡지) 사역, 셋째 예수문화 및 경배와 찬양 사역, 그리고 가정·상담 사역 등을 감당하고 있습니다. 1980년 12월 22일에 창립된 두란노서원은 주님 오실 때까지 이 사역들을 계속할 것입니다.

MAPPING BIBLE

부록

구약편

이문범 지음

두란노

부록 지도 그리기

일러두기

<부록-지도 그리기>에서는 OHP필름을 제공한다. 밑그림 지도 위에 필름을 대고 성구와 키워드, 사역 루트를 그려 보고 지우고 다시 그릴 수 있다. 그리고 종이에 직접 그려도 좋다. 종이 지도는 2장씩 배치했다.

1
방향 감각

성경의 방향 기준은 동쪽이 앞이자 위쪽이다. 그러므로 구약성경 지도는 동쪽을 위로 만들었다. 다만 창세기 10장 개관같이 메소포타미아 쪽으로 무대가 확장될 때는 현대 감각인 북을 위쪽으로 하는 지도를 사용했다.

2
성경 읽기

그리기 1단계는 본문에 나오듯 성경을 읽으며 장소를 표시하는 것이다. 미리 준비한 형광펜으로 그리는 성경 본문의 지명을 찾아 표시한 후, 부록 지도의 지명에도 표시하여 성경과 지도를 맞추도록 한다.

3
구절과 키워드

본문의 지시에 따라 부록 지도에 성경 구절과 함께 해당 사건의 키워드를 기록한다. 사건의 키워드는 지명이 기록된 전후 내용의 핵심 내용을 성경에서 찾아 기록하려 노력했다. 대부분의 성경에서 사건의 키워드는 문단 앞에 있다.

4
사건 순서

성경의 사건 순서를 분명하게 보기 위해 성경의 각 장을 원문자(①, ②…)로 기록했다. 지도를 완성한 후 원문자를 따라가면 성경의 흐름을 알 수 있다.

5
역동성

사건의 역동성을 더하기 위해 일부 사건은 화살표 선을 더했다. 화살표 선을 통한 움직임은 성경 사건의 흐름을 실제적으로 볼 수 있는 계기가 된다.

6
종합 비교

그려 놓은 지도를 자세히 보면 성경 사건의 순서와 저자의 의도가 보인다. 읽기만 할 때 발견하지 못하는 각 권의 특징을 알 수 있다. 다른 사람과 함께 의견을 나누면 다양한 시각을 경험할 수 있다.

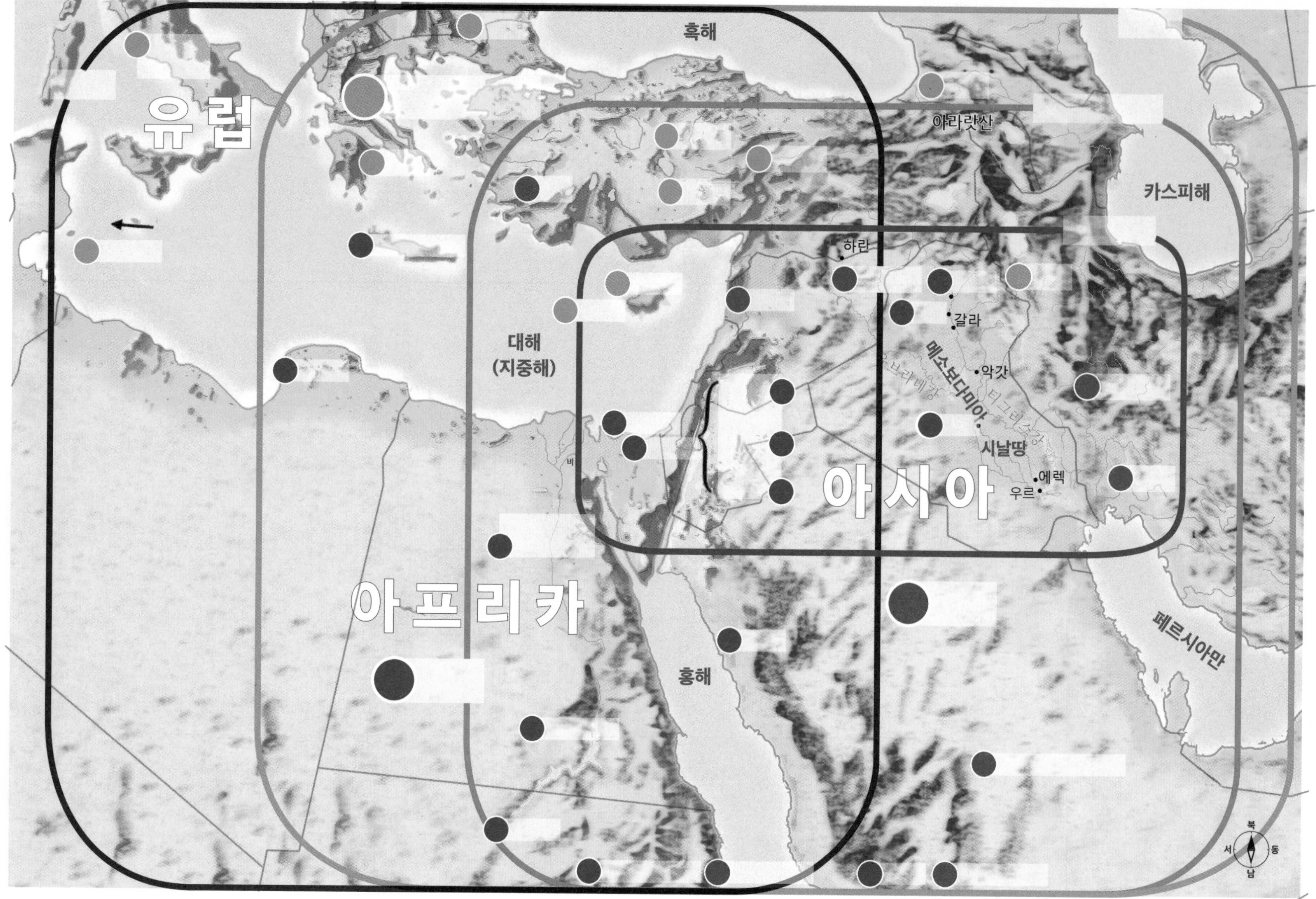
유럽
흑해
아라랏산
카스피해
하란
갈라
대해
(지중해)
메소보다미아
악갓
유브라데강
티그리스강
시날땅
에렉
우르
아시아
아프리카
홍해
페르시아만
북
서
동
남

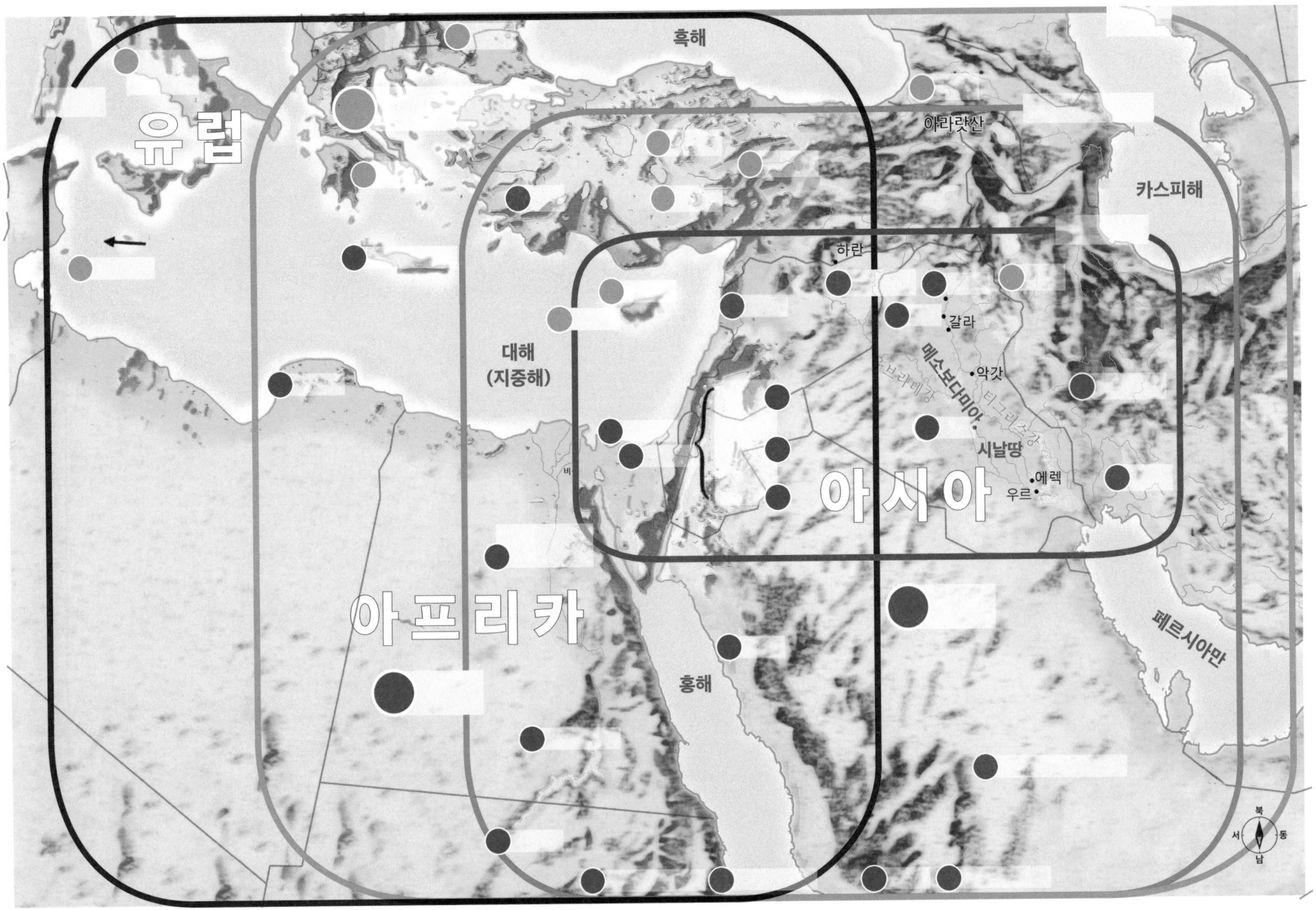

흑해
유럽
아라랏산
카스피해
하란
갈라
대해
(지중해)
악갓
메소보다미아
유브라데강
티그리스강
시날땅
에렉
우르
아시아
아프리카
홍해
페르시아만
북
서
동
남

4

4

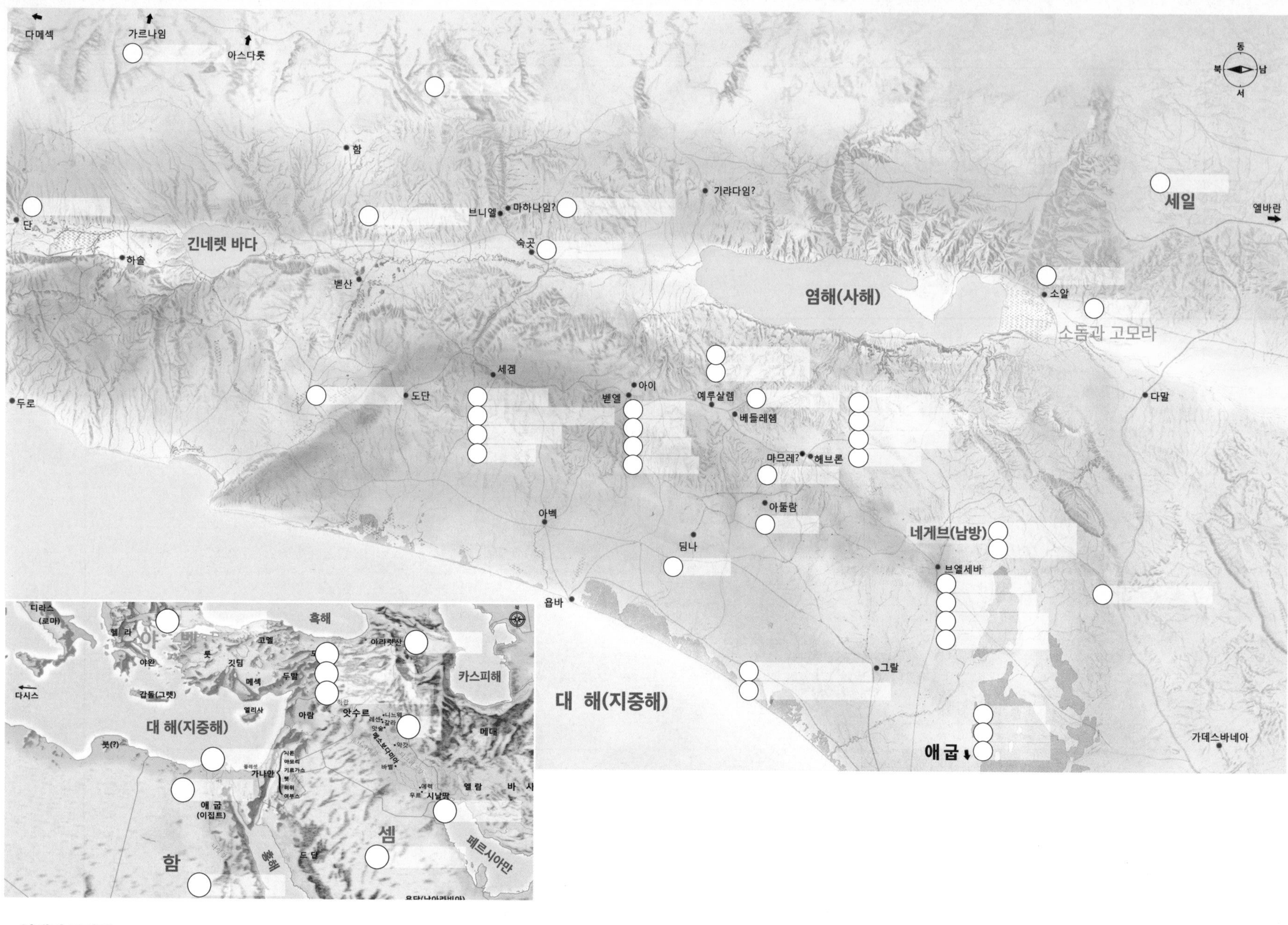
다메섹
가르나임
아스다롯
함
단
하솔
긴네렛 바다
벧산
브니엘
마하나임?
숙곳
기랴다임?
세일
엘바란
동
서
남
북
염해(사해)
소알
소돔과 고모라
두로
도단
세겜
아이
벧엘
예루살렘
베들레헴
마므레?
헤브론
다말
아벡
아둘람
딤나
네게브(남방)
브엘세바
욥바
그랄
대 해(지중해)
애굽
가데스바네아
디라스
(로마)
흑해
아라랏산
카스피해
고멜
야완
룻
깃딤
메섹
두발
다시스
갑돌(그렛)
엘리사
아람
앗수르
니느웨
갈라
레센
메소보다미아
메대
대 해(지중해)
붓(?)
가나안
시돈
아모리
기르가스
헷
히위
여부스
바벨
엘람
우르
시날땅
애굽
(이집트)
셈
함
페르시아만
홍해
드단

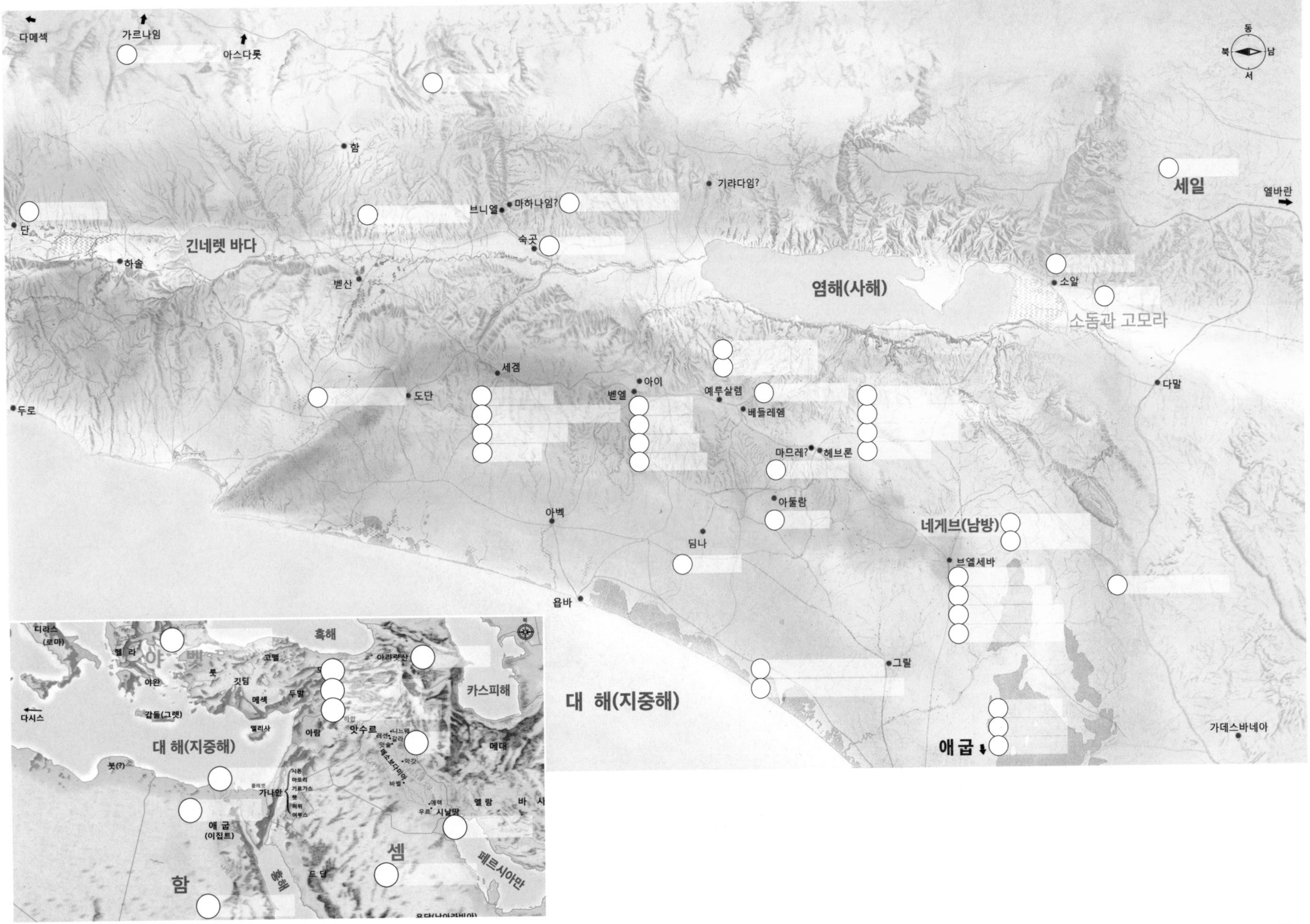

다메섹
가르나임
아스다롯
함
기랴다임?
브니엘
마하나임?
세일
엘바란
단
긴네렛 바다
하솔
숙곳
벧산
염해(사해)
소알
소돔과 고모라
세겜
아이
벧엘
예루살렘
베들레헴
도단
두로
마므레?
헤브론
다말
아둘람
아벡
딤나
네게브(남방)
브엘세바
욥바
그랄
대 해(지중해)
가데스바네아
애굽
흑해
디라스 (로마)
아라랏산
고멜
카스피해
야완
룻
깃딤
메섹
두발
다시스
갑돌(그렛)
엘리사
아람
앗수르
메대
대 해(지중해)
붓(?)
가나안
바벨
시날땅
엘람
애 굽 (이집트)
셈
함
드단
홍해
페르시아만

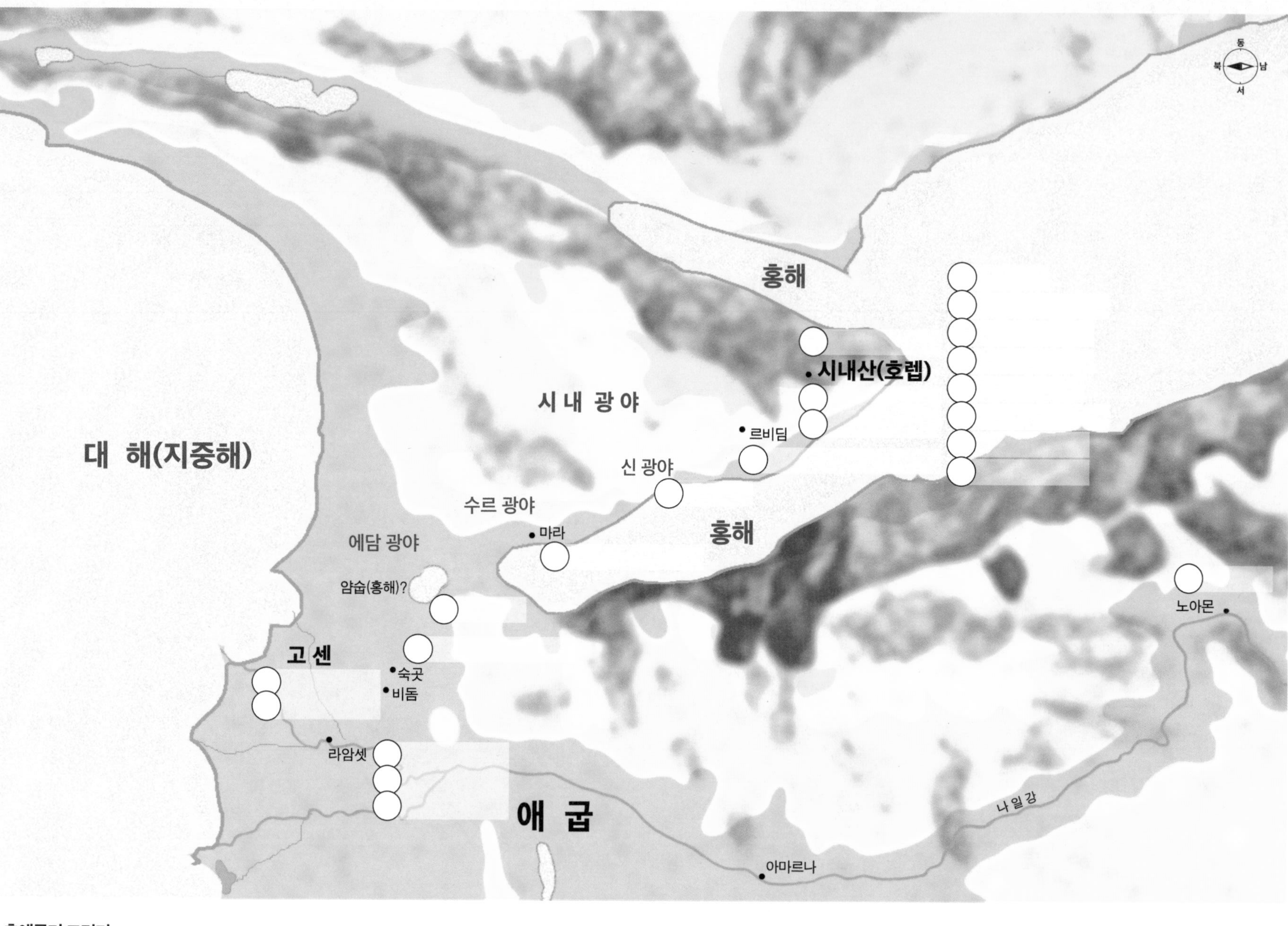
동
북
남
서
홍해
시내산(호렙)
시 내 광 야
르비딤
대 해(지중해)
신 광야
수르 광야
마라
홍해
에담 광야
얌숩(홍해)?
노아몬
고 센
숙곳
비돔
라암셋
애 굽
나 일 강
아마르나

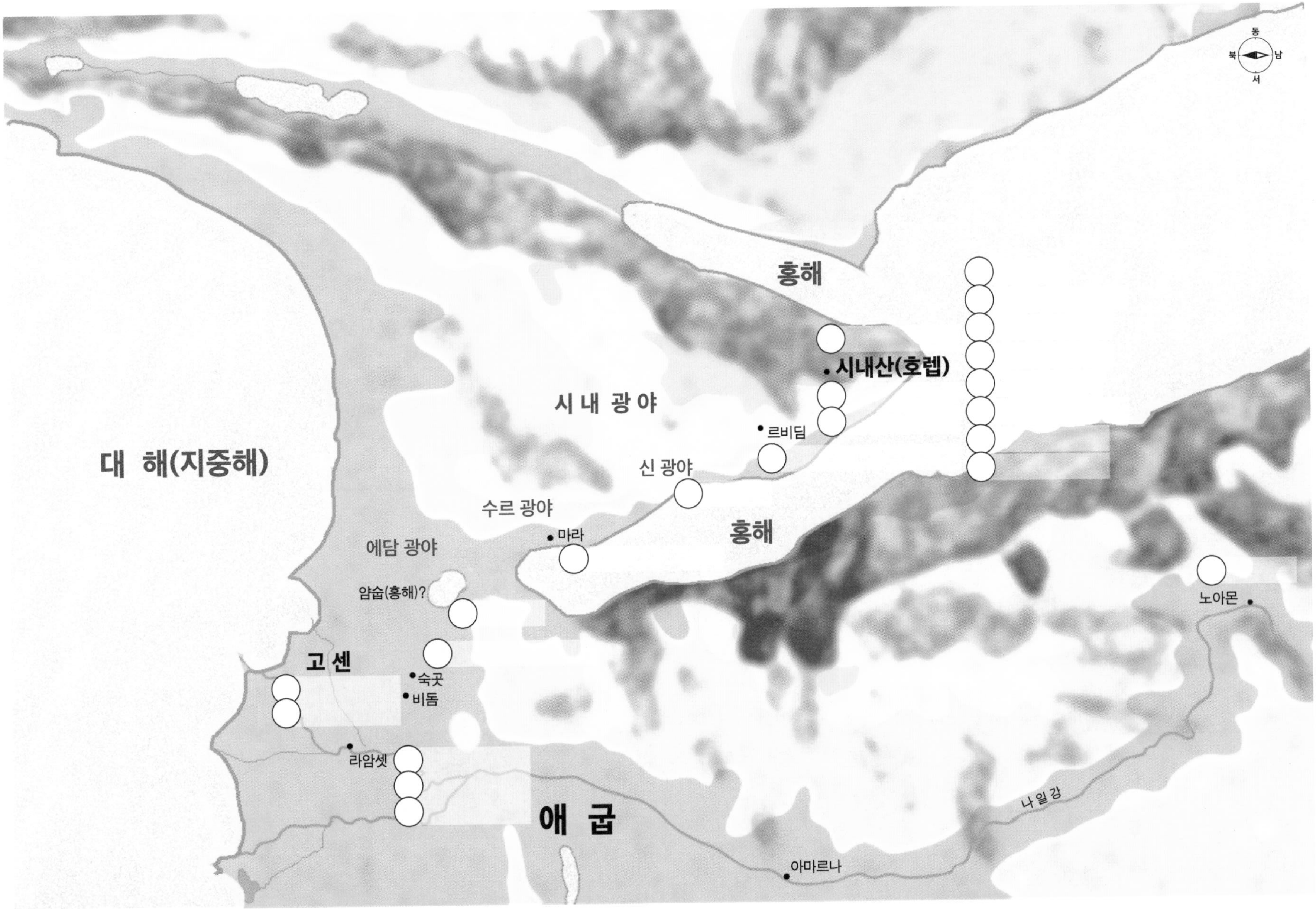

동
북
남
서
홍해
시내산(호렙)
시 내 광 야
르비딤
대 해(지중해)
신 광야
수르 광야
마라
홍해
에담 광야
얌숩(홍해)?
노아몬
고 센
숙곳
비돔
라암셋
애 굽
나 일 강
아마르나

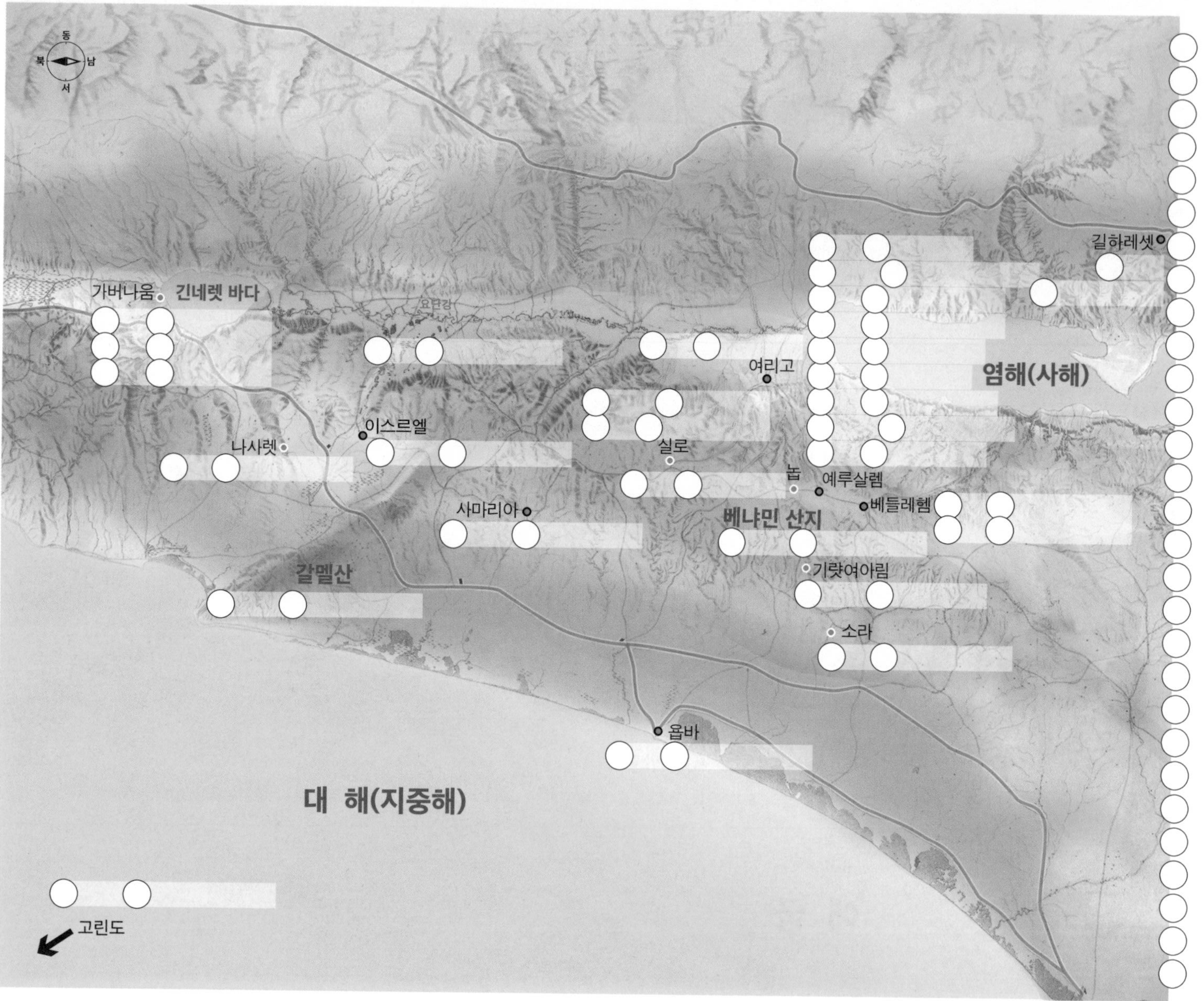
동
북
남
서
가버나움
긴네렛 바다
요단강
나사렛
이스르엘
사마리아
갈멜산
실로
여리고
놉
예루살렘
베들레헴
베냐민 산지
기럇여아림
소라
욥바
염해(사해)
길하레셋
대 해(지중해)
고린도

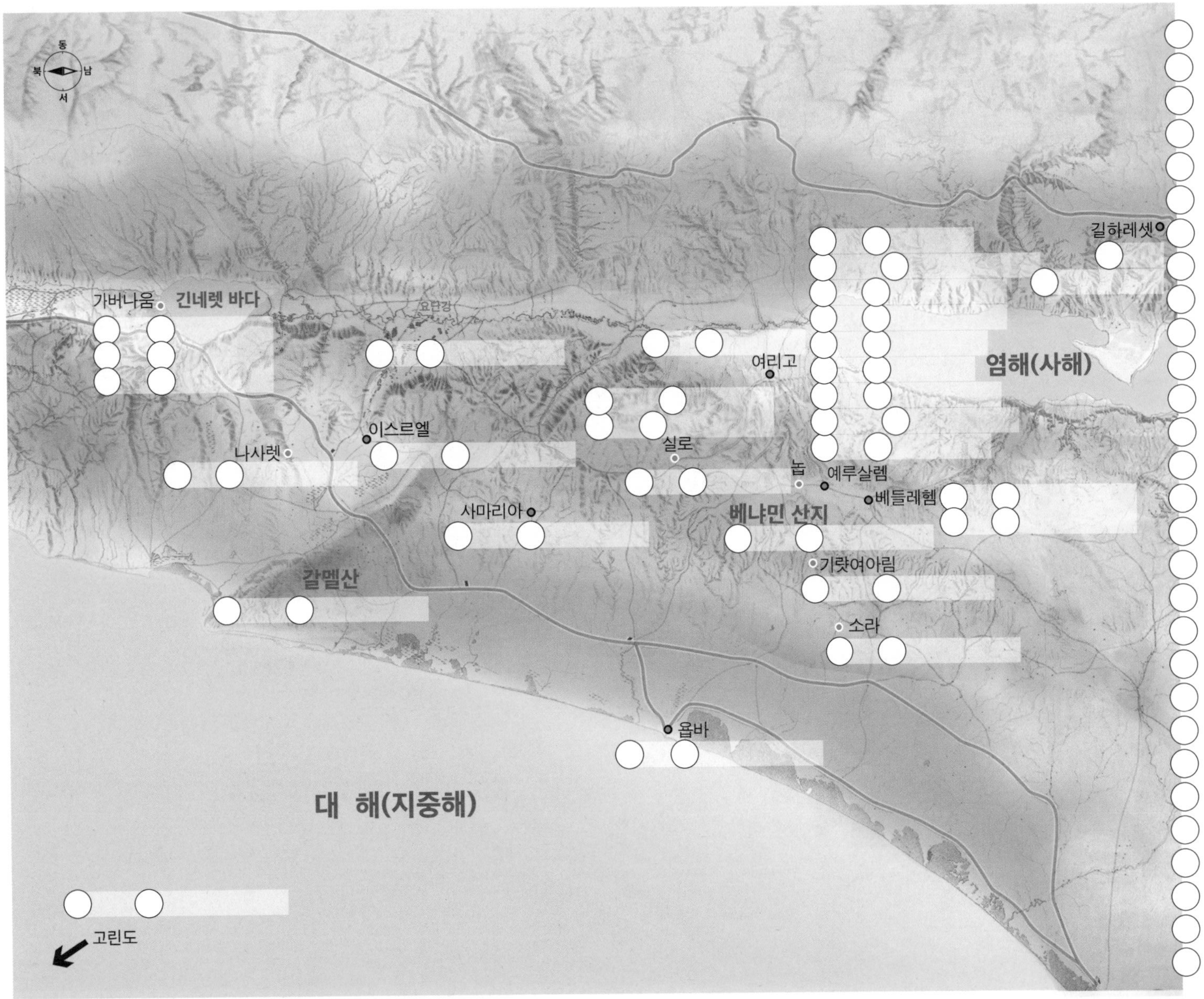

동
북 남
서
가버나움
긴네렛 바다
요단강
여리고
염해(사해)
길하레셋
이스르엘
나사렛
실로
놉
예루살렘
베들레헴
사마리아
베냐민 산지
기럇여아림
갈멜산
소라
욥바
대 해(지중해)
고린도

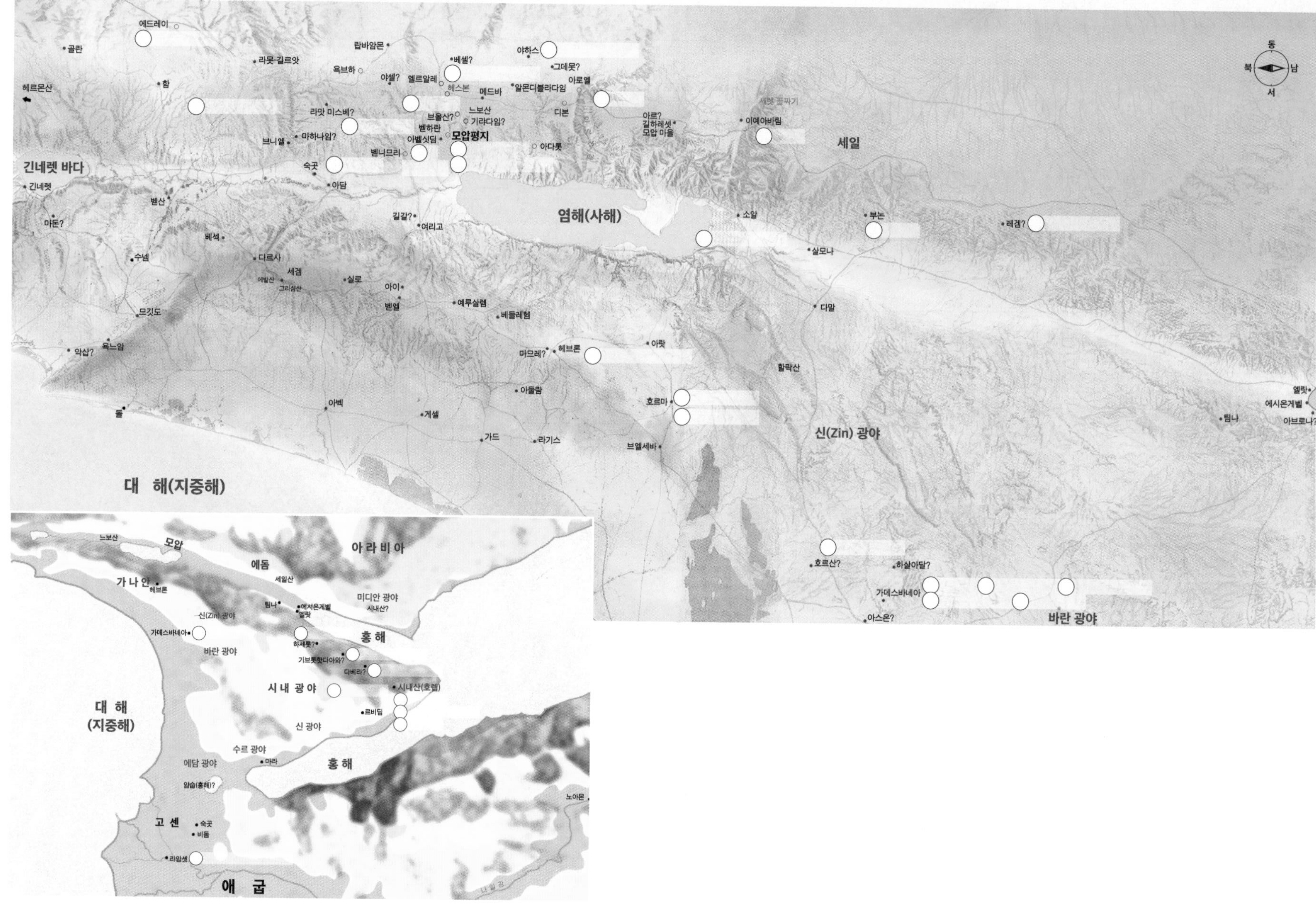

동
북
남
서
에드레이
골란
헤르몬산
함
라못 길르앗
랍바암몬
욥브하
야셀?
엘르알레
헤스본
벧세?
메드바
알몬디블라다임
야하스
그데못?
아로엘
디본
라맛 미스베?
마하나임?
브니엘
브올산?
벧하란
느보산
기랴다임?
아벨싯딤
모압평지
아다롯
벧니므리
숙곳
아담
긴네렛 바다
긴네렛
벧산
마돈?
베섹
수넴
다르사
세겜
에발산
그리심산
실로
아이
벧엘
길갈?
여리고
예루살렘
베들레헴
므깃도
욕느암
악삽?
돌
아벡
게셀
가드
라기스
아돌람
마므레?
헤브론
아랏
호르마
브엘세바
염해(사해)
소알
살모나
다말
할락산
아르?
길하레셋
모압 마을
이예아바림
세일
부논
레겜?
신(Zin) 광야
딤나
엘랏
에시온게벨
아브로나?
호르산?
하살아달?
가데스바네아
아스온?
바란 광야
대 해(지중해)
느보산
모압
아 라 비 아
에돔
세일산
가 나 안
헤브론
미디안 광야
시내산?
딤나
에시온게벨
엘랏
신(Zin) 광야
가데스바네아
홍 해
하세롯?
바란 광야
기브롯핫다아와?
디베라?
시 내 광 야
시내산(호렙)
르비딤
대 해
(지중해)
신 광야
수르 광야
마라
홍 해
에담 광야
얌숩(홍해)?
노아몬
고 센
숙곳
비돔
라암셋
애 굽

민수기 그리기

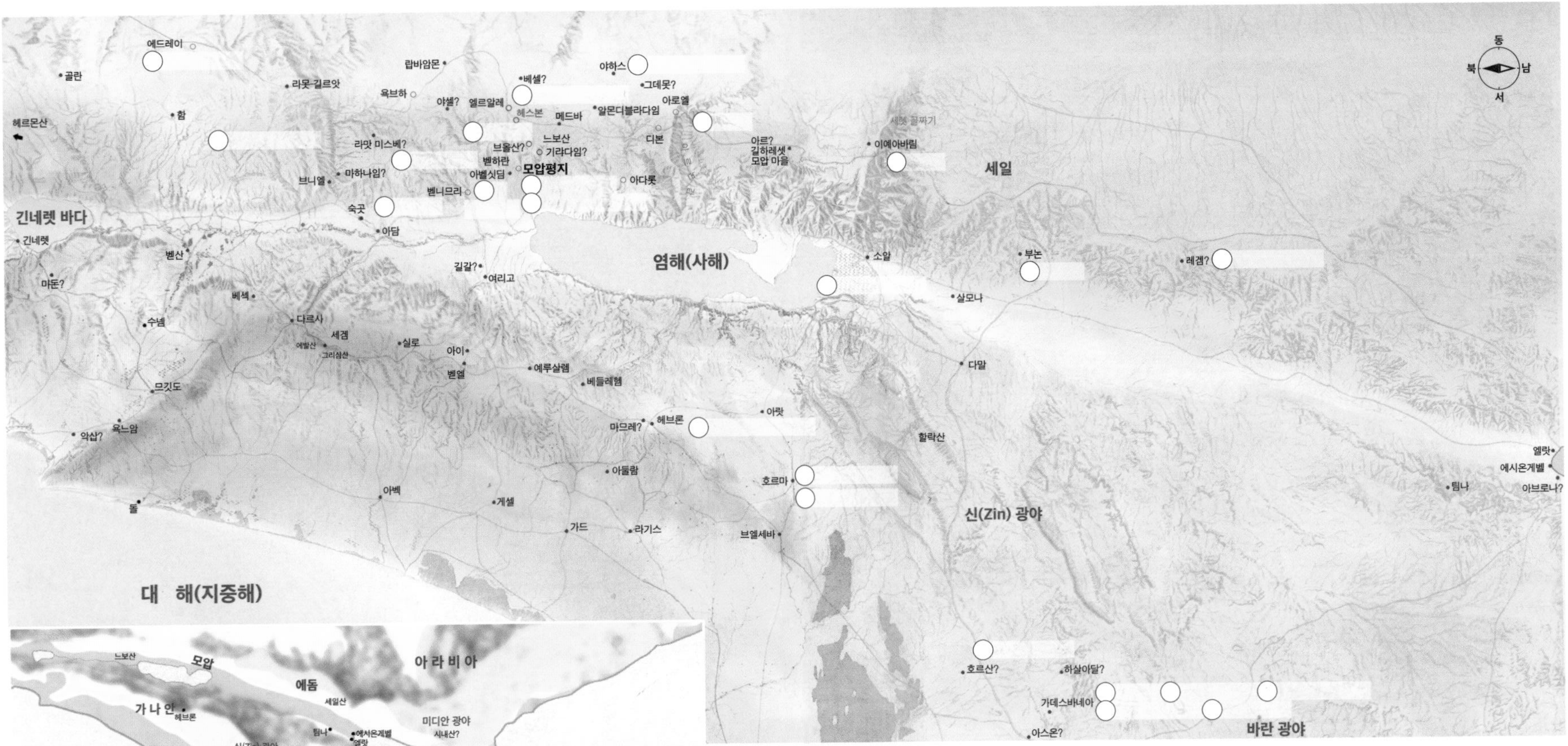

동
북
남
서

에드레이
골란
라못 길르앗
랍바암몬
베셀?
야하스
그데못?
욕브하
야셀?
엘르알레
헤스본
메드바
알몬디블라다임
아로엘
헤르몬산
함
라맛 미스베?
브올산?
느보산
디본
아르?
길하레셋
모압 마을
세렛 골짜기
이예아바림
세일
벧하란
기랴다임?
브니엘
마하나임?
아벨싯딤
모압평지
아다롯
벧니므리
긴네렛 바다
숙곳
긴네렛
아담
벧산
마돈?
길갈?
여리고
염해(사해)
소알
부논
레겜?
살모나
벧섹
다르사
수넴
세겜
에발산
그리심산
실로
아이
벧엘
예루살렘
베들레헴
다말
므깃도
욕느암
악삽?
아랏
마므레?
헤브론
할락산
엘랏
에시온게벨
아둘람
호르마
아브로나?
딤나
아벡
게셀
신(Zin) 광야
돌
가드
라기스
브엘세바
대 해(지중해)
호르산?
하살아달?
가데스바네아
아스온?
바란 광야

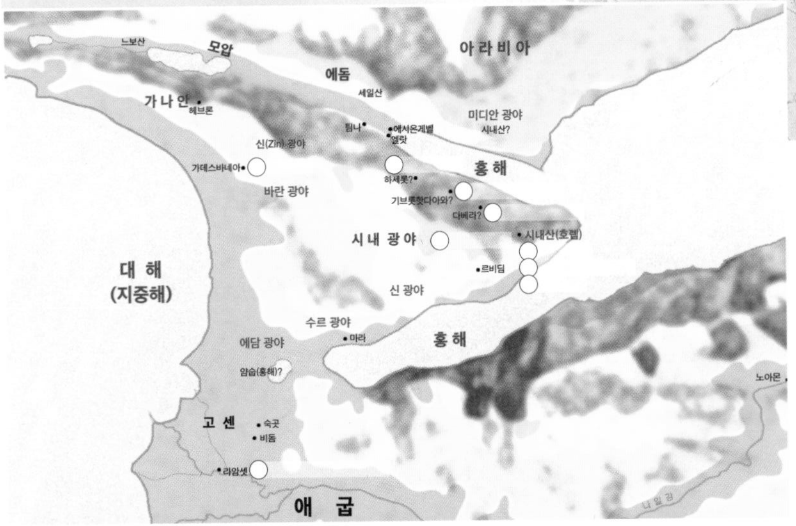

느보산
모압
아라비아
에돔
세일산
가나안
헤브론
딤나
에시온게벨
엘랏
미디안 광야
시내산?
신(Zin) 광야
가데스바네아
홍해
바란 광야
하세롯?
기브롯핫다아와?
다베라?
시내 광야
시내산(호렙)
르비딤
대 해
(지중해)
신 광야
수르 광야
마라
에담 광야
홍해
얌숩(홍해)?
노아몬
고센
숙곳
비돔
라암셋
애굽
나일강

민수기 33장 광야 여정 그리기

민수기 33장 광야 여정 그리기

에드레이
골란
라못-길르앗
랍바암몬
베셀?
야하스
그데못?
알몬디블라다임
아로엘
헤르몬산
함
욥브하
야셀?
엘르알레
헤스본
메드바
디본
세렛 골짜기
이예아바림
라맛 미스베?
브올산?
느보산
기랴다임?
아르?
길하레셋
모압 마을
세일
브니엘
마하나임?
벧하란
아벨싯딤
벧니므리
아다롯
벧여시못
긴네렛 바다
긴네렛
숙곳
아담
벧산
미돈?
길갈?
여리고
염해(사해)
소알
부논
레겜?
살모나
베섹
수넴
다르사
에발산
세겜
그리심산
실로
아이
벧엘
예루살렘
베들레헴
다말
므깃도
헤브론
마므레?
아랏
할락산
악십?
욕느암
아둘람
호르마
엘랏
에시온게벨
딤나
아브로나?
돌
아벡
게셀
가드
라기스
브엘세바
대 해(지중해)
그랄
호르산?
하살아달?
가데스바네아
아스온?

느보산
모압
아 라 비 아
에돔
세일산
가 나 안
헤브론
미디안 광야
딤나
에시온게벨
엘랏
시내산?
신(Zin) 광야
가데스바네아
바란 광야
홍 해
하세롯?
기브롯핫다아와?
디베라?
시 내 광 야
시내산(호렙)
대 해
(지중해)
르비딤
신 광야
수르 광야
마라
홍 해
에담 광야
암슘(홍해)?
고 센
숙곳
비돔
라암셋
애 굽

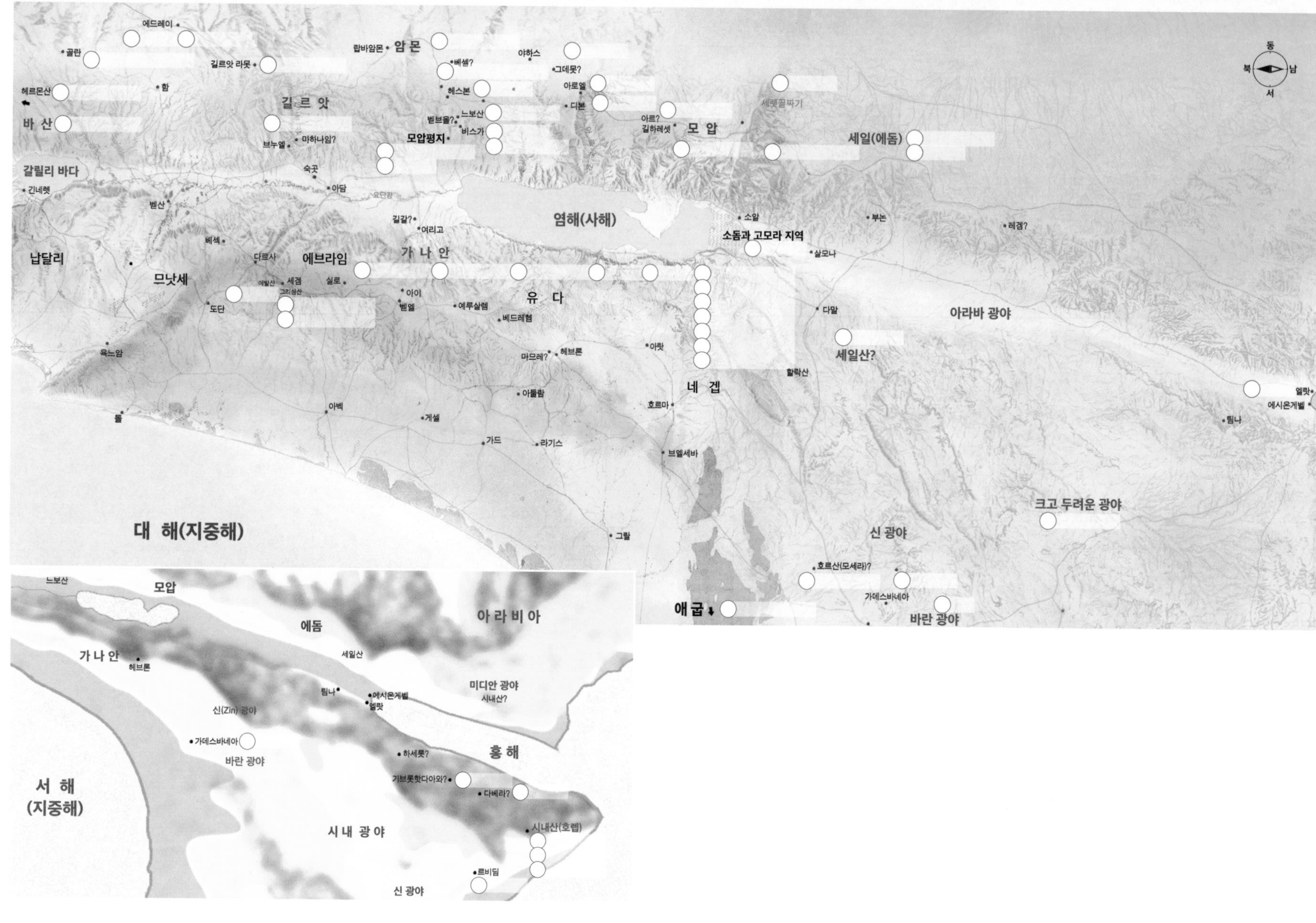

동
북
남
서
에드레이
골란
길르앗 라못
헤르몬산
함
바 산
길 르 앗
브누엘
마하나임?
갈릴리 바다
긴네렛
숙곳
아담
벧산
랍바암몬
암 몬
베셀?
헤스본
느보산
벧브올?
비스가
모압평지
야하스
그데못?
아로엘
디본
아르?
길하레셋
모 압
세렛골짜기
세일(에돔)
염해(사해)
소알
부논
레겜?
소돔과 고모라 지역
살모나
길갈?
여리고
베섹
납달리
므낫세
디르사
에브라임
가 나 안
에발산
세겜
그리심산
실로
도단
아이
벧엘
예루살렘
베드레헴
유 다
다말
아라바 광야
아랏
세일산?
욥느암
마므레?
헤브론
할락산
네 겝
엘랏
에시온게벨
아둘람
호르마
욤나
돌
아벡
게셀
가드
라기스
브엘세바
크고 두려운 광야
대 해(지중해)
그랄
신 광야
호르산(모세라)?
가데스바네아
애굽
바란 광야
느보산
모압
아 라 비 아
에돔
가 나 안
헤브론
세일산
미디안 광야
시내산?
욤나
에시온게벨
엘랏
신(Zin) 광야
가데스바네아
바란 광야
하세롯?
홍 해
기브롯핫다아와?
다베라?
서 해
(지중해)
시 내 광 야
시내산(호렙)
르비딤
신 광야

신명기 그리기

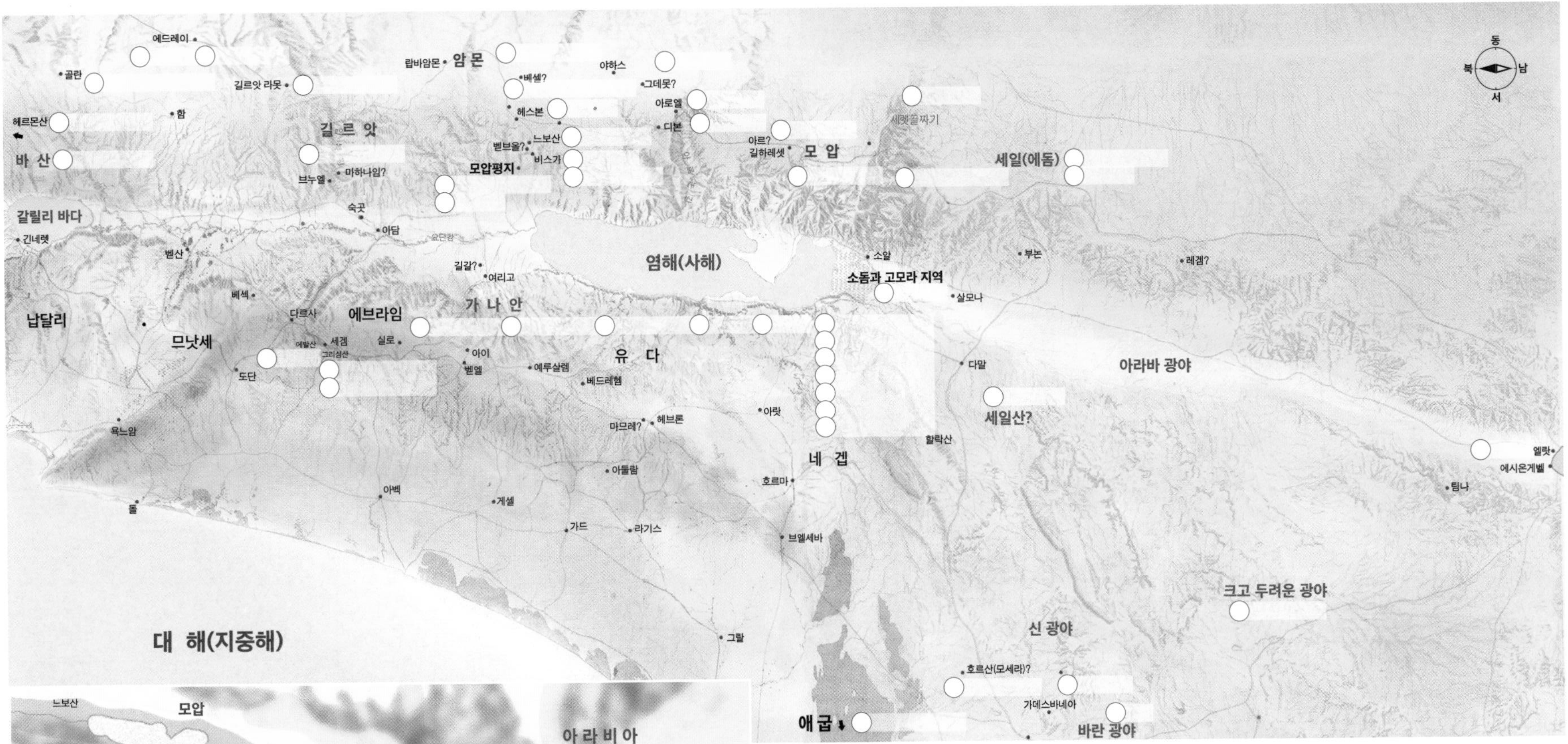

동
북
남
서
에드레이
골란
길르앗 라못
헤르몬산
함
바 산
길 르 앗
브누엘
마하나임?
숙곳
아담
요단강
갈릴리 바다
긴네렛
벧산
베섹
납달리
므낫세
다르사
에발산
세겜
그리심산
실로
에브라임
도단
욕느암
돌
랍바암몬
암 몬
베셀?
헤스본
벧브올?
느보산
비스가
모압평지
야하스
그데못?
아로엘
디본
아르?
길하레셋
모 압
세렛골짜기
세일(에돔)
길갈?
여리고
가 나 안
아이
벧엘
예루살렘
베드레헴
유 다
염해(사해)
소알
소돔과 고모라 지역
살모나
부논
레겜?
다말
아라바 광야
세일산?
할락산
헤브론
마므레?
아랏
네 겝
호르마
아둘람
아벡
게셀
가드
라기스
브엘세바
그랄
엘랏
에시온게벨
딤나
크고 두려운 광야
신 광야
호르산(모세라)?
가데스바네아
바란 광야
애굽 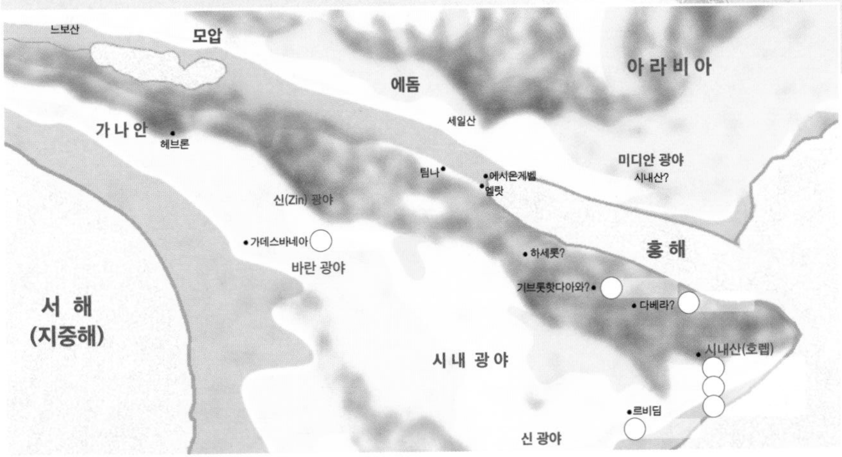
대 해(지중해)
느보산
모압
아 라 비 아
에돔
가 나 안
헤브론
세일산
미디안 광야
시내산?
딤나
에시온게벨
엘랏
신(Zin) 광야
가데스바네아
바란 광야
하세롯?
홍 해
기브롯핫다아와?
다베라?
서 해
(지중해)
시 내 광 야
시내산(호렙)
르비딤
신 광야

출애굽 여정(출-민-신) 그리기

출애굽 여정(출-민-신) 그리기

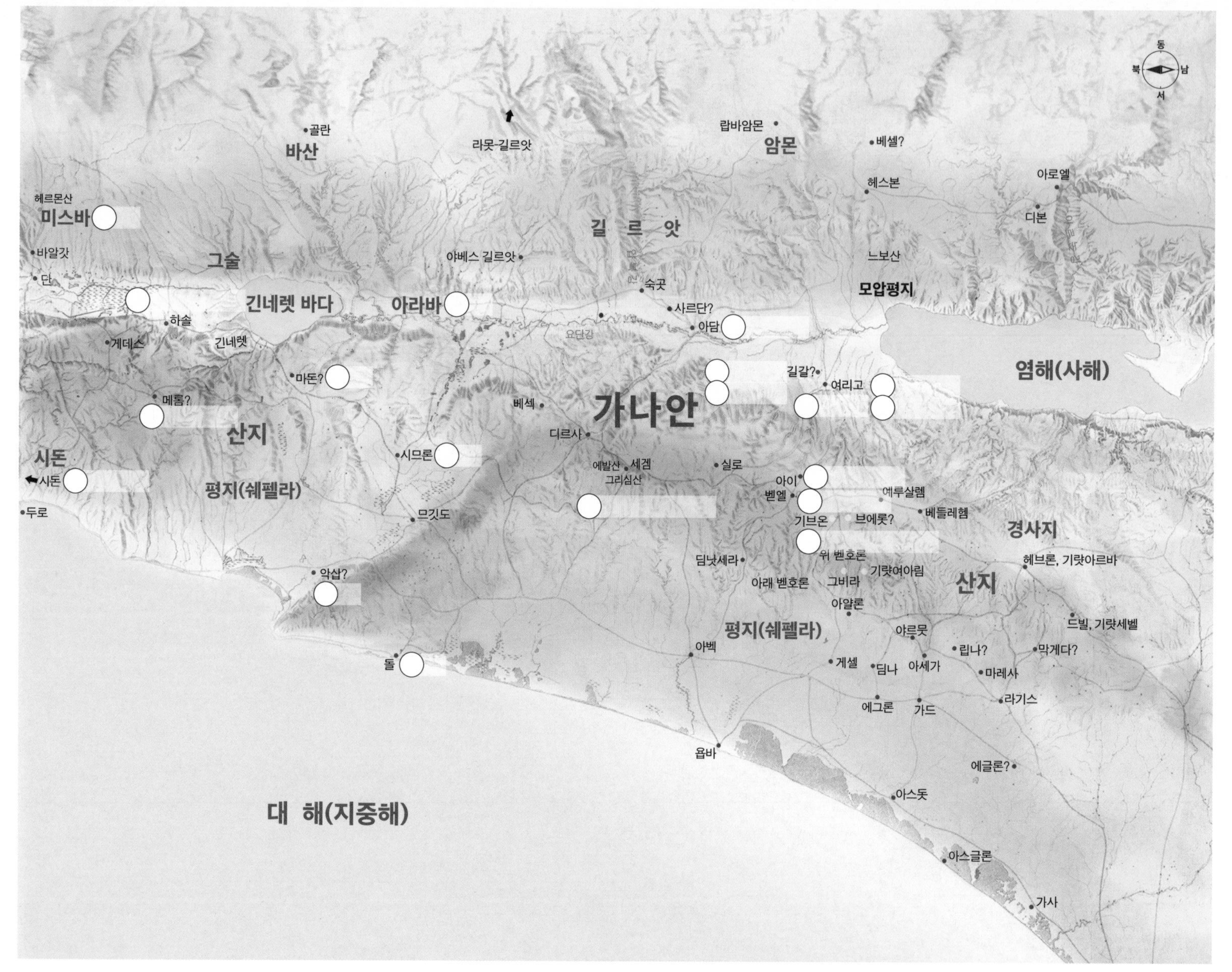
동
북
남
서
골란
바산
라못-길르앗
랍바암몬
암몬
베셀?
헤스본
아로엘
헤르몬산
미스바
바알갓
그술
길 르 앗
야베스 길르앗
느보산
디본
단
숙곳
모압평지
긴네렛 바다
아라바
사르단?
하솔
아담
계데스
긴네렛
요단강
마돈?
길갈?
여리고
염해(사해)
메롬?
베섹
가나안
산지
디르사
시돈
시므론
에발산
세겜
실로
시돈
그리심산
아이
에루살렘
평지(쉐펠라)
벧엘
두로
므깃도
베들레헴
기브온
브에롯?
경사지
위 벧호론
딤낫세라
헤브론, 기럇아르바
악삽?
기럇여아림
아래 벧호론
그비라
산지
아얄론
드빌, 기럇세벨
평지(쉐펠라)
야르뭇
아벡
립나?
막게다?
돌
게셀
딤나
아세가
마레사
라기스
에그론
가드
욥바
에글론?
아스돗
대 해(지중해)
아스글론
가사

여호수아 가나안 정복 그리기

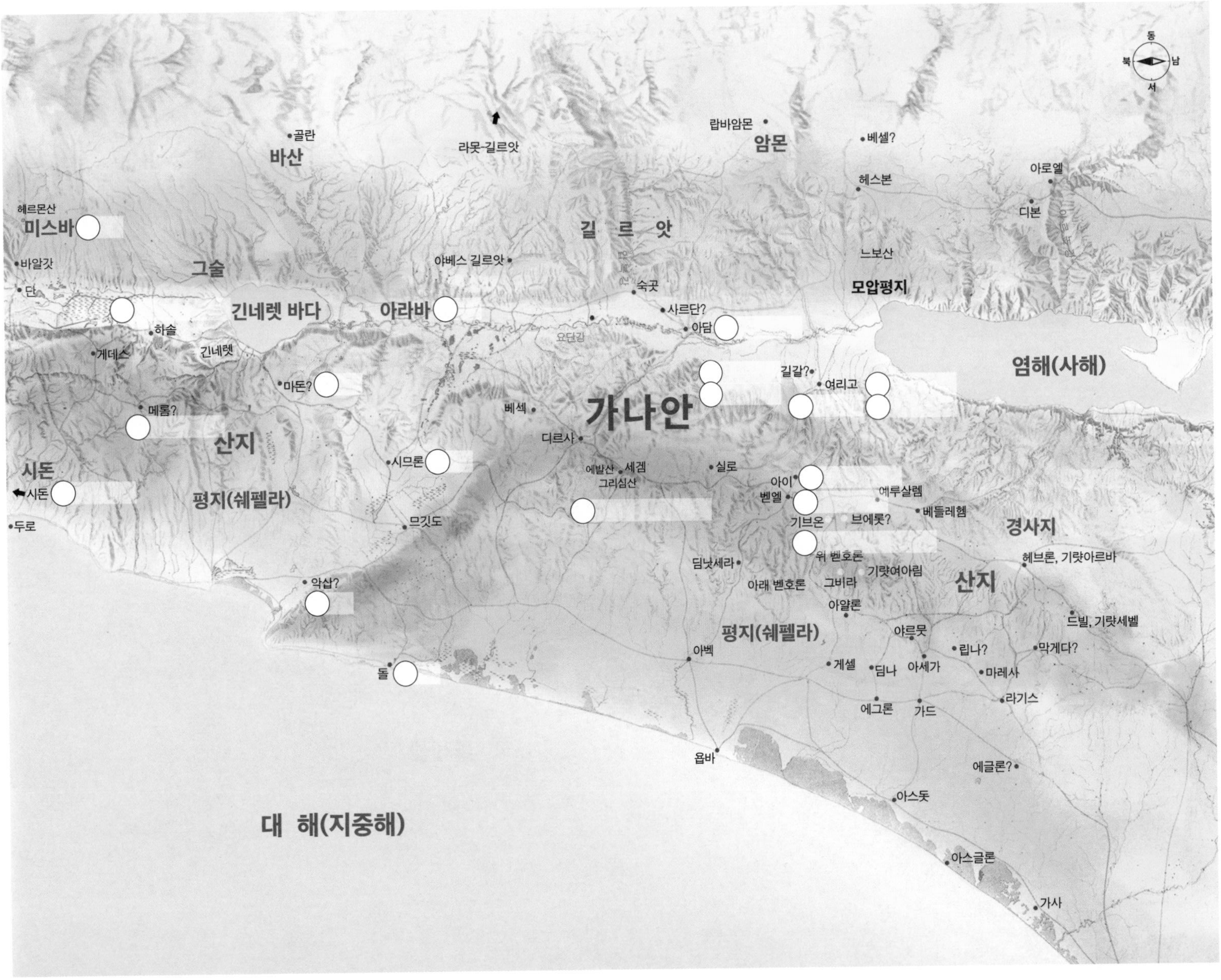

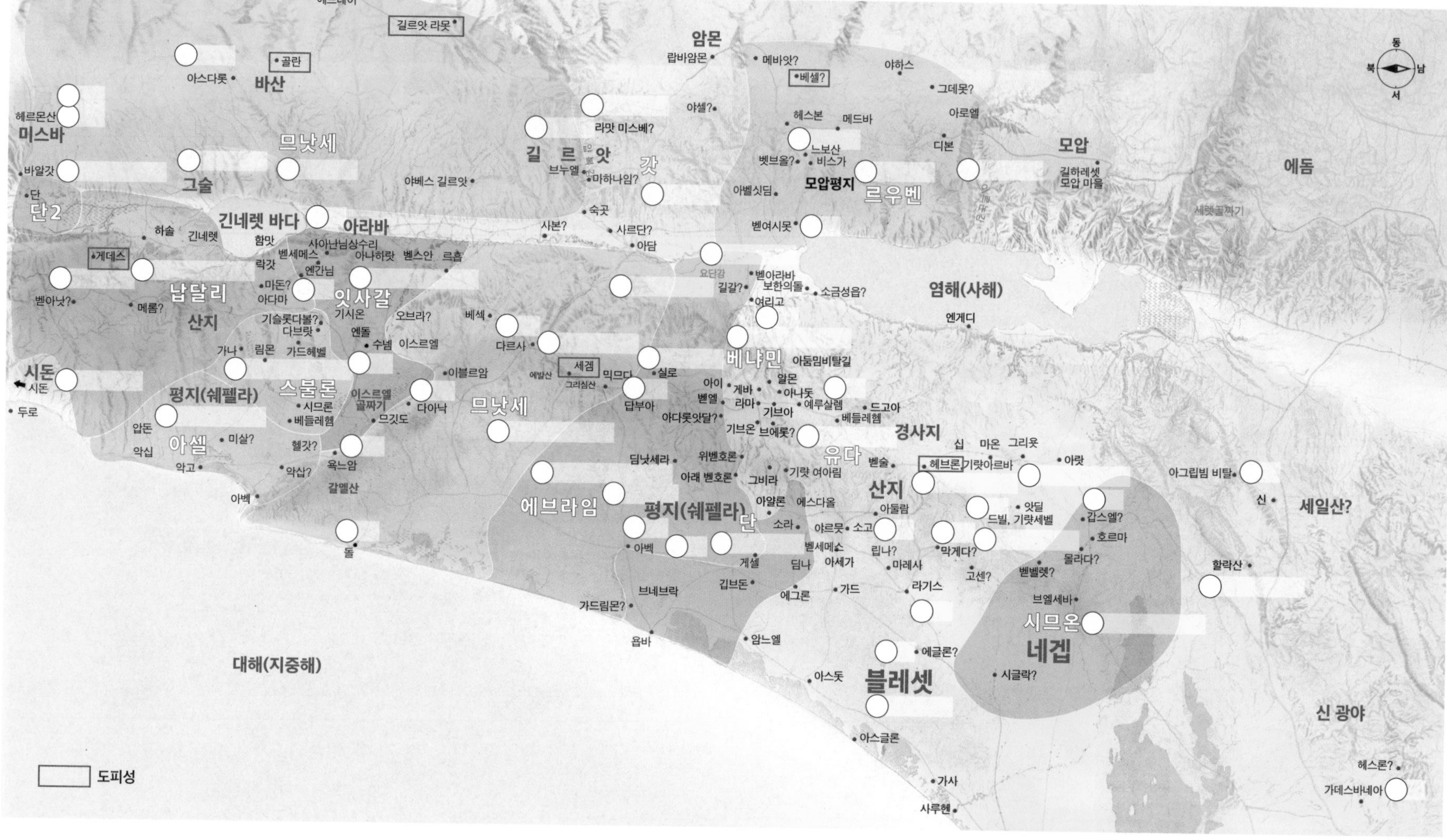

여호수아 열두 지파 분배 그리기

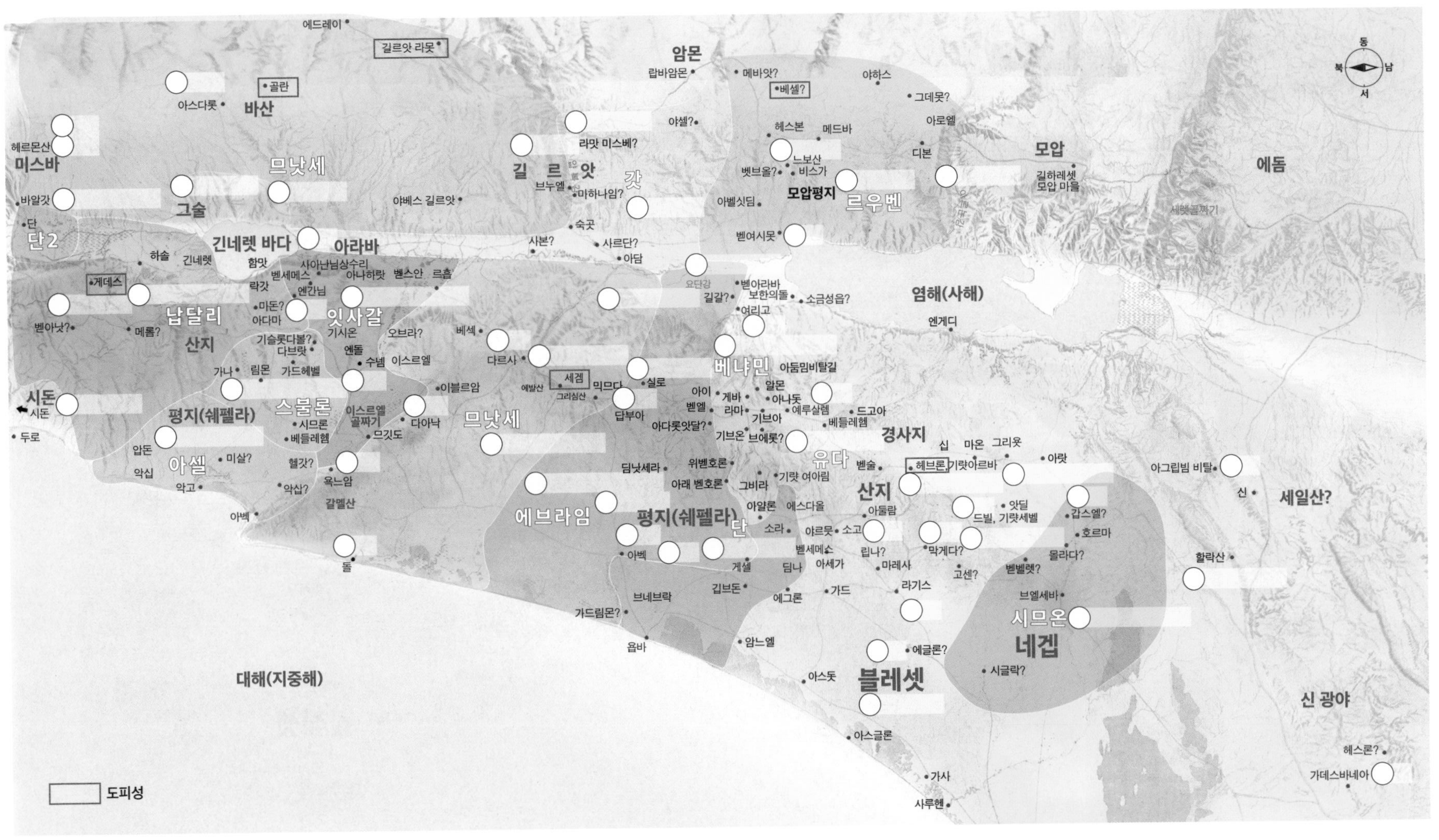

여호수아 열두 지파 분배 그리기

에드레이
라못-길르앗
골란
아스다롯
바산
헤르몬산
미스바
므낫세
바알갓
아베스 길르앗
그술
단
단 2
긴네렛 바다
아라바
하솔
긴네렛
함맛
하솔
게데스
사아난님상수리
벧세메스
아나하랏
벧스안
르홉
납달리
마돈?
엔간님
벧아낫?
메롬?
아다마
잇사갈
오브라?
베섹
산지
기슬롯다볼?
엔돌
아베가
다브랏
수넴
이스르엘
가나
벧세메스?
가드헤벨
시므로
이블르암
므낫세
다르사
얏딜
림몬
에발산
시돈
시돈
스불론
이스르엘 골짜기
세겜
평지(쉐펠라)
시므론
다아낙
도단
그리심산
두로
르홉?
베들레헴
므깃도
사밀
압돈
아셀
미살?
헬갓?
욕느암
악십
악고
악삽?
갈멜산
립나
소고
믹달?
돌
길르앗
라맛 미스베?
브누엘
마하나임?
갓
숙곳
사본?
사르단?
아담
암몬
랍바암몬
메바앗?
베셀?
야셀?
헤스본
메드바
느보산
벳브올?
비스가
모압평지
르우벤
아벨싯딤
벧여시못
아하스?
그데못?
아로엘
디본
모압
길하레셋 모압 마을
염해(사해)
길갈?
여리고
보한의돌
베냐민
립몬
실로
아이
알몬
게바
아나돗
벧엘
라마
예루살렘
드고아
답부아
기브아
베들레헴
에브라임
아다롯앗달?
미스바
기브온
브에롯?
유다
경사지
위벧호론
아래 벧호론
그비라
기럇여아림
벧숲
헤브론,기럇아르바
아랏
딤낫세라
산지
에스드모아
아얄론
사노아
아둘람
육다
얏딜
평지(쉐펠라)
소라
아르뭇
소고
드빌, 기럇세벨
호르마
아벡
벧세메스
립나?
막게다?
깃다임
게셀
딤나
아세가
마레사
고센?
벧벧렛?
단
라기스
브네브락
벧다곤
깁브돈
에그론
가드
가드림몬?
엘드게?
브엘세바
시므온
욥바
얌느엘
에글론?
네겝
시글락?
대 해(지중해)
아스돗
블레셋
아스글론
가사
사루헨
동
서
남
북

에드레이
라못-길르앗
암몬
메바앗?
야하스?
골란
랍바암몬
베셀?
그데못?
아스다롯
바산
야셀?
헤스본
메드바
아로엘
라맛 미스베?
디본
모압
헤르몬산
미스바
므낫세
길 르 앗
느보산
벳브올?
비스가
길하레셋 모압 마을
갓
브누엘
마하나임?
모압평지
르우벤
바알갓
야베스 길르앗
아벨싯딤
그술
단
단2
숙곳
벧여시못
긴네렛 바다
아라바
사본?
사르단?
하솔
긴네렛
함맛
하솔
사아난님상수리
아나하랏
아담
벧세메스
벧스안
게데스
르홉
납달리
엔간님
길갈?
보한의돌
염해(사해)
벧아낫?
마돈?
잇사갈
여리고
아다마
메롬?
산지
기슬롯다볼?
엔돌
오브라?
베섹
아베가
다브랏
수넴
이스르엘
다르사
베냐민
벧세메스?
가나
가드헤벨
시므론
이블르암
므낫세
립몬
얏딜
에발산
알몬
시돈
림몬
세겜
실로
아이
게바
아나돗
시돈
스불론
이스르엘 골짜기
도단
그리심산
벧엘
라마
예루살렘
드고아
평지(쉐펠라)
시므론
다아낙
답부아
아다롯앗달?
미스바
기브아
베들레헴
두로
르홉?
베들레헴
므깃도
사밀
에브라임
기브온
브에롯?
유다
경사지
압돈
아셀
미살?
헬갓?
위벤호론
아랏
악십
욕느암
딤낫세라
아래 벧호론
그비라
기럇여아림
헤브론, 기럇아르바
벧숲
악고
악삽?
갈멜산
소고
에스드모아
산지
윳다
얏딜
아얄론
사노아
아둘람
립나
드빌, 기럇세벨
믹달?
평지(쉐펠라)
소라
야르뭇
소고
호르마
벧세메스
립나?
막게다?
돌
아벡
깃다임
게셀
딤나
아세가
마레사
고센?
벧벨렛?
단
가드
라기스
브네브락
벧다곤
에그론
브엘세바
가드림몬?
깁브돈
엘드게?
시므온
욥바
얌느엘
에글론?
네겝
시글락?
대 해(지중해)
아스돗
블레셋
아스글론
가사
사루헨
동
북
남
서

여호수아 레위 자손 분배 그리기

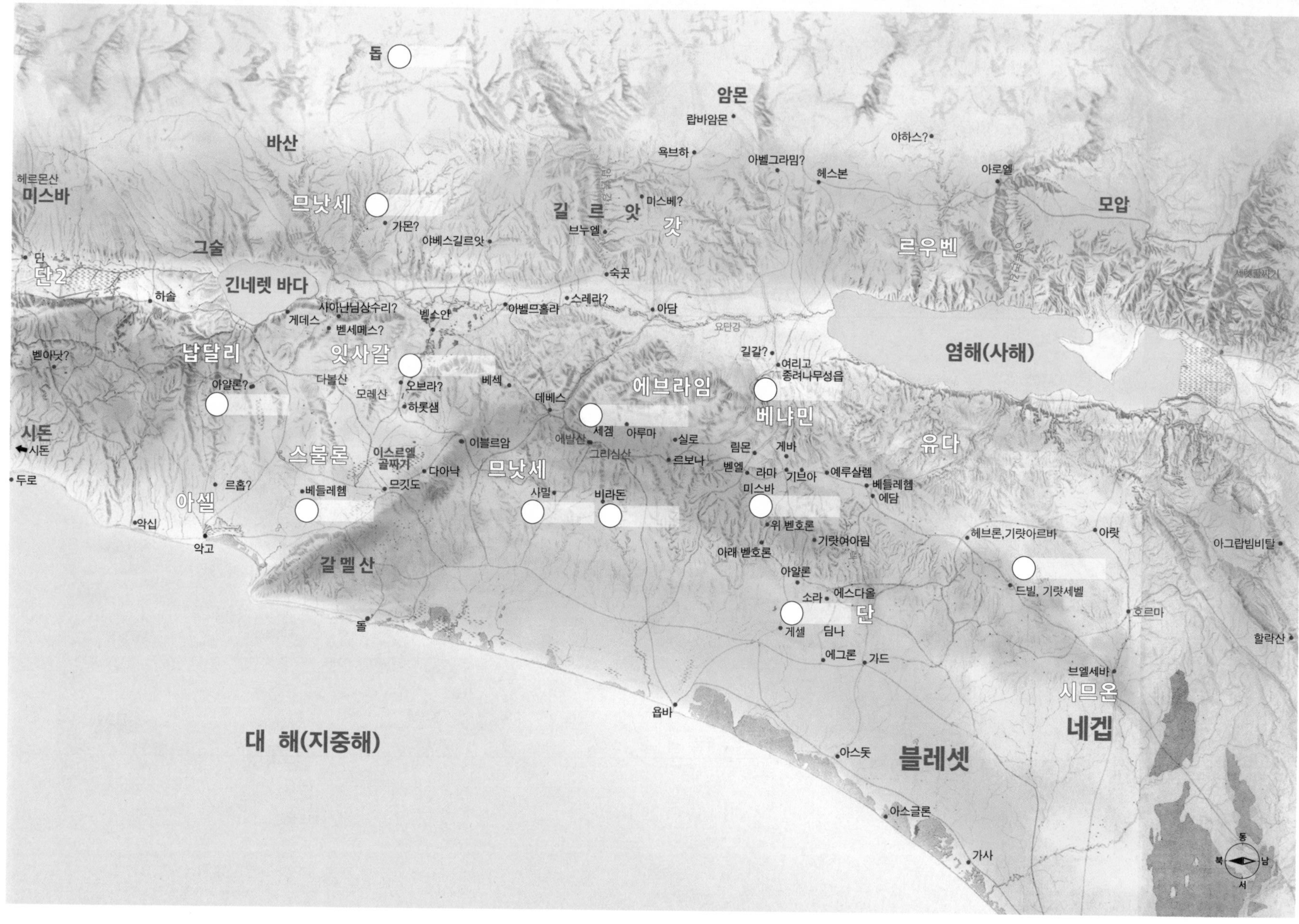
돕
암몬
랍바암몬
아하스?
바산
욕브하
아벨그라밈?
헤스본
아로엘
헤르몬산
미스바
므낫세
미스베?
길 르 앗
모압
가몬?
브누엘
갓
아베스길르앗
그술
르우벤
단
단2
숙곳
긴네렛 바다
하솔
사아난님상수리?
벧스안
아벨므홀라
스레라?
아담
게데스
벧세메스?
요단강
벧아낫?
납달리
잇사갈
길갈?
여리고
종려나무성읍
염해(사해)
다볼산
오브라?
베섹
아얄론?
모레산
에브라임
하롯샘
데베스
시돈
세겜
아루마
베냐민
시돈
이블르암
에발산
실로
유다
그리심산
림몬
게바
스불론
이스르엘
골짜기
르보나
다아낙
므낫세
벧엘
라마
기브아
예루살렘
두로
르홉?
베들레헴
므깃도
베들레헴
아셀
사밀
비라돈
미스바
에담
악십
위 벧호론
헤브론,기럇아르바
아랏
악고
기럇여아림
아그랍빔비탈
갈멜산
아래 벧호론
아얄론
드빌, 기럇세벨
소라
에스다올
호르마
단
돌
게셀
딤나
할락산
에그론
가드
브엘세바
시므온
욥바
대 해(지중해)
네겝
아스돗
블레셋
아스글론
가사
동
북
남
서

열두 사사 순서 그리기

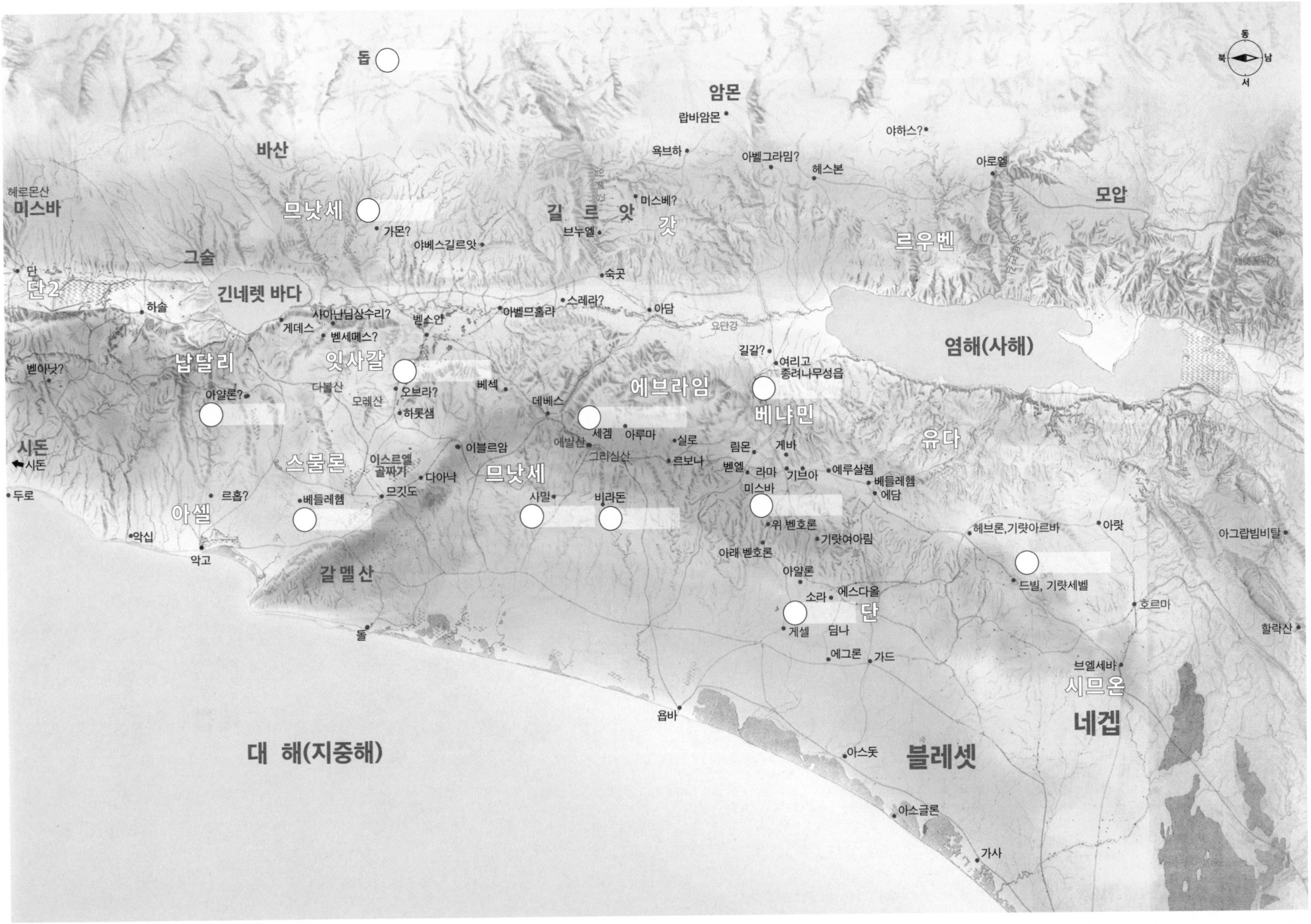
동
북
남
서
돕
암몬
랍바암몬
아하스?
바산
욥브하
아벨그라밈?
헤스본
아로엘
헤르몬산
미스바
므낫세
미스베?
모압
길 르 앗
갓
가몬?
브누엘
야베스길르앗
르우벤
그술
단
숙곳
단2
긴네렛 바다
하솔
사아난님상수리?
아벨므홀라
스레라?
아담
게데스
벧스안
벧세메스?
요단강
염해(사해)
길갈?
여리고
종려나무성읍
벧아낫?
납달리
잇사갈
다볼산
오브라?
베섹
에브라임
아얄론?
모레산
하롯샘
데베스
베냐민
세겜
아루마
에발산
실로
림몬
게바
유다
시돈
시돈
이블르암
이스르엘
골짜기
그리심산
르보나
스불론
다아낙
므낫세
벧엘
라마
기브아
예루살렘
베들레헴
두로
르홉?
베들레헴
므깃도
사밀
비라돈
미스바
에담
아셀
위 벧호론
헤브론, 기럇아르바
아랏
악십
기럇여아림
아그랍빔비탈
악고
아래 벧호론
갈멜산
아얄론
드빌, 기럇세벨
소라
에스다올
호르마
단
돌
게셀
딤나
할락산
에그론
가드
브엘세바
시므온
욥바
네겝
대 해(지중해)
아스돗
블레셋
아스글론
가사

열두 사사 순서 그리기

동
북
남
서
돕
암몬
랍바암몬
바산
욕브하
아하스?
헤르몬산
미스바
아벨그라밈?
헤스본
아로엘
므낫세
미스베?
모압
길르앗
가몬?
브누엘
갓
그술
야베스길르앗
르우벤
단
단2
숙곳
긴네렛 바다
하솔
사아난님상수리?
아벨므홀라
스레라?
아담
게데스
벧세메스?
벧스안
요단강
길갈?
벧아낫?
잇사갈
염해(사해)
납달리
여리고
종려나무성읍
아얄론?
다볼산
오브라?
베섹
모레산
에브라임
하롯샘
데베스
베냐민
시돈
아루마
시돈
세겜
실로
이블르암
그리심산
유다
스불론
림몬
게바
이스르엘
골
르보나
벧엘
라마
기브아
예루살렘
르홉?
므낫세
다아낙
베들레헴
두로
므깃도
미스바
베들레헴
에담
아셀
사밀
비라돈
헤브론, 기럇아르바
아랏
악십
악고
딤낫헤레스
기럇여아림
아그랍빔비탈
갈멜산
아얄론
스밧
사알빔
소라
에스다올
드빌, 기럇세벨
호르마
단
돌
게셀
딤나
할락산
에그론
브엘세바
시므온
네겝
대 해(지중해)
아스돗
블레셋
아스글론
가사

사사기 주요 사건 그리기

동
북
남
서
돕
암몬
랍바암몬
욥브하
야하스?
바산
아로엘
헤스본
아벨그라밈?
헤르몬산
미스바
므낫세
길르앗
미스베?
갓
모압
가몬?
브누엘
야베스길르앗
르우벤
그술
숙곳
단
단2
긴네렛 바다
스레라?
아담
하솔
사아난님상수리?
아벨므홀라
게데스
벧세메스?
벧스안
요단강
길갈?
염해(사해)
잇사갈
여리고
종려나무성읍
벧아낫?
납달리
아얄론?
다볼산
베섹
에브라임
오브라?
모레산
하롯샘
데베스
베냐민
세겜
아루마
실로
그리심산
림몬
게바
유다
시돈
이블르암
스블론
벧엘
라마
기브아
예루살렘
므낫세
르보나
베들레헴
다아낙
미스바
에담
르홉?
두로
베들레헴
므깃도
사밀
비라돈
아셀
헤브론, 기럇아르바
아랏
아그랍빔비탈
악십
딤낫헤레스
악고
기럇여아림
갈멜산
아얄론
드빌, 기럇세벨
사알빔
소라
에스다올
스밧
호르마
단
게셀
딤나
돌
할락산
에그론
브엘세바
시므온
네겝
아스돗
블레셋
대 해(지중해)
아스글론
가사

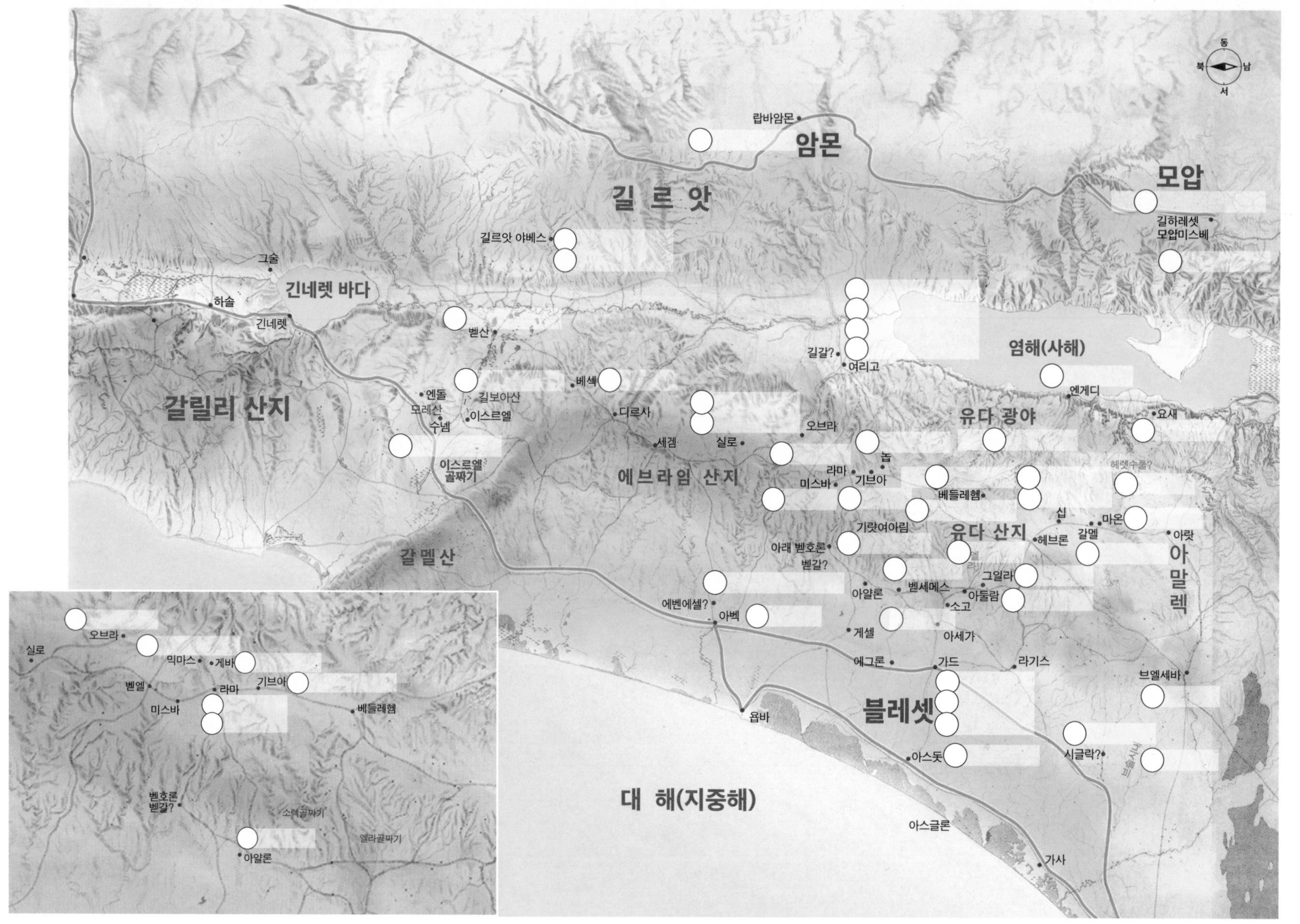

동
북
남
서
랍바암몬
암몬
모압
길 르 앗
길하레셋
모압미스베
길르앗 야베스
그술
긴네렛 바다
하솔
긴네렛
벧산
길갈?
여리고
염해(사해)
베섹
엔돌
길보아산
모레산
수넴
이스르엘
디르사
갈릴리 산지
엔게디
유다 광야
요새
오브라
세겜
실로
놉
이스르엘
골짜기
라마
에브라임 산지
미스바
기브아
베들레헴
헤렛수풀?
십
마온
기럇여아림
유다 산지
헤브론
갈멜
아랏
아래 벧호론
벧갈?
갈멜산
아
말
렉
그일라
에벤에셀?
아얄론
벧세메스
아둘람
아벡
소고
게셀
아세가
에그론
가드
라기스
브엘세바
욥바
블레셋
아스돗
시글락?
브솔시내
대 해(지중해)
아스글론
가사
실로
오브라
믹마스
게바
벧엘
라마
기브아
미스바
베들레헴
벧호론
벧갈?
소렉골짜기
엘라골짜기
아얄론

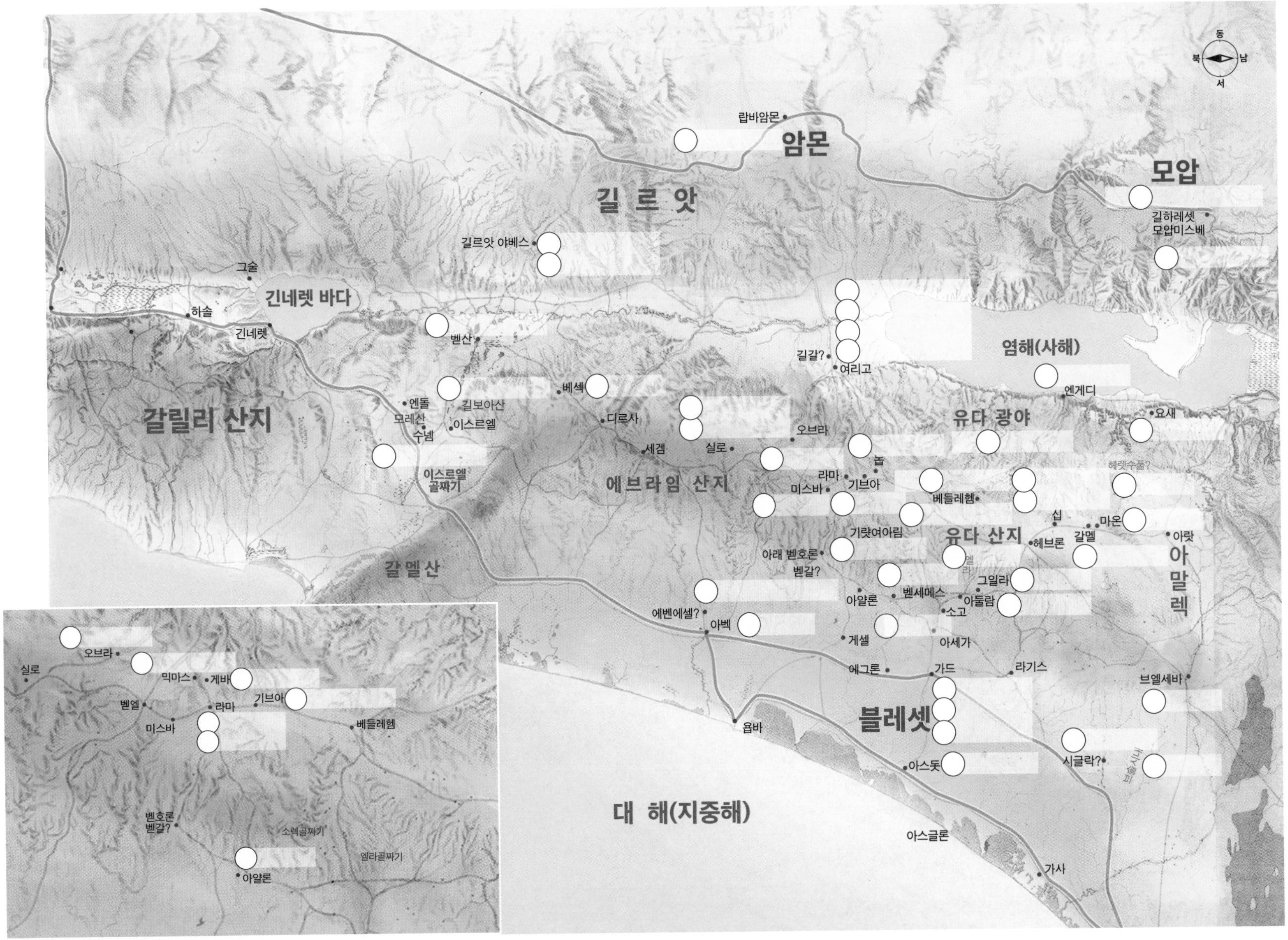

동
북
남
서
랍바암몬
암몬
모압
길르앗
길하레셋
모압미스베
길르앗 야베스
그술
긴네렛 바다
하솔
긴네렛
벧산
길갈?
여리고
염해(사해)
엔게디
베섹
엔돌
모레산
수넴
길보아산
이스르엘
갈릴리 산지
디르사
오브라
유다 광야
요새
세겜
실로
놉
라마
기브아
미스바
에브라임 산지
이스르엘 골짜기
헤렛수풀?
베들레헴
십
마온
기럇여아림
유다 산지
헤브론
갈멜
아랏
아래 벧호론
벧갈?
갈멜산
그일라
아말렉
아얄론
벧세메스
아둘람
에벤에셀?
소고
아벡
게셀
아세가
에그론
가드
라기스
브엘세바
욥바
블레셋
아스돗
시글락?
대 해(지중해)
아스글론
가사
오브라
실로
믹마스
게바
기브아
벧엘
라마
미스바
베들레헴
벧호론
벧갈?
소렉골짜기
엘라골짜기
아얄론

다메섹
아람
바산(골란)
단
아벨벧마아가
그술
긴네렛 바다
긴네렛
갈릴리 산지
베니게
두로
악고
로글림?
길르앗 야베스
로드발
벧산
길보아산
모레산
이스르엘
이스르엘 골짜기
길 르 앗
브니엘
마하나임?
에브라임수풀
암몬
랍바암몬
야셀?
헤스본
아로엘
모압
길하레셋
모압미스베
에돔
세일
염해(사해)
소금골짜기
길갈?
여리고
바알하솔
에브라임 산지
게바
바후림
예루살렘
기브온
브에롯?
바알브라심?
르바임골짜기
기럇여아림
바알레유다
헤브론
유다 광야
요새
유다 산지
아둘람
아벡
게셀
깃다임
가드
브엘세바
블레셋
욥바
아스돗
시글락?
아스글론
가사
실로
벧엘
라마
미스바
기브아
놉
에느로겔
베들레헴
드고아
위벧호론
아래 벧호론
소렉골짜기
아얄론
벧세메스
그일라
소고
동
북
남
서

다메섹 아람
암몬
랍바암몬
야셀?
헤스본
아로엘
모압
길하레셋
모압미스베
에돔
세일
바산(골란)
길 르 앗
로글림?
길르앗 야베스
브니엘
마하나임?
그술
단
아벨벧마아가
긴네렛 바다
긴네렛
로드발
에브라임수풀
벧산
길갈?
여리고
염해(사해)
소금골짜기
길보아산
이스르엘
모레산
갈릴리 산지
베니게
두로
악고
이스르엘 골짜기
바알하솔
유다 광야
요새
게바
바후림
예루살렘
에브라임 산지
기브온
브에롯?
바알브라심?
르바임골짜기
헤브론
기랏여아림
바알레유다
유다 산지
아둘람
아벡
게셀
깃다임
가드
브엘세바
욥바
블레셋
아스돗
시글락?
브솔시내
아스글론
가사
동
북
남
서

실로
게바
바후림
놉
에느로겔
벧엘
라마
예루살렘
기브아
미스바
베들레헴
드고아
브에롯?
기브온
바알브라심?
르바임골짜기
윗벧호론
기랏여아림
바알레유다
아래 벧호론
소렉골짜기
아얄론
벧세메스
아둘람
그일라
게셀
소고

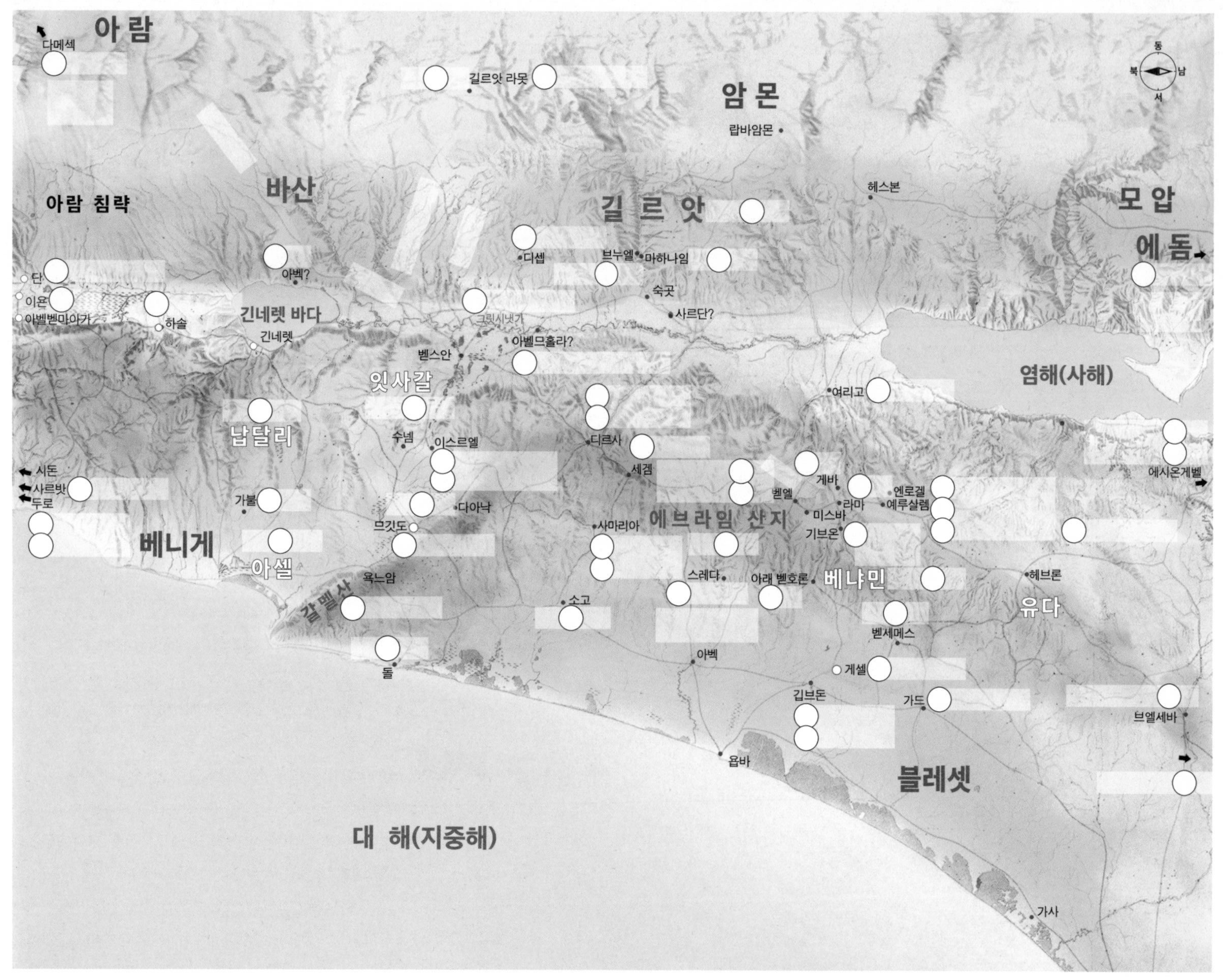
아람
다메섹
길르앗 라못
암몬
랍바암몬
동
북
남
서
바산
아람 침략
헤스본
길르앗
모압
에돔
디셉
브누엘
마하나임
아벡?
단
이욘
아벨벧마아가
하솔
긴네렛 바다
긴네렛
숙곳
사르단?
그릿시냇가
아벨므홀라?
벧스안
잇사갈
염해(사해)
여리고
납달리
수넴
이스르엘
디르사
세겜
시돈
사르밧
두로
가불
다아낙
므깃도
사마리아
에브라임 산지
벧엘
게바
라마
미스바
기브온
엔로겔
예루살렘
에시온게벨
베니게
아셀
욕느암
갈멜산
스레다
아래 벧호론
베냐민
헤브론
소고
유다
벧세메스
돌
아벡
게셀
깁브돈
가드
브엘세바
욥바
블레셋
대 해(지중해)
가사

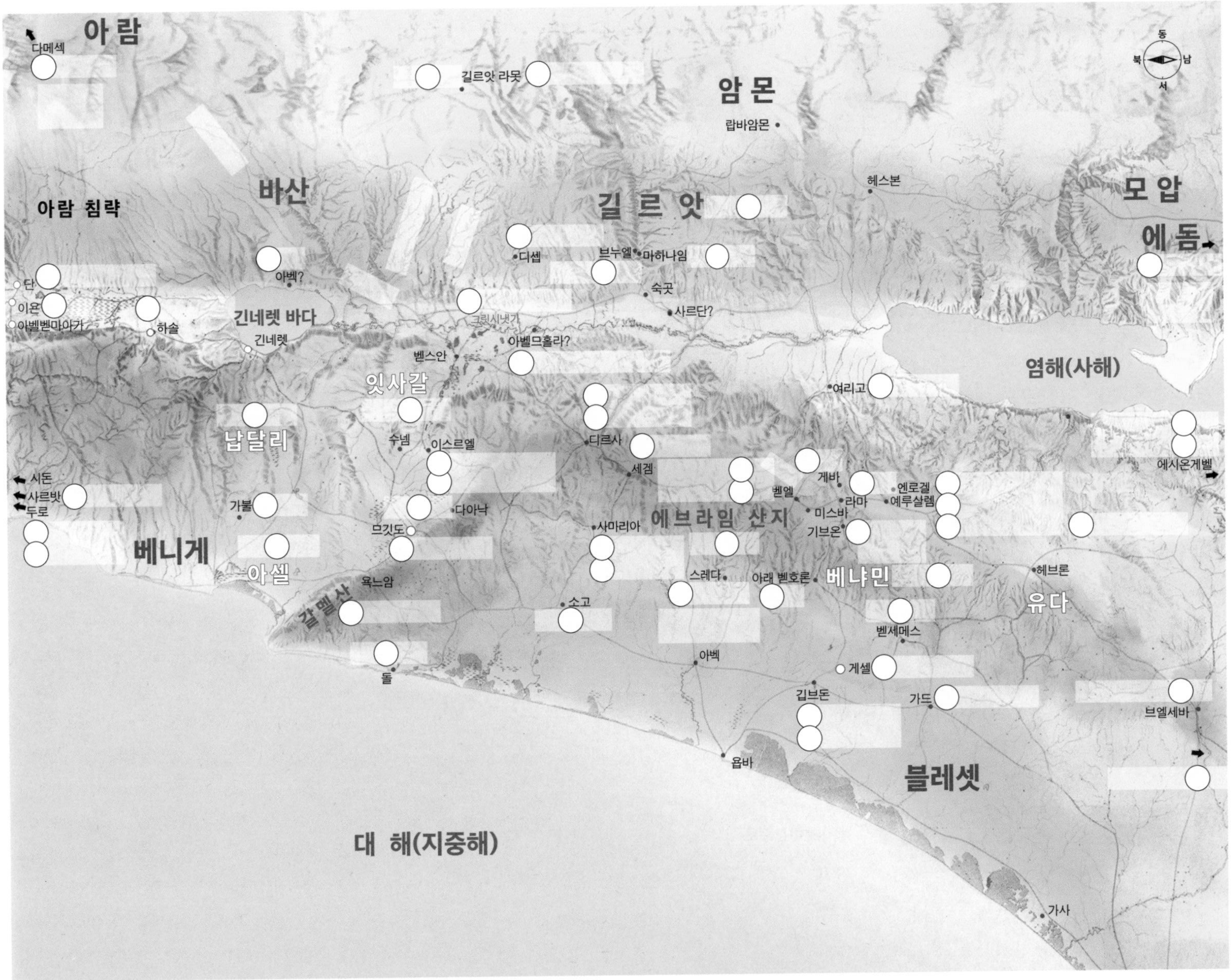

동
북
남
서
아람
다메섹
길르앗 라못
암몬
랍바암몬
헤스본
모압
에돔
아람 침략
바산
길르앗
디셉
브누엘
마하나임
숙곳
사르단?
아벡?
단
이욘
아벨벧마아가
하솔
긴네렛 바다
긴네렛
그릿시냇가
아벨므홀라?
벧스안
염해(사해)
잇사갈
여리고
납달리
수넴
이스르엘
디르사
세겜
에시온게벨
시돈
사르밧
두로
가불
다아낙
므깃도
사마리아
에브라임 산지
게바
벧엘
라마
미스바
엔로겔
예루살렘
기브온
베니게
아셀
욕느암
스레다
아래 벧호론
베냐민
헤브론
유다
갈멜산
소고
벧세메스
돌
아벡
게셀
깁브돈
가드
브엘세바
욥바
블레셋
대 해(지중해)
가사

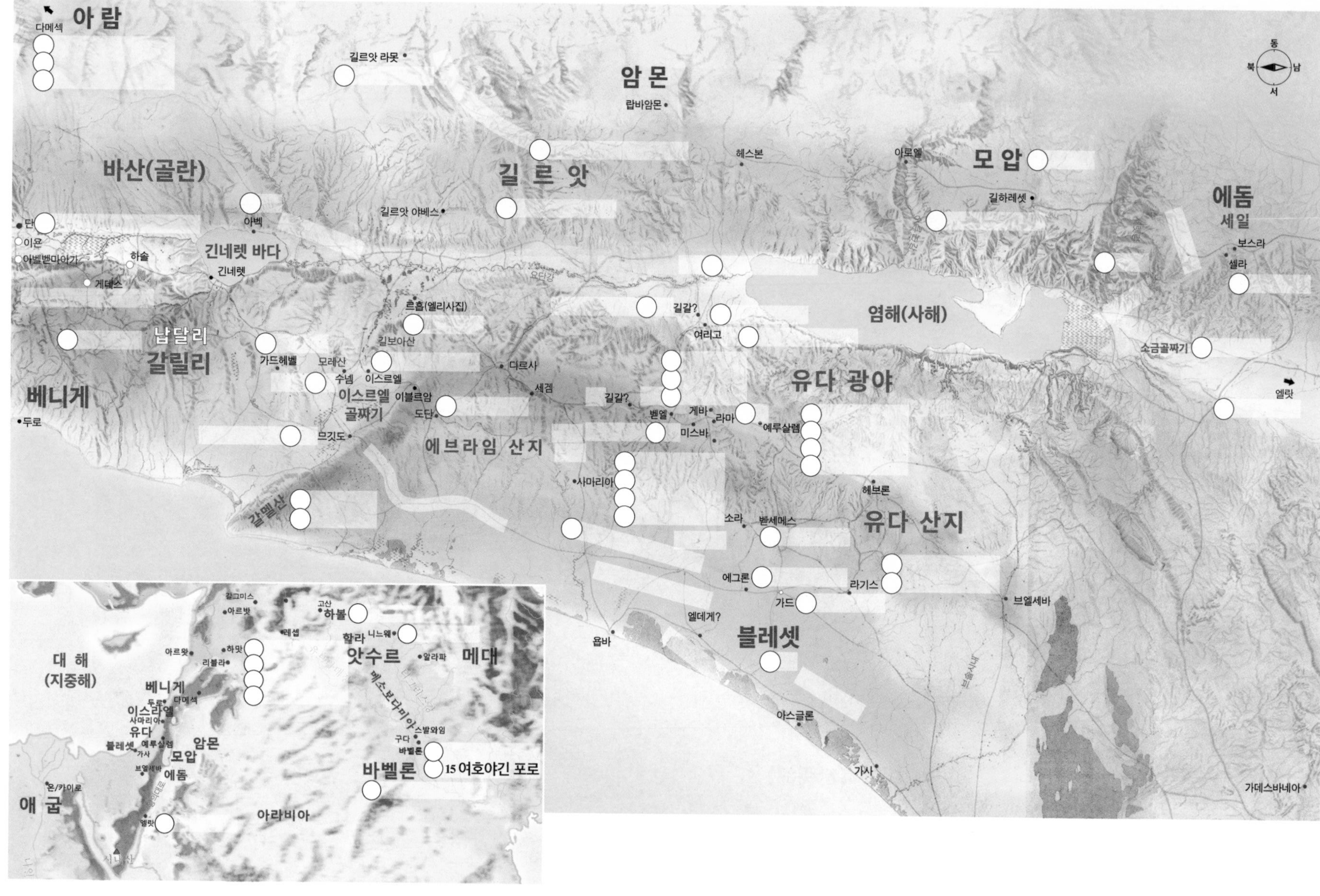

아 람
다메섹
길르앗 라못
암 몬
랍바암몬
바산(골란)
길 르 앗
헤스본
아로엘
모 압
길하레셋
에돔
세일
보스라
셀라
단
이욘
아벨벧마아가
하솔
게데스
아벡
긴네렛 바다
긴네렛
길르앗 야베스
요단강
르홉(엘리사집)
길보아산
길갈?
여리고
염해(사해)
납달리
갈릴리
가드헤벨
모레산
수넴
이스르엘
다르사
세겜
소금골짜기
베니게
두로
이스르엘 골짜기
이블르암
도단
길갈?
벧엘
게바
라마
미스바
예루살렘
유다 광야
엘랏
므깃도
에브라임 산지
사마리아
헤브론
갈멜산
소라
벧세메스
유다 산지
에그론
라기스
가드
브엘세바
욥바
엘드게?
블레셋
아스글론
가사
가데스바네아
갈그미스
아르밧
고산
하볼
레셉
할라
니느웨
대 해
(지중해)
아르왓
하맛
리블라
앗수르
알라파
메대
베니게
두로
다메섹
이스라엘
사마리아
유다
블레셋
예루살렘
가사
암몬
모압
브엘세바
에돔
메소보다미아
스발와임
구다
바벨론
15 여호야긴 포로
바벨론
온/카이로
애 굽
엘랏
아라비아
시내산

아람
다메섹
길르앗 라못
암몬
랍바암몬
바산(골란)
길르앗
모압
헤스본
아로엘
길하레셋
에돔
세일
보스라
셀라
단
이욘
아벨벧마아가
하솔
게데스
아벡
긴네렛 바다
긴네렛
길르앗 야베스
요단강
염해(사해)
소금골짜기
엘랏
납달리
갈릴리
베니게
두로
가드헤벨
모레산
수넴
이스르엘
이스르엘 골짜기
이블르암
도단
므깃도
르홉(엘리사집)
길보아산
다르사
세겜
길갈?
여리고
벧엘
게바
라마
미스바
예루살렘
유다 광야
에브라임 산지
사마리아
갈멜산
헤브론
유다 산지
소라
벧세메스
에그론
라기스
가드
브엘세바
엘데게?
욥바
블레셋
아스글론
가사
가데스바네아

갈그미스
아르밧
고산
하볼
레셉
할라
니느웨
아르왓
하맛
리블라
앗수르
알라파
메대
대해
(지중해)
베니게
두로
다메섹
이스라엘
사마리아
유다
예루살렘
블레셋
가사
암몬
모압
브엘세바
에돔
메소보다미아
스발와임
구다
바벨론
15 여호야긴 포로
바벨론
온/카이로
애굽
엘랏
아라비아
시내산

열왕기하 그리기

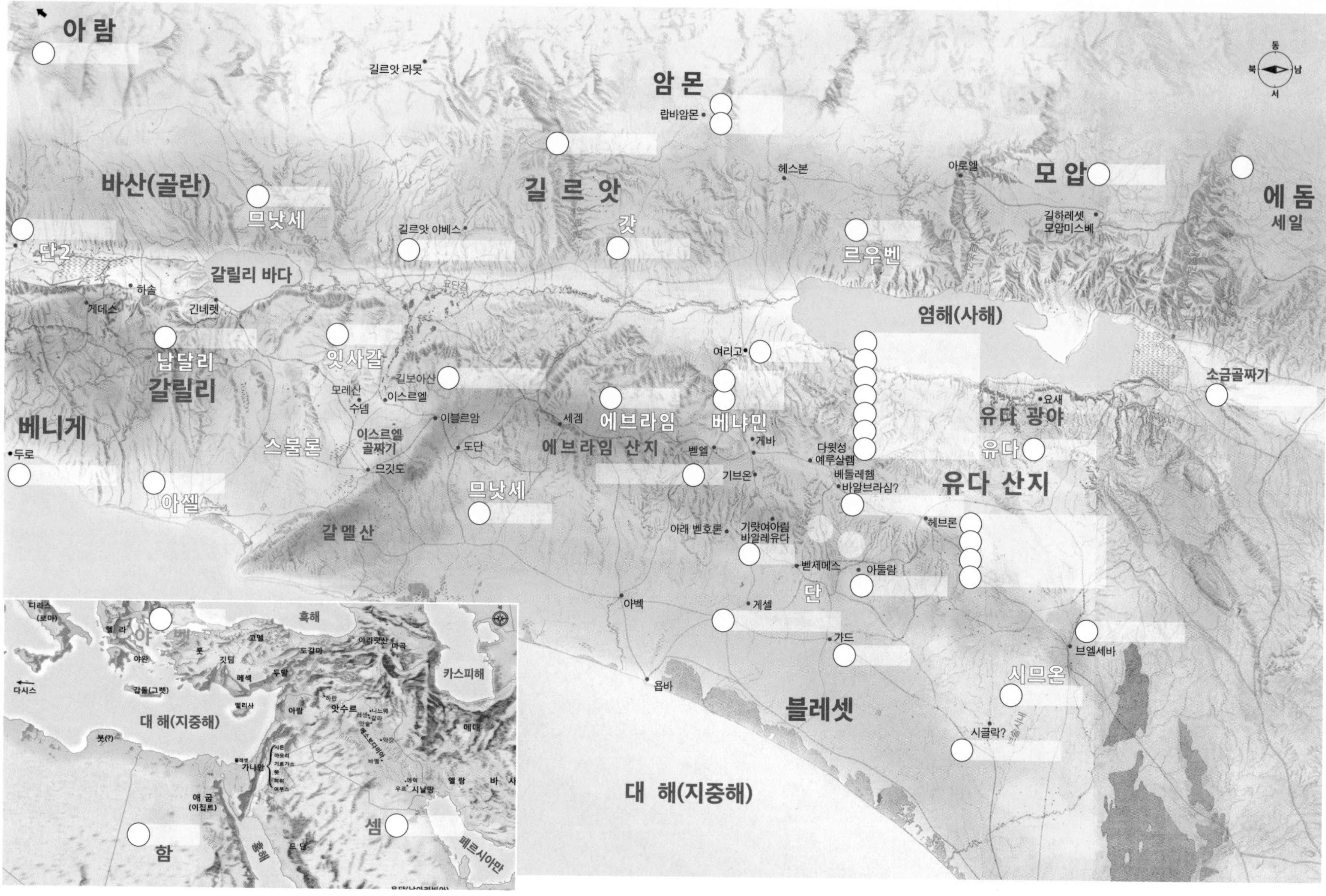
아 람
길르앗 라못
암 몬
랍바암몬
바산(골란)
므낫세
길 르 앗
헤스본
아로엘
모 압
에 돔
세일
길르앗 아베스
갓
르우벤
길하레셋
모압미스베
단2
갈릴리 바다
하솔
게데스
긴네렛
요단강
염해(사해)
납달리
잇사갈
여리고
소금골짜기
갈릴리
길보아산
모레산
수넴
이스르엘
요새
베니게
이블르암
세겜
에브라임
베냐민
유다 광야
이스르엘
골짜기
스불론
도단
에브라임 산지
게바
벧엘
다윗성
예루살렘
유다
두로
므깃도
기브온
베들레헴
바알브라심?
유다 산지
아셀
므낫세
갈멜산
아래 벧호론
기럇여아림
바알레유다
헤브론
벧세메스
아둘람
단
아벡
게셀
가드
브엘세바
욥바
시므온
블레셋
시글락?
대 해(지중해)
동
북
남
서
디라스
(로마)
헬라
흑해
고멜
아라랏산
마곡
야완
룻
깃딤
도갈마
두발
메섹
카스피해
다시스
갑돌(그렛)
엘리사
하란
아람
앗수르
니느웨
대 해(지중해)
갈라
메대
붓(?)
가나안
시날땅
엘람
애굽
(이집트)
셈
함
홍해
페르시아만

아 람
길르앗 라못
암 몬
랍바암몬
바산(골란)
므낫세
길 르 앗
갓
헤스본
아로엘
모 압
에 돔
세일
길하레셋
모압미스베
르우벤
단2
갈릴리 바다
하솔
게데스
긴네렛
요단강
염해(사해)
납달리
갈릴리
잇사갈
길보아산
모레산
이스르엘
수넴
여리고
베니게
두로
이블르암
세겜
에브라임
베냐민
유다 광야
요새
소금골짜기
이스르엘 골짜기
도단
스불론
에브라임 산지
벧엘
게바
다윗성
예루살렘
유다
므깃도
기브온
베들레헴
바알브라심?
유다 산지
아셀
므낫세
갈멜산
아래 벧호론
기럇여아림
바알레유다
헤브론
벧세메스
아둘람
단
아벡
게셀
가드
브엘세바
욥바
시므온
블레셋
시글락?
대 해(지중해)

디라스
(로마)
흑해
아라랏산
마곡
고멜
도갈마
카스피해
야완
룻
깃딤
메섹
두발
다시스
갑돌(그렛)
엘리사
하란
앗수르
니느웨
아람
대 해(지중해)
메대
붓(?)
가나안
애굽
(이집트)
엘 람
우르
시날땅
셈
함
페르시아만

다메섹
아람
길르앗 라못
암몬
랍바암몬
동
북
남
서
모압
에돔
바산(골란)
길르앗
므낫세
아벡
단
이욘
아벨마임
하솔
갈릴리 바다
숙곳
세일
요단강
염해(사해)
여리고
엔게디
소금골짜기
납달리
잇사갈
길보아산
갈릴리
가드헤벨
모레산
이스르엘
수넴
에브라임
베냐민
유다 광야
베니게
스불론
이스르엘 골짜기
므낫세
세겜
에브론
여사나
게바
라마
예루살렘
베들레헴
드고아
엘롯
에시온게벨
두로
도단
에브라임 산지
스마라임
미스바
기브온
에담
유다 산지
십
므깃도
아셀
사마리아
윗벧호론
아래 벧호론
바알라
벧술
헤브론
아라비아
갈멜산
아얄론
소라
벧세메스
아둘람
유다
아도라임
김소
소고
립나?
딤나
아세가
마레사
에그론
가드
라기스
브엘세바
욥바
야브네
블레셋
아스돗
그랄
대 해(지중해)
아스글론
가사
애굽
감람산
성전
모리아산
상점
다윗성
기혼샘
실로암
막데스
기드론 시내
에브라임문
미쉬네(둘째 구역, 제이 구역)
힌놈의 골짜기

아 람
다메섹
길르앗 라못
암 몬
랍바암몬
바산(골란)
므낫세
아벡
단
이욘
아벨마임
하솔
갈릴리 바다
숙곳
길 르 앗
모 압
에돔
세일
염해(사해)
엔게디
여리고
소금골짜기
엘롯
에시온게벨
납달리
갈릴리
잇사갈
가드헤벨
모레산
수넴
길보아산
이스르엘
에브라임
베냐민
유다 광야
베니게
두로
스불론
이스르엘 골짜기
므낫세
세겜
도단
에브라임 산지
에브론
여사나
게바
라마
예루살렘
베들레헴
드고아
스마라임
미스바
기브온
에담
유다 산지
십
므깃도
아셀
갈멜산
사마리아
윗벧호론
아래 벧호론
바알라
아얄론
소라
벧세메스
벧술
헤브론
유다
아둘람
아도라임
아라비아
김소
소고
립나?
아세가
딤나
마레사
에그론
가드
라기스
브엘세바
욥바
야브네
블레셋
아스돗
그랄
대 해(지중해)
아스글론
가사
애굽
감람산
성전
모리아산
상점
기혼샘
다윗성
실로암
막데스
가드론 시내
에브라임문
미쉬네(둘째 구역, 제이 구역)
힌놈의 골짜기

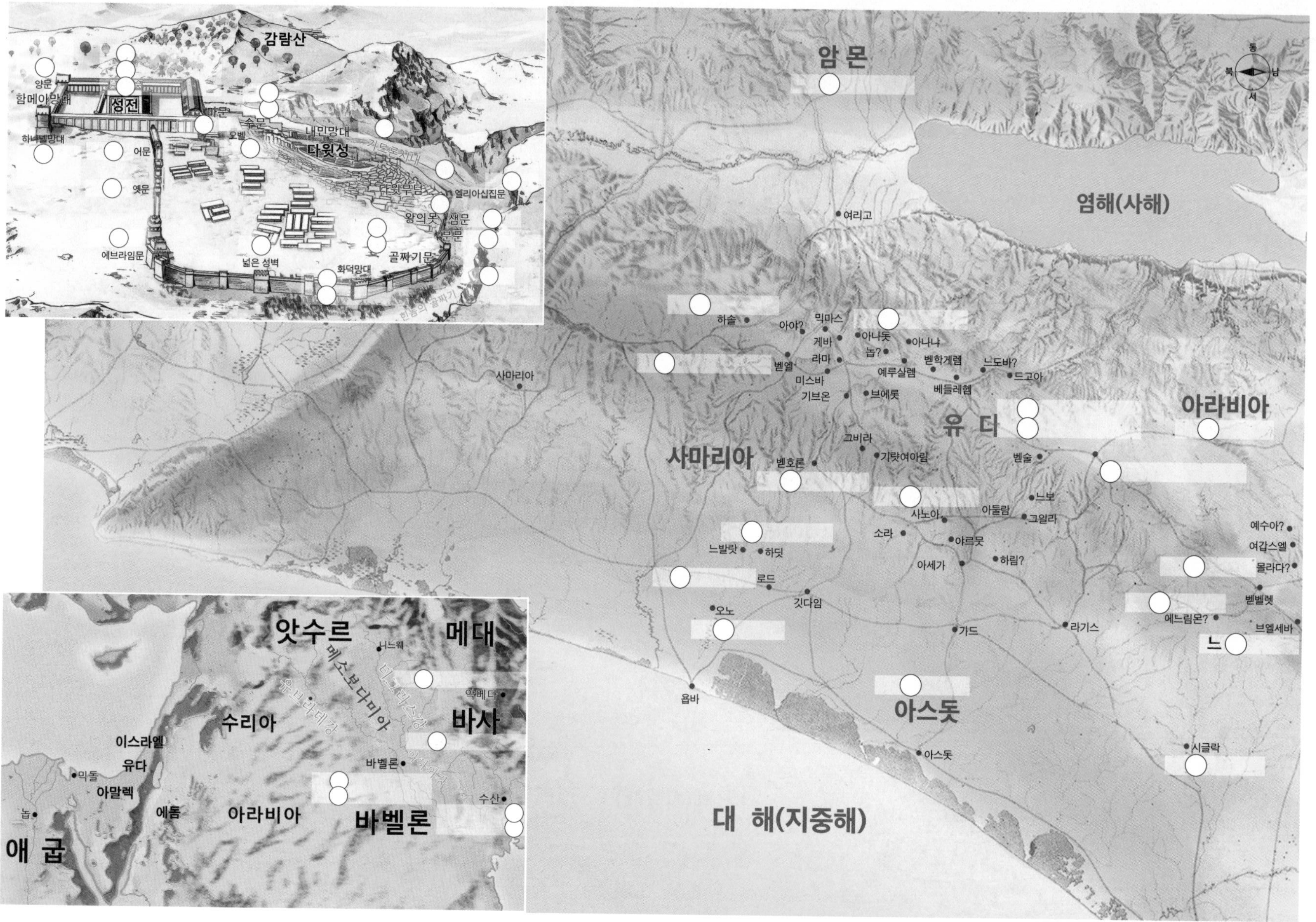
감람산
양문
함메아망대
성전
하나넬망대
어문
옛문
에브라임문
넓은 성벽
화덕망대
골짜기문
오벨
마문
숙문
내민망대
다윗성
다윗무덤
왕의못
샘문
분문
엘리아십집문
암 몬
염해(사해)
여리고
하솔
아야?
믹마스
게바
아나돗
아나냐
놉?
라마
벧엘
미스바
기브온
예루살렘
벧학게렘
느도바?
드고아
베들레헴
브에롯
사마리아
유 다
아라비아
그비라
기럇여아림
벧호론
벧술
느보
아둘람
그일라
사노아
소라
야르뭇
하림?
아세가
느발랏
하딧
로드
깃다임
오노
가드
라기스
에느림몬?
벧벨렛
브엘세바
예수아?
여갑스엘
몰라다?
느
욥바
아스돗
시글락
대 해(지중해)
앗수르
메대
니느웨
메소보다미아
티그리스강
유브라데강
악메다
바사
수리아
이스라엘
유다
믹돌
아말렉
에돔
아라비아
바벨론
수산
놉
애 굽

포로기 이후 그리기

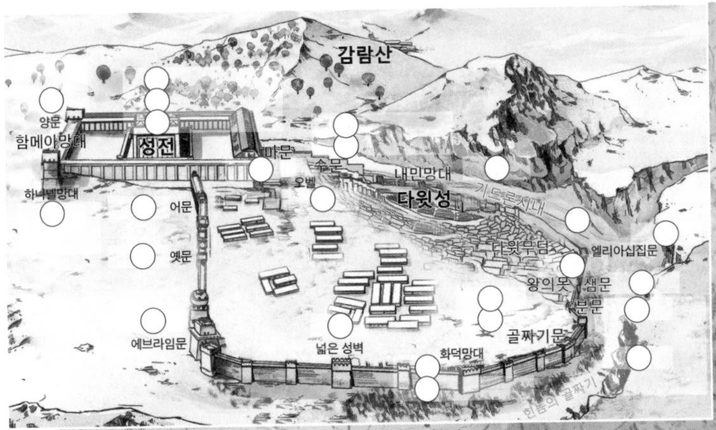

감람산
양문
함메아망대
성전
하나넬망대
마문
수문
오벨
어문
옛문
내민망대
다윗성
기드론시내
다윗무덤
엘리아십집문
왕의못
샘문
분문
에브라임문
넓은 성벽
골짜기문
화덕망대
힌놈의 골짜기

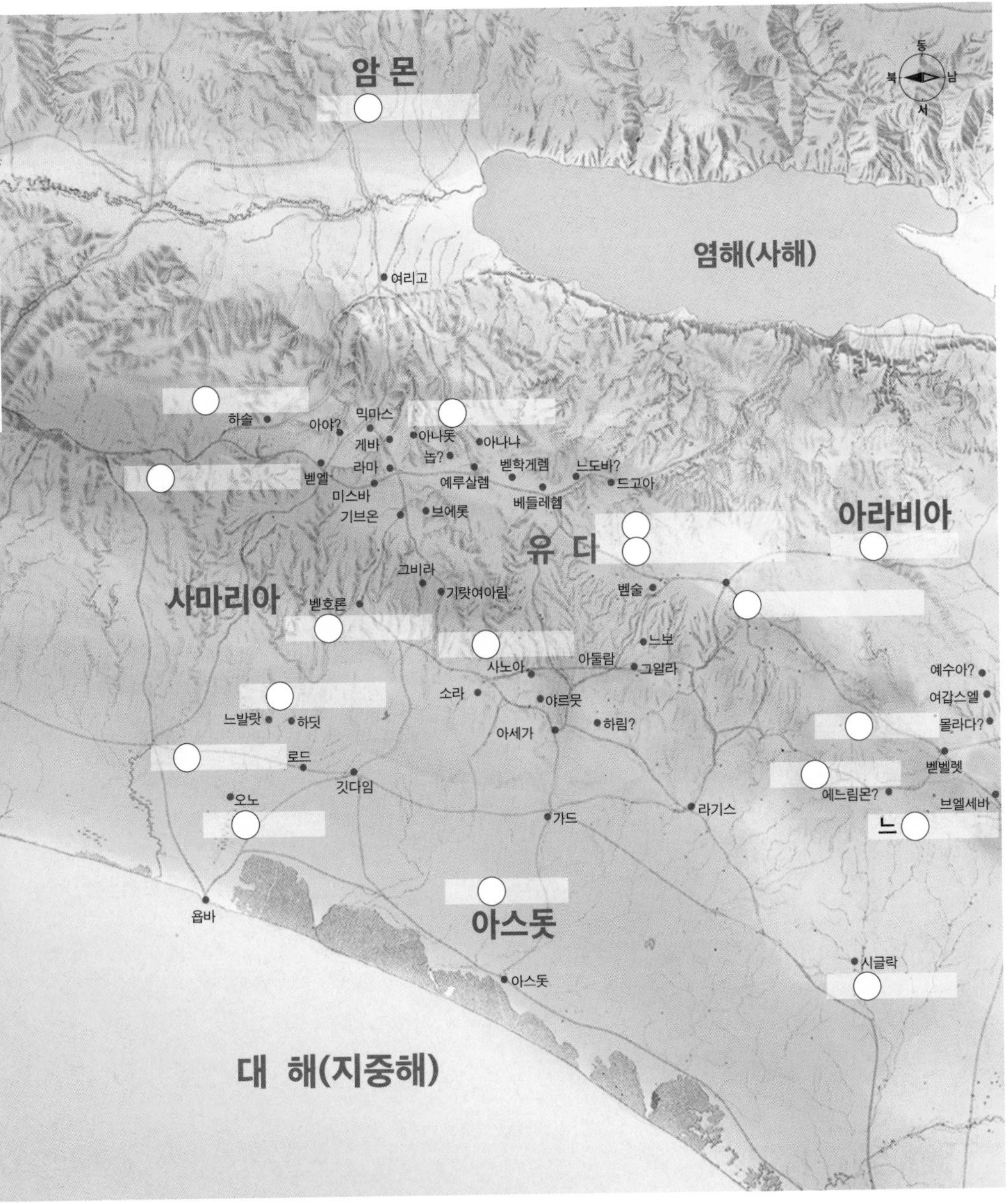

동
북
남
서
암몬
염해(사해)
여리고
하솔
아야?
믹마스
게바
아나돗
아나냐
놉?
라마
벧엘
미스바
기브온
예루살렘
벧학게렘
느도바?
드고아
베들레헴
브에롯
사마리아
유다
아라비아
그비라
기럇여아림
벧호론
벧술
사노아
아둘람
느보
그일라
소라
야르뭇
느발랏
하딧
아세가
하림?
로드
깃다임
오노
가드
라기스
욥바
아스돗
대 해(지중해)
예수아?
여갑스엘
몰라다?
벧벨렛
에드림몬?
브엘세바
느
시글락

앗수르
메대
니느웨
메소보다미아
티그리스강
유브라데강
악메다
바사
수리아
이스라엘
유다
바벨론
아하와강
믹돌
아말렉
에돔
아라비아
바벨론
수산
놉
애굽

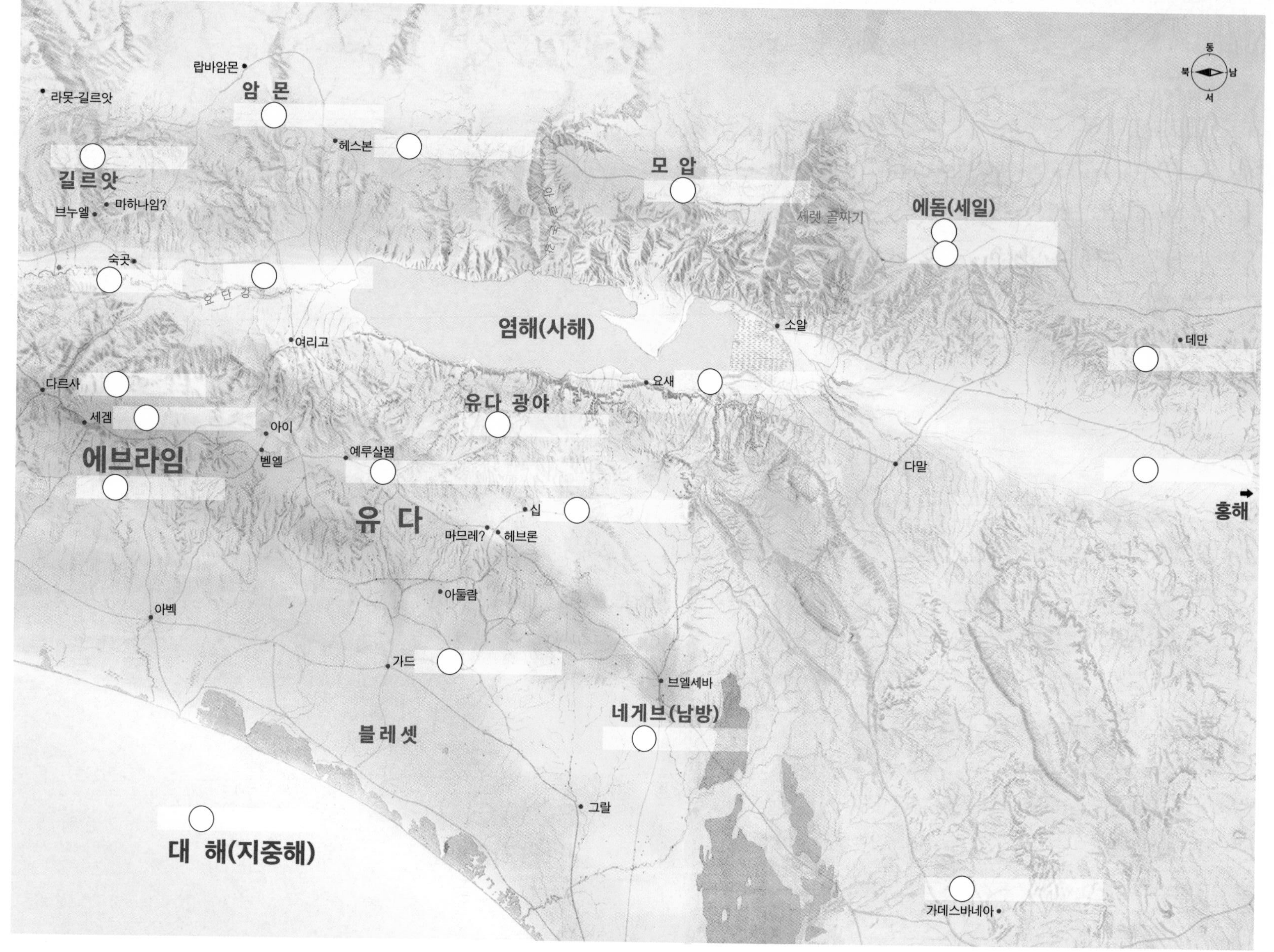
동
북
남
서
랍바암몬
암 몬
라못-길르앗
헤스본
길르앗
모 압
브누엘
마하나임?
에돔(세일)
세렛 골짜기
숙곳
요단강
염해(사해)
소알
여리고
데만
다르사
요새
유다 광야
세겜
아이
에브라임
벧엘
예루살렘
다말
십
홍해
유 다
마므레?
헤브론
아둘람
아벡
가드
브엘세바
네게브(남방)
블레셋
그랄
대 해(지중해)
가데스바네아

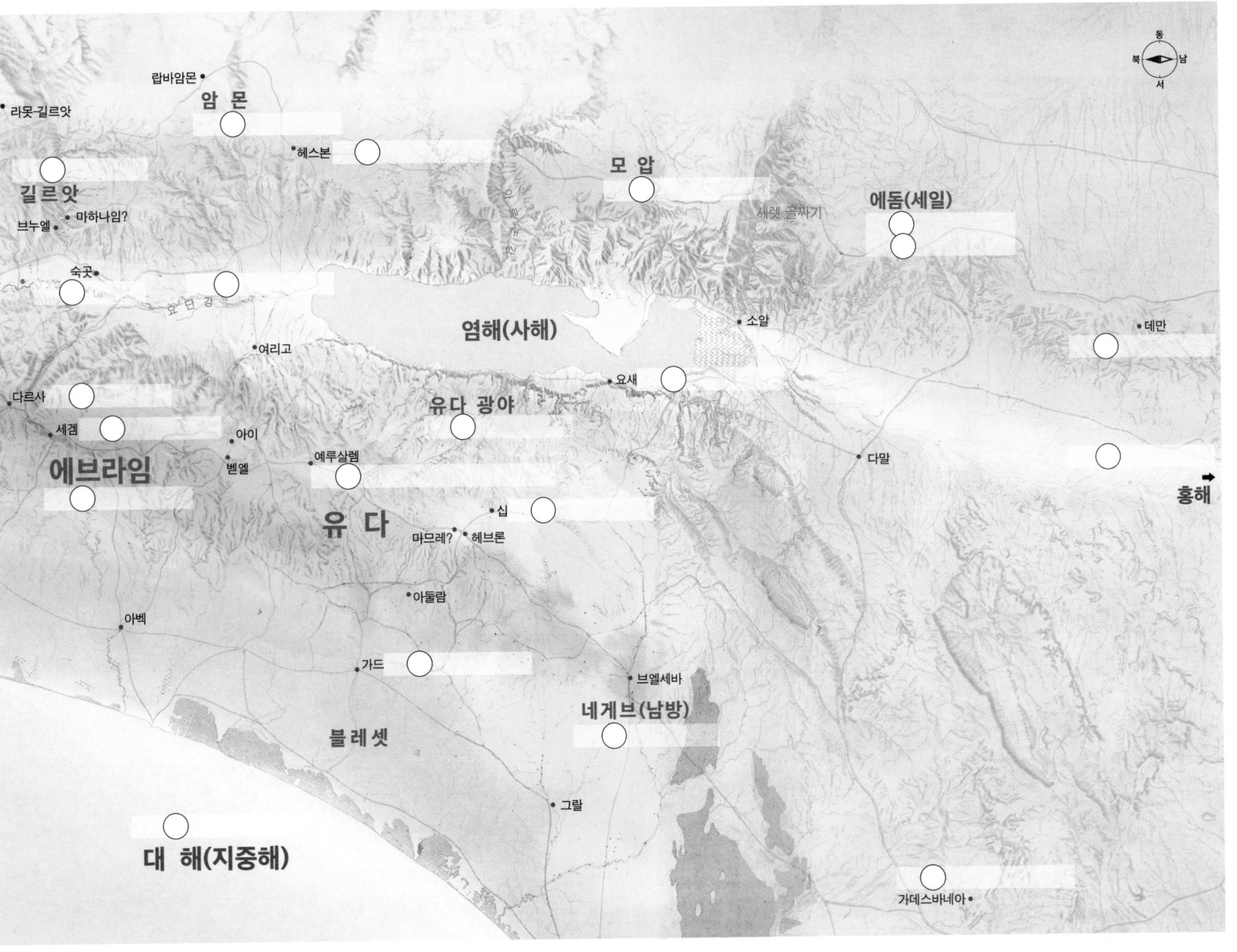
동
북
남
서
랍바암몬
라못-길르앗
암 몬
헤스본
모 압
길르앗
마하나임?
브누엘
세렛 골짜기
에돔(세일)
숙곳
요단강
아르논강
염해(사해)
소알
데만
여리고
요새
다르사
유다 광야
세겜
아이
예루살렘
벧엘
다말
에브라임
홍해
십
유 다
마므레?
헤브론
아둘람
아벡
가드
브엘세바
네게브(남방)
블레셋
그랄
대 해(지중해)
가데스바네아

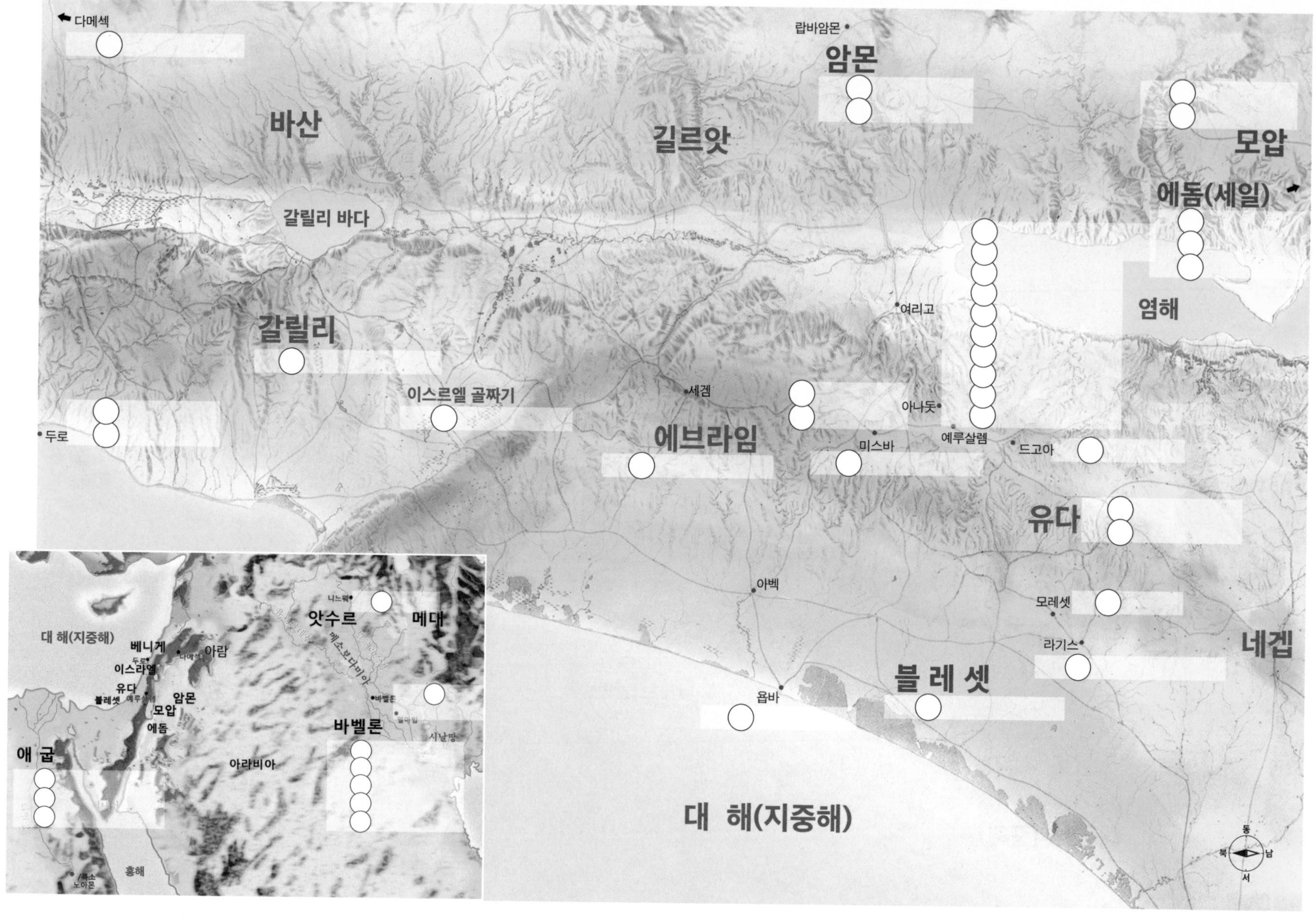
다메섹
랍바암몬
암몬
바산
길르앗
모압
에돔(세일)
갈릴리 바다
여리고
염해
갈릴리
세겜
이스르엘 골짜기
아나돗
두로
에브라임
미스바
예루살렘
드고아
유다
아벡
모레셋
라기스
네겝
블 레 셋
욥바
대 해(지중해)
동
북
남
서
니느웨
앗수르
메대
대 해(지중해)
베니게
아람
두로
다메섹
이스라엘
유다
블레셋
예루살렘
암몬
모압
에돔
바벨론
애 굽
아라비아
시날평
메소보다미아
홍해
노아몬

다메섹
바산
갈릴리 바다
갈릴리
이스르엘 골짜기
두로
랍바암몬
암몬
길르앗
세겜
에브라임
여리고
아나돗
예루살렘
미스바
드고아
모압
에돔(세일)
염해
유다
아벡
욥바
모레셋
라기스
네겝
블레셋
대 해(지중해)
동
북
남
서
대 해(지중해)
베니게
두로
다메섹
아람
이스라엘
유다
블레셋
예루살렘
암몬
모압
에돔
애굽
니느웨
앗수르
메대
메소보다미아
바벨론
시날평
아라비아
홍해
노아몬

믿음의 땅
성경 이스라엘
이 땅에 거류하면 내가 너와 함께 있어 네게 복을 주고 내가 이 모든 땅을 너와 네 자손에게 주리라(창 26:3)
축척 1:750,000
남북주요도로
동서주요도로
012 ABC 지명찾기(자간10km)
구약도시
신약도시
신구약도시
현대도시
네게브 구약지역
이두매 신약지역
베냐민 지파이름
요단강 강 이름
제작: 이문범
moonbm@hanmail.net
동
북
남
서
다메섹
드라고닛
아람
바타네아
에드레이
아우라니티스
아라비아사막
암몬
랍바암몬/암만
길르앗라못
골란
거라사
데가볼리
바산
므낫세
가울라니티스
헬몬산 2814m
가이사랴빌립보
단
가다라
벳새다
가버나움
고라신
갈릴리바다
-212m
하솔
게데스
게네사렛
디베랴
막달라
아다마
메롬
갈릴리
납달리
베니게
두로
아셀
악고
악고평야
하이파
욕느암
546m
갈멜산
가나
가드헤벨
나사렛
나인
수넴
하롯샘
588m
다볼산
518m
모레산
497m
길보아산
스불론
이스르엘
이스르엘골짜기
므깃도
/아마겟돈
벧산
펠라
아벨므홀라
길르앗야베스
길르앗
브누엘
마하나임
숙곳
아담
요단계곡
베레아
디르사
도단
이블르암
사마리아
세겜
그리심산
에발산
에브라임산지
에브라임
실로
벧엘
아이
라마
믹마스
기브아
미스바
기브온
벧호론
예루살렘
743m
베들레헴
여리고
베다니
요단강
염해(사해)
-422m(2009년)
염성
엔게디
맛사다
유다광야
유대
유다산지
헤브론
1020m
갈멜
아랏
소고
돌
가이사랴
사론평야
안디바드리
아벡
모디인
룻다
엠마오
기럇여아림
게셀
딤나
벧세메스
쉐펠라(평지)
아세가
마레사
가드
긷다임
에그론
라기스
이두매
드빌
네게브(남방)
브엘세바
시므온
광야
텔아비브
욥바
블레셋평야
아스돗/아소도
아스글론
시글락
그랄
가사
가데스바네아
대 해(지중해)
헤스본
아로엘
디본
르우벤
느보산
802m
모압
나바테아
에돔
길하레셋
보스라
소알
염곡
아라바광야

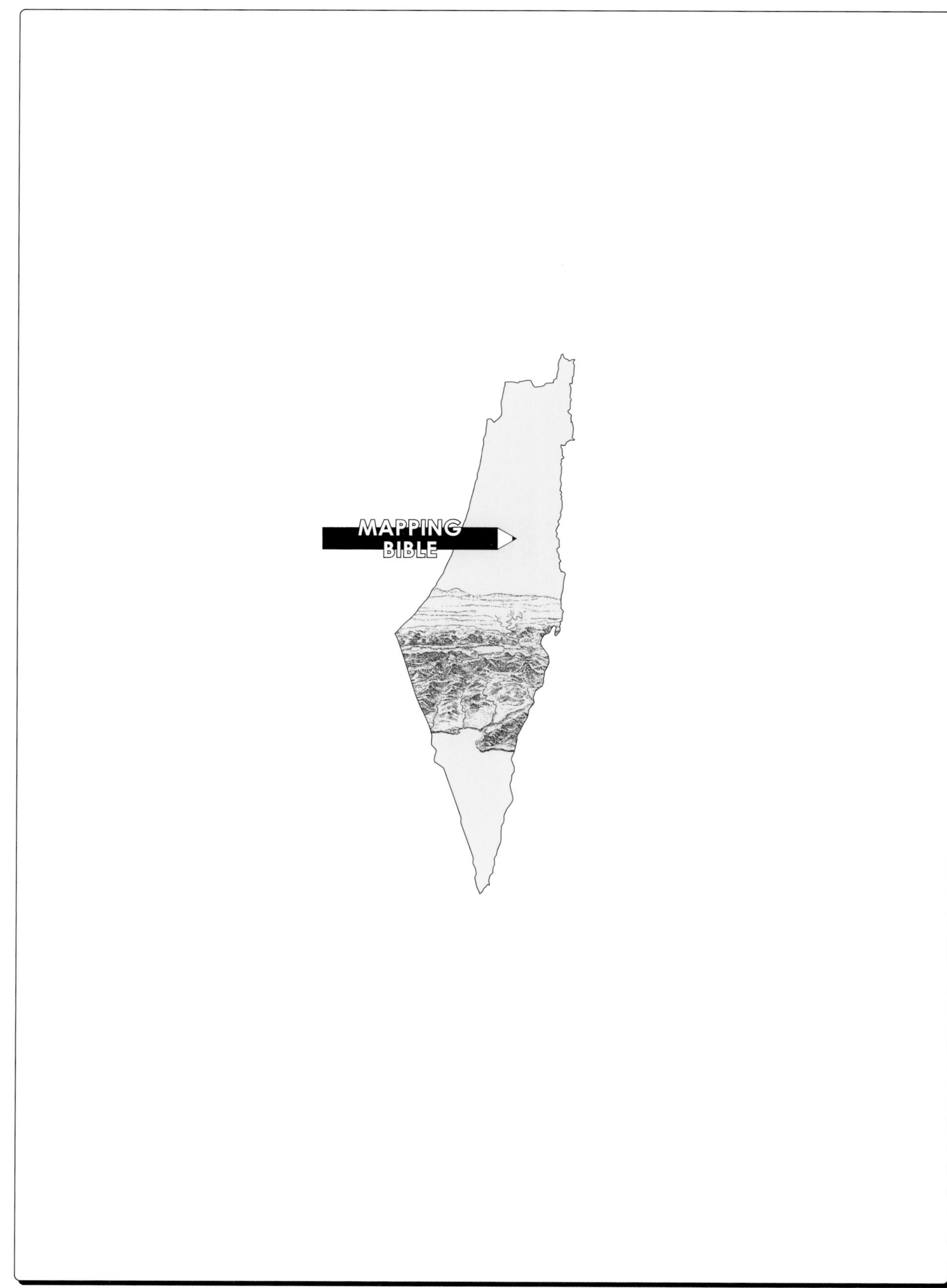
MAPPING
BIBLE